穿透历年考点 深究考查动向

10年真题精解

工商管理专业知识与实务（中级）

环球网校经济师考试研究院 组编

熟悉出题"套路"

学会解题"思路"

找到破题"出路"

图书在版编目(CIP)数据

工商管理专业知识与实务：中级 / 环球网校经济师考试研究院组编. —上海：立信会计出版社，2025.2. (10年真题精解). — ISBN 978-7-5429-7736-6

Ⅰ. F203.9-44

中国国家版本馆 CIP 数据核字第 202560Z2P4 号

责任编辑　胡蒙娜

工商管理专业知识与实务(中级)

GONGSHANG GUANLI ZHUANYE ZHISHI YU SHIWU(ZHONGJI)

出版发行	立信会计出版社			
地　　址	上海市中山西路 2230 号	邮政编码	200235	
电　　话	(021)64411389	传　　真	(021)64411325	
网　　址	www.lixinaph.com	电子邮箱	lixinaph2019@126.com	
网上书店	http://lixin.jd.com	http://lxkjcbs.tmall.com		
经　　销	各地新华书店			
印　　刷	三河市中晟雅豪印务有限公司			
开　　本	787 毫米×1092 毫米　　1 / 16			
印　　张	19.5			
字　　数	460 千字			
版　　次	2025 年 2 月第 1 版			
印　　次	2025 年 2 月第 1 次			
书　　号	ISBN 978-7-5429-7736-6/F			
定　　价	69.00 元			

如有印订差错，请与本社联系调换

总　序

环球君寄语

　　真题是最好的备考资料。唯有对真题进行细致深入的分析，才能真正把握命题趋势、找准重点难点、击破薄弱点，进而高效率备考，顺利通过考试。

　　我们之所以选择对 10 年真题进行深入分析，是因为 10 年的跨度足够长。一个成熟的考试，经历 10 年命题、答题、复盘、检验，会形成一定的规律。这个规律不仅反映了考试情况，也反映了行业特点、发展趋势。

　　"10 年真题精解"系列丛书中的"精"意味着精雕细刻、精耕细作、精益求精；"精解"意味着我们对真题的分析精细入微，不仅在书中对 10 年真题所涉及的考点进行提炼分析、归纳总结，还在书中设置"举一反三"的精选习题、恰到好处的"环球君点拨"等栏目。

　　"10 年真题精解"系列丛书的策划、撰稿、审校、测评、发行，不是一蹴而就的，而是经历了 3 年的磨砺、沉淀，得到了环球网校百余位老师、教研员的大力支持。在本书付梓之时，我们感谢所有参与创作的老师：李果、杨咪咪、朱子涵、栗婉婉、刘文秀；同时，感谢张洁丹、张颖、姜亚芹、翁乃童等老师的支持，亦特别感谢覃珍珍、郑伟两位老师对系列中"经济基础知识""工商管理专业知识与实务"2 本书的指导和审校。

　　环球网校自 2003 年成立至今，已经陪伴、帮助千万学员通过资格考试。20 余年来，环球网校始终秉持着"以学员为中心"的理念来设计产品，不仅制作了大量精良的课程，还推出了备受学员好评的"云私塾"，打造了千人千面的 AI 自适应学习系统。作为产品的重要组成部分，图书也不例外。近些年来，我们的图书品质不断优化，品种逐步丰富。相信这套"10 年真题精解"系列丛书将成为您顺利通过考试的利器。

环球君备考建议

　　复习备考是一个枯燥乏味但又需要长期坚持的过程，不仅需要努力，而且需要科学的方法。有了科学合理的备考方法，复习会变得容易，效率会更高。环球网校针对资格考试复习备考总结了一套完整的方法论，在这里分享给您，以帮助您更好地使用本书，高效备考！

一、学习价值曲线

环球网校建议您在复习备考之前，先了解学习逻辑，因为这是指导学习的基础，解决您不知道怎么学，以及如何更高效学习的问题。对此，环球网校也发现了学习逻辑规律——学习价值曲线（如下图所示），其在整个在线培训行业的课程设置上都产生了深远的影响力。

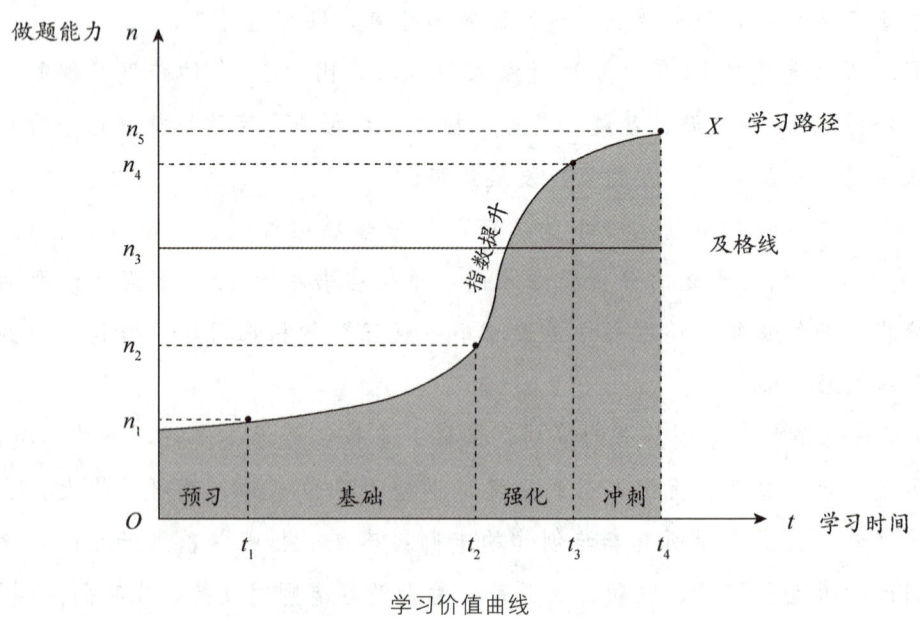

学习价值曲线

对学习价值曲线进行解读：

（1）在预习和基础阶段，核心目的是构建知识框架。这个阶段知识量太大，很容易遗忘，要理解知识，不必苛求当下就能掌握。

（2）备考的目的是通过考试，通过考试的关键是提高做题能力。从学习价值曲线您可以看出，强化和冲刺阶段是提升做题能力的关键。强化阶段的重点是以做题的方式对知识进行输出，总结错题、难题，归纳关联知识点；冲刺阶段的重点是查漏补缺，强化对高频考点和必考点的学习，进行突击提分。

二、本书使用方法

三分学、七分练，无论您采用哪种复习方法，都要把做题放在第一位。做题就要做好题，好题的代表是真题。通过对10年的考试真题进行剖析、比对、筛选，环球网校精心挑选出典型真题，并对其进行深入分析，对相关考点进行点题和适度拓展，组编了这套"10年真题精解"系列丛书,以有效帮助您提升做题能力。建议您按照以下方法使用这套丛书,以达到最佳复习效果。

(一)什么时候开始使用这套丛书

做真题之前,建议您先对自己的基础进行判断。如果认为自己基础还不错,您可以直接开始做书中的题目;如果基础较差,建议您先听环球网校基础班课程,快速听一遍之后再开始做书中的题目。

(二)如何使用这套丛书

第一步:独立做题,标记正确与否。建议您用红色笔对错题进行突出标记。

第二步:认真分析答案解析(无论是否正确,都要认真看解析),判断自己对知识是否"真正"掌握。

第三步:逐字逐句阅读真题精解部分。真题精解部分对真题相关考点进行了考情分析,并对其核心内容进行了细致阐述。通过对这部分内容的学习,您会对该考点的内容、考查方式、重要程度了然于胸。

第四步:做"举一反三"栏目中的典型题。学习要学以致用、融会贯通。做更多优质的题目,不仅可以检验自己能否准确运用所学知识点,还可以训练解题思路。

为方便您更好、更高效地学习,这套丛书在重要的、不易理解的考点旁边设有二维码,扫码即可看到环球网校名师对该考点的详细讲解。建议您扫描下方"万人模考"二维码,通过快题库模拟真实考场环境,感受真实考试氛围。您还可以扫描下方"看课扫我""做题扫我"二维码兑换课程和题库,随时随地学习,全方位提升应试水平。

"10年真题精解"系列丛书是环球网校呕心沥血之作,期待这套丛书能够帮助您熟悉出题"套路",学会解题"思路",找到破题"出路"。在经济专业技术资格考试备考之路上,环球网校全体教学教研团队将与您携手同行,助您一路通关!

·增值服务·

前 言

中级经济专业技术资格考试实行全国统一组织、统一命题、统一大纲的考试制度。考试于2018年全面改为机考模式，一般在每年7~8月报名、11月考试，考完1个月左右出成绩。考试总共考查两个科目，即"经济基础知识"和"专业知识与实务"，每一科目考试时长为1.5小时，两个科目总计考试时长为3小时，每个科目考生可提前15分钟交卷，两个科目均在系统中正常交卷后考生方可离场。对于同时报考公共科目和专业科目的考生，两个科目安排在同一批次连续考试，间隔时间为40分钟。

2020年考试改革后，中级经济专业技术资格考试共开设10个科目，分别为工商管理、人力资源管理、金融、农业经济、建筑与房地产经济、知识产权、财政税收、保险、运输经济、旅游经济。考生可结合自身工作领域或单位专业要求选择科目报考。

中级经济专业技术资格考试全国统一合格标准为试卷满分（140分）的60%，即全国合格标准线为84分（部分地区设有自主划线的省内合格标准，具体分数线由当地考试政策规定）。

一、考试特点

（一）各类考点考试频率分析

历年来，中级经济专业技术资格考试工商管理科目的考试情况较为稳定，即使在增加章节的年份，其难度也波动不大，考试范围和题目内容不会超出考试大纲的要求。考试题目包括重要考点、次要考点等常规考点和非常规考点或新增考点等，各类考点及其占总分的比例如下表所示。

考点类型	常规考点		非常规考点或新增考点
	重要考点	次要考点	
占总分比例	35%~45%	25%~35%	30%左右

以上表格中，重要考点为每年必考知识点或近年出题频率极高的知识点，属于考试大纲中需要考生重点掌握的内容，其中，部分考点也是案例分析题主要考查的对象；次要考点在近年的出题频率为1~2次，且题目难度较低，属于考试大纲中需要考生熟悉的内容；非常规考点或新增考点是对往年从未出题的内容或新增加的内容进行考查。

（二）重点内容分析

工商管理科目的考查内容覆盖面广，故其重点内容也相对较多。对于这些重点内容，本书中均有所涉及，相关课程也做了详细的讲解。它们虽然有难有易，但都需要考生在学习时格外地关注。鉴于篇幅有限，此处仅为大家列出每章的四个重点（如下表所示），以便大家反复学习。

章	重点
第一章	企业战略的实施、企业内部环境分析、基本竞争战略、企业经营决策的方法
第二章	所有者与经营者的关系、股东概述、董事会制度、股份有限公司董事会
第三章	目标市场战略、产品策略、定价策略、品牌资产
第四章	不同类型商品分销渠道的构建、渠道成员管理、渠道差距评估、分销渠道运行绩效评估

续表

章	重点
第五章	生产能力、生产作业计划的编制、生产控制的方式、库存控制
第六章	包装、装卸搬运、仓储设施与设备、库存管理
第七章	技术与技术创新、技术创新的过程与模式、技术创新决策评估方法、企业技术创新的内部组织模式
第八章	人力资源规划概述、人力资源需求与供给预测、绩效考核的步骤与方法、激励薪酬设计
第九章	货币时间价值观念、资本成本、固定资产投资决策、并购重组方式及效应
第十章	电子商务中的商流、资金流、物流、信息流,电子商务的一般框架、电子支付的概念和特点、网络市场调研的概念、方法
第十一章	国际商务的主体——跨国公司、国际直接投资的动机与理论、国际直接投资企业的建立方式、国际贸易惯例与规则

(三) 难点内容分析

工商管理科目的难点内容主要集中在第一章、第五章、第六章、第七章和第九章,每章往往只有一个较难的考点。难点内容是每次考试的高频考查对象,本身也属于重要考点,所占分值较高。这些考点要么包括相对复杂的计算公式,要么包括不易理解的方法流程,要么其内容量极大不易掌握,总之是考试中很容易丢分的部分。本科目中的主要难点及其所在章节如下表所示。

章	节	难点
第一章	第四节	企业经营决策的方法
第五章	第二节	生产作业计划的编制
第六章	第三节	库存管理
第七章	第二节	技术创新决策的评估方法
第九章	第一节	货币时间价值观念

考生需要花费更多的时间和精力去掌握难点内容,且各难点内容之间相对比较独立,所以可以将其安排在每章的最后去学习,先学习其他的内容,这样先易后难的顺序既不影响大家的学习情绪,也可以突出对难点的重视程度。

二、考情分析

工商管理科目的考试内容总体上比较稳定,章节数量很少发生调整,各章考点的重要性、出题题型以及在考试中所占的比重均变化不大,这些对考生来说都是有利因素。例如,历年考试中的案例分析题主要集中在第一章、第三章、第五章、第七章、第八章和第九章,其他章不考查案例分析题型。再例如,每章在考试中均有所涉及,故考生要全面学习每章中的内容,不能遗漏任何一章。下表是近10年每章节在考试中的分值分布情况,希望能帮助各位考生更直观地了解工商管理科目全书十一章的考试情况。

章	考试年份和分值（分）									
	2024年	2023年	2022年	2021年	2020年	2019年	2018年	2017年	2016年	2015年
第一章	17	18	18	20	17	19	19	19	19	19
第二章	12	10	10	10	10	12	10	10	10	11
第三章	16	18	18	20	17	8	18	18	18	10
第四章	8	10	10	9	10	0	0	0	0	0
第五章	18	7	7	17	15	20	20	20	19	21
第六章	9	10	10	10	10	8	10	10	10	10
第七章	18	17	17	10	12	21	13	21	13	21
第八章	7	18	18	11	16	21	21	13	21	19
第九章	15	15	15	17	16	18	18	18	18	19
第十章	9	8	8	7	9	13	11	11	12	10
第十一章	11	9	9	9	8	0	0	0	0	0

由于2020年新增了第四章和第十一章内容，且考试总分不变，其他章在考试中所占的分值均有所下降。这种变化使考生的学习负担加重，难度上升。此外，2023年第六章的内容发生了重大变动，虽然章名称没有变化，但是内容基本是全新的，无异于新增加了一章。以上两种情况属于特殊情况，并非每年都发生，但有所变化的章节中的内容必然成为当年考试的重中之重，不容忽视。

综上所述，本书将工商管理科目所包含的十一章内容分成三个层次，其重要性如下表所示。

层次	章
重点章节	第一章、第五章
较为重要的章节	第三章、第七章、第八章、第九章
非重点章节	第二章、第四章、第六章、第十章、第十一章

三、备考指导

(一) 制订学习计划，并严格执行计划

很多考生在整个备考周期都没有做过合理的学习计划，或者是制定了计划却不按照计划执行，这就造成学习过程时快时慢、时紧时松，充满了诸多的不确定性，从而导致考生越是临近考试越没有信心，最终无奈放弃了考试。故建议大家参照下面的时间安排制定适合自己的学习计划。

1. 第1阶段（4～7月）

该阶段的学习任务是夯实基础，考生应对该科目的内容进行详细、系统的学习，理解为主、记忆为辅。学习的过程中可以适当加入题目练习，以更好地掌握相关内容。对于工商管理相关专业且有一定基础的考生，或是学习能力较强、每天学习时间充足的考生，也可在2～3个月内完成。该阶段学习任务的起始时间越早越好，完成时间最迟不晚于8月底。

2. 第2阶段（8～9月）

该阶段的学习任务是强化记忆考点内容，并在实际做题的过程中查缺补漏，做到对知识点的灵活运用。历年很多考生自我感觉已经掌握了所学知识，但一做题就出错，其原因就是考生在该阶段

复习不到位，做题太少，对出题模式和文字陷阱不熟悉，缺乏做题的经验和技巧。该阶段学习任务的起始时间可适当提前，完成时间最迟不晚于 10 月中旬。

3. 第 3 阶段（10 月～考前）

该阶段的学习任务是复习各个班次的讲义，汇总之前做过的错题，并练习历年真题或者市面上质量较高的练习题，进一步查缺补漏。除此之外，考生一定要模拟考场环境，闭卷整套地完成近年的真题或模拟试题，适应考试氛围及答题节奏，做好考前心态的调整。如想获得更高的分数，考生可在完成第 3 阶段学习任务的同时，详细地通读讲义及资料，注意细节，完整记忆。

(二) 采用科学的学习方法，提升学习的效率

1. 通过总结掌握知识点

中级经济专业技术资格考试涉及知识面较广，且诸多内容比较相似，容易混淆。考生要在理解每个知识点的基础上进行系统总结，特别是跨知识点进行总结，该方法对掌握相关内容非常有效。在此过程中，考生如能借助表格、图示等方式将所学内容分类归纳总结，则能更有效地学习和记忆。

2. 结合题目熟悉考试规律

课程和辅导书中配有大量的历年真题和练习题，并且给出了详细的题目解析和最佳的做题思路，这既可以让大家洞悉考试出题规律，能举一反三、融会贯通，也可以让大家通过做题巩固知识点，不断积累做题的技巧。

3. 反复学习，加深印象

工商管理科目的知识点较多，且备考周期较长，这就使众多考生出现"学过的内容逐渐淡忘"的问题。这很正常，任何人都无法克服遗忘，故考生在学习时要有意识地进行重复，不断地加深对知识点的印象，像滚雪球一样去学习、去积累，让自己真正掌握的知识点越来越多。

4. 清除消极思想，端正备考心态

很多考生，特别是在职人员，往往因为某些消极思想和错误行为半途而废，比如经常抱怨没时间学习，觉得自己年纪大且记忆力不好，认为自己没有知识基础等。事实上，这些所谓的"特殊情况"并不特殊，基本上每位考生都面临相同或相似的问题，但每年仍有大量考生通过不懈努力最终通过了考试。所以，成功的关键在于清除不必要的消极思想，在面对困难时端正心态、迎难而上，克服了困难就是成功！

四、答题技巧

(一) 单项选择题

单项选择题有四个备选项，仅有一个正确答案。大部分单项选择题题目难度较小，主要考查考生对相关基础内容的记忆；当然，也有少量题目难度较大，考查的内容较偏、较细。大多数考生都是先做单项选择题，故不要因这部分的少量难题影响了自己的考试状态。此部分题目必须选择，不能为空。如能直接选出答案则直接选择，如不熟悉或遗忘该题知识点，可采用排除法或通过合理逻辑分析、第一印象等进行选择。

[历年考题举例] 按消费者购买习惯不同对消费品分类，家用电器属于（　　）。

A. 便利品　　　　　　　　　　　B. 选购品
C. 冲动购买品　　　　　　　　　D. 非渴求品

[解析] 选购品是指消费者对产品或服务的价格、质量、款式、耐用性等比较之后才会购买的产品，如家用电器、服装、美容美发产品等。

[答案] B

(二) 多项选择题

多项选择题有五个备选项，有两个或两个以上选项符合题意，至少有一个错项。多项选择题比单项选择题难度大，但多项选择题题目灵活度不高，大多考查内容记忆，只有极少数题目综合考查多个知识点的内容。根据多项选择题的得分规则，考生要注意避免因多选或错选而失分，特别是在完全记不清该题目所考查的内容或对某道题目完全没有任何头绪的情况下，建议考生猜选1～2个选项，这样成功的概率比较高。选的选项越多，出错的概率就越高。例如，某多项选择题的正确答案为A、B、C，考生若做题时仅确定A、B两项符合题意，其他选项不能确定是否正确，那么建议只选A、B两项，这样每个选项可得0.5分，则A、B两项可得1分。考生一旦冒失地选择了答案中没有的D项或E项，则这个题目无法得分。

[历年考题举例] 下列关于技术创新的说法，正确的是（　　）。

A. 技术创新是一种技术行为，不是经济行为
B. 技术创新具有很强的负外部性
C. 技术创新具有时间差异性
D. 技术创新具有国际化趋势
E. 技术创新是一种高风险的活动

[解析] 技术创新是一种经济行为，同时具有较强的正外部性。

[答案] CDE

(三) 案例分析题

案例分析题题目较为灵活，主要围绕资料中给出的内容考查与其相关的知识点。案例分析题为不定项选择题，即需要考生自行判断该题目是单项选择题还是多项选择题，所以具有一定的难度。近年来，每套试卷有五个案例题，每个案例题有四道小题，每个题目有四个备选项，其中有一个或多个选项正确。案例分析题的得分规则与多项选择题类似。案例分析题其实是包装后的单项选择题或多项选择题，历年题目中出现过相同考点在案例分析、单项选择题或多项选择题之间互换出题的情形，部分题目即使不看案例资料也可根据学过的知识点做出正确选择。考生在做题时可以先认真阅读每个案例资料下附带的题目（一般题目中会明确告知该题考查点），再有针对性地从案例资料中找到各个题目需要的信息做题。这样既可防止漏掉重要信息，又可屏蔽混淆视听的信息，省时又高效。

[历年考题举例] 生产企业生产一种产品，其生产计划部门运用提前期法来确定产品在各车间的生产任务。装配车间是生产该种产品的最后车间，产品的平均日产量为20台，2020年10月应出产到2 500号。该种产品在机械加工车间的出产提前期为40天，生产周期为40天。假定各车间的生产保险期为0天。

根据以上资料，回答下列问题：

1. 该企业运用提前期法编制生产作业计划，可以推测该企业属于（　　）类型企业。

A. 单件小批生产　　　　　　　　　　B. 随意生产

C. 成批轮番生产 D. 大量生产

[解析] 提前期法适合成批轮番生产企业。

[答案] C

2. 该机械加工车间 2020 年 10 月出产产品的累计号为（　　）号。

A. 3 300 B. 2 900
C. 3 500 D. 3 000

[解析] 本车间出产累计号数＝最后车间出产累计号＋本车间的出产提前期×最后车间平均日产量＝2 500＋40×20＝3 300（号）。

[答案] A

3. 该机械加工车间 2020 年 10 月投入的累计号为（　　）号。

A. 4 100 B. 4 300
C. 3 875 D. 4 200

[解析] 投入提前期＝出产提前期＋生产周期＝40＋40＝80（天）。本车间投入累计号数＝最后车间出产累计号＋本车间投入提前期×最后车间平均日产量＝2 500＋80×20＝4 100（号）。

[答案] A

4. 该企业运用提前期法编制生产作业计划，该方法的优点为（　　）。

A. 可以用来检查零部件生产的成套性 B. 提高生产安全性
C. 各个车间可以平衡地编制生产作业计划 D. 生产任务可以自动修改

[解析] 提前期法的优点包括：①各个车间可以平衡地编制生产作业计划；②不需要预计当月任务完成情况；③生产任务可以自动修改；④可以用来检查零部件生产的成套性。

[答案] ACD

目 录

第一章 企业战略与经营决策 1
 第一节 企业战略概述 1
 第二节 企业战略分析 11
 第三节 企业战略类型 24
 第四节 企业经营决策与商业模式分析 39

第二章 公司法人治理结构 47
 第一节 公司所有者与经营者 47
 第二节 股东会 51
 第三节 董事会 62
 第四节 经理层 70
 第五节 监事会 71
 第六节 中国特色国家出资公司的治理 74

第三章 市场营销与品牌管理 79
 第一节 市场营销环境 79
 第二节 市场营销战略 83
 第三节 市场营销组合策略 90
 第四节 品牌与品牌资产 95
 第五节 品牌战略 96

第四章 分销渠道管理 99
 第一节 渠道运营管理 99
 第二节 分销渠道系统评估 113
 第三节 分销渠道发展趋势 117

第五章 生产管理 122
 第一节 生产计划 122
 第二节 生产作业计划 130
 第三节 生产控制 133
 第四节 生产作业控制 138
 第五节 现代生产管理方式 142

第六章　物流管理 …… 146
第一节　物流与物流管理概述 …… 146
第二节　包装、装卸搬运与流通加工 …… 148
第三节　仓储与库存管理 …… 154
第四节　运输与配送管理 …… 161

第七章　技术创新管理 …… 166
第一节　技术创新的含义、分类与模式 …… 166
第二节　技术创新战略与技术创新决策评估方法 …… 172
第三节　技术创新组织与研发管理 …… 184
第四节　企业管理创新 …… 192

第八章　人力资源规划与薪酬管理 …… 198
第一节　人力资源规划 …… 198
第二节　绩效考核 …… 206
第三节　薪酬管理 …… 213

第九章　企业投融资决策及并购重组 …… 225
第一节　财务管理的基本价值观念 …… 225
第二节　筹资决策 …… 229
第三节　投资决策 …… 237
第四节　并购重组 …… 242

第十章　电子商务 …… 250
第一节　电子商务概述 …… 250
第二节　电子商务的运作系统 …… 257
第三节　电子支付 …… 263
第四节　网络营销 …… 265

第十一章　国际商务运营 …… 272
第一节　国际商务与跨国公司 …… 272
第二节　国际直接投资业务 …… 276
第三节　国际贸易合同商订与国际贸易惯例 …… 282
第四节　国际商品进出口实务 …… 287

第一章 企业战略与经营决策

第一节 企业战略概述

考点1 企业战略与企业战略管理的内涵

真题链接

[2024·单选] M 汽车公司实施智能制造战略,通过智能化和自动化技术加快公司生产制造转型升级,加强生产工艺管理,简化生产制造流程。按战略层次划分,该战略属于( )。

A. 企业成长战略　　　　　　　　　B. 企业职能战略
C. 企业业务战略　　　　　　　　　D. 企业发展战略

[解析] 企业职能战略包括生产制造战略、市场营销战略、财务管理战略、人力资源管理战略和研究与开发战略等。选项 B 符合题意。

[答案] B

[2023·单选] H 公司为国内知名的电子商务公司,该公司在原有经营范围基础上,创办了社交型电子商务平台,帮助消费者以低廉的价格购买产品。按照企业战略的层次划分,该企业实行的是( )。

A. 企业业务战略　　　　　　　　　B. 多元化战略
C. 差异化战略　　　　　　　　　　D. 企业总体战略

[解析] 企业总体战略或是保持原有的业务组合与资源分配方式,进行稳定经营;或是进入新的经营领域,提升发展速度,经营范围不断扩张;或是抑制某些业务的发展,防范企业风险;或是对业务组合进行较大规模的变革,退出某些关键业务,为发展新的业务领域重新配置资源等。H 公司在原有经营范围基础上,创办社交型电子商务平台,属于进入新的经营领域,扩大经营范围,符合企业总体战略的特征,选项 D 正确。

[答案] D

[2021·单选] 企业技术部门决定将技术开发作为战略,属于( )层次。

A. 企业总体战略　　　　　　　　　B. 企业职能战略
C. 企业业务战略　　　　　　　　　D. 企业部门战略

[解析] 技术开发属于企业的职能,故企业技术部门将技术开发作为战略,属于企业职能战略,选项 A、C 错误。企业战略一般可分为企业总体战略、企业业务战略和企业职能战略三个层次,选项 D 错误。

[答案] B

[2020·单选] 企业战略一般可分为三个层次,具体由企业总体战略、企业业务战略和( )组成。

A. 企业竞争战略　　　　　　　　　B. 企业事业部战略
C. 企业发展战略　　　　　　　　　D. 企业职能战略

[解析] 企业战略一般可分为企业总体战略、企业业务战略和企业职能战略三个层次，选项 C 错误。企业竞争战略也称企业业务战略、企业事业部战略，选项 A、B 错误。

[答案] D

真题精解

点题：本系列真题考查企业战略的层次，但考查侧重点不同。其中，2024 年真题考查企业职能战略；2023 年真题考查企业总体战略；2021 年真题考查企业职能战略；2020 年真题考查企业战略三个层次的组成。

分析：对于本考点，考生应掌握并精准区分企业战略的三个层次。

企业战略一般可分为企业总体战略、企业业务战略和企业职能战略三个层次，具体内容如下：

（1）企业总体战略一般是以企业整体为研究对象，研究整个企业生存和发展过程中的基本问题。它是企业总体的最高层次的战略，是整个企业发展的总纲，是企业最高管理层指导和控制企业一切行为的最高行动纲领。企业总体战略或是保持原有的业务组合与资源分配方式，进行稳定经营；或是进入新的经营领域，提升发展速度，经营范围不断扩张；或是抑制某些业务的发展，防范企业风险；或是对业务组合进行较大规模的变革，退出某些关键业务，为发展新的业务领域重新配置资源等。

（2）企业业务战略也称竞争战略或事业部战略，是经营一级的战略，它的重点是要改进一个业务单位在它所从事的行业中，或某一特定的细分市场中所提供的产品和服务的竞争地位。

（3）企业职能战略主要解决资源利用效率问题，使企业资源利用效率最大化。企业职能战略是为实现企业总体战略目标而对企业内部的各项关键的职能活动做出的统筹安排，是为贯彻、实施和支持总体战略与业务战略而在特定的职能领域内所制定的实施战略，包括市场营销战略、生产制造战略、财务管理战略、研究与开发战略和人力资源管理战略等。

拓展：该考点还可以多选题的形式进行考查。因此，考生需要准确掌握并区分企业战略三个层次的基本内涵和特点。

举一反三

[典型例题·单选] 某电视机生产企业为拓展经营领域，决定结合自身优势，进军智能冰箱行业。从企业战略层次的角度分析，该企业的此项战略属于（　　）。

A. 企业总体战略　　　　　　　　B. 企业业务战略
C. 企业部门战略　　　　　　　　D. 企业职能战略

[解析] 根据题目关键信息"进军智能冰箱行业"，可确定该企业的经营范围扩大到智能冰箱行业，进入了新的经营领域，属于企业总体战略。

[答案] A

[典型例题·单选] 某医药企业为了拓展经营领域，策划进军互联网金融行业，该企业这一战略属于（　　）。

A. 企业总体战略
B. 企业业务战略
C. 企业职能战略
D. 紧缩战略

[解析] 根据题目信息"某医药企业为了拓展经营领域，策划进军互联网金融行业"，可确定该

企业经营范围扩大，属于企业总体战略。

[答案] A

环球君点拨

在企业战略的三个层次中，考生容易混淆企业职能战略与企业总体战略，所以考生在做题时要注意题干中有没有指出具体的职能，如果有，一般来说属于企业职能战略。

考点2　企业战略的制定

真题链接

[2023·案例（节选）] A公司主营茶饮饮品业务，提出了"提升服务，成就价值"的口号。目前茶饮饮料的市场迅速扩大，行业内企业的销售额和利润都迅速增长，行业内部竞争日趋激烈。A公司积极研发新型产品，目前共有甲产品、乙产品、丙产品和丁产品四种可供选择，每种产品的需求存在三种市场状态。

该公司提出的口号，反映了企业的（　　）。

A. 未来前景　　　　　　　　B. 企业使命
C. 战略目标　　　　　　　　D. 核心信仰

[解析] 企业愿景包括核心信仰和未来前景两部分。企业愿景管理通过开发愿景、瞄准愿景、落实愿景三个主要步骤凝聚团队，促使企业力量得以最大化发挥。企业愿景绝不是挂在嘴边的口号，而是衡量企业战略执行情况的一把"刻度尺"，所以该公司提出的口号不是企业愿景，选项A、D错误。企业战略目标是指企业在一定时期内沿其经营方向所预期达到的理想成果。目标体系的建立是将企业愿景与使命转化为具体的业绩目标，是一个具体化的过程，故该公司提出的口号也不是企业战略目标，选项C错误。

[答案] B

[2023·单选] M公司提出"引领商业进步，创造精彩生活"，这体现了该公司的（　　）。

A. 战略目标　　　　　　　　B. 企业使命
C. 企业愿景　　　　　　　　D. 未来前景

[解析] 企业愿景回答的是"我是谁"的问题，企业使命回答的是"企业的业务是什么"这一关键问题。M公司提出的"引领商业进步，创造精彩生活"并没有展示具体的企业业务，只说明了企业要从事商业活动，回答的是"我是谁"的问题，所以这体现了该公司的企业愿景。

[答案] C

[2020·单选] 下列关于企业愿景的说法，正确的是（　　）。

A. 企业愿景管理包括开发愿景、修正愿景、瞄准愿景三个主要步骤
B. 企业愿景回答了"企业的业务是什么"这一问题
C. 企业愿景由企业高层领导者独断制定，并自上而下推行
D. 企业愿景包括核心信仰和未来前景两部分

[解析] 企业愿景管理包括开发愿景、瞄准愿景、落实愿景三个主要步骤，选项A错误。企业愿景回答了"我是谁"这一问题，选项B错误。企业愿景不专属于企业高层管理者，企业愿景是由企业内部的成员制定，经团队讨论达成共识，形成的大家愿意全力以赴的未来方向，选项C错误。

[2017·单选] 下列关于企业使命的说法，正确的是（ ）。

A. 企业使命等同于企业愿景

B. 企业使命阐明了企业的根本性质与存在的理由

C. 企业使命的定位由企业经营哲学的定位和企业形象的定位两部分构成

D. 企业使命包括核心信仰和未来前景两部分

[答案] D

[解析] 企业愿景回答的是"我是谁"的问题，企业使命回答的是"企业的业务是什么"的问题，企业愿景与企业使命是两个不同的概念，选项 A 错误。企业使命的定位通常由企业经营哲学的定位、企业形象的定位、企业生存目的的定位三部分构成，选项 C 错误。企业愿景包括核心信仰和未来前景两部分，选项 D 错误。

[答案] B

■ 真题精解

点题：本系列真题考查确定企业愿景、企业使命与企业战略目标，但考查侧重点不同。其中，2023 年第一道真题与 2017 年真题考查企业使命；2023 年第二道真题与 2020 年真题考查企业愿景。

分析：对于本考点，考生应主要掌握企业愿景、企业使命与企业战略目标的含义与区别，具体内容如下：

（1）企业愿景是由企业内部的成员制定，经团队讨论<u>达成共识</u>，形成的大家愿意全力以赴的未来方向。企业愿景不专属于企业高层管理者，企业<u>内部每一位员工</u>都应参与构思制定企业愿景。通过沟通达成共识的企业愿景更有价值，更有针对性。企业愿景包括<u>核心信仰</u>和<u>未来前景</u>两部分。愿景管理通过<u>开发愿景</u>、<u>瞄准愿景</u>、<u>落实愿景</u>三个主要步骤凝聚团队，促使企业力量得以最大化发挥。企业愿景回答的是"我是谁"的问题。

（2）企业使命说明了企业的<u>根本性质与存在的理由</u>，说明企业的<u>宗旨、经营哲学、信念、原则</u>，根据企业服务对象的性质揭示企业长远发展的前景，为企业战略目标的确定与战略制定提供依据。如果说企业愿景回答的是"<u>我是谁</u>"的问题，那么企业使命回答的就是"<u>企业的业务是什么</u>"这一关键问题。企业使命的定位通常包括以下三个方面的内容：企业生存目的的定位、企业经营哲学的定位、企业形象的定位。

（3）企业战略目标是指企业在一定时期内沿其经营方向所预期达到的理想成果。目标体系的建立是将企业愿景与使命转化为具体的业绩目标，是一个<u>具体化</u>的过程。

拓展：该考点还可以通过在选项中加入企业战略目标的内容的方式，结合考查本考点内容。考生需要掌握并区分企业愿景、企业使命以及企业战略目标的内容和特点。

■ 举一反三

[典型例题·单选] 下列关于企业战略的制定的说法，正确的是（ ）。

A. 企业使命是在企业战略目标的基础上制定的

B. 企业愿景等同于企业战略目标

C. 企业愿景回答的是"企业的业务是什么"这一关键问题

D. 企业愿景可以由企业内部每一位员工参与制定

[解析] 企业战略目标是在企业使命的基础上制定的，选项 A 错误。企业愿景是由企业内部的成员制定，经团队讨论达成共识，形成的大家愿意全力以赴的未来方向。企业战略目标是指企业在

一定时期内沿其经营方向所预期达到的理想成果，企业愿景与企业战略目标是两个不同概念。选项B错误。企业使命回答的是"企业的业务是什么"这一关键问题，选项C错误。

[答案] D

[**典型例题·多选**] 下列关于企业战略制定的表述，正确的有（　　）。

　　A. 企业战略目标是在企业使命的基础上制定的
　　B. 企业使命不等同于企业战略目标
　　C. 企业愿景回答的是"企业的业务是什么"这一关键问题
　　D. 企业愿景可以由企业内部每一位员工参与制定
　　E. 企业愿景只能由企业高层管理者制定

[**解析**] 企业愿景回答的是"我是谁"的问题，企业使命回答的是"企业的业务是什么"这一关键问题，选项C错误。企业愿景不专属于企业高层管理者，企业内部每一位员工都应参与构思制定企业愿景，选项E错误。

[答案] ABD

环球君点拨

考试出现企业愿景与企业使命的内容的概率更大，且考查得会比较详细。考生在学习时，需要具体掌握两个小考点的内容，不要张冠李戴。从上面的真题和典型例题可以看出考题考查点较稳定，考生只要熟练掌握两者的概念，很容易得分。

考点 3　企业战略实施的模式

真题链接

[**经典例题·单选**] 企业战略从基层单位自下而上产生，并加以推进和实施，这种战略实施模式为（　　）模式。

　　A. 指挥型　　　　　　　　　　B. 转化型
　　C. 增长型　　　　　　　　　　D. 合作型

[**解析**] 战略从基层单位自下而上形成的只有增长型模式。

[答案] C

[**2020·单选改编**] 某网络技术有限公司把战略实施的相关责任范围扩大到企业其他层级管理者，调动了其他层级管理者的积极性和创造性。该企业的战略实施模式是（　　）模式。

　　A. 合作型　　　　　　　　　　B. 变革型
　　C. 文化型　　　　　　　　　　D. 增长型

[**解析**] 变革型模式不涉及"把战略实施的相关责任范围扩大到其他层级管理者"，选项B错误。题干中没有涉及"企业所有员工"，选项C错误。题干中没有提到"自下而上产生"，选项D错误。

[答案] A

真题精解

点题： 本系列题目考查企业战略实施的模式，但考查侧重点不同。其中，经典例题考查增长型模式；2020年真题改编考查合作型模式。

分析： 对于本考点，核心是掌握企业战略实施的五种模式。企业战略实施的模式有以下五种：

(1) 指挥型模式。该模式的特点在于企业高层管理者考虑的是如何制定一个最佳战略。战略制定者，即企业高层管理者提出企业战略的初步方案，经研究后做出决策，确定战略后，向战略执行者宣布企业战略，安排其推动执行。

(2) 变革型模式。在变革型模式中，企业高层管理者制定战略的同时，更加关注如何实施战略。同时，企业十分重视运用组织结构、激励手段和控制系统来促进战略实施。

(3) 合作型模式。合作型模式把战略实施的相关责任范围扩大到企业其他层级管理者，调动了其他层级管理者的积极性和创造性。协调其他层级管理者从一开始就承担有关的战略责任是该模式的工作重点。由于战略实施建立在集体智慧的基础上，战略实施成功的可能性随之提高。

(4) 文化型模式。文化型模式力图使企业所有员工都参与到企业战略的实施中。在该模式中，企业高层管理者担任指导者的角色，通过灌输一种恰当的企业文化，使战略得以实施。

(5) 增长型模式。企业实施战略是从基层单位自下而上形成的。

拓展： 该考点题目一般考查五种模式的具体概念，以单选题为主，有时也会出现多选题，如"企业战略实施的模式包括（   ）"。考生要熟练掌握五种模式的名称和基本概念。

举一反三

[典型例题·单选] 企业高层管理者决定企业战略，制定一个最佳战略，向战略执行者宣布企业战略，并安排其推动执行。这种战略实施模式为（   ）模式。

A. 指挥型　　　　　B. 转化型　　　　　C. 增长型　　　　　D. 合作型

[解析] 指挥型模式的特点在于企业高层管理者考虑的是如何制定一个最佳战略。战略制定者，即企业高层管理者提出企业战略的初步方案，经研究后做出决策，确定战略后，向战略执行者宣布企业战略，安排其推动执行，选项 A 正确。

[答案] A

[典型例题·单选] 某大型房地产企业将战略决策范围扩大到企业其他层级管理者之中，提高了战略实施成功的可行性，则该企业采用的战略实施模式是（   ）模式。

A. 指挥型　　　　　　　　　　　　　B. 变革型
C. 合作型　　　　　　　　　　　　　D. 文化型

[解析] 合作型模式把战略实施的相关责任范围扩大到企业其他层级管理者，调动了其他层级管理者的积极性和创造性。协调其他层级管理者从一开始就承担有关的战略责任是该模式的工作重点。由于战略实施建立在集体智慧的基础上，战略实施成功的可能性随之提高，选项 C 正确。

[答案] C

环球君点拨

该考点题目的考查方式比较直接，其题干叙述多为某种战略实施模式的基本概念内容，虽然可能会做一些修改或加以实例，但特征突出，考生在做题时可通过关键词选出正确的战略实施模式。如看到"从基层单位自下而上"就知道是增长型模式；看到"相关责任范围扩大到企业其他层级管理者"就知道是合作型模式；看到"积极协调高层管理人员达成共识"就知道是变革型模式；看到"企业所有员工"就知道是文化型模式等。

考点 4　7S 模型

真题链接

[2021·多选] 某集团利用麦肯锡 7S 模型进行战略过程分析时，需分析的软件要素有（　　）。

A. 技能　　　　　　　　　　　　B. 制度
C. 共同价值观　　　　　　　　　D. 风格
E. 人员

[解析] 麦肯锡 7S 模型认为，共同价值观、人员、技能和风格是企业成功的软件要素。制度属于企业成功的硬件要素，选项 B 错误。

[答案] ACDE

[2020·单选] 下列选项中，属于麦肯锡 7S 模型中的硬件要素的是（　　）。

A. 人员　　　　　　　　　　　　B. 共同价值观
C. 技能　　　　　　　　　　　　D. 战略

[解析] 麦肯锡 7S 模型认为，战略、结构、制度是企业成功的硬件要素。人员、共同价值观、技能均属于企业成功的软件要素，选项 A、B、C 错误。

[答案] D

真题精解

点题：本系列真题考查 7S 模型，但考查侧重点不同。其中，2021 年真题考查 7S 模型中的软件要素；2020 年真题考查 7S 模型中的硬件要素。

分析：本考点几乎年年考查，属于核心知识点。对于本考点，核心是掌握麦肯锡 7S 模型硬件要素和软件要素的构成。

在 7S 模型中，企业成功的硬件要素包括战略、制度和结构，企业成功的软件要素包括共同价值观、人员、技能和风格。

拓展：该考点会以多选题、单选题等形式出现，且题干中可能出现反向提问，如"下列各项中，不属于 7S 模型中的硬件要素的有（　　）"。

举一反三

[典型例题·单选] 在麦肯锡公司提出的 7S 模型中，不属于硬件要素的是（　　）。

A. 战略　　　　　　　　　　　　B. 共同价值观
C. 结构　　　　　　　　　　　　D. 制度

[解析] 7S 模型包括硬件要素和软件要素，其中硬件要素包括战略、结构和制度，软件要素包括共同价值观、人员、技能和风格。

[答案] B

[典型例题·多选] 下列要素中，属于麦肯锡公司提出的 7S 模型中的软件要素的有（　　）。

A. 人员　　　　　　　　　　　　B. 制度
C. 技能　　　　　　　　　　　　D. 结构
E. 共同价值观

[解析] 7S 模型包括硬件要素和软件要素，其中硬件要素包括战略、结构和制度，软件要素包括共同价值观、人员、技能和风格。

[答案] ACE

> **环球君点拨**
>
> 7S模型中的7个要素是重要考点，但相对简单。考生在学习时，不仅要准确记忆，还要准确区分。此外，选项中也可能出现与该考点相似的内容，以干扰考生做出正确选择，因此，考生在做题时一定要认真审题。

▶ 考点5　战略控制的原则

真题链接

[2024·多选] 企业战略控制是指企业战略管理者及参与战略的实施者根据战略目标和行动方案，对战略的实施情况进行全面的评审，及时发现偏差并纠正偏差的活动。下面属于企业战略控制的原则的有（　　）。

A. 适应性原则　　　　　　　　　　B. 确保目标原则
C. 平衡性原则　　　　　　　　　　D. 适度控制原则
E. 适时控制原则

[解析] 战略控制原则包括确保目标原则、适应性原则、适度控制原则和适时控制原则。

[答案] ABDE

[2023·多选] 企业进行战略控制，可行的做法有（　　）。

A. 全方位严格控制所有战略过程
B. 通过战略控制确保企业战略目标的实现
C. 采用PESTEL分析法稳步推进战略控制过程
D. 根据不同的业务特点选择不同的控制标准
E. 选择适当的契机进行战略调整

[解析] 适度控制原则要求控制过程严格但不乏弹性，切忌控制过度、控制的范围、程度和频率要恰到好处。全方位严格控制所有战略过程不符合适度控制原则，选项A错误。PESTEL分析法是企业战略分析方法，选项C错误。

[答案] BDE

[2022·单选] 在企业战略控制原则中，（　　）会根据不同的经营业务的性质与需要制定不同的控制标准和方式。

A. 适时原则　　　　　　　　　　　B. 适度原则
C. 适应性原则　　　　　　　　　　D. 确保目标原则

[解析] 适应性原则：控制要能够反映不同经营业务的性质与需要。经营业务有大有小，对实现组织目标的影响力有轻有重。只有根据各部门的业务范围、工作特点等制定不同的控制标准和方式，才能适应不同的经营业务的需要。

[答案] C

[2021·多选] 下列选项中，属于企业实施战略控制的原则的有（　　）。

A. 折中原则　　　　　　　　　　　B. 确保目标原则
C. 适时控制原则　　　　　　　　　D. 严格控制原则

E. 适应性原则

[解析] 企业实施战略控制的原则包括确保目标原则、适度控制原则、适时控制原则、适应性原则。折中原则属于企业经营决策方法中的定量决策方法，选项 A 错误。严格控制原则是错误的，应为适度控制原则，选项 D 错误。

[答案] BCE

真题精解

点题：本系列真题考查战略控制的原则，但考查侧重点不同。其中，2024 年真题、2023 年真题和 2021 年真题考查战略控制原则包括哪些；2022 年真题考查战略控制原则中的适应性原则。

分析：本考点内容比较简单，重点在于掌握战略控制的四个原则，其具体内容如下：

（1）确保目标原则：战略控制过程是确保实现企业目标的过程，通过执行战略计划确保战略目标的实现。既要控制短期性经营活动，也要控制长期性战略活动。

（2）适度控制原则：控制过程要严格但不乏弹性，切忌控制过度，控制的范围、程度和频率要恰到好处，否则控制过多可能会引起混乱或目标移位。

（3）适时控制原则：控制要掌握适当时机，选择适当的契机对战略进行修正，要避免在不该修正时采取行动或者在需要纠正时没有及时采取行动。

（4）适应性原则：控制要能够反映不同经营业务的性质与需要。经营业务有大有小，对实现组织目标的影响力有轻有重。只有根据各部门的业务范围、工作特点等制定不同的控制标准和方式，才能适应不同的经营业务的需要。

拓展：该考点会以多选题、单选题的形式出现。该考点题目主要考查对各个原则的理解，如题干中给出某种原则的概念和解释，让考生判断其属于哪种原则。

举一反三

[典型例题·多选] 企业进行战略控制要及时发现偏差并纠正偏差，其应遵循的原则有（ ）。

A. 确保目标原则　　　　　　　　B. 适度控制原则
C. 适时控制原则　　　　　　　　D. 适应性原则
E. 综合平衡原则

[解析] 战略控制的原则包括确保目标原则、适度控制原则、适时控制原则、适应性原则。综合平衡原则属于评价和确定企业战略方案应遵循的基本原则，选项 E 错误。

[答案] ABCD

[典型例题·单选] 控制过程要严格但不乏弹性，切忌控制过度，只要能保持与目标的一致性，保持战略实施的正确方向，就应尽可能少地干预实施过程中发生的问题。这体现的战略控制原则为（ ）。

A. 确保目标原则　　　　　　　　B. 适度控制原则
C. 适时控制原则　　　　　　　　D. 适应性原则

[解析] 适度控制原则要求控制过程要严格但不乏弹性，切忌控制过度。控制的范围、程度和频率要恰到好处，否则，控制过多可能会引起混乱和目标移位。

[答案] B

环球君点拨

在战略控制的四种原则中,考生相对不容易掌握适应性原则,其他三种原则可以从字面意思做出精准的判断,故考生需要着重理解记忆适应性原则。

考点6 战略控制的方法

真题链接

[2024·多选] 下列方法中,可用于企业战略控制的有（ ）。
A. 马尔可夫模型 B. 利润计划轮盘
C. 7S 模型 D. 杜邦分析法
E. 量本利分析法

[解析] 用于企业战略控制的方法包括杜邦分析法、平衡计分卡和利润计划轮盘。

[答案] BD

[2023·单选] 下列方法中,可以用于战略控制的是（ ）。
A. 杜邦分析法 B. 量本利分析法
C. 生产周期法 D. 7S 模型分析法

[解析] 具有代表性的战略控制方法包括杜邦分析法、平衡计分卡、利润计划轮盘。

[答案] A

[2018·多选] 平衡计分卡在传统的财务考核指标的基础上兼顾了其他角度的绩效考核,这些角度包括（ ）。
A. 内部流程角度 B. 资金运用角度
C. 市场开发角度 D. 学习和创新角度
E. 顾客角度

[解析] 平衡计分卡的绩效考核角度包括财务角度、顾客角度、内部流程角度、学习和创新角度。

[答案] ADE

真题精解

点题：本系列真题考查战略控制的方法,但考查侧重点不同。其中,2024 年真题、2023 年真题考查战略控制方法包括哪些;2018 年真题考查平衡计分卡的四个设计角度。

分析：对于本考点,核心是掌握企业战略控制的三种方法,包括杜邦分析法、平衡计分卡和利润计划轮盘,其具体内容如下：

(1) 杜邦分析法是基于财务指标的战略控制方法,由美国杜邦企业开发并使用,目前在国际上获得广泛应用。其最显著的特点是将若干个用以评价企业经营效率和财务状况的比率按其内在联系有机地结合起来,形成一个完整的指标体系。

(2) 平衡计分卡是将企业的战略落实为可操作的衡量指标和目标值的一种新型绩效评价方法。设计平衡计分卡的目的就是要建立"实现战略引导"的绩效监控系统。其设计从财务角度、顾客角度、内部流程角度、学习和创新角度四个角度展开。这四个角度分别代表企业三个主要的利益相关者：股东、顾客、员工。

(3)利润计划轮盘主要用于战略业绩目标制定和战略实施过程控制,由利润轮盘、现金轮盘和净资产收益率轮盘三部分组成。利润计划轮盘的特点在于,强调利润计划在整个战略管理中的重要性,并且明确制定出企业的战略目标,以具体的财务指标值——净资产收益率作为战略的最高业绩目标。

拓展:该考点会以多选题的形式考查战略控制的方法包括哪些,也会以多选题的方式考查三种战略控制的方法的具体内容,其中,平衡计分卡和利润计划轮盘的出题概率更大。

■ 举一反三

[典型例题·多选] 利润计划轮盘是由罗伯特·西蒙斯在《利润计划要诀》一文中提出的,其主要包括(   )。

  A. 现金轮盘　　　　　　　　　　　B. 利润轮盘
  C. 权益回报率轮盘　　　　　　　　D. 净资产收益率轮盘
  E. 资本成本率轮盘

[解析] 利润计划轮盘由利润轮盘、现金轮盘和净资产收益率轮盘三部分组成。

[答案] ABD

[典型例题·单选] 下列关于战略控制的方法的说法,错误的是(   )。

  A. 设计平衡计分卡的目的就是要建立"实现战略引导"的绩效监控系统
  B. 平衡计分卡是将企业的战略落实为可操作的衡量指标和目标值的一种新型绩效评价方法
  C. 杜邦分析法是基于财务指标的战略控制方法,目前在国际上获得广泛应用
  D. 利润计划轮盘由利润轮盘、现金轮盘和成本轮盘组成

[解析] 利润计划轮盘是由利润轮盘、现金轮盘和净资产收益率轮盘组成。

[答案] D

■ 环球君点拨

对于杜邦分析法、平衡计分卡和利润计划轮盘的考查,一般来说是一道题目只涉及一个战略控制的方法,但考查点较细。考生可通过做难度较大的举一反三第二道典型例题来更好地掌握该考点。

第二节　企业战略分析

▶ 考点1　宏观环境分析

■ 真题链接

[2017·单选] 企业在制定未来的发展战略时,可以选择的外部宏观环境分析方法是(   )。

  A. 价值链分析法　　　　　　　　　　B. 杜邦分析法
  C. PESTEL 分析法　　　　　　　　　D. 波士顿矩阵分析法

[解析] 价值链分析法和波士顿矩阵分析法属于企业内部环境分析,选项 A、D 错误。杜邦分析法是战略控制的方法,选项 B 错误。

[答案] C

工商管理专业知识与实务（中级）

真题精解

点题： 本系列真题考查宏观环境分析，2017年真题考查外部宏观环境分析方法包括哪些。

分析： 对于本考点，核心是掌握 PESTEL 分析法的概念。

企业可以采用 PESTEL 分析法对企业外部的宏观环境进行战略分析。PESTEL 分析是针对宏观环境的<u>政治</u>、<u>经济</u>、<u>社会</u>、<u>科技</u>、<u>生态</u>和<u>法律</u>这六大类影响企业的主要外部环境因素进行分析。

拓展： 该考点近几年独立出题的概率较小，往往是和后面行业环境分析的内容一起出题，以多选题为主，故考生需要区分 PESTEL 分析法和行业环境分析的内容。

举一反三

[典型例题·多选] 根据 PESTEL 分析法，以下属于对企业经营产生宏观影响的因素有（　　）。

A. 政治环境　　　　　　　　　　B. 经济环境
C. 行业竞争结构　　　　　　　　D. 生态环境
E. 战略群体

[解析] PESTEL 分析是针对宏观环境的政治（political）、经济（economic）、社会（social）、科技（technological）、生态（environmental）和法律（legal）这六大类影响企业的主要外部环境因素进行分析，选项 A、B、D 正确。选项 C、E 属于行业环境分析。

[答案] ABD

[典型例题·单选] 科技是一种创新性的破坏力量，企业应该时刻关注技术进步带来的市场变化，审时度势，顺势而为，才能在竞争中立于不败之地。根据 PESTEL 分析法，科技进步属于企业面临的（　　）。

A. 政治环境　　　　　　　　　　B. 生态环境
C. 经济环境　　　　　　　　　　D. 科技环境

[解析] 科技环境是指企业所在地区或国家的科技水平、科技政策、新产品开发能力以及技术发展动向等要素的集合。

[答案] D

环球君点拨

PESTEL 分析法中的六种环境不仅是企业要面对的几个领域，也是每个人要时时面对的客观世界，因此考生记忆该部分内容较简单。

考点2　行业生命周期分析

真题链接

[2023·案例（节选）] A公司主营茶饮饮品业务，提出了"提升服务，成就价值"的口号。目前茶饮饮料的市场迅速扩大，行业内企业的销售额和利润都迅速增长，行业内部竞争日趋激烈。A公司积极研发新型产品，目前共有甲产品、乙产品、丙产品和丁产品四种可供选择，每种产品的需求存在三种市场状态。

根据该企业的行业分析，该行业目前处于行业生命周期的（　　）。

A. 形成期　　　　　　　　　　　B. 成长期
C. 成熟期　　　　　　　　　　　D. 衰退期

[解析] 根据案例信息"目前茶饮饮料的市场迅速扩大，行业内企业的销售额和利润都迅速增长，行业内部竞争日趋激烈"可知，该企业目前处于成长期。进入成长期，行业产品已较完善，市场迅速扩大，企业销售额和利润迅速增长。行业规模扩大，竞争日趋激烈，经营不善的企业已开始退出。

[答案] B

[2018·单选] 下列关于行业生命周期中成熟期的特征，说法错误的是（　　）。
A. 产品成本控制和市场营销的有效性成为影响企业成败的关键因素
B. 市场迅速扩大
C. 行业竞争异常激烈
D. 行业由分散走向集中

[解析] 成熟期市场已趋于饱和，市场迅速扩大属于成长期的特征。

[答案] B

📖 **真题精解**

点题：本系列真题考查行业生命周期分析，但考查侧重点不同。其中，2023年真题考查行业生命周期中的成长期特征；2018年真题考查行业生命周期中的成熟期特征。

分析：对于本考点，核心是掌握行业生命周期不同阶段的特征。行业生命周期分为以下四个阶段：

（1）形成期。形成期是指某一行业刚出现的阶段。此阶段有较多的小企业出现，竞争压力较小。研究开发和工程技术是该阶段的重要职能。

（2）成长期。成长期中，行业的产品已较完善，市场迅速扩大，企业的销售额和利润迅速增长。行业的规模扩大，竞争日趋激烈，经营不善的企业已开始退出。市场营销和生产管理成为关键性职能。

（3）成熟期。进入成熟期，行业的市场已趋于饱和，销售额已难以增长，在此阶段的后期甚至会开始下降，行业内部竞争异常激烈，企业间的合并、兼并大量出现，许多小企业退出，于是行业由分散走向集中。产品成本控制和市场营销的有效性成为影响企业成败的关键因素。

（4）衰退期。到了衰退期，市场萎缩，行业规模缩小，行业中留下的企业越来越少，竞争依然很残酷。

拓展：该考点近几年独立出题的概率较小，往往是和后面的行业环境分析内容一起出题，以多选题为主，故考生需要精准区分行业生命周期四个阶段的具体特征，不要与后面内容混淆。

📖 **举一反三**

[典型例题·单选] 某行业的产品已较完善，市场迅速扩大，企业的销售额和利润迅速增长。该行业处于（　　）。
A. 形成期　　　　　　　　　　　B. 成长期
C. 成熟期　　　　　　　　　　　D. 衰退期

[解析] 成长期中，行业的产品已较完善，市场迅速扩大，企业的销售额和利润迅速增长，行业的规模扩大，竞争日趋激烈。市场营销和生产管理成为关键性职能。

[答案] B

[典型例题·单选] 某行业的产品已经进入衰退期,则该行业的特点包括( )。

A. 研究开发是该阶段的重要职能

B. 行业的产品已较完善

C. 行业规模缩小

D. 销售额难以增长

[解析] 到了衰退期,市场萎缩,行业规模缩小,行业中留下的企业越来越少,竞争依然很残酷,选项C正确。选项A属于形成期的特征;选项B属于成长期的特征;选项D属于成熟期的特征。

[答案] C

环球君点拨

行业生命周期四个阶段的特点各有不同,其中成长期和成熟期的特点最容易混淆,且在考试中经常出现,考生若没有准确掌握成长期和成熟期两个阶段各自的特点,则很容易丢分。一般来说,题目中提到"增长""扩大""日趋"等关键词的就属于成长期,否则就属于成熟期。

考点3 行业竞争结构分析

真题链接

[2023·多选] 企业采用波特"五力模型"分析法分析行业环境时,需要分析的基本竞争力量有( )。

A. 中间商的谈判能力　　　　　B. 供应者的谈判能力

C. 购买者的谈判能力　　　　　D. 替代品的威胁

E. 潜在进入者的威胁

[解析] 迈克尔·波特教授提出的"五力模型"分析法认为,在一个行业里普遍存在着五种基本竞争力量,即行业中现有企业之间的竞争、供应者的谈判能力、购买者的谈判能力、潜在进入者的威胁、替代品的威胁。

[答案] BCDE

[2022·单选] 下列选项中,在实施战略控制时属于行业环境分析的是( )。

A. 利润计划轮盘　　　　　　　B. 杜邦分析法

C. 波特"五力模型"分析法　　　D. 波士顿矩阵分析

[解析] 利润计划轮盘和杜邦分析法属于战略控制的方法,选项A、B错误。波士顿矩阵分析属于企业内部环境分析,选项D错误。

[答案] C

[2019·单选] 迈克尔·波特教授提出的"五力模型"分析法认为,在一个行业里普遍存在着五种基本竞争力量,即行业中现有企业间的竞争、潜在进入者的威胁、购买者的谈判能力、供应者的谈判能力和( )。

A. 销售者的谈判能力　　　　　B. 互补品的威胁

C. 生产者的谈判能力　　　　　D. 替代品的威胁

[解析] 在一个行业里,普遍存在着五种基本竞争力量,即行业中现有企业间的竞争、潜在进

入者的威胁、购买者的谈判能力、供应者的谈判能力和替代品的威胁。

[答案] D

[2018·单选] 根据"五力模型"分析法，下列情形中，供应者具有较强谈判能力的是（　　）。

A. 购买者的购买量大

B. 购买者具有自主生产所购买产品的潜力

C. 行业中替代品的数量多

D. 行业中供应者的数量少

[解析] 购买者的购买量大、购买者具有自主生产所购买产品的潜力、行业中替代品的数量多均会造成供应者具有较弱的谈判能力，与题干所述相反，选项 A、B、C 错误。

[答案] D

真题精解

点题：本系列真题考查行业竞争结构分析，但考查侧重点不同。其中，2022 年真题考查行业环境分析包括哪些方式；2023 年真题和 2019 年真题考查行业竞争结构分析中"五力模型"分析法的五种基本竞争力量；2018 年真题考查"五力模型"分析法中供应者谈判能力较强的特征。

分析：对于本考点，核心是掌握五种基本竞争力量的概念。

在一个行业里，普遍存在着五种基本竞争力量，即行业中现有企业间的竞争、潜在进入者的威胁、购买者的谈判能力、供应者的谈判能力和替代品的威胁。其中，购买者的谈判能力、供应者的谈判能力和替代品的威胁较为重要。

替代品的威胁：向市场提供任何一种产品或服务的企业都在不同程度上受到替代品的威胁。这种威胁可以是直接的，也可以是间接的，它主要表现为替代品对企业产品价格的限制。

购买者的谈判能力：当某一购买者或一群购买者具有以下特征时，便具有较强的谈判能力，即购买供应者的大部分产品或服务；具有自主生产该产品的潜力；有许多可供替代的供应者；转向其他供应者的成本很低。

供应者的谈判能力：当供应者具有以下特征时，将处于有利的地位，即供应者所在的行业由少数企业控制，而购买者却很多；市场上没有替代品；购买者只购买供应者产品的一小部分，购买者的议价能力较弱。

拓展：该考点考查频率较高，且有一定的难度，涉及购买者的谈判能力和供应者的谈判能力的题目得分率较低。考生在学习时，可结合生活实际理解性记忆这两部分内容。

举一反三

[典型例题·多选] 迈克尔·波特"五力模型"分析法认为，一个行业普遍存在五种基本竞争力量，除了潜在进入者的威胁和购买者的谈判能力，还包括（　　）。

A. 行业中现有企业间的竞争　　B. 互补品的威胁

C. 替代品的威胁　　D. 经销者的谈判能力

E. 供应者的谈判能力

[解析] 迈克尔·波特"五力模型"分析法的五种基本竞争力量包括行业中现有企业间的竞争、潜在进入者的威胁、替代品的威胁、供应者的谈判能力、购买者的谈判能力。

[答案] ACE

[典型例题·单选] 传统燃油车越来越感受到电动汽车竞争所带来的压力。根据迈克尔·波特"五力模型"分析法，这种竞争带来的威胁属于（　　）。

A. 行业中现有企业间的竞争　　B. 互补品的威胁
C. 替代品的威胁　　D. 购买者的谈判能力

[解析] 向市场提供任何一种产品或服务的企业都在不同程度上受到替代品的威胁。这种威胁可以是直接的，也可以是间接的，它主要表现为替代品对企业产品价格的限制。电动汽车作为燃油车的替代品，其价格越低、质量越好、续航里程越接近燃油车、充电桩的密度越大，用户转换成本越低，带来的竞争压力就越大；而这种来自替代品生产者的竞争压力的强度，可以具体通过考察替代品销售增长率、替代品厂家生产能力与盈利扩张情况来加以描述，选项C正确。

[答案] C

[环球君点拨]

该考点为高频考点，特别是"五力模型"分析法中的五种基本竞争力量常常以多选题的形式出题，难度不大，分值却很高，考生需要格外重视。另外，供应商的谈判能力和购买者的谈判能力考查频率也很高，且考查点较细，考生可在学习时理解性记忆该部分内容，并在做题时根据常识进行判断。

考点 4　因素评价矩阵

[真题链接]

[2023·单选] 通过找出影响企业优势和劣势的关键因素，分析企业内部战略环境的方法是（　　）。

A. EFE 矩阵　　B. 决策树分析法
C. 7S 模型　　D. IFE 矩阵

[解析] 企业内部环境分析包括企业核心竞争力分析、价值链分析、波士顿矩阵分析和内部因素评价矩阵（IFE 矩阵）。通过 IFE 矩阵，企业可以较好地总结和评价企业在各个领域的优势和劣势，明确企业内部因素的竞争地位。

[答案] D

[2020·单选] 下列关于外部因素评价矩阵的说法，正确的是（　　）。

A. 外部因素评价矩阵从机会和威胁两方面找出影响企业未来发展的关键因素
B. 总加权分数高于 2.5 分，说明企业对外部影响因素的反应程度较差
C. 外部因素评价矩阵是战略控制的方法
D. 总加权分数的数值范围为 1～5 分

[解析] 总加权分数高于 2.5 分，说明企业对外部影响因素的反应程度较好，选项 B 错误。外部因素评价矩阵是企业外部环境分析的方法，选项 C 错误。总加权分数的数值范围为 1～4 分，选项 D 错误。

[答案] A

[经典例题·单选] 下列关于内部因素评价矩阵的说法，错误的是（　　）。

A. 内部因素评价矩阵从优势和劣势两方面找出影响企业的关键因素

B. 总加权分数高于 2.5 分，说明企业的内部状况处于强势
C. 内部因素评价矩阵采用 10～25 个内部因素
D. 总加权分数的数值范围为 1～4 分

[解析] 内部因素评价矩阵采用 10～20 个内部因素。

[答案] C

真题精解

点题：本系列题目考查因素评价矩阵，但考查侧重点不同。其中，2023 年真题和经典例题考查内部因素评价矩阵；2020 年真题考查外部因素评价矩阵。

分析：对于本考点，核心是掌握外部因素评价矩阵和内部因素评价矩阵的内容。

外部因素评价矩阵的使用可分为以下五个步骤：

第一，列出关键因素，因素总数控制在 10～20 个。

第二，赋予每个因素以权重，权重值取值由 0 到 1，所有因素的权重总和必须等于 1。

第三，按照企业现行战略对关键因素的有效反应程度，为各关键因素进行评分。分值范围为 1～4 分。其中，4 分代表反应很好，3 分代表反应超过平均水平，2 分代表反应为平均水平，1 分代表反应很差。

第四，计算每个因素的加权分数。

第五，将所有因素的加权分数相加，即得到企业的总加权分数。总加权分数的范围都是从最低的 1 分到最高的 4 分，平均分为 2.5 分。总加权分数低于 2.5 分的，对外部影响因素的反应程度相对较差，企业需要改进经营战略以适应外部宏观环境的变化；高于 2.5 分，则说明企业对外部影响因素能做出较好的反应，企业经营战略是积极有效的。

内部因素评价矩阵的使用可分为以下五个步骤：

第一，列出在内部分析过程中确定的关键因素。采用 10～20 个内部因素，包括优势和劣势两个方面。

第二，给每个因素以权重，其数值范围由 0 到 1，所有权重之和等于 1。

第三，为各关键因素进行评分。分值范围为 1～4 分。其中，1 分代表重要劣势；2 分代表次要劣势；3 分代表次要优势；4 分代表重要优势。

第四，用每个因素的权重乘以它的评分，即得到每个因素的加权分数。

第五，将所有因素的加权分数相加，即得到企业的总加权分数。总加权分数的范围都是从最低的 1 分到最高的 4 分，平均分为 2.5 分。总加权分数低于 2.5 分的企业的内部状况处于弱势，而分数高于 2.5 分的企业的内部状况则处于强势。企业的总加权分数越高，企业的竞争地位就越强。

拓展：该考点很少在考试中出现，属于低频考点。题目考查内容往往较细、较偏，考生需要格外注意该考点中出现的相关数字及其含义。此外，该考点可能会以多选题的方式将内部因素评价矩阵的内容和外部因素评价矩阵的内容放在一道题目中考查，其难度就会明显上升。

举一反三

[典型例题·单选] 下列关于外部因素评价矩阵的说法，错误的是（　　）。

A. 总加权分数低于 2.5 分，说明企业对外部影响因素的反应程度相对较好

B. 总加权分数的数值范围为 1～4 分，4 分代表反应很好

C. 外部因素评价矩阵从机会和威胁两方面找出影响企业的关键因素

D. 外部因素评价矩阵采用10～20个关键因素

[解析] 总加权分数低于2.5分，说明企业对外部影响因素的反应程度相对较差。

[答案] A

[典型例题·单选] 下列关于内部因素评价矩阵的说法，错误的是（　　）。

A. 总加权分数低于2.5分，说明企业内部状况属于劣势

B. 内部因素评价矩阵从优势和劣势两方面找出影响企业的关键因素

C. 总加权分数的数值范围为0～3分，3分代表重要优势

D. 评分以企业为基准，权重以行业为基准

[解析] 总加权分数的数值范围为1～4分。其中，1分代表重要劣势；2分代表次要劣势；3分代表次要优势；4分代表重要优势。

[答案] C

环球君点拨

内部因素评价矩阵和外部因素评价矩阵总加权分数的数值范围均为1～4分，分值越高对企业越有利，反之越不利。另外，总加权分数平均分为2.5分，而不是2分。

考点5　企业核心竞争力分析

真题链接

[2023·案例（节选）] D公司是国内知名动力电池制造商，专注于新能源汽车的动力电池系统和储能系统的研发、生产和销售。D公司强化战略管理，建设了完善的采购系统、生产系统、营销系统，并通过高效的运营管理系统推动公司不断发展壮大，形成特有的核心竞争力，市场占有率不断提高。2022年，D公司与德国的G公司在德国建立合资企业，生产锂离子电池，专供德国市场。2023年，D公司与国内M汽车制造公司采用联合生产的形式建立战略联盟，生产新能源汽车，共有甲车型、乙车型、丙车型、丁车型四种产品方案可供选择，每种产品均存在着市场需求高、市场需求一般、市场需求低三种市场状态。

D公司因高效的运营管理系统所形成的核心竞争力是（　　）。

A. 关系竞争力　　　　　　　　　B. 资源竞争力

C. 能力竞争力　　　　　　　　　D. 人才竞争力

[解析] 能力竞争力指的是能够保证企业生存和发展以及实施战略的能力。对企业能力的研究更强调企业自身的素质，即企业的战略、体制、机制、经营管理、商业模式、团队默契、对环境的适应性、对资源开发控制的能动性以及创新性等。

[答案] C

[2021·单选] 下列关于核心竞争力的说法，错误的是（　　）。

A. 核心竞争力是企业能够长期获得竞争优势的能力

B. 核心竞争力具有异质性

C. 企业独特的经营管理模式是资源竞争力

D. 区位优势是资源竞争力

第一章　企业战略与经营决策

[解析] 企业独特的经营管理模式属于能力竞争力。

[答案] C

[2020·多选] 下列选项中，企业核心竞争力的特征主要有（　　）。
A. 异质性　　　　　　　　　　B. 灵活性
C. 延展性　　　　　　　　　　D. 价值性
E. 持久性

[解析] 企业核心竞争力的特征有价值性、异质性、延展性、持久性、难以转移性和难以复制性。

[答案] ACDE

真题精解

点题：本系列真题考查企业核心竞争力分析，但考查侧重点不同。其中，2023 年真题考查核心竞争力的体现；2021 年真题综合考查企业核心竞争力分析的内容；2020 年真题考查企业核心竞争力的特征。

分析：对于本考点，考生应重点掌握企业核心竞争力的体现和特征。

1. 核心竞争力的体现

企业的核心竞争力主要体现在以下三个方面：

（1）关系竞争力。企业竞争力所涉及的关系一般包括企业所在产业的发展状况，本企业与相关企业的关系，企业活动与国家的关系，企业活动所处的国际经济关系以及经济、社会、政治环境。

（2）资源竞争力。这里指的是企业所拥有的或者可以获得的各种资源，包括人力资源、原材料资源、土地资源、技术资源、资金资源、组织资源、区位优势、所在地的基础设施等。

（3）能力竞争力。这里指的是能够保证企业生存和发展以及实施战略的能力。对企业能力的研究更强调企业自身的素质，包括企业的战略、体制、机制、经营管理、商业模式、团队默契、对环境的适应性、对资源开发控制的能动性以及创新性等。

2. 核心竞争力的特征

企业核心竞争力的特征包括价值性、异质性、延展性、持久性、难以转移性和难以复制性。

拓展：该考点在近年考试中多有涉及，且题目综合性、复杂性程度有所上升，如以多选题的方式同时考查核心竞争力的体现和特征这两部分内容。核心竞争力的体现多涉及考查具体细节，核心竞争力的特征一般只考价值性、实质性、延展性、持久性、难以转移性和难以复制性这六个名词。

举一反三

[典型例题·多选] 下列各项中，属于企业核心竞争力的特征的有（　　）。
A. 价值性　　　　　　　　　　B. 暂时性
C. 持久性　　　　　　　　　　D. 难以复制性
E. 同质性

[解析] 企业核心竞争力的特征包括六个方面，即价值性、异质性、延展性、持久性、难以转移性和难以复制性。

[答案] ACD

[典型例题·单选] 某新能源装备生产企业擅长研究开发，拥有国际领先的能源智能转换传输

技术，这项技术形成了企业的核心竞争力，则该企业的核心竞争力体现在（ ）。

　　A. 关系竞争力　　　　　　　　　　　B. 资源竞争力
　　C. 区位竞争力　　　　　　　　　　　D. 能力竞争力

　　[解析] 资源竞争力指的是企业所拥有的或者可以获得的各种资源，包括人力资源、原材料资源、技术资源、资金资源等。根据题目信息"拥有国际领先的能源智能转换传输技术"可确定这属于技术资源，所以该企业的竞争力体现在资源竞争力。

[答案] B

环球君点拨

　　在核心竞争力的体现中，考生比较容易区分关系竞争力与资源竞争力的内容，但不易掌握能力竞争力的内容。因此考生可通过记忆关键词的方式掌握能力竞争力的内容，如关键词"体制""机制""经营管理""商业模式""团队默契""对环境的适应性"等。

考点6 价值链分析

真题链接

　　[2024·案例（节选）] M公司为茶饮料生产企业，采用价值链分析法分析其价值制造活动，采用波士顿矩阵分析产品的竞争力。在充分进行内外部战略环境分析的基础上，公司明确了战略方向，该公司可采用贴牌生产和特许经营的形式与其他企业建立战略联盟，以期全面提高企业产品的市场占有率和市场竞争力。该公司积极研发新产品，并出资金在某大学建立技术实验室，研究新技术。现有甲、乙、丙、丁四种饮料产品方案可供选择，每种产品均存在市场需求高、市场需求一般、市场需求低三种市场状态。

　　M公司采用价值链分析法分析其价值创造活动时，应分析的辅助活动为（ ）。

　　A. 物流储运　　　　　　　　　　　　B. 采购
　　C. 技术开发　　　　　　　　　　　　D. 原材料供应

　　[解析] 企业价值链由基本活动和辅助活动构成。其中，辅助活动是指用以支持基本活动而且内部之间又相互支持的活动，包括采购、技术开发、人力资源管理和企业基础职能管理。

[答案] BC

　　[2023·单选] 根据迈克尔·波特价值链模型，下列价值链活动中，属于价值链辅助活动的是（ ）。

　　A. 售后服务　　　　　　　　　　　　B. 人力资源管理
　　C. 原材料供应　　　　　　　　　　　D. 市场营销

　　[解析] 企业价值链由基本活动和辅助活动构成。其中，辅助活动是指用以支持基本活动而且内部之间又相互支持的活动，包括采购、技术开发、人力资源管理和企业基础职能管理。

[答案] B

　　[2023·单选] 根据迈克尔·波特价值链模型，下列价值链活动中，属于价值链基本活动的是（ ）。

　　A. 技术开发　　　　　　　　　　　　B. 人力资源管理
　　C. 采购　　　　　　　　　　　　　　D. 售后服务

[解析]企业价值链基本活动是指企业生产经营的实质性活动，一般分为原材料供应、生产加工、成品储运、市场营销和售后服务五种活动。

[答案] D

[2018·单选]下列活动中，属于价值链辅助活动的是（　　）。

A. 成品储运　　　　　　　　B. 技术开发
C. 生产加工　　　　　　　　D. 原材料供应

[解析]成品储运、生产加工、原材料供应均属于价值链基本活动，选项A、C、D错误。

[答案] B

[2016·单选]下列企业活动中，属于价值链基本活动的是（　　）。

A. 生产加工　　　　　　　　B. 企业基础职能管理
C. 技术开发　　　　　　　　D. 采购

[解析]企业基础职能管理、技术开发、采购均属于价值链辅助活动，选项B、C、D错误。

[答案] A

真题精解

点题：本系列真题考查价值链分析，但考查侧重点不同。其中，2024年真题、2023年第一道真题和2018年真题考查价值链辅助活动；2023年第二道真题和2016年真题考查价值链基本活动。

分析：对于本考点，核心是掌握价值链的基本活动和辅助活动。企业价值链由基本活动和辅助活动两部分构成，其具体内容如下：

（1）基本活动是指企业生产经营的实质性活动，一般分为原材料供应、生产加工、成品储运、市场营销和售后服务五种活动。这些活动与商品实体的加工流转直接相关，是企业基本的价值增值活动。

（2）辅助活动是指用以支持基本活动而且内部之间又相互支持的活动，包括采购、技术开发、人力资源管理和企业基础职能管理。

拓展：该考点还可以多选题的形式出题，但出题思路不变，依旧考查哪些活动属于基本活动，哪些活动属于辅助活动。

举一反三

[典型例题·多选]下列企业的各项活动中，属于价值链辅助活动的有（　　）。

A. 售后服务　　　　　　　　B. 技术开发
C. 生产加工　　　　　　　　D. 人力资源管理
E. 企业基础职能管理

[解析]价值链辅助活动包括采购、技术开发、人力资源管理和企业基础职能管理。选项A、C属于价值链基本活动。

[答案] BDE

[典型例题·多选]下列企业活动中，属于价值链基本活动的有（　　）。

A. 售后服务　　　　　　　　B. 市场营销
C. 成品储运　　　　　　　　D. 人力资源管理
E. 采购

[解析]价值链基本活动包括原材料供应、生产加工、成品储运、市场营销、售后服务。选项

D、E 属于价值链辅助活动。

[答案] ABC

环球君点拨

在价值链分析中，基本活动主要是原材料供应、生产加工、成品储运、市场营销、售后服务等，它们构成了完整的生产链条，而采购、技术开发等职能性的活动基本上属于辅助活动。

考点 7 波士顿矩阵分析

真题链接

[2023·单选] N 产品的市场占有率低，业务增长率低。根据波士顿矩阵图，N 产品处于（　　）。

A. 瘦狗区　　　　　　　　　　B. 明星区
C. 幼童区　　　　　　　　　　D. 金牛区

[解析] 瘦狗区位于直角坐标系的左下角。本区的产品业务增长率和市场占有率均较低，这意味着该产品的利润较低，发展前景堪忧，且不能给企业带来充足的现金流。

[答案] A

[2023·单选] M 产品的市场占有率高，业务增长率高。根据波士顿矩阵图，M 产品处于（　　）。

A. 金牛区　　　　　　　　　　B. 瘦狗区
C. 幼童区　　　　　　　　　　D. 明星区

[解析] 明星区位于直角坐标系的右上角。本区的产品业务增长率和市场占有率均较高，代表着最优的利润增长率和最佳的投资机会。

[答案] D

[2021·单选] 某食品公司运用波士顿矩阵分析发现甲饮品业务增长率低，市场占有率高，则甲饮品业务属于（　　）业务。

A. 明星区　　　　　　　　　　B. 幼童区
C. 金牛区　　　　　　　　　　D. 瘦狗区

[解析] 金牛区业务的特点是业务增长率低，市场占有率高。

[答案] C

[2019·单选] 某型号洗衣机的业务增长率较高，市场占有率也较高。根据波士顿矩阵分析法，该型号洗衣机属于波士顿矩阵图的（　　）。

A. 金牛区　　　　　　　　　　B. 幼童区
C. 瘦狗区　　　　　　　　　　D. 明星区

[解析] 明星区业务的特点是该区业务增长率高，市场占有率高。

[答案] D

真题精解

点题： 本系列真题考查波士顿矩阵分析，但考查侧重点不一样。其中，2023 年第一道真题考查波士顿矩阵分析中的瘦狗区；2023 年第二道真题、2019 年真题考查波士顿矩阵分析中的明星区；

2021年真题考查波士顿矩阵分析中的金牛区。

分析：对于本考点，核心是掌握波士顿矩阵。

波士顿矩阵根据业务增长率和市场占有率两项指标将企业所有的战略单位分为四大类：

(1) 幼童区。幼童区的产品业务增长率高，市场占有率低。

(2) 明星区。明星区的产品业务增长率高，市场占有率高。

(3) 瘦狗区。瘦狗区的产品业务增长率低，市场占有率低。

(4) 金牛区。金牛区的产品业务增长率低，市场占有率高。

拓展：该考点还可以多选题的形式出题，考查波士顿矩阵分析包括哪些区域。另外，在单选题中，题干可能会直接给出某个区域的特征，然后让考生判断该区域属于什么。

举一反三

[典型例题·单选] 根据波士顿矩阵分析，金牛区的产品特征是（   ）。

A. 业务增长率比较低，市场占有率比较高　　B. 业务增长率比较低，市场占有率比较低

C. 业务增长率比较高，市场占有率比较低　　D. 业务增长率比较高，市场占有率比较高

[解析] 金牛区的产品特征是业务增长率较低，市场占有率较高。

[答案] A

[典型例题·单选] 根据波士顿矩阵分析，下列关于幼童区产品的表述，正确的是（   ）。

A. 业务增长率较高，市场占有率较高　　B. 业务增长率较低，市场占有率较低

C. 业务增长率较高，市场占有率较低　　D. 业务增长率较低，市场占有率较高

[解析] 幼童区的产品特点是业务增长率较高，市场占有率较低。

[答案] C

环球君点拨

业务增长率和市场占有率均分为高和低两种情况，两两组合就出现了四种不同的区域和产品类型。四种产品类型的名称均很形象，明显地指明了该区域业务的特点，如明星区的产品特征是业务增长率高，市场占有率高，方方面面都达到了最好的状态，属于真正的"明星"。

考点8 企业综合分析

真题链接

[经典例题·单选] 在SWOT分析法中，S和T是指（   ）。

A. 机会和劣势　　B. 优势和机会

C. 优势和威胁　　D. 劣势和威胁

[解析] 在SWOT分析法中，S即优势、W即劣势、O即机会、T即威胁。

[答案] C

[2017·单选] 企业采用SWOT分析法进行战略选择时，重在发挥企业优势、利用市场机会的战略是（   ）。

A. SO战略　　B. WO战略

C. ST战略　　D. WT战略

[解析] 在SWOT分析法中，S即优势、W即劣势、O即机会、T即威胁。重在发挥企业优

势、利用市场机会的战略是 SO 战略。

[答案] A

📖 真题精解

点题：本系列题目考查企业综合分析，但考查侧重点不同。其中，经典例题考查 SWOT 分析法的四种环境因素；2017 年真题考查利用 SWOT 分析法制定与选择战略方案。

分析：对于本考点，核心是掌握 SWOT 分析法中每一字母所指代的具体含义及利用 SWOT 分析法制定与选择战略方案。

在 SWOT 分析法中，S 即优势、W 即劣势、O 即机会、T 即威胁。使用企业优势、利用市场机会的战略是 SO 战略；使用企业优势、避免市场威胁的战略是 ST 战略；克服企业劣势、利用市场机会的战略是 WO 战略；克服企业劣势、避免市场威胁的战略是 WT 战略。

拓展：该考点近几年考试出题概率较低，且以单选题为主。除了以上题型，考题还可能通过在题干中直接指出某种战略，让考生判断该战略的特征的方式考查。相对来说，本考点题目较为简单，在考试中为得分题。

📖 举一反三

[典型例题·单选] 在 SWOT 分析法中，W 和 O 代表（　　）。

A. 优势和威胁　　　　　　　　　　B. 优势和机会
C. 劣势和威胁　　　　　　　　　　D. 劣势和机会

[解析] 在 SWOT 分析法中，S 即优势、W 即劣势、O 即机会、T 即威胁。

[答案] D

[典型例题·单选] 企业采用 SWOT 分析法进行战略选择时，重在克服企业劣势、避免市场威胁的战略是（　　）。

A. SO 战略　　　　　　　　　　　B. WO 战略
C. ST 战略　　　　　　　　　　　D. WT 战略

[解析] 在 SWOT 分析法中，S 即优势、W 即劣势、O 即机会、T 即威胁。

[答案] D

📖 环球君点拨

SWOT 分析法的四个因素中，优势和劣势属于主观因素，机会和威胁属于客观因素；优势和机会为有利因素，劣势和威胁为不利因素。

第三节　企业战略类型

考点 1　成本领先战略

📖 真题链接

[2023·案例（节选）] A 公司主营茶饮饮品业务，提出了"提升服务，成就价值"的口号。目前茶饮饮料的市场迅速扩大，行业内企业的销售额和利润都迅速增长；行业内部竞争日趋激烈。A 公司积极研发新型产品。目前共有甲产品、乙产品、丙产品和丁产品四种可供选择，每种产品的需求存在三种市场状态。

若 A 公司采用成本领先战略，则其可行的做法有（　　）。
A. 开拓新产品饮茶用具　　　　　　　　B. 优化企业组织结构
C. 严格控制饮品生产费用　　　　　　　D. 与原材料供应商形成战略联盟

[解析] 开拓新产品饮茶用具属于实施差异化战略的途径，选项 A 错误。优化企业组织结构在成本领先战略的知识点中未涉及，选项 B 错误。

[答案] CD

[2021·单选] 某牛奶生产企业采用成本领先战略进行市场竞争，其做法是（　　）。
A. 加强内部成本控制，提高生产效率　　B. 创立新品牌，突出产品竞争力
C. 提高产品质量，生产高质量产品　　　D. 提供独特的服务，以服务取胜

[解析] 成本领先战略又称低成本战略，此战略下，企业的全部成本低于竞争对手的成本，甚至是同行业中的最低成本。成本领先战略的核心是企业加强内部成本控制。选项 B、C、D 均属于差异化战略的实施途径。

[答案] A

[2018·多选] 下列选项中，属于迈克尔·波特提出的企业基本竞争战略的有（　　）。
A. 一体化战略　　　　　　　　　　　　B. 集中战略
C. 差异化战略　　　　　　　　　　　　D. 成本领先战略
E. 多元化战略

[解析] 一体化战略和多元化战略属于企业成长战略，选项 A、E 错误。

[答案] BCD

真题精解

点题：本系列真题考查成本领先战略，但考查侧重点不同。其中，2023 年真题和 2021 年真题考查成本领先战略的实施途径；2018 年真题考查成本领先战略属于哪类战略。

分析：对于本考点，核心是掌握成本领先战略的适用范围和实施途径。

基本竞争战略有三种，即成本领先战略、差异化战略和集中战略。成本领先战略又称低成本战略，此战略下，企业的全部成本低于竞争对手的成本，甚至是同行业中的最低成本。成本领先战略的核心是企业加强内部成本控制。

成本领先战略适用于符合以下条件的企业：
(1) 大批量生产的企业，产量要达到经济规模，才会有较低的成本。
(2) 企业有较高的市场占有率，严格控制产品定价和初始亏损，从而形成较高的市场份额。
(3) 企业有能力使用先进的生产设备。先进的生产设备能够提高生产效率，使产品成本进一步降低。
(4) 企业能够严格控制费用开支，全力以赴地降低成本。

成本领先优势主要有以下获取途径：
(1) 规模效应。在合理的规模经济性范围内，企业通过扩大活动规模使固定成本能在更多的产品上进行分摊，使单位平均成本降低。
(2) 技术优势。技术优势来自对传统技术的更新和新技术的研发。新技术能够提高生产效率，降低生产成本。企业在获得技术优势的过程中，还需要考虑成本的降低。
(3) 企业资源整合。企业可以通过资源的整合，增加活动或资源的共享性来获取协同效应。

(4) 经营地点选择优势。接近原料产地或需求所在地是经营地点的选择优势。除此之外，适宜的投资环境也非常重要。

(5) 提高价值链整体效益。每个企业的业务都是某一行业价值链的一个或若干个环节。企业可以通过提高价值链整体效益的方法来提高自己业务活动的效益，从而降低企业成本。

(6) 跨业务相互关系。跨业务相互关系是指通过建立与不处于同一价值链上其他业务的合作关系来充分利用企业的资源。

拓展： 该考点属于高频考点，考试中可能会以多选题的形式分别考查成本领先战略的适用范围和实施途径，也可能以单选题的形式同时考查两部分内容。

举一反三

[典型例题·多选] 成本领先战略又称低成本战略，企业实施该战略的途径包括（　　）。
A. 规模效应　　　　　　　　　　　B. 技术优势
C. 企业资源整合　　　　　　　　　D. 经营地点选择优势
E. 提高产品的可靠性

[解析] 实施成本领先战略的途径包括规模效应、技术优势、企业资源整合、经营地点选择优势、提高价值链整体效益、跨业务相互关系等。选项 E 属于实施差异化战略的途径。

[答案] ABCD

[典型例题·多选] 实施成本领先战略的企业应当符合某些条件，这些条件包括（　　）。
A. 能够严格控制费用开支　　　　　B. 有很强的研究开发能力
C. 有较高的市场占有率　　　　　　D. 有很强的市场营销能力
E. 大批量生产的企业，产量达到经济规模

[解析] 成本领先战略适用于符合以下条件的企业：①大批量生产的企业，产量要达到经济规模，才会有较低的成本。②企业有较高的市场占有率，严格控制产品定价和初始亏损，从而形成较高的市场份额。③企业有能力使用先进的生产设备。先进的生产设备能够提高生产效率，使产品成本进一步降低。④企业能够严格控制费用开支，全力以赴地降低成本。选项 B、D 均属于差异化战略的适用范围。

[答案] ACE

环球君点拨

成本领先战略与差异化战略的适用范围存在一些相似的表述，考生要予以区分。如"有较高的市场占有率，形成较高的市场份额"属于成本领先战略，"要有很强的市场营销能力"属于差异化战略。

考点2　差异化战略

真题链接

[2020·多选] 某自行车生产企业拟采取差异化战略，该企业可行的做法有（　　）。
A. 提供竞争对手不可比拟的高质量产品　　B. 增添自行车的新功能
C. 增加研发投资，进行产品创新　　　　　D. 整合企业资源，实施资源共享
E. 提供个性化自行车定制服务

[解析] 差异化战略的核心是取得某种对顾客有价值的独特性，选项 A、B、C、E 均围绕这一

核心展开。选项 D 错误,整合企业资源实施资源共享属于成本领先战略的实施途径。

[答案] ABCE

[2017・多选] 下列选项中,企业实施差异化战略的途径包括（　　）。
A. 发挥规模效应
B. 创新产品的功能
C. 整合企业资源
D. 更换为具有吸引力的产品名称
E. 提升产品的质量

[解析] 发挥规模效应、整合企业资源属于成本领先战略的实施途径,选项 A、C 错误。

[答案] BDE

真题精解

点题： 本系列真题考查差异化战略,2020 年真题、2017 年真题均考查差异化战略的实施途径。

分析： 对于本考点,核心是掌握差异化战略的适用范围和实施途径。

差异化战略适用于符合以下条件的企业：

（1）企业要有很强的研究开发能力、一定数量的研发人员、敏锐的市场意识和创新精神,能够及时了解顾客需求,不断地在产品及服务中创造出独特性。

（2）企业在产品或服务上要具有领先的声望,具有很高的知名度和美誉度。

（3）企业要有很强的市场营销能力。

（4）企业内部的研究开发、生产制造和市场营销等职能部门之间要有很好的协作性。

差异化战略的核心是取得某种对顾客有价值的独特性,其实施途径包括产品质量的不同、提高产品的可靠性、产品创新、产品特性差别、产品名称或品牌的不同、提供不同的服务等。

拓展： 该考点属于高频考点,考试中可能会以多选题的形式分别考查差异化战略的适用范围和实施途径,也可能以单选题的形式同时考查这两部分内容。

举一反三

[典型例题・单选] 当企业有很强的研究开发能力和市场营销能力、经营的产品具有领先的声望时,企业应选择的市场战略为（　　）。
A. 低成本战略
B. 集中战略
C. 差异化战略
D. 无差异战略

[解析] 差异化战略的适用范围包括企业要有很强的研究开发能力和市场营销能力、企业在产品或服务上要具有领先的声望等。

[答案] C

[典型例题・多选] 下列各种情形中,适用于企业差异化战略的有（　　）。
A. 企业具有很高的知名度和美誉度
B. 企业内部研究开发、生产制造、市场营销等职能部门之间有很好的协调性
C. 企业有很强的市场营销能力
D. 企业有较高的市场占有率
E. 企业有很强的研究开发能力

[解析] 企业有较高的市场占有率属于成本领先战略的适用范围,选项 D 错误。

[答案] ABCE

环球君点拨

考生要注意区分成本领先战略与差异化战略的实施途径。成本领先战略的实施途径基本上都能使企业降低成本,而差异化战略的实施途径基本上都能使企业增加成本。

考点 3 集中战略

真题链接

[2021·单选] 某企业进行市场调研,将市场分为老年人市场、青年人市场、儿童市场,最终决定致力于青年人市场,该企业采取的战略是（　　）。

A. 差异化战略　　　　　　　　　　B. 集中战略
C. 无差异化战略　　　　　　　　　D. 成本领先战略

[解析] 采取集中战略的企业面向某一特定的目标市场开展生产经营和服务活动。根据题干信息"决定致力于青年人市场"可知,该企业放弃了老年人市场和儿童市场,属于集中战略。

[答案] B

[经典例题·多选] 美国战略学家迈克尔·波特提出的基本竞争战略包括（　　）。

A. 成本领先战略　　　　　　　　　B. 多元化战略
C. 集中战略　　　　　　　　　　　D. 市场渗透战略
E. 差异化战略

[解析] 选项 B、D 均属于企业成长战略。

[答案] ACE

真题精解

点题：本系列题目考查集中战略,但考查侧重点不同。其中,2021 年真题考查集中战略的概念;经典例题考查集中战略属于哪类战略。

分析：对于本考点,核心是掌握集中战略的内容。

企业基本竞争战略有三种,即成本领先战略、差异化战略、集中战略。集中战略又称专一化战略,是指企业把其经营活动集中于某一特定的购买群体、产品线的某一部分或某一地区市场上的战略。集中战略与成本领先战略和差异化战略不同的是,企业不是围绕整个行业,而是面向某一特定的目标市场开展生产经营和服务活动,以期能比竞争对手更有效地为特定的目标顾客群服务。

拓展：该考点出题频率较低,一般与成本领先战略、差异化战略一起出题。

举一反三

[典型例题·单选] 某汽车生产企业选择高端商务人群作为目标顾客,专一生产高端商务汽车,同时放弃了低价代步车和赛车的生产,该企业采取的战略是（　　）。

A. 成本领先战略　　　　　　　　　B. 多元化战略
C. 一体化战略　　　　　　　　　　D. 集中战略

[解析] 根据题干信息"该企业专一生产高端商务汽车,同时放弃了低价代步车和赛车的生产"可知,该企业采取的战略是集中战略。

[答案] D

[典型例题·单选] 某企业因自身实力较弱,为了有效利用资源,其根据消费者行为偏好将牙

膏市场细分成美白型、除菌型、清香型等子市场,并且结合自身技术和实力,最终决定整个企业致力于美白型牙膏的开发和生产。该企业采用的战略属于( )。

A. 成本领先战略
B. 差异化战略
C. 集中战略
D. 一体化战略

[解析] 该企业因自身实力较弱而决定整个企业致力于开发和生产美白型这一种类型牙膏,属于集中战略。

[答案] C

环球君点拨

集中战略的相关内容比较简单,考生按照常识理解即可,如凡是有关市场目标和自身优势的集中的战略,均属于集中战略。

考点4 密集型成长战略

真题链接

[2024·单选] 将现有产品引入新的市场属于( )。

A. 市场渗透战略
B. 市场开发战略
C. 新产品开发战略
D. 多元化战略

[解析] 市场开发战略是密集型成长战略在市场范围上的扩展,是将现有产品或服务引进新市场的战略。

[答案] B

[2016·单选] 某自行车生产企业为提高主打产品在现有市场的市场占有率,加大营销宣传,采用多种促销手段,发现潜在顾客,提高产品销售额。该企业采取的成长战略是( )。

A. 市场开发战略
B. 新产品开发战略
C. 市场渗透战略
D. 成本领先战略

[解析] 题干中表明该自行车生产企业是"在现有市场"生产"现有主打产品",故不属于市场开发战略和新产品开发战略,选项A、B错误。题干中没有说明该企业采取了降低成本的措施,故不属于成本领先战略,选项D错误。

[答案] C

[2022·多选] 下列选项中,密集型成长战略的类型有( )。

A. 市场渗透战略
B. 新产品开发战略
C. 成本领先战略
D. 市场开发战略
E. 集中战略

[解析] 密集型成长战略包括市场渗透战略、市场开发战略、新产品开发战略三种具体的战略形式。选项C、E均属于基本竞争战略。

[答案] ABD

真题精解

点题:本系列真题考查密集型成长战略,但考查侧重点不同。其中,2024年真题考查市场开发战略;2016年真题考查市场渗透战略;2022年真题考查密集型成长战略的三种具体的战略形式。

分析：对于本考点，核心是区分密集型成长战略的三种具体的战略形式。

密集型成长战略包括市场渗透战略、市场开发战略、新产品开发战略三种具体的战略形式。市场渗透战略是企业通过更大的市场营销力度，努力提高现有产品或服务在现有市场上的份额，扩大产销量及生产经营规模，从而提高销售收入和盈利水平的战略。市场开发战略是将现有产品或服务引进新市场的战略。新产品开发战略是企业在现有市场上通过改造现有产品或服务，或开发新产品、服务而增加销售量的战略。

拓展：该考点难度较低。考试中可能以多选题的形式考查密集型成长战略的三种具体类型，如上面的 2022 年真题，因此，考生要准确记忆密集型成长战略包括哪些具体的战略形式。

举一反三

[典型例题·单选] 某玻璃生产企业为提高市场占有率，不断开发玻璃的新产品投入现有市场。该企业采取的成长战略是（　　）。

A. 市场开发战略　　　　　　　　B. 新产品开发战略
C. 市场渗透战略　　　　　　　　D. 成本领先战略

[解析] 市场开发战略是密集型成长战略在市场范围上的扩展，而不是在现有市场，选项 A 错误。市场渗透战略是企业提高现有产品或服务在现有市场上的份额，扩大产销量及生产经营规模，而不是不断开发新产品投入现有市场，选项 C 错误。成本领先战略属于企业基本竞争战略，不属于成长战略，选项 D 错误。

[答案] B

[典型例题·单选] 某男士西装企业为了扩大市场规模，将产品销售到了国外市场，为企业提高了销售额。该企业采取的成长战略是（　　）。

A. 市场开发战略　　　　　　　　B. 新产品开发战略
C. 市场渗透战略　　　　　　　　D. 成本领先战略

[解析] 该企业把已有的男士西装销售到国外市场，即把原有产品投入新市场，这属于典型的市场开发战略。

[答案] A

环球君点拨

市场渗透战略为"产品不变，市场不变"；市场开发战略为"产品不变，市场变"；新产品开发战略为"产品变，市场不变"。

考点 5　多元化战略

真题链接

[2024·单选] 某冰箱生产公司利用其关键制冷技术优势进军空调行业，该公司采取的战略是（　　）。

A. 同心型多元化战略　　　　　　B. 垂直多元化战略
C. 非相关多元化战略　　　　　　D. 水平多元化战略

[解析] 同心型多元化战略是指以市场或技术为核心的多元化战略。该冰箱生产公司利用其关键制冷技术优势进军空调行业，属于以技术为核心的多元化战略。

第一章 企业战略与经营决策

[答案] A

[2023·单选] H乳制品企业为降低原材料成本，进军畜牧业，建立奶牛场。该企业采取的是（　　）战略。

A. 水平多元化　　　　　　　　B. 同心型多元化
C. 垂直多元化　　　　　　　　D. 非相关多元化

[解析] 垂直多元化战略是指企业沿产业价值链或企业价值链延伸经营领域。乳制品企业进军畜牧业，畜牧业是乳制品产业链的上游，乳制品企业通过进军畜牧业可以直接获取原材料，从而降低成本，这属于垂直多元化战略。

[答案] C

[2019·单选] 某汽车生产企业同时生产轿车、卡车和摩托车等不同类型的车辆，该企业采用的是（　　）战略。

A. 前向多元化　　　　　　　　B. 非相关多元化
C. 水平多元化　　　　　　　　D. 垂直多元化

[解析] 水平多元化战略是指在同一专业范围内进行多种经营，如汽车生产企业同时生产轿车、卡车和摩托车等不同类型的车辆。

[答案] C

真题精解

点题：本系列真题考查多元化战略，但考查侧重点不同。其中，2024年真题考查多元化战略中的同心型多元化战略；2023年真题考查多元化战略中的垂直多元化战略；2019年真题考查多元化战略中的水平多元化战略。

分析：对于本考点，核心是掌握多元化战略的具体方式。

多元化战略包括相关多元化和非相关多元化两种基本方式。

相关多元化战略包括水平多元化战略、垂直多元化战略和同心型多元化战略。水平多元化战略是指在同一专业范围内进行多种经营，如汽车制造厂生产轿车、卡车和摩托车等不同类型的车辆。垂直多元化战略是指企业沿着产业价值链或企业价值链延伸经营领域，如某钢铁企业向采矿业或轧钢装备业延伸。同心型多元化战略是指以市场或技术为核心的多元化战略，如一家生产电视机的企业，以家电市场为核心生产电冰箱、洗衣机；造船厂在造船业不景气的情况下承接海洋工程、钢结构加工等。

非相关多元化战略是指企业进入与现有产品或服务在技术、市场等方面没有任何关联的新行业或新领域的战略。

拓展：该考点属于高频考点，考查以单选题为主。该考点在考查时通常在题干中给出案例，要求考生判断该案例属于哪种类型的多元化战略。当然，该考点也可能以多选题的形式直接考查多元化战略包括哪几种类型。

举一反三

[典型例题·单选] 某大型铜制品生产企业为了降低成本、提高企业竞争力和生产率，决定向采矿业延伸，则该企业实施的是（　　）战略。

A. 垂直多元化　　　　　　　　B. 同心型多元化
C. 水平多元化　　　　　　　　D. 非相关多元化

[解析] 垂直多元化战略是指企业沿着产业价值链或企业价值链延伸经营领域，如某钢铁企业

向采矿业或轧钢装备业延伸。

[答案] A

[典型例题·单选] 某企业围绕农业市场，同时生产农药、化肥、种子，深化与地方政府的合作，大力提升市场占有率。该企业采用的是（　　）战略。

A. 前向多元化　　　　　　　　　　B. 后向多元化
C. 同心型多元化　　　　　　　　　D. 水平多元化

[解析] 该企业以农业市场为中心，生产农药、化肥、种子，属于同心型多元化战略。

[答案] C

环球君点拨

在多元化战略的相关题目中，如果出现"以××市场为中心""围绕××市场"等表述，则为同心型多元化战略，反之，则为水平多元化战略。

考点6　战略联盟

真题链接

[2024·案例（节选）] M公司为茶饮料生产企业，采用价值链分析法分析其价值制造活动，采用波士顿矩阵分析产品的竞争力。在充分进行内外部战略环境分析的基础上，公司明确了战略方向，该公司可采用贴牌生产和特许经营的形式与其他企业建立战略联盟，以期全面提高企业产品的市场占有率和市场竞争力。该公司积极研发新产品，并出资金在某大学建立技术实验室，研究新技术。现有甲、乙、丙、丁四种饮料产品方案可供选择，每种产品均存在市场需求高、市场需求一般、市场需求低三种市场状态。

M公司与其他企业建立的战略联盟属于（　　）。

A. 技术开发与研究联盟　　　　　　B. 营销联盟
C. 产品联盟　　　　　　　　　　　D. 产业协调联盟

[解析] 该公司采用贴牌生产和特许经营的形式与其他企业建立战略联盟，其中前者属于产品联盟，后者属于营销联盟。

[答案] BC

[2023·案例（节选）] D公司是国内知名的动力电池制造商，专注于新能源汽车的动力电池系统和储能系统的研发、生产和销售。D公司强化战略管理，建设了完善的采购系统、生产系统、营销系统，并通过高效的运营管理系统推动公司不断发展壮大，形成特有的核心竞争力，市场占有率不断提高。2022年，D公司与德国的G公司在德国建立合资企业，生产锂离子电池，专供德国市场。2023年，D公司与国内M汽车制造公司采用联合生产的形式建立战略联盟，生产新能源汽车，共有甲车型、乙车型、丙车型、丁车型四种产品方案可供选择，每种产品均存在着市场需求高、市场需求一般、市场需求低三种市场状态。

D公司与M公司建立的战略联盟属于（　　）。

A. 营销联盟　　　　　　　　　　　B. 产品联盟
C. 产业协调联盟　　　　　　　　　D. 技术开发与研究联盟

[解析] 产品联盟是指两个或两个以上的企业为了增强企业的生产和经营实力，通过联合生产、

贴牌生产、供求联盟、生产业务外包等形式扩大生产规模、降低生产成本、提高产品价值。所以 D 公司与国内 M 汽车制造公司采用联合生产的形式建立战略联盟，属于产品联盟。

[答案] B

[2022·单选] 一家汽车制造企业在供求关系方面和其他企业形成联盟，该联盟模式属于（　　）。

A. 技术开发与研究联盟　　　　　　B. 产品联盟
C. 产业协调联盟　　　　　　　　　D. 营销联盟

[解析] 产品联盟是指两个或两个以上企业为了增强企业的生产和经营实力，通过联合生产、贴牌生产、供求联盟、生产业务外包等形式扩大生产规模、降低生产成本、提高产品价值。所以该汽车制造企业在供求关系方面和其他企业形成联盟，属于产品联盟。

[答案] B

[2020·单选] 某日化企业通过生产业务外包的形式扩大生产，提高市场占有率。该企业采用的战略联盟形式是（　　）。

A. 产品联盟　　　　　　　　　　　B. 技术开发与研究联盟
C. 产业协调联盟　　　　　　　　　D. 营销联盟

[解析] 通过生产业务外包的形式扩大生产，这是产品联盟的一种形式。

[答案] A

[2021·单选] 为了避免恶性竞争，甲互联网公司与多家互联网公司组成战略联盟，建立全面协调和分工的产业联盟体系，则该战略联盟的形式是（　　）。

A. 技术开发与研究联盟　　　　　　B. 产品联盟
C. 营销联盟　　　　　　　　　　　D. 产业协调联盟

[解析] 产业协调联盟是指联盟成员建立全面协调和分工的产业联盟体系，避免恶性竞争和资源浪费，一般多见于高新技术企业。

[答案] D

真题精解

点题：本系列真题考查战略联盟，但考查侧重点不同。其中，2024 年真题考查战略联盟中的产品联盟和营销联盟；2023 年真题、2022 年真题和 2020 年真题考查战略联盟中的产品联盟；2021 年真题考查战略联盟中的产业协调联盟。

分析：对于本考点，核心是掌握契约式战略联盟的四种形式。

根据建立联盟方式的不同，战略联盟可以分为股权式战略联盟和契约式战略联盟。股权式战略联盟主要分为两种形式，即合资企业和相互持股。合资企业形式是指两家或两家以上的企业为了实现共同出资、共担风险、共享收益而建立的企业。相互持股形式是指合作各方为加强相互联系而持有对方一定数量的股份。

契约式战略联盟的形式包括技术开发与研究联盟、产品联盟、营销联盟、产业协调联盟等。技术开发与研究联盟可以包括大学、研究机构、企业等在内的众多成员，研究成果归所有参与者共同享有。产品联盟是指两个或两个以上的企业为了增强企业的生产和经营能力，通过联合生产、贴牌生产、供求联盟、生产业务外包等形式扩大生产规模、降低生产成本、提高产品价值。营销联盟的具体形式包括特许经营、连锁加盟、品牌营销、销售渠道共享等。产业协调联盟的联盟成员建立全面协调和分工的产业联盟体系，避免恶性竞争和资源浪费，一般多见于高新技术企业。

拓展： 该考点还可以多选题的方式直接考查契约式战略联盟的四种形式，也可以将股权式战略联盟的内容和契约式战略联盟的内容结合起来考查，考生应准确记忆并区分这两类不同的战略联盟。在契约式战略联盟中，考查频率较高的是产品联盟和产业协调联盟。

举一反三

[典型例题·单选] 某白酒企业与另一知名分销企业结成联盟，利用该知名企业的分销系统扩展销售渠道，提高了销售额和利润额，该企业采用的战略联盟形式属于（　　）。

A. 产品联盟　　　　　　　　　　B. 营销联盟
C. 产业协调联盟　　　　　　　　D. 技术联盟

[解析] 根据题目信息"利用该知名企业的分销系统扩展销售渠道"，可得到关键词"分销""销售"等，可知该企业采用的战略联盟形式是营销联盟。

[答案] B

[典型例题·单选] 国内某飞机制造企业以联合生产的形式与国际知名飞机器件生产企业合作并建立了联盟，其采用的战略联盟的形式属于（　　）。

A. 研发联盟　　　　　　　　　　B. 产品联盟
C. 营销联盟　　　　　　　　　　D. 产品协调联盟

[解析] 根据题目信息"以联合生产的形式与国际知名飞机器件生产企业合作并建立了联盟"，可得到关键词"联合生产"，可知该企业采用的战略联盟形式是产品联盟。

[答案] B

环球君点拨

考生在考试时遇到契约式战略联盟相关的题目，可通过题干中的关键词做出正确判断。例如，看到"联合生产、贴牌生产，供求联盟、生产业务外包"等可知为产品联盟，看到"特许经营、连锁加盟、品牌营销、销售渠道共享"等可知为营销联盟，看到"建立全面协调和分工的产业联盟体系"等可知为产业协调联盟。

考点7 国际化经营战略

真题链接

[2023·单选] 跨国公司的经营战略中，有利于跨国公司同时取得低成本优势、产品差异化优势和技术扩大效应的战略是（　　）。

A. 全球标准化战略　　　　　　　B. 跨国战略
C. 本土化战略　　　　　　　　　D. 国际战略

[解析] 采取跨国战略是为了同时取得低成本优势、产品差异化优势和技术的扩大效应：通过区位经济、规模经济和学习效应获得低成本；通过在区域市场满足不同需求实现产品差异化；通过公司在全球运营网络的子公司间实行技术流动实现技术的扩大效应。

[答案] B

[典型例题·多选] 在全球竞争中，企业通常面临着两种压力，即（　　）。

A. 地区调适的压力　　　　　　　B. 防范风险的压力

C. 降低成本的压力　　　　　　　　D. 产品升级的压力
E. 利润提高的压力

[解析] 在全球竞争中，企业通常面临着两种压力——地区调适的压力和降低成本的压力。

[答案] AC

真题精解

点题：本系列题目考查国际化经营战略，考查侧重点基本一致，主要涉及国际化经营战略的类型。

分析：对于本考点，核心是掌握4种国际化经营战略的概念和特点。

1. 钻石模型

20世纪90年代，美国管理学家迈克尔·波特提出钻石模型，用于分析一个国家某种产业在国际上具有较强竞争力的原因。波特认为，决定一个国家某种产业竞争力的要素有生产要素、需求条件、相关支撑产业以及企业战略、产业结构和同业竞争，这四个要素具有双向作用，形成钻石体系，称为波特钻石模型。

2. 国际化经营战略的类型

在全球竞争中，企业通常面临着两种压力——地区调适的压力和降低成本的压力。在地区调适压力与降低成本压力的约束下，按照战略实施的重点不同，企业实施的国际化经营战略通常可以划分为全球标准化战略、本土化战略、跨国战略和国际战略。

（1）全球标准化战略，也称全球战略，是指跨国公司面向全球市场推销标准化的产品和服务，并在较有利的国家集中地进行生产经营活动，由此形成经验曲线效应，以获得高额利润的经营战略。

（2）本土化战略，也称多国战略，是指跨国公司在不同国家的市场上提供与消费者兴趣与偏好相适应的产品，通过在不同国家提供差异化产品或服务来增加利润的经营战略。

（3）跨国战略是指全球竞争激烈的情况下，既考虑降低成本，形成以经验为基础的成本效益和区位效益，同时注意东道国市场的需要，注重产品的差异化和本土化的经营战略。采取跨国战略是为了同时取得低成本优势、产品差异化优势和技术的扩大效应；通过区位经济、规模经济和学习效应获得低成本；通过在区域市场满足不同需求实现产品差异化；通过公司在全球运营网络的子公司间实行技术流动实现技术的扩大效应。

（4）国际战略是指跨国公司向国外市场转让当地竞争者缺少的技能和产品，利用母国的创新来提高海外子公司竞争地位的经营战略。具体来讲，实施国际战略往往遵循类似的向外国市场扩张的发展模式。

拓展：该考点还可以多选题的形式考查，如钻石模型的要素包括哪些、国际化经营战略的类型包括哪些等。单选题一般是考查国际化经营战略的各种概念和运用。

举一反三

[典型例题·多选] 钻石模型的要素之间具有双向作用，其要素主要包括（　　）。

A. 生产要素　　　　　　　　　　B. 需求条件
C. 相关支撑产业　　　　　　　　D. 供给条件
E. 企业战略、产业结构和同业竞争

[解析] 波特认为，决定一个国家某种产业竞争力的要素有生产要素、需求条件、相关支撑产

业以及企业战略、产业结构和同业竞争,这四个要素具有双向作用,形成钻石体系,称为波特钻石模型。

[答案] ABCE

[典型例题·单选] 按照战略实施的重点不同,企业实施的国际化经营战略通常包括4种类型,其中不包括( )。

A. 全球标准化战略　　　　　　　　B. 并购战略
C. 本土化战略　　　　　　　　　　D. 跨国战略

[解析] 在地区调适压力与降低成本压力的约束下,按照战略实施的重点不同,企业实施的国际化经营战略通常可以划分为全球标准化战略、本土化战略、跨国战略和国际战略。

[答案] B

环球君点拨

当降低成本的压力强烈而地区调适的压力很低时,使用全球标准化战略能达到最好的效果。当各国消费者的兴趣和偏好差异较大,而且降低成本的压力不太高时,本土化是最合适的战略。当跨国公司面临的降低成本的压力和地区调适压力都较高时,跨国战略最为有效。适合采用国际战略的跨国公司,其产品通常能够满足普遍需要,面临的成本压力和地区调适压力都很小。

考点8 企业稳定战略

真题链接

[2017·单选] 某汽车生产企业在较长时间的快速发展后,降低企业发展速度,重新调整企业内部各要素,优化配置现有资源,实施管理整合,该企业采取的稳定战略是( )。

A. 无变化战略　　　　　　　　　　B. 维持利润战略
C. 暂停战略　　　　　　　　　　　D. 谨慎实施战略

[解析] 根据题目信息"企业在较长时间的快速发展后,降低企业发展速度",可知企业的发展是先快后慢,这种变化属于暂停战略。

[答案] C

[经典例题·多选] 下列选项中,稳定战略的类型主要有( )。

A. 无变化战略　　　　　　　　　　B. 维持利润战略
C. 暂停战略　　　　　　　　　　　D. 转向战略
E. 谨慎实施战略

[解析] 转向战略属于企业紧缩战略,选项D错误。

[答案] ABCE

真题精解

点题: 本系列题目考查企业稳定战略,但考查侧重点不同。其中,2017年真题考查企业稳定战略中的暂停战略;经典例题考查企业稳定战略包括哪几种具体类型。

分析: 对于本考点,核心是掌握企业稳定战略的四种类型。

企业稳定战略包括无变化战略、维持利润战略、暂停战略和谨慎实施战略。

(1) 无变化战略。无变化战略可以说是一种没有战略的战略。采用此战略的企业一般具有以下两个条件：一是企业过去的经营相当成功，并且企业内外部环境没有发生重大变化；二是企业并不存在重大经营问题或隐患，因而企业没有必要进行战略调整。

（2）维持利润战略。维持利润战略注重短期效果而忽略长期利益，根本意图是渡过暂时性的难关，一般在经济形势不景气时采用。

（3）暂停战略。暂停战略是当企业在经历一段较长时间的快速发展后，有可能会遇到一些问题使得发展速度下降，此时可采用暂停战略，休养生息，即在一段时期内降低企业目标和发展速度，重新调整企业内部各要素，实现资源的优化配置，实施管理整合，为今后更快发展打下坚实基础。

（4）谨慎实施战略。谨慎实施战略是指如果企业外部环境的某一重要因素变化趋势既不明显，又难以预测，则要放缓相应的战略方案的实施进度的战略。

拓展：该考点非高频考点。考试时可能会具体考查企业稳定战略的某种类型，如上面的2017年真题，因此，考生也要熟练掌握企业稳定战略的另外三种类型，尤其是暂停战略和谨慎实施战略，考查可能性较大。

📖 举一反三

[典型例题·单选] 某知名企业过去的经营相当成功，企业内外部环境没有重大变化，并且企业不存在重大经营问题或隐患，那么该企业应该采取（　　）。

　　A. 暂停战略　　　　　　　　　　B. 维持利润战略
　　C. 无变化战略　　　　　　　　　D. 谨慎实施战略

[解析] 暂停战略是企业在经历一段较长时间的快速发展后，有可能会遇到一些问题使得发展速度下降时才会采用的战略，选项 A 错误。维持利润战略注重短期效果而忽略长期利益，根本意图是渡过暂时性的难关，一般在经济形势不景气时采用，选项 B 错误。谨慎实施战略是指如果企业外部环境中的某一因素变化趋势既不明显，又难以预测，则要放缓相应的战略方案的实施进度，选项 D 错误。

[答案] C

[典型例题·单选] 某企业外部环境中的某一重要因素变化趋势既不明显，又难以预测，需要放缓相应的战略方案的实施进度。该企业应采取（　　）。

　　A. 暂停战略
　　B. 维持利润战略
　　C. 无变化战略
　　D. 谨慎实施战略

[解析] 暂停战略是企业在经历一段较长时间的快速发展后，有可能会遇到一些问题使得发展速度下降时才会采用的战略，选项 A 错误。维持利润战略注重短期效果而忽略长期利益，根本意图是渡过暂时性的难关，一般在经济形势不景气时采用，选项 B 错误。无变化战略是企业过去的经营相当成功，企业内外环境没有重大变化，并且企业不存在重大经营问题或隐患时才采用的战略，选项 C 错误。

[答案] D

📖 环球君点拨

企业稳定战略中的谨慎实施战略与无变化战略不同。谨慎实施战略是有变化的，但要放缓相应的战略方案的实施进度；无变化战略是基本保持不变。

考点 9 企业紧缩战略

真题链接

[2022·单选] 紧缩战略是指企业在目前的经营战略领域和基础水平上收缩和撤退。下列各项中,属于紧缩战略的是（　　）。

A. 转向战略　　　　　　　　　　B. 暂停战略
C. 成本领先战略　　　　　　　　D. 谨慎实施战略

[解析] 企业紧缩战略包括转向战略、放弃战略和清算战略。暂停战略和谨慎实施战略属于企业稳定战略,选项B、D错误。成本领先战略属于基本竞争战略,选项C错误。

[答案] A

[2016·多选] 下列企业战略中,属于紧缩战略的有（　　）。

A. 维持利润战略　　　　　　　　B. 暂停战略
C. 清算战略　　　　　　　　　　D. 放弃战略
E. 谨慎实施战略

[解析] 维持利润战略、暂停战略、谨慎实施战略属于企业稳定战略,选项A、B、E错误。

[答案] CD

真题精解

点题：本系列真题考查企业紧缩战略,2022年真题、2016年真题均考查企业紧缩战略包括哪些类型。

分析：对于本考点,核心是掌握企业紧缩战略的具体类型。

紧缩的原因是企业现有的经营状况、资源条件以及发展前景不能应对外部环境的变化,难以为企业带来满意的收益,从而威胁企业的生存和发展。

企业紧缩战略的类型包括转向战略、放弃战略和清算战略。转向战略是企业在现有经营领域不能维持原有产销规模和市场规模,不得不将其缩小;或者企业有了新的发展机会,压缩原有领域的投资,控制成本支出以改善现金流为其他业务领域提供资金的战略方案。放弃战略是将企业的一个或几个主要部门转让、出卖或停止经营的战略。清算战略是指通过卖掉企业资产或停止整个企业的运行而终止一个企业的存在。

拓展：该考点非高频考点。考试中可能会考查企业紧缩战略包括哪些类型,如上面的2016年真题。另外,考生要注意区分企业紧缩战略与企业稳定战略,不要将两者混淆。

举一反三

[典型例题·单选] 当企业现有的经营状况、资源条件以及发展前景不能应对外部环境的变化,难以为企业带来满意的收益,从而威胁企业的生存和发展时,企业应当采用的战略是（　　）。

A. 多元化战略　　　　　　　　　B. 一体化战略
C. 成本领先战略　　　　　　　　D. 紧缩战略

[解析] 当企业现有的经营状况、资源条件以及发展前景不能应对外部环境的变化,难以为企业带来满意的收益,从而威胁企业的生存和发展时,企业应采取紧缩战略。

[答案] D

[典型例题·单选] 当企业面临经营困境,从而威胁企业的生存和发展时常常会选择紧缩战略,

其主要类型包括转向战略、清算战略和（　　）。

A. 无变化战略　　　　　　　　B. 暂停战略

C. 放弃战略　　　　　　　　　D. 谨慎实施战略

[解析] 企业紧缩战略的主要类型包括放弃战略、清算战略和转向战略。无变化战略、暂停战略和谨慎实施战略均属于企业稳定战略，选项 A、B、D 错误。

[答案] C

📖 **环球君点拨**

企业紧缩战略中的清算战略与放弃战略不同。企业采取放弃战略，企业还存在；企业采取清算战略，就终止了一个企业的存在。

第四节　企业经营决策与商业模式分析

▶ **考点 1**　**企业经营决策的概念、类型和要素**

📘 **真题链接**

[2024·单选] 企业经营决策最基本要素是（　　）。

A. 经营决策者　　　　　　　　B. 经营决策方案

C. 经营决策条件　　　　　　　D. 经营决策目标

[解析] 企业经营决策的要素中决策者是企业经营决策的主体，是决策最基本的要素。

[答案] A

[2016·单选] 下列关于企业经营决策的说法，错误的是（　　）。

A. 企业经营决策要有明确的目标

B. 企业经营决策可分为单目标决策和多目标决策

C. 决策者是企业经营决策的主体

D. 决策树分析法适用于确定型企业经营决策

[解析] 决策树分析法适用于风险型企业经营决策。

[答案] D

[2017·单选] 下列关于企业经营决策要素的说法，错误的是（　　）。

A. 决策者是企业经营决策的主体　　　　B. 确定决策目标是科学决策的起点

C. 企业经营决策效果受决策条件的影响　　D. 决策结果是指决策者最终选定的备选方案

[解析] 企业经营决策的决策结果指决策实施后所产生的效果和影响。

[答案] D

📘 **真题精解**

点题：本系列真题考查企业经营决策的概念、类型和要素，但考查侧重点不同。其中，2024 年真题、2017 年真题考查企业经营决策的要素；2016 年真题考查企业经营决策的概念、类型、要素、方法。

分析：对于本考点，核心是掌握企业经营决策的要素。

企业经营决策从不同的角度分类，可分为不同的类型。从决策影响的时间长短分类，经营决策可分为长期决策和短期决策；从决策的重要性分类，与企业战略的层次相对应，经营决策可分为企业总体层经营决策、业务层经营决策和职能层经营决策，这三个层次是从高到低、从宏观到微观的关系；从环境因素的可控程度分类，经营决策可分为确定型决策、风险型决策和不确定型决策；从决策目标的层次性分类，经营决策可分为单目标决策和多目标决策。

企业经营决策的要素包括决策者、决策目标、决策备选方案、决策条件、决策结果等。决策者是企业经营决策的**主体**，是决策**最基本的**要素。企业经营决策目标是指决策所要达到的目的。决策目标的确立是科学决策的**起点**。备选方案是决策的**前提**。决策条件是指决策过程中面临的时空状态，即决策环境。决策影响效果如何直接取决于决策所处的环境和条件。决策结果是指决策实施后所产生的**效果和影响**，这是决策系统的又一基本要素。

拓展：该考点内容较杂，涉及企业经营决策的概念、类型、要素、流程等。该考点在考查时，偶尔也会加入企业经营决策的方法等内容一起出题，题目的难度也随之提高，如果再以多选题的形式出现，则往往容易丢分。但是，该考点考查的内容较稳定，多为记忆类，没有应用类。因此，考生需要准确记忆该考点中的企业经营决策的概念、类型、要素等内容。

举一反三

[典型例题·单选] 下列关于企业经营决策的要素，说法错误的是（   ）。

A. 经营决策目标是指决策所要达到的目的
B. 备选方案是决策的前提
C. 所有的经营决策只能在稳定可控的环境因素下进行
D. 决策目标的确立是科学决策的起点

[解析] 从环境因素的可控程度分类，经营决策可分为确定型决策、风险型决策和不确定型决策。由此可知，并不是所有的经营决策都是在稳定可控的环境因素下进行的。

[答案] C

[典型例题·单选] 在企业经营决策的要素中，（   ）是企业经营决策的主体和决策最基本的要素。

A. 决策目标   B. 决策方案
C. 决策者   D. 决策条件

[解析] 决策者是企业经营决策的主体，是决策最基本的要素。

[答案] C

环球君点拨

决策者是企业经营决策的主体。决策目标的确立是科学决策的起点。决策条件即决策环境。决策结果是指决策实施后所产生的效果和影响。

▶ 考点2 定性决策方法

真题链接

[2023·多选] 下列方法中，可用于企业经营决策的定性决策方法有（   ）。

A. 马尔可夫模型法   B. 线性规划法
C. 哥顿法   D. 名义小组技术

E. 量本利分析法

[解析] 用于企业经营决策的定性决策方法包括德尔菲法、哥顿法、名义小组技术和头脑风暴法。

[答案] CD

[2018·单选] 某烤箱生产企业邀请15名专家进行集体讨论，首先要求专家以抽象化的"烘焙"为主题，提出各种烘焙方法的奇思妙想；然后将问题具体化为"烤箱功能"，进行深入讨论；最后该企业根据讨论结果做出了决策。该企业采取的经营决策方法是（　　）。

A. 名义小组技术　　　　　　　　B. 德尔菲法
C. 哥顿法　　　　　　　　　　　D. 头脑风暴法

[解析] 哥顿法的特点是不让会议成员直接讨论问题本身，而只让其讨论问题的某一局部或某一侧面，或者讨论与问题相似的某一问题，或者用"抽象的阶梯"把问题抽象后再向与会者提出。题干所述的经营决策方法与哥顿法相符合，选项C正确。

[答案] C

[2016·多选] 下列经营决策方法中，适用于企业定性决策的有（　　）。

A. 哥顿法　　　　　　　　　　　B. 线性规划法
C. 德尔菲法　　　　　　　　　　D. 名义小组技术
E. 头脑风暴法

[解析] 线性规划法属于定量决策方法中的确定型决策方法，选项B错误。

[答案] ACDE

真题精解

点题：本系列真题考查企业经营决策的定性决策方法，但考查侧重点不同。其中，2018年真题考查企业经营决策方法中的哥顿法；2023年真题和2016年真题考查企业经营决策方法中的定性决策方法包括哪些。

分析：对于本考点，核心是区分企业经营决策的四种定性决策方法。

头脑风暴法又称思维共振法，即通过有关专家之间的信息交流，引起思维共振，产生组合效应，从而形成创造性思维。其特点是参与者敞开思路，畅所欲言，并在一定的时间内自由地提出尽可能多的方案，不进行任何批评，且所有方案都当场记录下来，留待稍后再做讨论和分析。德尔菲法又称专家调查法，是由美国兰德公司首创的方法。应用德尔菲法的关键：选择好专家；专家人数10～30人较好；拟定好意见征询表。名义小组技术是指以一个小组的名义进行集体决策，而并不是实质意义上的小组讨论，要求每个与会者贡献出自己的观点，其特点是与会者背靠背，独立思考。哥顿法又称提喻法。其特点是不让会议成员直接讨论问题本身，而只让其讨论问题的某一局部或某一侧面；或者讨论与问题相似的某一问题；或者用"抽象的阶梯"把问题抽象化后再向与会者提出。哥顿法的优点是将问题抽象化，有利于减少束缚，产生创造性的想法；其难点在于会议主持人如何引导讨论的层层深入。

拓展：该考点在考试中常以单选题的形式考查某一种定性决策方法的概念和特征，也会以多选题的形式考查企业经营决策的定性决策方法包括哪些，还会在案例题中与定量决策方法综合出题。

举一反三

[典型例题·单选] 德尔菲法中需要选择适当数量的专家，其人数适宜在（　　）人。

A. 20～40　　　　B. 10～20　　　　C. 10～30　　　　D. 30～40

[解析] 运用德尔菲法的关键之一在于决定恰当的专家人数，一般 10～30 人较好。

[答案] C

[典型例题·多选] 下列企业经营决策方法中，属于定性决策方法的有（　　）。

A. 头脑风暴法　　　　　　　　　B. 哥顿法
C. 德尔菲法　　　　　　　　　　D. 期望损益决策法
E. 后悔值原则

[解析] 定性决策方法有头脑风暴法、德尔菲法、名义小组技术和哥顿法。期望损益决策法、后悔值原则为定量决策方法，选项 D、E 错误。

[答案] ABC

环球君点拨

头脑风暴法要明确提出决策问题，并且尽可能地提出具体的意见。哥顿法并不明确地阐述决策问题，而是在给出抽象的主题之后，寻求卓越的构想。头脑风暴法和德尔菲法均有专家的参与。哥顿法必须有一位会议主持人。

考点 3　定量决策方法

真题链接

[2021·单选] 某自行车生产企业要进行风险型经营决策，以下属于风险型决策方法的是（　　）。

A. 盈亏平衡点法　　　　　　　　B. 决策树分析法
C. 线性规划法　　　　　　　　　D. 后悔值原则

[解析] 线性规划法和盈亏平衡点法属于确定型决策方法，选项 A、C 错误。后悔值原则属于不确定型决策方法，选项 D 错误。

[答案] B

[2021·案例（节选）] M 集团是以肉类粗加工为经营范围的企业，具有年生产肉类产品 100 万吨的生产能力，其通过价值链分析发现原料供应存在短板，因此进军畜牧业，并获得明显的成本优势。而后在进行外部战略环境分析和市场调查的基础上，M 集团发现宠物食品行业发展迅速，行业规模不断扩大，行业内企业的销售额和利润迅速增长，于是 M 集团进军宠物食品行业，生产以肉类为原料的宠物主食产品。新产品对应的备选方案有甲、乙、丙、丁四种，每种方案在不同市场状态下的期望损益值如表 1-1 所示。

表 1-1　甲、乙、丙、丁四种方案在不同市场状态下的期望损益值（单位：百万元）

生产方案	市场状态		
	高	一般	低
甲	1 158	616	325
乙	1 049	622	401
丙	1 067	634	388
丁	953	633	411

若 M 集团采用折中原则进行新产品决策，乐观系数为 0.55，则应采用的方案是（ ）。

A. 甲方案　　　　B. 丙方案　　　　C. 丁方案　　　　D. 乙方案

[解析] 根据折中原则计算如下：甲方案加权平均值=1 158×0.55+325×0.45=783.15；乙方案加权平均值=1 049×0.55+401×0.45=757.4；丙方案加权平均值=1 067×0.55+388×0.45=761.45；丁方案加权平均值=953×0.55+411×0.45=709.1。783.15>761.45>757.4>709.1，甲方案的加权平均值最高，所以应该采用甲方案。

[答案] A

[**2020·案例（节选）**] 某大型饼干生产企业采取密集型成长战略，不断挖掘和提升自身竞争优势，获得快速发展。该企业采用 7S 模型分析其战略过程，统筹各种资源和要素，有力保障了企业战略措施顺利实施。为了开发中老年饼干市场，该企业采用定性决策和定量决策相结合的方法进行健胃饼干的新产品经营决策。该企业共有甲饼干、乙饼干、丙饼干、丁饼干四种产品方案可供选择，每种饼干产品均存在着市场需求高、市场需求一般、市场需求低三种市场状态，每种产品方案在不同市场状态下的期望损益值如表 1-2 所示。

表 1-2　每种产品方案在不同市场状态下的期望损益值　　　（单位：百万元）

产品方案	市场状态		
	市场需求高	市场需求一般	市场需求低
甲饼干	58	36	15
乙饼干	49	32	21
丙饼干	47	30	25
丁饼干	53	33	19

若该企业采用后悔值原则进行决策，应选择的方案是（ ）。

A. 丙饼干　　　　　　　　　　　　B. 乙饼干
C. 甲饼干　　　　　　　　　　　　D. 丁饼干

[解析] 利用后悔值原则选择方案的计算过程如下：第一步，计算每个方案的后悔值。甲方案的后悔值分别是（0，0，10）选择乙方案的后悔值分别是（9，4，4）；丙方案的后悔值分别是（11，6，0）；丁方案的后悔值分别是（5，3，6）。第二步，选择每个方案的最大后悔值。甲方案的最大后悔值为 10；乙方案的最大后悔值为 9；丙方案的最大后悔值为 11；丁方案的最大后悔值为 6。第三步，按照大中取小原则，从 10、9、11、6 中选取一个最小的，则应当选择最大后悔值 6，其对应的方案为丁饼干。

[答案] D

真题精解

点题：本系列真题考查企业经营决策的定量决策方法，但考查侧重点不同。其中，2021 年第一道真题考查企业经营决策方法中的风险型决策方法；2021 年第二道真题考查企业经营决策方法中的不确定型决策方法（折中原则）；2020 年真题考查企业经营决策方法中的不确定型决策方法（后悔值原则）。

分析：对于本考点，核心是掌握不确定型决策方法中的五个原则。
确定型决策方法包括线性规划法、盈亏平衡点法。风险型决策方法包括决策树分析法、期望损益决策法。不确定型决策方法包括乐观原则、悲观原则、折中原则、后悔值原则、等概率原则。其中，不确定型决策方法的五个原则是考试的重点，具体内容如下：

(1) 乐观原则。乐观原则是先选出各方案中的最大期望损益值，再从中选取最大者对应的方案。

(2) 悲观原则。悲观原则是先选出各方案中的最小期望损益值，再从中选取最大者对应的方案。

(3) 折中原则。折中原则是先找出各方案在所有状态下的最小值和最大值以及最大值系数和最小值系数，再用上述的数据计算各个方案的加权平均值，最后取加权平均最大的期望损益值对应的方案。

(4) 后悔值原则。后悔值原则是先找出各状态下的最大期望损益值并用其减去该状态下的所有期望损益值，从而得出相应的后悔值，再从各方案的所有后悔值中选取最大者，最后从已经选出的最大后悔值中选取最小者，其对应的方案即为用最小后悔值法选取的方案。

(5) 等概率原则。等概率原则是指当无法确定某种市场状态发生的可能性大小及其顺序时，可以假定每一市场状态具有相等的概率，并以此计算各方案的期望损益值进行方案选择。

拓展：该考点为高频考点，几乎年年必考，且多以案例题的形式出现考查不确定型决策方法中的五个原则的内容，这类题目往往有一定的难度且容易混淆，如上述2021年第二道真题。

举一反三

[典型例题·单选] 下列企业经营决策方法中，属于定量决策方法的是（　　）。

A. 头脑风暴法　　　　　　　　　　B. 德尔菲法
C. 名义小组技术　　　　　　　　　D. 后悔值原则

[解析] 头脑风暴法、德尔菲法、名义小组技术属于定性决策方法，而后悔值原则是定量决策方法中的不确定型决策方法的一种。

[答案] D

[典型例题·多选] 企业在进行经营决策时可采用的定量决策方法包括（　　）。

A. 哥顿法　　　　　　　　　　　　B. 线性规划法
C. 头脑风暴法　　　　　　　　　　D. 名义小组技术
E. 决策树分析法

[解析] 哥顿法、名义小组技术和头脑风暴法属于定性决策方法，选项A、C、D错误。

[答案] BE

环球君点拨

在不确定型决策方法的五种原则中，按折中原则计算时，用最大期望损益值乘以最大值系数，用最小期望损益值乘以最小值系数，不能颠倒。按后悔值原则计算时，考生要注意每一步是从各状态的期望损益值中选取，还是从各方案的期望损益值中选取。按等概率原则计算时，表面上看是每个方案的各期望损益值的加权平均值，实际上是各期望损益值的算术平均值，二者的结果等同。

考点4　商业模式分析

真题链接

[2023·单选] 在商业模式要素中，起奠基作用的第一要素是（　　）。

A. 企业定位　　　　　　　　　　　B. 业务系统

C. 企业价值　　　　　　　　　　D. 资源与能力

[解析] 企业定位揭示了企业的战略方向、独特价值和目标客户，明确了企业应该提供什么样的产品和服务来实现客户的价值，是商业模式要素体系中起奠基作用的第一要素，包括战略定位、价值定位、客户定位、业务定位、产品定位等。

[答案] A

[2023·单选] 在商业模式画布模块中，描绘企业如何沟通、接触目标客户并向其传递价值主张的模块是（　　）。

A. 客户关系　　　　　　　　　　B. 渠道通路
C. 重要伙伴　　　　　　　　　　D. 客户细分

[解析] 渠道通路模块主要描绘企业是如何沟通、接触目标客户而传递其价值主张的。

[答案] B

真题精解

点题：本系列真题考查商业模式分析，但考查侧重点不同。其中，2023年第一道真题考查商业模式的要素；2023年第二道真题考查商业模式分析。

分析：对于本考点，核心是掌握商业模式的要素与商业模式分析的内容。

1. 商业模式的要素

（1）企业定位。企业定位揭示了企业的战略方向、独特价值和目标客户，明确了企业应该提供什么样的产品和服务来实现客户的价值，是商业模式要素体系中起奠基作用的第一要素，包括战略定位、价值定位、客户定位、业务定位、产品定位等。

（2）资源与能力。资源与能力是企业拥有的、商业模式运转所需要的资源和能力。资源包括金融资源、实物资源、人力资源、信息资源、关系网络等；能力包括管理能力、营运能力、交易能力、创新能力等。

（3）业务系统。业务系统是企业达成定位所需完成的业务环节和业务活动，包括业务内容、业务流程、利益相关者关系、交易内容与方式、分销渠道等。业务系统是商业模式的核心。

（4）盈利模式。盈利模式描述了企业获得收入、分配成本、赚取利润的方法和渠道，是企业在利益相关者利益分配格局中实现企业利益的途径。

（5）现金流结构。现金流结构是企业商业模式运行过程中现金流入和流出在时间序列上的表现形式。不同商业模式具有不同的成本结构、收入结构和交易结构，也就形成了不同的现金流结构。

（6）企业价值。企业价值是指企业的投资价值，是企业预期未来可以产生的现金流的贴现值，是评判企业商业模式优劣的重要标准，由企业的成长空间、成长能力、成长效率和成长速度决定。

2. 商业模式分析

商业模式画布的构成模块及具体内容如下。

（1）价值主张。该模块主要描绘企业为特定细分客户创造价值的系列产品或服务。

（2）客户细分。该模块主要描绘企业要提供产品或服务的客户群。

（3）渠道通路。该模块主要描绘企业是如何沟通、接触目标客户而传递其价值主张的。

（4）客户关系。该模块主要描绘企业与特定客户细分群体建立的关系类型。

（5）核心资源。该模块主要描绘让商业模式有效运转所必需的最重要的资源。

(6) 关键业务。该模块主要描绘为了确保其商业模式可行，企业必须从事的最重要的业务。

(7) 重要伙伴。该模块主要描述商业模式有效运作所需的合作伙伴及其结构关系。

(8) 收入来源。该模块主要描绘企业从每个客户群体中获取的收入。

(9) 成本结构。该模块主要描绘运营一个商业模式所引发的成本及其结构。

拓展： 该考点属于近年来的新增考点，分值较低，难度较小。该考点在考试中大多考查对内容的记忆情况，而不是运用情况。

举一反三

[典型例题·单选] 在商业模式要素中，（　　）是商业模式的核心。

A. 企业定位　　　　　　　　　　B. 业务系统

C. 企业价值　　　　　　　　　　D. 资源与能力

[解析] 业务系统是商业模式的核心。

[答案] B

[典型例题·单选] 在商业模式画布模块中，（　　）模块描绘为了确保其商业模式可行，企业必须从事的最重要的业务。

A. 客户关系　　　　　　　　　　B. 关键业务

C. 重要伙伴　　　　　　　　　　D. 客户细分

[解析] 关键业务模块主要描绘为了确保其商业模式可行，企业必须从事的最重要的业务。

[答案] B

环球君点拨

考生应注意区分商业模式要素与商业模式画布模块的内容。商业模式通常包括企业定位、资源与能力、业务系统、盈利模式、现金流结构、企业价值等要素。商业模式画布包括价值主张、客户细分、渠道通路、客户关系、核心资源、关键业务、重要伙伴、收入来源、成本结构等模块。

第二章　公司法人治理结构

第一节　公司所有者与经营者

考点1　公司所有者

真题链接

[2023·单选] 下列选项中，公司财产权能的第二次分离表现为（　　）。

A. 原始所有权与法人产权的分离
B. 原始所有权与经营权的分离
C. 法人产权与经营权的分离
D. 出资人与公司法人的分离

[解析] 公司财产权能的两次分离：第一次分离是具有法律意义的出资人与公司法人的分离，即原始所有权与法人产权的分离；第二次分离是具有经济意义的法人产权与经营权的分离，这种分离形式是企业所有权与经营权分离的最高形式。

[答案] C

[2023·单选] 公司法人产权与经营权分离后，下列权利中，不属于经营权的是（　　）。

A. 对公司财产的收益权　　　　B. 对公司财产的占有权
C. 对公司财产的处分权　　　　D. 对公司财产的使用权

[解析] 经营权是对公司财产占有、使用和处分的权利，是相对于所有权而言的。与法人产权相比，经营权的内涵较小。经营权不包括收益权，而法人产权却包含收益权，即公司法人可以对外投资获取收益。另外，经营权中的财产处分权也受到一定的限制，一般来说，经理无权自行处理公司财产。

[答案] A

[2022·单选] 下列关于法人财产的说法，错误的是（　　）。

A. 公司以其法人财产承担民事责任
B. 资金注入公司形成法人财产后，出资者可以直接支配该财产
C. 法人财产是公司产权制度的基础
D. 从归属意义上讲，公司法人财产属于出资人

[解析] 一旦资金注入公司形成法人财产后，出资人不能再直接支配这一部分财产，正常情况下也不得从公司中抽回，只能依法转让其所持有的股份。

[答案] B

[2021·单选] 下列选项中，公司产权制度的基础是（　　）。

A. 注册资金　　　　　　　　　B. 股东的投资额
C. 原始所有权　　　　　　　　D. 法人财产

[解析] 法人财产是公司产权制度的基础。

[答案] D

[2019·多选] 下列关于原始所有权和法人产权的说法，正确的有（   ）。
A. 原始所有权表现为对公司财产的实际控制权
B. 法人产权表现为股权
C. 原始所有权和法人产权的客体是同一财产
D. 原始所有权是对投入资本的终极所有权
E. 法人产权是一种派生所有权

[解析] 法人产权表现为对公司财产的实际控制权，选项 A 错误。原始所有权表现为股权，选项 B 错误。

[答案] CDE

真题精解

点题：本系列真题考查公司所有者，但考查侧重点不同。其中，2022 年真题和 2021 年真题考查公司的法人财产权；2023 年第一道真题、第二道真题和 2019 年真题考查公司财产权能的两次分离。

分析：对于本考点，核心是掌握公司原始所有权和法人财产权的区别。

原始所有权是出资人（股东）对投入资本的终极所有权，其表现为股权。股权是公司股东基于其投资人资格而享有的权利。一般情况下，股东没有直接经营公司的权利，也没有直接处置法人财产的权利。股东一旦出资入股，正常情况下不能要求退股而抽走资本。

法人财产是公司产权制度的基础。一旦资金注入公司形成法人财产后，出资人不能再直接支配这一部分财产，正常情况下也不得从公司中抽回，只能依法转让其所持有的股份。公司对其全部法人财产依法拥有占有、使用、收益、处分的权利，即公司拥有法人财产权（或称法人产权）。

公司财产权能的分离是以公司法人为中介的所有权与经营权的两次分离。其中，第一次分离是具有法律意义的出资人与公司法人的分离，即原始所有权与法人产权的分离；第二次分离是具有经济意义的法人产权与经营权的分离，这种分离形式是企业所有权与经营权分离的最高形式。

（1）**原始所有权与法人产权的分离**。法人产权是一种派生所有权，是所有权的经济行为。相对于公司原始所有权表现为股权而言，公司法人产权表现为对公司财产的实际控制权，保证公司财产不论由谁投资，一旦形成公司财产投入运营，其产权就归属于公司，而原来的出资人就与现实资产的运营脱离了关系。原始所有权与法人产权的客体虽然是同一财产，反映的却是不同的经济、法律关系。原始所有权体现这一财产最终归谁所有；法人产权则体现这一财产由谁占有、使用、收益和处分。

（2）**法人产权与经营权的分离**。公司法人产权集中于董事会，而经营权集中在经理手中。经营权是对公司财产占有、使用和处分的权利，是相对于所有权而言的。经营权不包括收益权，而法人产权却包含收益权，即公司法人可以对外投资获取收益。另外，经营权中的财产处分权也受到一定的限制，一般来说，经理无权自行处理公司财产。

拓展：该考点不论以何种形式考查，其考查的内容都离不开公司原始所有权和法人财产权的特点及区别。

举一反三

[典型例题·单选] 下列关于企业财产权能两次分离的说法，表述正确的是（   ）。
A. 公司财产权能的分离是以经理为中介的所有权与经营权的两次分离

B. 公司财产权能的第一次分离是原始所有权与经营权相分离

C. 企业所有权与经营权分离的最高形式是法人产权与经营权的分离

D. 公司财产权能的第二次分离是具有法律意义的出资人与公司法人的分离

[解析] 公司财产权能的分离是以公司法人为中介的所有权与经营权的两次分离，选项 A 错误。公司财产权能的第一次分离是原始所有权与法人产权相分离，选项 B 错误。公司财产权能的第二次分离应当是具有经济意义的法人产权与经营权的分离，选项 D 错误。

[答案] C

[典型例题·单选] 下列关于法人财产和法人财产权的说法，正确的是（　　）。

A. 公司法人财产从归属意义上讲，是属于出资者的

B. 公司的法人财产和出资者的其他财产之间没有明确的界限

C. 原始所有权是公司产权制度的基础

D. 股东拥有法人财产权

[解析] 公司的法人财产和出资者的其他财产之间有明确的界限，选项 B 错误。法人财产是公司产权制度的基础，选项 C 错误。公司对其全部法人财产依法拥有占有、使用、收益、处分的权利，即公司拥有法人财产权（或称法人产权），选项 D 错误。

[答案] A

环球君点拨

在公司财产权能的两次分离中，第一次分离即原始所有权与法人产权的分离；第二次分离即法人产权与经营权的分离。

考点2 所有者与经营者的关系

真题链接

[2018·单选] 下列关于所有者与经营者的关系，说法错误的是（　　）。

A. 公司对经营者是一种有偿委任的雇佣

B. 经营者作为意定代理人，其权力受到董事会委托范围的限制

C. 经营者作为所有者掌握着最终的控制权

D. 经营者受聘于董事会，统管企业日常经营事务

[解析] 股东作为所有者掌握着最终的控制权。

[答案] C

[经典例题·单选] 经营人员的管理权限和代理权限不能超过（　　）决定的授权范围。

A. 经理机构　　　B. 监事会　　　C. 董事会　　　D. 股东会

[解析] 经营者的管理权限和代理权限不能超过董事会决定的授权范围，经营者经营业绩的优劣由董事会考核和评判。

[答案] C

真题精解

点题：本系列题目考查所有者与经营者的关系，但考查侧重点不同。其中，2018年真题考查所有者与经营者之间的委托代理关系，股东会、董事会、监事会和经营者之间的相互制衡关系；经

典例题考查股东会、董事会、监事会和经营者之间的相互制衡关系。

分析： 对于本考点，核心是掌握公司治理结构各部分的特点和相互关系。

所有者与经营者的关系主要体现在以下两方面。

（1）所有者与经营者之间的委托代理关系。

①经营者作为意定代理人，其权力受到董事会委托范围的限制，包括法定限制和意定限制。

②公司对经营者是一种有偿委任的雇佣，经营者有义务和责任依法管理好公司事务，董事会有权对经营者的经营业绩进行监督和评价，并据此对经营者做出奖励或激励，或予以解聘。

（2）股东会、董事会、监事会和经营者之间的相互制衡关系。

①股东作为所有者掌握着最终的控制权，他们可以决定董事会的人选，并有推选或不推选甚至起诉某位董事的权利。然而，一旦授权董事会负责公司后，股东就不能随意干预董事会的决策了。

②董事会作为公司的代表机构，全权负责公司经营，拥有法人财产支配权，任命、指挥经营者的权力，但董事会必须对股东负责。正是由于需要建立股东与董事会之间的制约与平衡关系，法律才将股东会确定为公司的最高权力机构。

③经营者受聘于董事会，作为公司的意定代理人统管企业日常经营事务。在董事会授权范围之内，经营者有权决策，他人不能随意干涉。但是，经营者的管理权限和代理权限不能超过董事会决定的授权范围，经营者经营业绩的优劣由董事会考核和评判。

④监事会对董事会和经营者的工作实行全面监督。

拓展： 该考点还可以多选题的形式考查公司治理结构各部分的特点和相互关系。

举一反三

[典型例题·多选] 在现代企业中，所有者与经营者的关系主要表现在（　　）。

A. 所有者与经营者之间的相辅相成关系

B. 股东会、董事会、监事会和经营者之间的相互制衡关系

C. 所有者与经营者之间的委托代理关系

D. 所有者与经营者之间的团结合作关系

E. 所有者与经营者之间的自愿平等关系

[解析] 所有者与经营者的关系主要表现在以下两个方面：①所有者与经营者之间的委托代理关系；②股东会、董事会、监事会和经营者之间的相互制衡关系。

[答案] BC

[典型例题·单选] 在现代公司治理结构中，股东会、董事会、监事会和经营人员之间的相互制衡关系表现在多个方面，其中不包括（　　）。

A. 股东掌握着最终的控制权，可以决定董事会的人选

B. 经营人员经营业绩的优劣受到股东会的监督和评判

C. 经营人员受聘于董事会，统管企业日常经营事务

D. 董事会拥有支配法人财产的权力

[解析] 经营人员业绩的优劣受到董事会的考核和评判。

[答案] B

环球君点拨

股东会、董事会、监事会和经营者的内容在后面考点中会有详细的介绍，考生后续在学习相关

考点内容的过程中也会进一步复习和巩固本节内容。

第二节 股东会

考点 1 股东的分类

真题链接

[2023·多选] 在我国,可以成为公司股东的组织和个人包括（　　）。
A. 企业法人
B. 中国公民
C. 外籍人士
D. 社团法人
E. 业主委员会

[解析] 公司股东既包括自然人股东,也包括法人股东。自然人包括中国公民和具有外国国籍的人。在我国,可以成为法人股东的包括企业（含外国企业）法人、社团法人以及各类投资基金组织和代表国家进行投资的机构。

[答案] ABCD

[2023·单选]《中华人民共和国公司法》（以下简称《公司法》）规定,股份有限公司发起人持有的本公司股份自公司成立之日起（　　）不得转让。
A. 一年内
B. 半年内
C. 二年内
D. 一个月内

[解析] 按照《公司法》规定,发起人持有的本公司股份自公司成立之日起一年内不得转让。

[答案] A

[2022·单选] 王某等11人拟发起设立股份有限公司。根据《公司法》,发起人中在中国境内有居所的至少应达到（　　）人。
A. 3
B. 6
C. 8
D. 4

[解析]《公司法》规定,设立股份有限公司,应当有2人以上200人以下的发起人,其中须有半数以上的发起人在中国境内有住所。

[答案] B

[2021·单选] 下列关于发起人的说法,错误的是（　　）。
A. 发起人持有本股份有限公司股票自公司成立之日起1年内不得转让
B. 社团法人不得作为发起人
C. 公司不能成立时,对设立行为所产生的债务和费用负连带责任
D. 法人作为发起人应当是法律上的不受限制者

[解析]《公司法》规定,法人作为发起人应当是法律上不受限制者,社团法人是法律上不受限制者,所以社团法人可以作为发起人。

[答案] B

[2020·单选] 根据《公司法》,下列关于发起人股东的说法,正确的是（　　）。
A. 发起人对公司所有债务承担连带责任
B. 股份有限公司1/3以上的发起人必须在中国有住所

C. 自然人作为发起人应当具备完全民事行为能力

D. 发起人持有的本公司股份自公司成立之日起 3 年内不得转让

[解析] 根据《公司法》的规定，发起人应当承担下列责任：①公司不能成立时，对设立行为所产生的债务和费用负连带责任。②公司不能成立时，对认股人已交纳的股款，负返还股款并加算银行同期存款利息的连带责任。③在公司设立过程中，由于发起人的过失致使公司利益受到损害的，对公司承担赔偿责任，选项 A 错误。股份有限公司须有半数以上的发起人在中国境内有住所，选项 B 错误。发起人持有的本公司股份自公司成立之日起 1 年内不得转让，选项 D 错误。

[答案] C

真题精解

点题：本系列真题考查股东的分类和构成，但考查侧重点不同。其中，2023 年第一道真题考查自然人股东和法人股东；2023 年第二道真题、2022 年真题、2021 年真题、2020 年真题均考查发起人股东与非发起人股东。

分析：对于本考点，核心是掌握股东的三种不同的分类以及各种股东的相关特点。

1. 发起人股东与一般股东

发起人股东是指组织设立公司、签署设立协议或者在公司章程上签字盖章，认缴出资，并对公司设立承担相应责任的人。**一般股东**是指因出资、继承、接受赠与而取得公司出资或者股权，并因而享有股东权利、承担股东义务的人。

（1）对公司设立承担责任。

有限责任公司发起人的相关责任规定如下：

①有限责任公司由 1 个以上 50 个以下 股东出资设立。

②有限责任公司设立时的股东可以签订设立协议，明确各自在公司设立过程中的权利和义务。

③有限责任公司设立时的股东为设立公司从事的民事活动，其法律后果由公司承受。公司未成立的，其法律后果由公司设立时的股东承受；设立时的股东为 2 人以上的，享有连带债权，承担连带债务。设立时的股东为设立公司以自己的名义从事民事活动产生的民事责任，第三人有权选择请求公司或者公司设立时的股东承担。设立时的股东因履行公司设立职责造成他人损害的，公司或者无过错的股东承担赔偿责任后，可以向有过错的股东追偿。

④有限责任公司的注册资本为在公司登记机关登记的全体股东认缴的出资额。全体股东认缴的出资额由股东按照公司章程的规定自公司成立之日起 5 年内 缴足。

⑤股东应当按期足额缴纳公司章程规定的各自所认缴的出资额。

⑥有限责任公司设立时，股东未按照公司章程规定实际缴纳出资，或者实际出资的非货币财产的实际价额显著低于所认缴的出资额的，设立时的其他股东与该股东在出资不足的范围内承担连带责任。

⑦股东未按照公司章程规定的出资日期缴纳出资，公司依照相关规定发出书面催缴书催缴出资的，可以载明缴纳出资的宽限期；宽限期自公司发出催缴书之日起，不得少于 60 日。宽限期届满，股东仍未履行出资义务的，公司经董事会决议可以向该股东发出失权通知，通知应当以书面形式发出。

股份有限公司设立过程中发起人的相关责任规定如下：

①设立股份有限公司，应当有 1 人以上 200 人以下 发起人，其中应当有半数以上的发起人在中

华人民共和国境内有住所。

②股份有限公司发起人承担公司筹办事务。发起人应当签订发起人协议，明确各自在公司设立过程中的权利和义务。

③以发起设立方式设立股份有限公司的，发起人应当认足公司章程规定的公司设立时应发行的股份。以募集设立方式设立股份有限公司的，发起人认购的股份不得少于公司章程规定的公司设立时应发行股份总数的 35%。但是，法律、行政法规另有规定的，从其规定。

④发起人应当在公司成立前按照其认购的股份全额缴纳股款。

⑤发起人不按照其认购的股份缴纳股款，或者作为出资的非货币财产的实际价额显著低于所认购的股份的，其他发起人与该发起人在出资不足的范围内承担连带责任。

（2）股份出逃和转让的限制。为加大发起人责任，防止发起人利用公司设立损害公司、股东和第三方利益，《公司法》对资金转让和出逃作了如下规定：

①公司成立后，股东不得抽逃出资。违反规定的，股东应当返还抽逃的出资；给公司造成损失的，负有责任的董事、监事、高级管理人员应当与该股东承担连带赔偿责任。

②公司公开发行股份前已发行的股份，自公司股票在证券交易所上市交易之日起一年内不得转让。

③公司董事、监事、高级管理人员应当向公司申报所持有的本公司的股份及其变动情况，在就任时确定的任职期间每年转让的股份不得超过其所持有本公司股份总数的 25%；所持本公司股份自公司股票上市交易之日起一年内不得转让。上述人员离职后半年内，不得转让其所持有的本公司股份。

④股份在法律、行政法规规定的限制转让期限内出质的，质权人不得在限制转让期限内行使质权。

⑤公司的发起人、股东在公司成立后，抽逃其出资的，由公司登记机关责令改正，处以所抽逃出资金额 5%以上 15%以下 的罚款；对直接负责的主管人员和其他直接责任人员处以 3 万元以上 30 万元以下 的罚款。

2. 自然人股东与法人股东

自然人包括中国公民和具有外国国籍的人，可以通过出资组建公司或继受取得出资、股份而成为有限责任公司、股份有限公司的股东。法人股东是指以公司或集团（机构）名义占有其他公司股份的股东。在我国，可以成为法人股东的包括企业法人（含外国企业）、社团法人以及各类投资基金组织和代表国家进行投资的机构。

3. 控股股东与非控股股东

按照股东持股的数量与影响力不同，股东可分为控股股东与非控股股东。控股股东又分绝对控股股东与相对控股股东。《公司法》对控股股东的定义是"出资额占有限责任公司资本总额超过 50% 或者其持有的股份占股份有限公司股本总额超过 50% 的股东；出资额或者持有股份的比例虽然低于 50%，但依其出资额或者持有的股份所享有的表决权已足以对股东会的决议产生重大影响的股东"。

拓展：该考点还可以多选题的形式综合考查股东的三种分类。

举一反三

[典型例题·单选] 下列关于发起人股东的说法,正确的是（　　）。

A. 所有发起人股东必须在中国境内有住所

B. 股份转让不受到限制

C. 发起人要对公司设立承担特殊义务和责任

D. 所有发起人股东必须是中国国籍

[解析] 《公司法》对发起人转让股份的行为作了限制,规定发起人持有的本公司股份自公司成立之日起1年内不得转让,选项B错误。《公司法》规定,发起人的国籍和住所受到一定限制,但未提到"所有发起人股东必须在中国境内有住所"和"所有发起人股东必须是中国国籍",选项A、D错误。

[答案] C

[典型例题·多选] 股份有限公司必须有一定数量的发起人,下列表述中正确的有（　　）。

A. 对公司设立承担责任

B. 发起人持有的本公司股份自公司成立之日起2年内不得转让

C. 设立股份有限公司,应当有2人以上200人以下的发起人,且全部发起人必须为中国国籍

D. 法人作为发起人应当是法律上不受限制者

E. 自然人作为发起人不要求具备完全民事行为能力

[解析] 发起人持有的本公司股份自公司成立之日起1年内不得转让,选项B错误。设立股份有限公司,应当有2人以上200人以下的发起人,其中须有半数以上的发起人在中国境内有住所,但未要求全部发起人必须是中国国籍,选项C错误。自然人作为发起人应当具备完全民事行为能力,选项E错误。

[答案] AD

环球君点拨

在股东的分类中,发起人股东与非发起人股东的分类方法相对更重要一些,其中发起人股东的相关内容属于高频考点。

考点2 股东的权利

真题链接

[2024·单选] 下列选项中,不属于公司股东权利的是（　　）。

A. 知情权　　　　　　　　　　B. 对公司财产直接支配的权利

C. 召开临时股东会的提议权　　D. 参与公司分红的权利

[解析] 根据《公司法》的规定,公司是一个独立的法人实体,拥有独立的财产权。公司的财产属于公司,而不是股东个人所有。股东对公司财产并不享有直接支配的权利,所以选项B符合题意。

[答案] B

[2020·单选] 根据《公司法》,下列权利中不属于股东权利的是（　　）。

A. 财务负责人的聘任权　　　　B. 股东会的表决权

C. 监事的选举权   D. 参与公司分红的权利

[解析] 财务负责人的聘任权属于董事会。

[答案] A

[2019·单选] 小张是 A 股份有限公司的股东，该公司应该以小张的（   ）为依据分配公司红利给小张。

A. 持股比例   B. 家庭资产
C. 出资比例   D. 社会地位

[解析] 根据《公司法》，股东享有资产收益的权利，有限责任公司股东按照实缴的出资比例分取红利，股份有限公司按照股东持有的股份比例分配红利。

[答案] A

真题精解

点题：本系列真题考查股东的权利，但考查侧重点不同。其中，2024 年真题、2020 年真题考查股东包括哪些权利；2019 年真题考查股东享有参与公司分红的权利。

分析：对于本考点，核心是掌握股东的权利。

股东的权利有：股东会的出席权、表决权；召开临时股东会的提议权和提出临时提案权；董事、监事的选举权、被选举权；公司资料的查阅权；参与公司分红的权利；参与公司剩余财产分配的权利；出资、股份的转让权；转让股份的优先购买权；新增资本的优先认购权；股东诉讼权。

拓展：该考点还可能以多选题的方式考查股东包括哪些权利。

举一反三

[典型例题·多选] 下列选项中，属于股东权利的有（   ）。

A. 董事的选举权、被选举权   B. 监督财务负责人的权利
C. 股东会的表决权   D. 监督董事会的权利
E. 参与公司剩余财产分配的权利

[解析] 监督财务负责人的权利和监督董事会的权利属于监事会，选项 B、D 错误。

[答案] ACE

[典型例题·单选] 以下各项权利中，属于股东权利的是（   ）。

A. 决定公司的经营要务   B. 经理任命权
C. 股利分配权   D. 检查公司财务

[解析] 决定公司的经营要务属于董事会的职权，选项 A 错误。经理的任命权在董事会，选项 B 错误。检查公司财务是监事会的职权，选项 D 错误。

[答案] C

环球君点拨

公司资料的查阅权、享有参与公司剩余财产分配的权利、转让股份的优先购买权、股东诉讼权等均属于股东的权利。上述几点在考试中很少涉及，但仍可能出现在下一次的考试中，考生需要熟练掌握。

考点 3 股东的责任和义务

真题链接

[2022·多选改编] 下列选项中，公司股东的义务有（　　）。

A. 缴纳出资 B. 遵守公司章程
C. 注意义务 D. 勤勉义务
E. 忠诚义务

[解析] 股东的义务包括：缴纳出资；对公司承担有限责任；遵守法律、行政法规和公司章程。注意义务、勤勉义务和忠诚义务不属于公司股东的义务，选项 C、D、E 错误。

[答案] AB

[2016·单选] 根据相关法律规定，有限责任公司的股东以其（　　）为限对公司承担责任。

A. 个人资产 B. 家庭资产
C. 实缴的出资额 D. 认缴的出资额

[解析] 有限责任公司的股东以其认缴的出资额为限对公司承担责任；股份有限公司的股东以其认购的股份为限对公司承担责任。

[答案] D

真题精解

点题：本系列真题考查股东的义务，但考查侧重点不同。其中，2022 年真题改编考查股东义务中包括哪些内容；2016 年真题考查股东义务中的对公司承担有限责任的义务。

分析：对于本考点，核心是掌握股东的义务。

股东的义务包括以下内容：

（1）缴纳出资。股东应当按期足额缴纳公司章程规定的各自所认缴的出资额。不按相关规定缴纳出资的，给公司造成损失的，承担赔偿责任。

（2）对公司承担有限责任。《公司法》规定，有限责任公司的股东以其认缴的出资额为限对公司承担责任；股份有限公司的股东以其认购的股份为限对公司承担责任。

（3）遵守法律、行政法规和公司章程。《公司法》的相关规定包括：①公司股东应当遵守法律、行政法规和公司章程，依法行使股东权利，不得滥用股东权利损害公司或者其他股东的利益；②公司股东滥用公司法人独立地位和股东有限责任，逃避债务，严重损害公司债权人利益的，应当对公司债务承担连带责任。

拓展：该考点还可能考查股东每种义务的具体知识以及通过将该考点内容与其他考点内容混合的方式出题。

举一反三

[典型例题·单选] 股东作为公司资本的所有者具有三项义务，其中不包括（　　）。

A. 缴纳出资 B. 遵守公司章程
C. 忠诚义务 D. 对公司承担有限责任

[解析] 忠诚义务不属于股东的义务。

[答案] C

[典型例题·多选] 股东是公司的出资人，其义务包括（　　）。

A. 忠实义务　　　　　　　　　　B. 竞业禁止

C. 注意义务　　　　　　　　　　D. 遵守公司章程

E. 缴纳出资

[解析] 股东的义务包括：缴纳出资；对公司承担有限责任；遵守法律、行政法规和公司章程。

[答案] DE

环球君点拨

股东的义务包括遵守法律、行政法规和公司章程。这项义务可以拆分成三个部分，即遵守法律、遵守行政法规、遵守公司章程。考试时，选项中出现其中一个，也可以算作正确答案。

考点4　有限责任公司的股东会会议

真题链接

[2024·单选] 有限责任公司召开股东会应提前（　　）日告知股东。

A. 20　　　　　　　　　　　　　B. 10

C. 30　　　　　　　　　　　　　D. 15

[解析] 有限责任公司召开股东会会议，应当于会议召开15日前通知全体股东。

[答案] D

[2018·单选] 某有限责任公司成立后拟召开第一次股东会会议，根据《公司法》，此次会议的召集人应为（　　）。

A. 出资最多的股东　　　　　　　B. 董事会

C. 监事会　　　　　　　　　　　D. 过半数股东推选的股东

[解析] 有限责任公司首次会议是指公司成立后召集的第一次股东会会议。按照《公司法》的规定，首次股东会会议由出资最多的股东召集和主持。

[答案] A

[2021·单选] 有限责任公司股东会表决年度利润分配方案需经代表（　　）以上表决权的股东通过。

A. 1/2　　　　　　　　　　　　B. 1/3

C. 2/3　　　　　　　　　　　　D. 3/4

[解析] 表决年度利润分配方案属于普通决议，普通决议的形成只需经代表1/2以上表决权的股东通过。

[答案] A

真题精解

点题：本系列真题考查有限责任公司的股东会会议，但考查侧重点不同。其中，2024年真题考查股东会会议的召集和主持；2018年真题考查股东会会议的种类；2021年真题考查股东会会议的议事方式和表决程序。

分析：对于本考点，核心是掌握有限责任公司股东会会议的种类、召集和主持、议事方式和表决程序。

1. 股东会会议的种类

有限责任公司的股东会会议分为三种：首次会议、定期会议和临时会议。**首次会议**是指公司成立后召集的第一次股东会会议。**定期会议**是指按照公司章程规定按时召开的股东会会议。**临时会议**是指在两次定期会议之间因法定事由的出现而由公司临时召集的股东会会议。

2. 股东会会议的召集和主持

《公司法》规定，有限责任公司首次股东会会议由出资最多的股东召集和主持；定期会议按照公司章程规定召开；代表 **1/10 以上** 表决权的股东、**1/3 以上** 的董事或者监事会提议召开临时会议的，应当召开临时会议。

股东会会议由董事会召集，董事长主持；董事长不能履行职务或者不履行职务的，由副董事长主持；副董事长不能履行职务或者不履行职务的，由过半数的董事共同推举一名董事主持。董事会不能履行或者不履行召集股东会会议职责的，由监事会召集和主持；监事会不召集和主持的，代表 **1/10 以上** 表决权的股东可以自行召集和主持。

召开股东会会议，应当于会议召开 15 日前通知全体股东。

3. 股东会会议的议事方式和表决程序

除非公司章程另有规定，股东会由股东按照出资比例行使表决权。股东会作出决议，应当经代表过半数表决权的股东通过。股东会作出修改公司章程、增加或者减少注册资本的决议，以及公司合并、分立、解散或者变更公司形式的决议，应当经代表 **2/3 以上** 表决权的股东通过。

拓展：该考点为高频考点，考试中还可综合考查股东会的各部分内容，考生应着重关注该内容中出现的多个数字及细碎内容。

举一反三

[典型例题·多选] 下列关于有限责任公司股东会会议的说法，正确的有（ ）。

A. 股东会每次会议都应当对所议事项的决定做成会议记录
B. 首次股东会会议由董事长召集和主持
C. 代表 1/3 以上表决权的股东提议召开临时会议的，应召开临时会议
D. 1/2 以上的董事提议召开临时会议的，应召开临时会议
E. 监事会提议召开临时会议的，应召开临时会议

[解析] 有限责任公司首次股东会会议由出资最多的股东召集和主持，选项 B 错误。代表 1/10 以上表决权的股东，1/3 以上的董事，监事会或者不设监事会的公司的监事提议召开临时会议的，应当召开临时会议，选项 C、D 错误。

[答案] AE

[典型例题·单选] 有限责任公司召开股东会会议，应当于会议召开（ ）日前通知全体股东。

A. 5 B. 10
C. 15 D. 20

[解析] 召开股东会会议，应当于会议召开 15 日前通知全体股东。

[答案] C

环球君点拨

普通决议的形成，只需经代表 1/2 以上表决权的股东通过。特别决议是就公司重要事项所作的

决议，通常需要以绝对多数表决权（2/3）通过。

考点5 股份有限公司的股东会会议

真题链接

[2023·单选]《公司法》规定，股东会对于公司的一般事宜所作决议的通过要求为（　　）。

A. 必须经出席会议的股东所持表决权过 1/2 通过

B. 必须经出席会议的股东所持表决权过 2/3 通过

C. 必须经出席会议的股东所持表决权过 1/3 通过

D. 必须经出席会议的股东所持表决权过 3/4 通过

[解析] 对于公司的一般事宜所作的决议，可以采取简单多数的表决方式，即《公司法》规定的"必须经出席会议的股东所持表决权过半数通过"。但是，股东会作出修改公司章程、增加或者减少注册资本的决议，以及公司合并、分立、解散或者变更公司形式的决议，必须经出席会议的股东所持表决权的 2/3 以上通过。

[答案] A

[2017·多选] 根据《公司法》，下列关于股份有限公司股东会的说法，正确的有（　　）。

A. 股东会应当每年召开两次年会

B. 股东会的表决实行一人一票

C. 股东可以委托代理人出席股东会

D. 股东会作出增加注册资本的决议，必须经出席会议的股东所持表决权的过半数通过

E. 股东会享有对公司重要事项的最终决定权

[解析]《公司法》规定，股东会应当每年召开一次年会，选项 A 错误。一股一权是股份有限公司股东行使权利的重要原则，选项 B 错误。股东会作出修改公司章程、增加或减少注册资本的决议，以及公司合并、分立、解散或变更公司形式的决议，必须经出席会议的股东所持表决权的 2/3 以上通过，选项 D 错误。

[答案] CE

[2019·多选] 下列关于股份有限公司股东会的说法，正确的有（　　）。

A. 股东会应当每年召开一次年会

B. 监事会提议召开时，应当在三个月内召开临时股东会

C. 股东会对公司一般事宜作出决议，必须经出席会议的股东所持表决权过半数通过

D. 股东会选举董事、监事时，可以实行累积投票制

E. 股东会作出修改公司章程的决议，必须经由出席会议的股东所持表决权的 2/3 以上通过

[解析] 监事会提议召开临时股东会的，应当在两个月内召开临时股东会，选项 B 错误。

[答案] ACDE

真题精解

点题： 本系列真题考查股份有限公司的股东会会议，但考查侧重点不同。其中，2023 年真题考查股东会会议的决议方式；2017 年真题和 2019 年真题综合考查股东会会议的种类和决议方式等方面的内容。

分析：对于本考点，核心是掌握股份有限公司股东会会议的种类、召集和支持、决议方式等内容。

1. 股东会会议的种类

股份有限公司股东会会议分为：成立大会、股东年会和临时股东会。

（1）成立大会。

《公司法》规定，募集设立股份有限公司的发起人应当自公司设立时应发行股份的股款缴足之日起 30 日内召开公司成立大会。发起人应当在成立大会召开 15 日前将会议日期通知各认股人或者予以公告。成立大会应当有持有表决权过半数的认股人出席，方可举行。

公司成立大会行使下列职权：

①审议发起人关于公司筹办情况的报告。

②通过公司章程。

③选举董事、监事。

④对公司的设立费用进行审核。

⑤对发起人非货币财产出资的作价进行审核。

⑥发生不可抗力或者经营条件发生重大变化直接影响公司设立的，可以作出不设立公司的决议。

成立大会对上述所列事项作出决议，应当经出席会议的认股人所持表决权过半数通过。

（2）股东年会。

股东年会是公司依照法律或公司章程的规定而定期召开的会议。《公司法》规定，股份有限公司应当每年召开一次年会。

（3）临时股东会。

临时股东会是在出现法定特殊情形时，为了在两次股东年会之间讨论决定公司遇到的需要股东会决策的问题而召开的股东会。《公司法》规定，有下列情形之一的，应当在两个月内召开临时股东会会议：

①董事人数不足《公司法》规定人数或者公司章程所定人数的 2/3 时。

②公司未弥补的亏损达实收股本总额 1/3 时。

③单独或者合计持有公司 10% 以上股份的股东请求时。

④董事会认为必要时。

⑤监事会提议召开时。

⑥公司章程规定的其他情形。

2. 股东会会议的召集和主持

《公司法》规定，股份有限公司股东会会议由董事会召集，董事长主持；董事长不能履行职务或者不履行职务的，由副董事长主持；副董事长不能履行职务或者不履行职务的，由过半数的董事共同推举一名董事主持。董事会不能履行或者不履行召集股东会会议职责的，监事会应当及时召集和主持；监事会不召集和主持的，连续 90 日以上单独或者合计持有公司 10% 以上股份的股东可以自行召集和主持。单独或者合计持有公司 10% 以上股份的股东请求召开临时股东会会议的，董事会、监事会应当在收到请求之日起 10 日内作出是否召开临时股东会会议的决定，并书面答复股东。

第二章　公司法人治理结构

3. 股东会会议临时提案

《公司法》规定，单独或者合计持有公司1%以上股份的股东，可以在股东会会议召开10日前提出临时提案并书面提交董事会。董事会应当在收到提案后2日内通知其他股东，并将该临时提案提交股东会审议；但临时提案违反法律、行政法规或者公司章程的规定，或者不属于股东会职权范围的除外。公司不得提高提出临时提案股东的持股比例。

4. 股东会会议的决议方式

（1）股东行使表决权的依据。股份有限公司是典型的资合公司，股东所持股份既是公司资本的组成部分，又是股东权的计算依据。《公司法》规定，股东出席股东会会议，所持每一股份有一表决权，类别股股东除外。

（2）普通决议与特别决议的表决方式。股东会的决议可分为普通决议和特别决议。对于公司的一般事宜所做的决议，可以采取简单多数的表决方式，即《公司法》规定的"应当经出席会议的股东所持表决权过半数通过"。但是，股东会作出修改公司章程、增加或者减少注册资本的决议，以及公司合并、分立、解散或者变更公司形式的决议，应当经出席会议的股东所持表决权的2/3以上通过。

（3）累积投票制。累积投票制是指股东会选举董事或者监事时，每一股份拥有与应选董事或者监事人数相同的表决权，股东拥有的表决权可以集中使用。累积投票制与普通投票制的区别主要在于，前者使得公司股东可以把自己拥有的表决权集中用于待选董事或者监事中的一人或多人。所以，累积投票制的功能在于使中小股东选出自己信任的董事或监事，从而在一定程度上平衡持不同股份股东的权益。

拓展：该考点也可以单选题的形式出题，如"下列关于股份有限公司股东会的说法，错误的是（　　）"。

举一反三

[典型例题·单选] 单独或者合计持有公司（　　）以上股份的股东，可以在股东会召开（　　）日前提出临时提案并书面提交（　　）。

A. 5%，5，董事长　　　　　　　　B. 10%，10，董事长

C. 1%，10，董事会　　　　　　　　D. 10%，7，董事会

[解析] 单独或者合计持有公司1%以上股份的股东，可以在股东会会议召开10日前提出临时提案并书面提交董事会。

[答案] C

[典型例题·单选]（　　）是股份有限公司股东行使权利的重要原则。但是，公司持有的本公司股份没有表决权。

A. 一人一票　　　　　　　　　　　B. 一股一权

C. 累积投票　　　　　　　　　　　D. 资本多数决

[解析] 一股一权是股份有限公司股东行使权利的重要原则。

[答案] B

环球君点拨

股份有限公司的股东会会议分为成立大会、股东年会和临时股东会三种。有限责任公司的股东会会议分为首次会议、定期会议和临时会议三种。

第三节 董事会

考点1 董事会的性质

真题链接

[2020·单选] 根据《公司法》，下列人员中，不能担任有限责任公司法定代表人的是（ ）。
A. 董事长   B. 总经理
C. 执行董事   D. 监事会主席

[解析] 根据《公司法》，公司法定代表人依照公司章程的规定，由董事长、执行董事或经理担任，并依法登记。

[答案] D

[2018·单选] 在现代企业中，董事会是股东机构决议的（ ）。
A. 权力机构   B. 决策机构
C. 执行机构   D. 监督机构

[解析] 股东机构属于权力机构和决策机构，选项A、B错误。监事会属于监督机构，选项D错误。

[答案] C

真题精解

点题：本系列真题考查董事会的性质，但考查侧重点不同。其中，2020年真题考查董事会是公司法人的对外代表机构；2018年真题考查董事会是公司的执行机构。

分析：对于本考点，核心是掌握董事会的性质。

董事会的性质包括：

(1) 董事会是代表股东对公司进行管理的机构。
(2) 董事会是公司的执行机构。
(3) 董事会是公司的经营决策机构。
(4) 董事会是公司法人的对外代表机构。
(5) 董事会是公司的法定常设机构。

《公司法》规定，公司法定代表人依照公司章程的规定，由董事长、执行董事或经理担任，并依法登记。这样规定虽为经理能担任法定代表人留下了余地，但不能改变董事会代表——董事长及执行董事担任法定代表人的主流，不能改变董事会是公司法人的对外代表机构的性质。

拓展：该考点还可能以多选题的形式考查董事会的五种性质，也可能以单选题的形式考查某一种性质的具体内容。

举一反三

[典型例题·多选] 董事会作为公司的执行机构，在公司法人治理结构中占据着重要的地位。下列关于董事会的说法，错误的有（ ）。
A. 董事会是公司的经营决策机构
B. 董事会是公司法人的对外代表机构

C. 股份有限公司董事会的定期会议每年度至少召开一次

D. 召集董事会会议应当于会议召开 5 日前通知全体董事和监事

E. 董事会决定公司的经营要务

[解析] 股份有限公司董事会的定期会议每年度至少召开两次。召集董事会会议应当于会议召开 10 日前通知全体董事和监事。

[答案] CD

[典型例题·多选] 董事会作为公司法人治理结构的重要组成部分，依附于股东机构，其性质包括（　　）。

A. 最高权力机构 B. 监督机构
C. 执行机构 D. 对外代表机构
E. 经营决策机构

[解析] 股东会是最高权力机构，选项 A 错误。监督机构是监事会，选项 B 错误。

[答案] CDE

■ 环球君点拨

股东会并不是公司唯一的决策机构。股东把大部分权力交给董事会行使，而自己仅保留一部分至关重要的权力。这就决定了董事会是公司的重要决策机构，要对股东会职权以外的公司重大事项进行决策。

▶ 考点 2　董事会的职权

■ 真题链接

[2022·单选] 根据《公司法》的规定，制订公司合并、分立方案的职权属于（　　）。

A. 经理 B. 董事会
C. 股东会 D. 监事会

[解析] 制订公司合并、分立、解散或者变更公司形式的方案属于董事会的职权。

[答案] B

[2021·单选] 有限责任公司拟定公司的利润分配方案和弥补亏损方案的职权属于（　　）。

A. 董事会 B. 经理
C. 股东会 D. 监事会

[解析] 拟定公司的利润分配方案和弥补亏损方案的职权属于董事会。

[答案] A

■ 真题精解

点题：本系列真题考查董事会的职权，但考查侧重点不一样。其中，2022 年真题侧重于考查董事会的职权中制定公司合并、分立方案；2021 年真题侧重于考查董事会的职权中拟定公司的利润分配方案和弥补亏损方案。

分析：对于本考点，核心是掌握董事会的各项职权。

《公司法》规定，董事会行使下列职权：

(1) 召集股东会会议，并向股东会报告工作。

(2) 执行股东会的决议。

(3) 决定公司的经营计划和投资方案。

(4) 制订公司的利润分配方案和弥补亏损方案。

(5) 制订公司增加或者减少注册资本以及发行公司债券的方案。

(6) 制订公司合并、分立、解散或者变更公司形式的方案。

(7) 决定公司内部管理机构的设置。

(8) 决定聘任或者解聘公司经理及其报酬事项，并根据经理的提名决定聘任或者解聘公司副经理、财务负责人及其报酬事项。

(9) 制定公司的基本管理制度。

(10) 公司章程规定或者股东会授予的其他职权。

拓展： 该考点还可能单独提问某一职权，即让考生判断其属于哪个治理机构。

举一反三

[典型例题·单选] 根据《公司法》，下列职权中，不属于董事会的是（　　）。

A. 决定公司内部管理机构的设置

B. 决定聘任或者解聘公司经理、副经理、财务负责人

C. 决定公司的经营计划

D. 决定公司合并、分立、解散的方案

[解析] 决定公司合并、分立、解散的方案是股东会的职权，选项 D 错误。

[答案] D

[典型例题·单选] 制订公司增加或者减少注册资本以及发行公司债券的方案属于（　　）的职权。

A. 董事会　　　　　　　　　　B. 经理

C. 股东会　　　　　　　　　　D. 监事会

[解析] 制订公司增加或者减少注册资本以及发行公司债券的方案属于董事会的职权。

[答案] A

环球君点拨

董事会的职权中包括制定或制订各种"方案"，股东会的职权中包括审议批准各种"方案"，二者虽有联系，却是不同的。

考点3 董事会会议

真题链接

[2024·单选] 股份有限公司的董事会会议应当提前（　　）日通知全体董事和监事。

A. 1　　　　　　　　　　　　B. 7

C. 14　　　　　　　　　　　 D. 10

[解析] 股份有限公司董事会每年度至少召开两次会议，每次会议应当于会议召开 10 日前通知全体董事和监事。

[答案] D

第二章 公司法人治理结构

[2024·单选] 股份有限公司的董事会会议每年度至少召开（　　）次。
A. 2　　　　　　　B. 1　　　　　　　C. 6　　　　　　　D. 3
[解析] 股份有限公司董事会每年度至少召开两次会议。
[答案] A

[经典例题·单选] 根据《公司法》，董事会的表决实行（　　）的原则。
A. "一人一票"　　　　　　　　　　　B. 一股一票
C. 累计投票　　　　　　　　　　　　D. 资本多数决
[解析] 董事会决议的表决实行的两个原则："一人一票"原则和多数通过原则。
[答案] A

真题精解

点题：本系列题目考查董事会会议，但考查侧重点不同。其中，2024年真题考查董事会会议的召集和主持；经典例题考查董事会的决议方式。

分析：对于本考点，核心是掌握董事会会议的召集和主持、议事规则和表决程序。

1. 董事会会议的召集和主持

（1）有限责任公司董事会会议的召集和主持。《公司法》规定，有限责任公司董事会会议由董事长召集和主持；董事长不能履行职务或不履行职务的，由副董事长召集和主持；副董事长不能履行职务或不履行职务的，由过半数的董事共同推举一名董事召集和主持。

（2）股份有限公司董事会会议的召集和主持。股份有限公司董事会会议由董事长召集和主持，并负责检查董事会决议的实施情况。副董事长协助董事长工作，董事长不能履行职务或者不履行职务的，由副董事长履行职务。副董事长不能履行职务或者不履行职务的，由过半数的董事共同推举一名董事履行职务。

股份有限公司董事会每年度至少召开两次会议，每次会议应当于会议召开10日前通知全体董事和监事。

代表1/10以上表决权的股东、1/3以上董事或者监事会，可以提议召开临时董事会会议。董事长应当自接到提议后10日内，召集和主持董事会会议。

2. 董事会会议的议事规则和表决程序

董事会会议的表决奉行两个原则：

（1）"一人一票"原则。《公司法》明确规定董事会决议的表决，应当一人一票。

（2）多数通过原则。《公司法》规定，董事会会议应有过半数的董事出席方可举行。董事会作出决议，应当经全体董事的过半数通过。

拓展：该考点还可能以多选题的形式综合考查所有内容，建议考生多关注带有数字的内容和董事会决议表决实行的两个原则。

举一反三

[典型例题·多选] 董事会决议的表决实行（　　）的原则。这两个原则结合起来，即董事会会议的表决实行"董事数额多数决"。
A. "一人一票"　　　　　　　　　　　B. 一人多票
C. 累计投票　　　　　　　　　　　　D. 一股一票
E. 多数通过

[解析] 董事会决议的表决实行两个原则，即"一人一票"的原则和多数通过原则。《公司法》规定，股份有限公司董事会会议应有过半数的董事出席方可举行。董事会作出决议，必须经全体董事的过半数通过。

[答案] AE

[典型例题·单选] 下列关于董事会会议的说法，错误的是（　　）。
A. 1/2 以上的董事提议召开董事会临时会议的，应召开董事会临时会议
B. 董事会会议有定期会议与临时会议两种形式
C. 代表 1/10 以上表决权的股东提议召开董事会临时会议的，应召开董事会临时会议
D. 监事会提议召开董事会临时会议的，应召开董事会临时会议

[解析] 在股份有限公司中，代表 1/10 以上表决权的股东，1/3 以上董事，监事会或者不设监事会的公司的监事，可以提议召开董事会临时会议。

[答案] A

环球君点拨

"一人一票"的原则和多数通过原则结合起来，即董事会会议的表决实行"董事数额多数决"。这前后三个原则，考试中如果是多选题，则选前面的两个原则；如果是单选题，则选后面的一个原则。

考点 4　董事的任期、任职资格和义务

真题链接

[2024·多选] 对公司负有忠实义务的人员包括（　　）。
A. 监事　　　　　　　　　　B. 高级管理人员
C. 股东　　　　　　　　　　D. 职工代表
E. 董事

[解析]《公司法》规定，董事、监事、高级管理人员对公司负有忠实义务，应当采取措施避免自身利益与公司利益冲突，不得利用职权牟取不正当利益。

[答案] ABE

[2015·单选] 根据《公司法》，下列人员中，不得担任有限责任公司董事的是（　　）。
A. 年满 18 周岁，具有完全民事行为能力的人
B. 因贪污被判处刑罚，执行期满已逾 5 年的人
C. 负有数额较大的债务到期未清偿的人
D. 因犯罪被剥夺政治权利，执行期满已逾 5 年的人

[解析] 无民事行为能力或者限制民事行为能力人不得担任有限责任公司董事，选项 A 错误。因贪污、贿赂、侵占财产、挪用财产或者破坏社会主义市场经济秩序，被判处刑罚，执行期满未逾 5 年的人不得担任有限责任公司董事，选项 B 错误。负有数额较大的债务到期未清偿的人不得担任有限责任公司的董事、监事和高级管理人员，选项 C 正确。因犯罪被剥夺政治权利，执行期满未逾 5 年的人不得担任有限责任公司董事，选项 D 错误。

[答案] C

[经典例题·单选] 下列选项中，属于董事的义务的是（　　）。

A. 忠诚 B. 保密
C. 勤勉 D. 守法

[解析] 董事的义务包括忠实和勤勉。

[答案] C

真题精解

点题：本系列题目考查董事的任期、任职资格和义务，但考查侧重点不同。其中，2024年真题、经典例题考查董事的忠实和勤勉义务；2015年真题考查董事的任职资格。

分析：对于本考点，核心是掌握董事的任职资格和义务。

1. 董事的任期

有限责任公司和股份有限公司董事的任期由公司章程规定，但每届任期不得超过3年，董事任期届满，连选可以连任。

董事任期届满未及时改选，或者董事在任期内辞职导致董事会成员低于法定人数的，在改选出的董事就任前，原董事仍应当依照法律、行政法规和公司章程的规定，履行董事职务。

股东会可以决议解任董事，决议作出之日解任生效。

有下列情形之一的，不得担任公司的董事、监事和高级管理人员：

（1）无民事行为能力或者限制民事行为能力。

（2）因贪污、贿赂、侵占财产、挪用财产或者破坏社会主义市场经济秩序，被判处刑罚，执行期满未逾5年，或者因犯罪被剥夺政治权利，执行期满未逾5年。

（3）担任破产清算的公司、企业的董事或者厂长、经理，对该公司、企业的破产负有个人责任的，自该公司、企业破产清算完结之日起未逾3年。

（4）担任因违法被吊销营业执照、责令关闭的公司、企业的法定代表人，并负有个人责任的，自该公司、企业被吊销营业执照之日起未逾3年。

（5）个人所负数额较大的债务到期未清偿。

2. 董事的义务

董事与公司之间存在着一种契约关系。《公司法》规定，董事、监事、高级管理人员对公司负有忠实义务，应当采取措施避免自身利益与公司利益冲突，不得利用职权牟取不正当利益。董事、监事、高级管理人员对公司负有勤勉义务，执行职务应当为公司的最大利益尽到管理者通常应有的合理注意。

拓展：该考点在考查时还可能给定某一职权让考生判断其属于哪一个治理机构。

举一反三

[典型例题·单选] 根据《公司法》，下列职权中，不属于董事会的是（　　）。

A. 决定公司内部管理机构的设置
B. 决定聘任或者解聘公司经理、副经理、财务负责人
C. 决定公司的经营计划
D. 决定公司合并、分立、解散的方案

[解析] 决定公司合并、分立、解散的方案是股东会的职权。

[答案] D

[典型例题·单选] 制订公司增加或者减少注册资本以及发行公司债券的方案属于（　　）的职权。

A. 董事会　　　　　　　　　　　B. 经理

C. 股东会　　　　　　　　　　　D. 监事会

[解析] 制订公司增加或者减少注册资本以及发行公司债券的方案属于董事会的职权。

[答案] A

环球君点拨

董事会的职权包括制订各种"方案"，股东机构的职权包括审议批准各种"方案"，二者虽有联系，却是不同的。

考点 5　独立董事

真题链接

[2024·单选] 根据《上市公司独立董事管理办法》的规定，独立董事原则上最多在（　　）家境内上市公司担任独立董事。

A. 5　　　　　　　　　　　　　　B. 3

C. 1　　　　　　　　　　　　　　D. 2

[解析]《上市公司独立董事管理办法》规定，独立董事原则上最多在3家境内上市公司担任独立董事。

[答案] B

[2021·多选] 根据《公司法》，下列关于上市公司独立董事的说法，正确的有（　　）。

A. 间接持有上市公司已发行股份1％以上的人员可以担任该上市公司独立董事

B. 在直接持有上市公司已发行股份5％以上的股东单位任职的人员不得担任该上市公司独立董事

C. 上市公司独立董事必须具有3年以上法律、经济或其他履行独立董事职责的工作经验

D. 上市公司前10名股东中的自然人股东的直系亲属不得担任上市公司的独立董事

E. 在上市公司任职的人员不得担任该上市公司的独立董事

[解析] 在独立董事的任职资格中，间接持有上市公司已发行股份1％以上的人员不可担任该上市公司独立董事，选项A错误。上市公司独立董事必须具有5年以上法律、经济或者其他履行独立董事职责所必需的工作经验，选项C错误。

[答案] BDE

[2020·多选改编] 下列选项中，我国上市公司独立董事享有的职权有（　　）。

A. 提议召开董事会　　　　　　　B. 提名、任免董事

C. 制定公司的基本管理制度　　　D. 向董事会提请召开临时股东大会

E. 独立聘请外部审计机构

[解析] 独立董事没有提名、任免董事的权利，选项B错误。制定公司的基本管理制度属于董事会的职权，选项C错误。

[答案] ADE

真题精解

点题： 本系列真题考查独立董事，但考查侧重点不同。其中，2024 年真题考查独立董事的选举和聘任；2021 年真题考查独立董事的任职资格；2020 年真题改编考查独立董事的职权。

分析： 对于本考点，核心是掌握独立董事的任职资格。

1. 独立董事的任职要求

担任独立董事应当符合下列条件：

(1) 根据法律、行政法规及其他有关规定，具备担任上市公司董事的资格。
(2) 符合《上市公司独立董事管理办法》中关于独立性的要求。
(3) 具备上市公司运作的基本知识，熟悉相关法律法规和规则。
(4) 具有 5 年以上履行独立董事职责所必需的法律、会计或者经济等工作经验。
(5) 具有良好的个人品德，不存在重大失信等不良记录。
(6) 法律、行政法规、中国证监会规定、证券交易所业务规则和公司章程规定的其他条件。

2. 独立董事的选举和聘任

上市公司董事会、监事会、单独或者合计持有上市公司已发行股份 1% 以上的股东可以提出独立董事候选人，并经股东大会选举决定。依法设立的投资者保护机构可以公开请求股东委托其代为行使提名独立董事的权利。

上市公司股东大会选举 2 名以上独立董事的，应当实行累积投票制。鼓励上市公司实行差额选举，具体实施细则由公司章程规定。中小股东表决情况应当单独计票并披露。

独立董事每届任期与上市公司其他董事任期相同，任期届满，可以连选连任，但是连续任职不得超过 6 年。

独立董事任期届满前，上市公司可以依照法定程序解除其职务。

独立董事原则上最多在 3 家境内上市公司担任独立董事，并应当确保有足够的时间和精力有效地履行独立董事的职责。独立董事每年在上市公司的现场工作时间应当不少于 15 日；独立董事工作记录及上市公司向独立董事提供的资料，应当至少保存 10 年；独立董事应当向上市公司年度股东大会提交年度述职报告，对其履行职责的情况进行说明。

3. 独立董事的职责

《上市公司独立董事管理办法》规定的独立董事职责有：

(1) 参与董事会决策并对所议事项发表明确意见。
(2) 对特定的上市公司与其控股股东、实际控制人、董事、高级管理人员之间的潜在重大利益冲突事项进行监督，促使董事会决策符合上市公司整体利益，保护中小股东合法权益。
(3) 对上市公司经营发展提供专业、客观的建议，促进提升董事会决策水平。
(4) 法律、行政法规、中国证监会规定和公司章程规定的其他职责。

除上述职责外，独立董事还有下列特别职权：

(1) 独立聘请中介机构，对上市公司具体事项进行审计、咨询或者核查。
(2) 向董事会提议召开临时股东大会。
(3) 提议召开董事会会议。
(4) 依法公开向股东征集股东权利。
(5) 对可能损害上市公司或者中小股东权益的事项发表独立意见。

（6）法律、行政法规、中国证监会规定和公司章程规定的其他职权。

拓展：该考点属于高频考点，考试中，还可能以多选题的形式综合考查该考点内容，并与股东机构的相关论述联合出题。

举一反三

[典型例题·单选] 上市公司董事会、监事会、单独或者合计持有上市公司已发行股份（　　）以上的股东可以提出独立董事候选人，并经股东大会选举决定。

A. 5%　　　　　　B. 1%　　　　　　C. 3%　　　　　　D. 7%

[解析] 上市公司董事会、监事会、单独或者合计持有上市公司已发行股份1%以上的股东可以提出独立董事候选人，并经股东大会选举决定。

[答案] B

[典型例题·多选] 独立董事应当具有独立性，其职权包括（　　）。

A. 向董事会提请召开临时股东大会
B. 独立聘请外部审计机构和咨询机构
C. 提议召开董事会
D. 依法公开向股东征集股东权利
E. 拟订公司内部管理机构设置方案

[解析] 拟订公司内部管理机构设置方案属于经理的职权，选项E错误。

[答案] ABCD

环球君点拨

独立董事的职权与董事会的职权不同，考生在考试时应看清题目具体问的是独立董事的职权还是董事会的职权。

第四节　经理层

考点　经理层的地位

真题链接

[2023·多选] 下列关于公司经理层地位的说法，正确的有（　　）。

A. 董事会与经理层的关系表现为一种以控制为基础的合作关系
B. 经理层对董事会负责
C. 根据《公司法》规定，所有公司必须设置经理层
D. 经理层直接对股东大会负责
E. 经理层是董事会的辅助机关

[解析] 经理和董事会的关系是以董事会对经理实施控制为基础的合作关系。其中，控制是第一性的，合作是第二性的。公司设置经理的目的就是辅助业务执行机构（董事会）执行业务。作为董事会的辅助机关，经理从属于董事会，听从董事会的指挥和监督。《公司法》规定，有限责任公司可以设经理；股份有限公司设经理。经理由董事会决定聘任或解聘，经理对董事会负责。

[答案] ABE

[2020·单选] 在现代公司治理结构中，董事会与经理的关系是（　　）。

A. 以董事会对经理授权为基础的互助关系　　B. 以委托—代理为基础的互助关系

C. 以董事会对经理实施控制为基础的合作关系　　D. 以契约为基础的平等协商关系

[解析] 董事会与经理的关系是以董事会对经理实施控制为基础的合作关系。其中，控制是第一性的，合作是第二性的。

[答案] C

真题精解

点题：本系列真题考查经理层的地位，2023年真题、2020年真题均主要考查董事会与经理的关系。

分析：对于本考点，核心是掌握经理层的地位。作为董事会的辅助机关，经理从属于董事会，必须听从作为法定业务执行机关董事会的指挥和监督。对于专属董事会做出决议的经营事项，经理不得越俎代庖，擅自做决策并执行。经理的职权范围通常是来自董事会的授权，只能在董事会或董事长授权的范围内对外代表公司。董事会与经理的关系是以董事会对经理实施控制为基础的合作关系。其中，控制是第一性的，合作是第二性的。

拓展：考试时，此考点可能会与后文中的经理职权、义务、聘任、解聘等内容综合出题。

举一反三

[典型例题·多选] 下列关于经理层的说法，错误的有（　　）。

A. 经理的职权范围通常是来自董事会的授权　　B. 经理机构是公司常设的辅助业务执行机构

C. 经理的职权范围通常是来自股东会的授权　　D. 董事会与经理之间是以合作为基础的控制关系

E. 经理是主持日常经营工作的公司负责人

[解析] 经理的职权范围通常是来自董事会的授权。董事会与经理的关系是以董事会对经理实施控制为基础的合作关系。其中，控制是第一性的，合作是第二性的。

[答案] CD

[典型例题·单选] 根据《公司法》，决定经理职权的机构是（　　）。

A. 股东会　　　　　　　　　　　　　　　　B. 董事会

C. 股东会　　　　　　　　　　　　　　　　D. 监事会

[解析] 经理的职权范围通常来自董事会的授权，只能在董事会或董事长授权的范围内对外代表公司。

[答案] B

环球君点拨

无论是股份有限公司、有限责任公司，还是国家出资公司，经理的职权均来自董事会。

第五节　监事会

考点1　监事会的组成和监事任期

真题链接

[2024·单选] 根据《公司法》，有限责任公司监事会成员为（　　）以上。

A. 2　　　　　　B. 5　　　　　　C. 3　　　　　　D. 7

[解析]《公司法》规定，有限责任公司和股份有限公司监事会成员为3人以上。

[答案] C

[2023·单选]《公司法》规定，股份有限公司设立监事会，其成员不得少于（　　）人。

A. 5   B. 1
C. 2   D. 3

[解析]《公司法》规定，股份有限公司设立监事会，其成员不得少于3人。

[答案] D

[2019·单选] 某有限责任公司设立监事会，根据《公司法》，该公司监事会成员不得少于（　　）人。

A. 9   B. 5
C. 7   D. 3

[解析]《公司法》规定，有限责任公司设监事会，其成员不得少于3人。

[答案] D

[2020·单选] 某股份有限公司监事会由6人组成，根据《公司法》，该公司监事会中职工代表不得少于（　　）人。

A. 3   B. 4
C. 1   D. 2

[解析] 监事会职工代表的比例不得低于1/3，即6×（1/3）＝2（人）。

[答案] D

真题精解

点题：本系列真题考查监事会的组成和监事任期，考查侧重点基本一致。

分析：对于本考点，核心是掌握监事会的组成和监事任期。

《公司法》规定，有限责任公司和股份有限公司监事会成员为3人以上。监事会成员应当包括股东代表和适当比例的公司职工代表，其中职工代表的比例不得低于1/3，具体比例由公司章程规定。监事会中的职工代表由公司职工通过职工代表大会、职工大会或者其他形式民主选举产生。

规模较小或者股东人数较少的有限责任公司和股份有限公司，可以不设监事会，设一名监事，行使《公司法》规定的监事会的职权。规模较小或者股东人数较少的有限责任公司，经全体股东一致同意，也可以不设监事。

监事会设主席一人，股份有限公司监事会可以设副主席。监事会主席和副主席由全体监事过半数选举产生。监事会主席召集和主持监事会会议。董事、高级管理人员不得兼任监事。

监事的任期每届为3年。监事任期届满，连选可以连任。

拓展：考试中可能将这部分内容与股东会、董事会的相关知识点综合起来出题，要注意三者的相同点及不同点。

举一反三

[典型例题·单选]《公司法》规定，股份有限公司监事会中应当包括适当比例的公司职工代表，其比例不得低于（　　）。

A. 1/2   B. 1/3
C. 1/4   D. 2/3

第二章　公司法人治理结构

[解析] 股份有限公司监事会应当包括股东代表和适当比例的公司职工代表,其中职工代表的比例不得低于 1/3,具体比例由公司章程规定。

[答案] B

[典型例题·多选] 下列关于股份有限公司监事会的说法,正确的有（　　）。
A. 董事、高级管理人员不得兼任监事　　B. 监事的任期每届为 5 年
C. 监事会中职工代表的比例不得低于 1/3　　D. 监事会成员不得少于 5 人
E. 监事会主席和副主席由全体监事过半数选举产生

[解析] 监事的任期每届为 3 年,选项 B 错误。《公司法》规定,股份有限公司设立监事会,其成员不得少于 3 人,选项 D 错误。

[答案] ACE

[典型例题·单选] 有限责任公司监事会成员的组成主要包括（　　）。
A. 股东代表和董事会成员　　B. 公司职工代表和股东代表
C. 董事会成员和公司总经理　　D. 公司总经理和股东代表

[解析] 监事会应当包括股东代表和适当比例的公司职工代表,其中,职工代表的比例不得低于 1/3,具体比例由公司章程规定。董事、高级管理人员不得兼任监事,选项 A、C、D 错误。

[答案] B

环球君点拨

规模较小或者股东人数较少的有限责任公司和股份有限公司,可以不设监事会,设一名监事,行使《公司法》规定的监事会的职权。规模较小或者股东人数较少的有限责任公司,经全体股东一致同意,也可以不设监事。这点与董事会不同,注意区分。

考点2　监事会的召开和议事规则

真题链接

[2023·单选] 下列关于有限责任公司召开监事会会议的说法,正确的是（　　）。
A. 每年至少召开 1 次会议　　B. 每 4 个月至少召开 1 次会议
C. 每 3 个月至少召开 1 次会议　　D. 每半年至少召开 1 次会议

[解析] 有限责任公司的监事会会议每年度至少召开 1 次会议。

[答案] A

[2023·单选] 下列关于有限责任公司监事会决议的说法,正确的是（　　）。
A. 监事会决议应当经 1/3 以上监事通过
B. 监事会决议应当经 2/3 以上监事通过
C. 监事会决议应当经 1/2 以上监事通过
D. 监事会决议应当经全部监事通过

[解析] 监事会决议应当经半数以上监事通过。

[答案] C

[2021·单选] 某公司要变更募集资本用途,监事会需要经过（　　）监事决议。
A. 1/3 以上　　B. 1/2 以上

C. 2/3 以上　　　　　　　　　　　　D. 全体

[解析] 监事会决议应当经半数以上监事通过。

[答案] B

真题精解

点题：本系列真题考查监事会的召开和议事规则，但考查侧重点不一样。其中，2023 年第一道真题侧重于考查监事会的召开；2023 年第二道真题和 2021 年真题侧重于考查监事会的议事规则。

分析：对于本考点，核心是掌握监事会的召开和议事规则。

有限责任公司监事会每年度至少召开 1 次会议，股份有限公司监事会每六个月至少召开 1 次会议。监事可以提议召开临时监事会会议。

监事会的议事方式和表决程序，除《公司法》有规定的外，由公司章程规定。监事会决议应当经全体监事的过半数通过。监事会决议的表决，应当一人一票。

拓展：考试中可能将这个知识点和股东会、董事会等知识点综合起来出题，要注意三者的相同点及不同点。

举一反三

[典型例题·单选]《公司法》规定，有限责任公司监事会每年至少召开（　　）次会议。

A. 3　　　　B. 4　　　　C. 1　　　　D. 2

[解析] 有限责任公司的监事会每年度至少召开 1 次会议。

[答案] C

[典型例题·单选] 下列关于股份有限公司召开监事会定期会议的说法，正确的是（　　）。

A. 至少每 6 个月召开 1 次　　　　B. 至少每 3 个月召开 1 次
C. 至少每 4 个月召开 1 次　　　　D. 至少每 12 个月召开 1 次

[解析] 监事会会议可分为定期会议和临时会议。定期会议至少每 6 个月召开 1 次，临时监事会会议可由监事提议召开。

[答案] A

环球君点拨

有限责任公司监事会每年度至少召开 1 次会议，股份有限公司监事会定期会议至少每 6 个月召开 1 次。两类公司监事会临时会议均可由监事提议召开。监事会决议应当经半数以上监事通过，该知识点没有 "2/3" 这个比例。

第六节　中国特色国家出资公司的治理

▶ 考点 1　国家出资公司治理的基本原则

真题链接

[2023·多选] 下列选项中，改进国有企业法人治理结构应遵循的基本原则包括（　　）。

A. 坚持权责对等　　　　　　　　B. 坚持依法治企
C. 坚持行政导向　　　　　　　　D. 坚持深化改革

E. 坚持党的领导

[解析] 改进国有企业法人治理结构，完善国有企业现代企业制度应遵循以下基本原则：①坚持深化改革；②坚持党的领导；③坚持依法治企；④坚持权责对等。

[答案] ABDE

[经典例题·多选] 下列选项中，完善国有企业现代企业制度应遵循的基本原则包括（　　）。

A. 坚持权责对等　　　　　　　　B. 坚持依法治企
C. 坚持党的领导　　　　　　　　D. 坚持深化改革
E. 坚持民主监督

[解析] 改进国有企业法人治理结构，完善国有企业现代企业制度应遵循以下基本原则：①坚持深化改革；②坚持党的领导；③坚持依法治企；④坚持权责对等。

[答案] ABCD

真题精解

点题：本系列题目考查国家出资公司治理的基本原则，考查侧重点基本一致。

分析：对于本考点，核心是掌握国家出资公司治理的基本原则。

改进国有企业法人治理结构，完善国有企业现代企业制度应遵循以下基本原则：

(1) 坚持 深化改革。
(2) 坚持 党的领导。
(3) 坚持 依法治企。
(4) 坚持 权责对等。

拓展：该考点属于新增考点，难度较小，考查以多选题为主，但也可以单选题形式出题。

举一反三

[典型例题·单选] 改进国有企业法人治理结构应遵循的基本原则，不包括（　　）。

A. 坚持权责对等　　　　　　　　B. 坚持股东平等
C. 坚持党的领导　　　　　　　　D. 坚持深化改革

[解析] 改进国有企业法人治理结构，完善国有企业现代企业制度应遵循以下基本原则：①坚持深化改革；②坚持党的领导；③坚持依法治企；④坚持权责对等。

[答案] B

[典型例题·单选] 完善国有企业现代企业制度应遵循的基本原则，不包括（　　）。

A. 坚持权责对等　　　　　　　　B. 坚持依法治企
C. 坚持报酬激励　　　　　　　　D. 坚持深化改革

[解析] 改进国有企业法人治理结构，完善国有企业现代企业制度应遵循以下基本原则：①坚持深化改革；②坚持党的领导；③坚持依法治企；④坚持权责对等。

[答案] C

环球君点拨

该考点相对独立，与本章的其他内容没有直接联系，故考生需要单独记忆该考点内容，保证字字正确。

考点 2　国家出资公司董事会

真题链接

[2021·单选改编] 甲省乙市的国企要增加副董事长，该事项的决定权在（　　）。
  A. 甲省履行出资人职责的机构　　　　B. 乙市履行出资人职责的机构
  C. 甲省省政府　　　　　　　　　　　D. 乙市市政府

[解析]　国有独资公司设董事会。甲省乙市的国企要增加副董事长应该由乙市履行出资人职责的机构从事董事会成员中指定，故该事项的决定权在乙市履行出资人职责的机构。

[答案] B

[2019·单选改编] 下列关于国有独资公司董事会的说法，错误的是（　　）。
  A. 董事会中的职工董事由公司职工代表大会选举产生
  B. 国有独资公司设董事会
  C. 董事长由董事会选举产生
  D. 董事会中职工代表比例由公司章程规定

[解析]　国有独资公司董事长或副董事长由履行出资人职责的机构从董事会成员中指定。

[答案] C

真题精解

点题：本系列真题考查国有独资公司董事会，2021年真题改编、2019年真题改编均考查国有独资公司董事会的设置。

分析：对于本考点，核心是掌握国有独资公司董事会的设置。

根据《公司法》，国有独资公司设董事会，并依照《公司法》的规定行使职权。国有独资公司的董事会成员中，应当过半数为外部董事，并应当有公司职工代表。董事会成员由履行出资人职责的机构委派；但是，董事会成员中的职工代表由公司职工代表大会选举产生。董事会设董事长一人，可以设副董事长。董事长、副董事长由履行出资人职责的机构从董事会成员中指定。经履行出资人职责的机构同意，董事会成员可以兼任经理。国有独资公司的董事、高级管理人员，未经履行出资人职责的机构同意，不得在其他有限责任公司、股份有限公司或者其他经济组织兼职。根据《国务院办公厅关于进一步完善国有企业法人治理结构的指导意见》，国有独资、全资公司的董事长、总经理原则上分设，应均为内部执行董事，定期向董事会报告工作。

根据《国务院办公厅关于进一步完善国有企业法人治理结构的指导意见》，国家出资公司董事会应当设立提名委员会、薪酬与考核委员会、审计委员会等专门委员会，为董事会决策提供咨询，其中薪酬与考核委员会、审计委员会，应由外部董事组成。

拓展：该考点在考试中主要考查董事会的设置，题型以单选题为主。该考点中的董事会的议事规则、专门委员会的设立、董事队伍的建设等内容考查频率较低。

举一反三

[典型例题·单选]　根据《公司法》，国有独资公司的董事会成员产生的形式包括（　　）。
  A. 股东会选举和现任公司领导委派
  B. 职工代表大会选举和国有资产监督管理机构委派
  C. 国有资产监督管理机构委派和现任公司领导委派

D. 独立董事聘任和国有资产监督管理机构委派

[解析] 董事会成员由国有资产监督管理机构委派，但是，董事会成员中的职工代表由公司职工代表大会选举产生，选项 A、C、D 错误。

[答案] B

[典型例题·多选] 下列关于国有独资公司董事会的表述，错误的有（　　）。
A. 董事会成员可由职工代表大会选举产生
B. 董事会不能设副董事长
C. 董事会成员中应当有公司职工代表
D. 董事长由董事会董事过半数通过产生
E. 董事会成员只能由履行出资人职责的机构委派

[解析] 董事会可以设副董事长。董事长、副董事长由履行出资人职责的机构从董事会成员中指定。董事会成员中的职工代表由公司职工代表大会选举产生。

[答案] BDE

环球君点拨

国有独资公司的董事会成员产生形式与股份有限公司等不同，国有独资公司的董事会成员包括两种产生形式：职工代表大会选举和履行出资人职责的机构委派。

考点 3　国家出资公司经理层

真题链接

[2021·单选改编] 甲省乙市市属国有独资公司聘任总经理，该事项决策权属于（　　）。
A. 监事会
B. 乙市履行出资人职责的机构
C. 董事会
D. 乙市人民政府

[解析]《公司法》规定，国有独资公司设经理，由董事会聘任或者解聘。

[答案] C

[2020·单选改编] 某公司是甲省乙市的市属重要国有独资公司，因业务调整决定解聘现任总经理，这一事项的批准权限在（　　）。
A. 乙市人民政府
B. 该公司董事会
C. 甲省人民政府
D. 乙市履行出资人职责的机构

[解析]《公司法》规定，国有独资公司设经理，由董事会聘任或者解聘。

[答案] B

真题精解

点题：本系列真题考查国家出资公司的经理层，2021 年真题改编和 2020 年真题改编均考查国家出资公司经理层的设立。

分析：对于本考点，核心是掌握国家出资公司经理层的设立的内容。

《公司法》规定，国有独资公司的经理由董事会聘任或者解聘。经国有资产监督管理机构同意，董事会成员可以兼任经理。经理可列席董事会会议。总经理对董事会负责，依法行使管理生产经营、组织实施董事会决议等职权，向董事会报告工作，董事会闭会期间向董事长报告工作。

拓展：该考点在考试中一般以单选题为主，难度较低，常常与股东会、董事会的相关内容结合考查。

📖 举一反三

[典型例题·单选] 下列关于国有独资公司总经理和董事会关系的说法，错误的是（　　）。

A. 总经理负责执行董事会决议
B. 董事会根据总经理的提名或建议，聘任或解聘、考核和奖励副经理、财务负责人
C. 总经理对董事会负责，接受董事会的聘任或解聘、评价、考核和奖励
D. 总经理对国有资产监督管理机构负责

[解析] 总经理对董事会负责，依法行使管理生产经营、组织实施董事会决议等职权。

[答案] D

[典型例题·单选] 下列关于国有独资公司经理层的说法，错误的是（　　）。

A. 经国有资产监督管理机构同意，董事会成员可以兼任经理
B. 总经理由国有资产监督管理机构聘任或解聘
C. 总经理对董事会负责，接受董事会的聘任或解聘、评价、考核和奖励
D. 对于国有独资公司来说，经理是必须设置的职务

[解析]《公司法》规定，国有独资公司设经理，由董事会聘任或者解聘。

[答案] B

💡 环球君点拨

经履行出资人职责的机构同意，董事会成员可以兼任经理。不兼任总经理的董事长不承担执行性事务。

第三章　市场营销与品牌管理

第一节　市场营销环境

考点 1　市场营销宏观环境

真题链接

[2023·单选] 在市场营销宏观环境要素中,一个地区消费者的生活方式属于（　　）。
A. 经济环境　　　　　　　　　　B. 政治环境
C. 人口环境　　　　　　　　　　D. 社会文化环境

[解析] 社会文化环境是指在一种社会形态下已经形成的民族特征、价值观念、宗教信仰、生活方式、风俗习惯、伦理道德、教育水平、相关群体、社会结构等因素构成的环境。

[答案] D

[2016·多选] 下列选项中,影响市场营销的宏观环境要素包括（　　）。
A. 人口环境　　　　　　　　　　B. 经济环境
C. 技术环境　　　　　　　　　　D. 政治环境
E. 渠道商

[解析] 市场营销宏观环境要素包括人口环境、经济环境、自然环境、技术环境、政治和法律环境、社会文化环境等。

[答案] ABCD

[经典例题·单选] 目前,越来越多的消费者通过互联网购买产品,这促使企业在制定市场营销战略时应注重（　　）的变化。
A. 技术环境　　　　　　　　　　B. 经济环境
C. 政治环境　　　　　　　　　　D. 人口环境

[解析] 根据题目信息可知,互联网技术的发展带来了互联网购物,从而改变了消费者的购买习惯,而互联网技术属于技术环境。

[答案] A

真题精解

点题：本系列真题考查市场营销宏观环境,但考查侧重点不同。其中,2023年真题考查市场营销宏观环境要素中的社会文化环境的具体内容;2016年真题考查市场营销宏观环境要素包括哪些;经典例题考查市场营销宏观环境的具体实例判断。

分析：对于本考点,核心是掌握市场营销宏观环境包括的要素及其具体内容。

市场营销宏观环境要素包括：

（1）人口环境：包括人口总量、年龄结构、性别结构、民族构成、地理分布等。

(2) 经济环境：包括收入、消费支出、储蓄与信贷、经济发展水平等因素。

(3) 自然环境：包括自然资源的短缺、环境污染日益严重、政府对环境的干预日益加强、公众的生态需求和意识不断增强等。

(4) 技术环境：如产品的平均生命周期缩短。

(5) 政治法律环境。

(6) 社会文化环境：包括民族特征、价值观念、宗教信仰、生活方式、风俗习惯、伦理道德、教育水平、相关群体、社会结构等。

拓展：该考点题目除了从整体上考查市场营销宏观环境的内容，还可能以实例的形式出现，让考生判断这些实例属于哪种市场营销宏观环境要素，如经典例题。

举一反三

[典型例题·多选] 下列环境要素中，属于市场营销宏观环境的有（　　）。

A. 政治、法律　　　　　　　　B. 营销中介

C. 技术　　　　　　　　　　　D. 竞争者

E. 社会文化

[解析] 市场营销宏观环境要素包括人口环境、经济环境、自然环境、技术环境、政治和法律环境、社会文化环境等。

[答案] ACE

[典型例题·多选] 下列选项中，属于市场营销宏观环境要素中人口环境的有（　　）。

A. 宗教信仰　　　　　　　　　B. 年龄结构

C. 教育水平　　　　　　　　　D. 性别结构

E. 民族构成

[解析] 市场营销宏观环境要素中的人口环境包括人口总量、地理分布、年龄结构、性别结构、民族构成等，选项B、D、E正确。宗教信仰、教育水平属于市场营销宏观环境要素中的社会文化环境，选项A、C错误。

[答案] BDE

环球君点拨

考生在考试时，可通过提取关键词并联系实际生活的方式判断题目中所述内容具体属于哪一种市场营销宏观环境要素。

考点2　市场营销微观环境

真题链接

[2018·多选] 下列要素中，属于影响企业市场营销微观环境的有（　　）。

A. 人口规模　　　　　　　　　B. 政治制度

C. 竞争者　　　　　　　　　　D. 顾客

E. 营销渠道企业

[解析] 选项A、B属于市场营销宏观环境要素。

[答案] CDE

第三章 市场营销与品牌管理

［经典例题·单选］在营销渠道中协助企业推广、销售产品的中间商属于市场营销微观环境要素中的（　　）。

A. 竞争者　　　　　　　　　　B. 顾客
C. 公众　　　　　　　　　　　D. 营销渠道企业

［解析］营销渠道企业是指协助企业推广、销售和分配产品或服务给最终购买者的那些企业和个人，如中间商、实体分配机构、营销服务机构和金融机构等。

［答案］D

真题精解

点题：本系列题目考查市场营销微观环境，但考查侧重点不同。其中，2018年真题考查市场营销微观环境包括的要素；经典例题考查市场营销微观环境要素中营销渠道企业的具体内容。

分析：对于本考点，核心是掌握市场营销微观环境包括的要素及其具体内容。

市场营销微观环境要素包括：

(1) 企业自身。
(2) 供应商。
(3) 竞争者。
(4) 营销渠道企业。其包括中间商、实体分配机构、营销服务机构、金融机构等。
(5) 顾客。
(6) 公众。其主要包括外部公众和内部公众，外部公众包括媒介公众、政府公众、社团公众、金融公众等；内部公众包括企业内部的职工、股东及管理者等。

拓展：该考点还可从细节处考查每一个市场营销微观环境要素的具体体现。

举一反三

［典型例题·单选］下列选项中，（　　）不属于影响企业市场营销的微观环境要素。

A. 人口规模　　　　　　　　　B. 供应商
C. 竞争者　　　　　　　　　　D. 顾客

［解析］市场营销微观环境要素包括：①企业自身；②供应商；③竞争者；④营销渠道企业；⑤顾客；⑥公众。选项A属于影响企业市场营销的宏观环境要素。

［答案］A

［典型例题·单选］企业公关活动的主要对象是社会公众，以下属于企业内部公众的是（　　）。

A. 顾客　　　　　　　　　　　B. 媒体
C. 决策部门　　　　　　　　　D. 政府

［解析］顾客、媒体、政府均属于企业外部公众，选项A、B、D错误。

［答案］C

环球君点拨

市场营销微观环境是与企业密切相关的直接影响因素，而市场营销宏观环境是间接影响因素，考生可从该角度区别记忆市场营销微观环境的内容与市场营销宏观环境的内容。

考点3 市场营销环境分析

真题链接

[2024·单选] 威胁—机会综合分析矩阵中的成熟业务是指（　　）。
A. 低机会和低威胁业务　　　　　　B. 高机会和低威胁业务
C. 低机会和高威胁业务　　　　　　D. 高机会和高威胁业务

[解析] 成熟业务，即低机会和低威胁的业务。

[答案] A

[2019·单选] 某企业通过市场营销环境分析发现，该企业的手机业务市场机会低、面临的威胁高，则该企业的手机业务处于威胁—机会综合分析矩阵图中的（　　）。
A. 理想业务　　　　　　　　　　　B. 困难业务
C. 冒险业务　　　　　　　　　　　D. 成熟业务

[解析] 根据题干信息"市场机会低、面临的威胁高"，可以判断该企业的手机业务处于威胁—机会综合分析矩阵图中的困难业务。

[答案] B

[经典例题·单选] 在威胁—机会综合分析矩阵图中，针对成熟业务的主要措施应该是（　　）。
A. 积蓄力量，为进入理想环境做准备
B. 抓住机遇，万万不可错失良机
C. 设法扭转局面，如果无法扭转，则果断放弃，另谋发展出路
D. 全面分析，慎重选择，争取利益

[解析] 成熟业务的措施主要有以下两个方面：①企业按常规经营取得平均利润；②企业积蓄力量，为进入理想环境做准备。

[答案] A

真题精解

点题： 本系列题目考查市场营销环境分析，但考查侧重点不同。其中，2024年真题考查成熟业务的具体表现；2019年真题考查威胁—机会综合分析下的业务划分；经典例题考查成熟业务的对策。

分析： 对于本考点，核心是掌握威胁—机会综合分析的内容。

威胁—机会综合分析下的业务类型、具体表现及对策如表3-1所示。

表3-1　威胁—机会综合分析下的业务类型、具体表现及对策

业务类型	具体表现	对策
理想业务	高机会和低威胁	企业必须抓住机遇，不可错失良机
冒险业务	高机会和高威胁	企业应当进行全面分析，慎重抉择，争取利益
成熟业务	低机会和低威胁	企业一方面按常规经营取得平均利润，另一方面也可以积蓄力量，为进入理想环境做准备
困难业务	低机会和高威胁	企业必须想方设法扭转局面，如果无法扭转，则果断放弃，另谋发展出路

举一反三

[典型例题·单选] 某企业通过市场营销环境分析发现,该企业的扫描仪业务市场机会高、面临的威胁低,则该企业的扫描仪业务属于威胁—机会综合分析矩阵图中的( )。

A. 冒险业务　　　B. 理想业务　　　C. 成熟业务　　　D. 困难业务

[解析] 根据题干信息"市场机会高,面临的威胁低",可以判断该企业的扫描仪业务属于威胁—机会综合分析矩阵图中的理想业务。

[答案] B

[典型例题·单选] 某企业通过市场营销环境分析发现,该企业的油漆业务市场机会低、面临的威胁低,则该企业的油漆业务属于威胁—机会综合分析矩阵图中的( )。

A. 成熟业务　　　B. 冒险业务　　　C. 理想业务　　　D. 困难业务

[解析] 根据题干信息"市场机会低、面临的威胁低",可以判断该企业的油漆业务属于威胁—机会综合分析矩阵图中的成熟业务。

[答案] A

环球君点拨

考生可结合图 3-1 记忆威胁—机会综合分析下的业务划分。

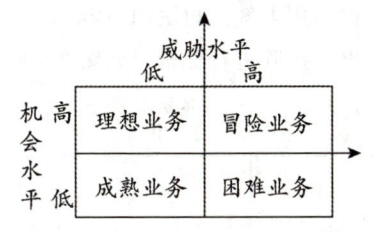

	威胁水平低	威胁水平高
机会水平高	理想业务	冒险业务
机会水平低	成熟业务	困难业务

图 3-1　威胁—机会综合分析矩阵图

第二节　市场营销战略

考点 1　市场营销战略规划

真题链接

[经典例题·多选] 下列选项中,企业任务书应满足的条件有( )。

A. 反映的目标应是有限的、具体的、明确的　　　B. 应是市场导向而非产品导向

C. 要富有激励性　　　D. 定量与定性相结合

E. 政策具体、分工明确

[解析] 企业任务书应满足的条件包括:①反映的目标有限、具体、明确;②应是市场导向而非产品导向;③富有激励性;④政策具体、分工明确。

[答案] ABCE

[经典例题·单选] 通用电气矩阵选用了行业吸引力和业务力量两个综合性指标,对企业各战略业务单位进行评价。通用电气矩阵可分为三个地带,这三个地带不包括( )。

A. 绿色地带　　　B. 红色地带

C. 蓝色地带　　　D. 黄色地带

[解析] 通用电气矩阵可分为以下三个地带：绿色地带、黄色地带、红色地带。

[答案] C

[2023·单选] 根据通用电气矩阵，对于行业吸引力小、业务力量强的业务应采用的战略是（　　）。

A. 放弃　　　　　　　　　　　B. 增加投资

C. 维持市场占有率　　　　　　D. 重点发展

[解析] 在通用电气矩阵图中，从左下角到右上角的对角线地带，又称"黄色地带"。这个地带包括的三个小格是"小强""中中""大弱"。这个地带的行业吸引力和战略业务单位的业务力量居于一般水平。因此，企业对这个地带的战略业务单位要"开黄灯"，采取维持现有投资水平和市场占有率的战略。

[答案] C

真题精解

点题：本系列题目考查市场营销战略规划，但考查侧重点不同。其中，第一道经典例题考查企业任务书应满足的条件；第二道经典例题考查通用电气矩阵包含的三个地带；2023年真题考查战略业务单位划分后的具体对策。

分析：对于本考点，核心是掌握通用电气公司法的内容。

通用电气公司法通常使用通用电气矩阵进行分析，如图3-2所示。

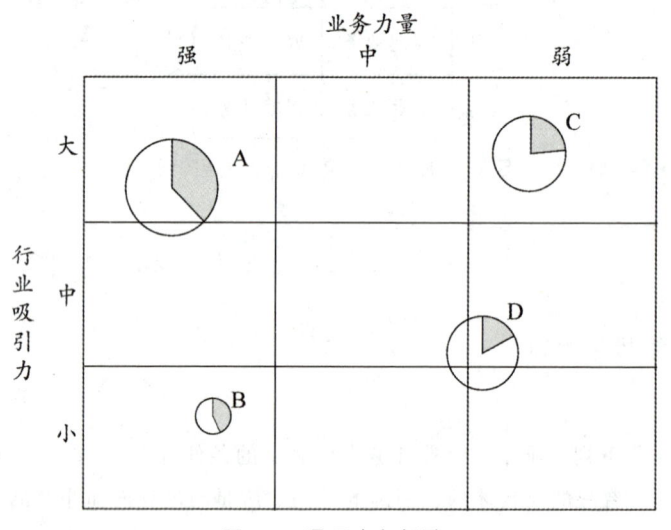

图 3-2　通用电气矩阵

通用电气矩阵可分为以下三个地带：

(1) 左上角地带，又称"绿色地带"。这个地带包括的三个小格是"大强""中强""大中"。这个地带的行业吸引力和战略业务单位的业务力量都很强。因此，企业对这个地带的战略业务单位要"开绿灯"，采取增加投资和重点发展的战略。

(2) 从左下角到右上角的对角线地带，又称"黄色地带"。这个地带包括的三个小格是"小强""中中""大弱"。这个地带的行业吸引力和战略业务单位的业务力量居于一般水平。因此，企业对这个地带的战略业务单位要"开黄灯"，采取维持原来投资水平和市场占有率的战略。

(3) 右下角地带，又称"红色地带"。这个地带包括的三个小格是"小弱""小中""中弱"。总

第三章 市场营销与品牌管理

体说来，这个地带的行业吸引力偏小，战略业务单位的业务力量偏弱。因此，企业对这个地带的战略业务单位要"开红灯"，采取收割或放弃的战略。

拓展： 对于此考点，考生还需要注意企业任务书应满足的条件，包括：反映的目标有限、具体、明确；应是市场导向而非产品导向；富有激励性；政策具体、分工明确。此外，考生还需注意企业目标的制定应遵循的原则，包括层次性、可量化、现实性和协调性。

举一反三

[典型例题·单选] 通用电气矩阵可分为三个地带，其中行业吸引力和战略业务单位的业务力量居于一般水平的是（　　）。

A. 绿色地带　　　　　　　　　B. 红色地带
C. 蓝色地带　　　　　　　　　D. 黄色地带

[解析] 黄色地带的行业吸引力和战略业务单位的业务力量居于一般水平。

[答案] D

[典型例题·多选] 企业管理者在确定了企业任务以后，还要把企业任务具体化为一系列的目标体系，这些目标制定的原则包括（　　）。

A. 层次性　　　　　　　　　　B. 可量化
C. 现实性　　　　　　　　　　D. 协调性
E. 经济性

[解析] 企业目标的制定应遵循的原则包括层次性、可量化、现实性和协调性。

[答案] ABCD

环球君点拨

考生可以采用"红黄绿灯"的形象记忆法记忆通用电气矩阵的三个地带对应的策略。

考点2　市场细分

真题链接

[2024·单选] 某洗漱用品企业的产品细分为青少年、儿童和婴幼儿系列，这种市场细分依据的细分变量是（　　）。

A. 行为变量　　　　　　　　　B. 地理变量
C. 人口变量　　　　　　　　　D. 心理要量

[解析] 人口变量包括人口总数、人口密度、家庭户数、年龄、性别、职业、民族、文化、宗教、国籍、收入、家庭生命周期等。

[答案] C

[2020·单选] 某企业根据消费者的需求利益和使用状况不同细分牙膏市场，并有针对性地开发了具有抗敏感、防蛀修复、美白等功效的牙膏产品，则该企业市场细分的细分变量是（　　）。

A. 地理变量　　　　　　　　　B. 心理变量
C. 行为变量　　　　　　　　　D. 人口变量

[解析] 根据题干信息"根据消费者的需求利益和使用状况"，可知该企业是根据行为变量细分。

[答案] C

[2021·单选] 某企业按照顾客购买本品牌产品的忠诚程度,把顾客划分为忠诚顾客和一般客户,则该企业市场细分的变量属于( )。

A. 地理变量　　　　　　　　　　B. 人口变量
C. 行为变量　　　　　　　　　　D. 心理变量

[解析] 该企业把顾客划分为忠诚顾客和一般客户,是按照"忠诚程度"划分的,属于行为变量。

[答案] C

[2022·单选] 企业根据地形为消费者提供了山地自行车和公路自行车,则细分变量是( )。

A. 地理变量　　　　　　　　　　B. 人口变量
C. 心理变量　　　　　　　　　　D. 行为变量

[解析] 根据地形选择不同的车,属于地理变量。

[答案] A

▶ 真题精解

点题:本系列真题考查市场细分,但考查侧重点不同。其中,2024年真题考查细分变量中的人口变量;2020年真题、2021年真题考查细分变量中的行为变量;2022年真题考查细分变量中的地理变量。

分析:对于本考点,核心是掌握细分变量的具体实例。市场细分的主要变量有地理变量、人口变量、心理变量和行为变量,其具体内容如表3-2所示。

表3-2　市场细分变量的具体内容

细分变量	具体内容
地理变量	国家、地区、城镇、农村、面积、气候、地形、交通条件、通信条件、城镇规划等
人口变量	人口总数、人口密度、家庭户数、年龄、性别、职业、民族、文化、宗教、国籍、收入、家庭生命周期等
心理变量	生活方式、个性、购买动机、价值取向、对商品和服务方式的感受或偏爱、对商品价格反应的灵敏度等
行为变量	购买时机、追求的利益、使用者状况、忠诚程度、使用频率、待购阶段和态度等

▶ 举一反三

[典型例题·单选] 某乳制品公司将消费者细分为婴幼儿、青少年和中老年,该公司市场细分依据的变量是( )。

A. 地理变量　　　　　　　　　　B. 心理变量
C. 行为变量　　　　　　　　　　D. 人口变量

[解析] 根据题干信息"将消费者细分为婴幼儿、青少年和中老年",可知该公司是根据"人口的年龄"进行市场细分,故属于人口变量。

[答案] D

[典型例题·单选] 某企业开发了分别具有去屑、柔顺发质、自然定型、黑亮功效的4种洗发

水产品,则该企业市场细分的变量属于( )。

A. 人口变量　　　　　　　　　　B. 行为变量
C. 心理变量　　　　　　　　　　D. 地理变量

[解析] 去屑、柔顺发质、自然定型等均是消费者追求的利益,故该企业市场细分的变量属于行为变量。

[答案] B

环球君点拨

考生在掌握各细分变量包含的具体内容时,可通过记忆对应例子的方式记忆自己易混的内容。

考点3　目标市场的选择

真题链接

[2023·单选] 某企业专注于为儿童、青年、中老年群体提供冬季服装,则该企业选择目标市场时采用的模式是( )。

A. 市场专业化　　　　　　　　　B. 全面进入
C. 产品专业化　　　　　　　　　D. 选择专业化

[解析] 产品专业化是指企业向各类顾客同时供应某种产品,但是在质量、款式、档次等方面会有所不同,选项C正确。

[答案] C

[2022·单选] 当市场处于卖方市场时,企业宜采用的目标市场战略是( )。

A. 集中性营销战略　　　　　　　B. 差异性营销战略
C. 选择性营销战略　　　　　　　D. 无差异营销战略

[解析] 当企业面对的市场是同质市场,消费者需求差异性不大(如食盐),或者某种产品是某个行业不可替代的必需品(如中国书画艺术品所需的墨),或者市场处于卖方市场等情况时,企业可以采用无差异营销战略。

[答案] D

[2020·单选] 某企业为降低营销成本,把整体市场看作一个大的目标市场,只投放单一产品,采用一种营销组合策略,该企业采用的是( )。

A. 差异性营销战略　　　　　　　B. 专业化营销战略
C. 无差异营销战略　　　　　　　D. 集中性营销战略

[解析] 根据题干信息"把整体市场看作一个大的目标市场,只投放单一产品,采用一种营销组合策略",可以判断该企业采用的是无差异营销战略。

[答案] C

[2020·单选] 某企业选择一个细分市场作为目标市场,实行专业化经营,把所有的资源都投入到这个目标市场上。该企业采用的目标市场战略是( )。

A. 避强定位战略　　　　　　　　B. 无差异营销战略
C. 集中性营销战略　　　　　　　D. 市场营销组合战略

[解析] 集中性营销战略:企业在市场细分的基础上,选择一个或几个细分市场作为目标市场,

制定营销组合方案，实行专业化经营，把企业有限的资源集中使用，在较小的目标市场上拥有较大的市场占有率，选项C正确。

[答案] C

[2021·单选] 某服装厂按年龄把消费者分为老年人、中年人和儿童，针对每类消费者设计和生产不同的服装满足其需求，则该企业采用的目标市场战略是（　　）。

A. 无差异营销战略　　　　　　　　B. 差异性营销战略
C. 集中性营销战略　　　　　　　　D. 进攻型营销战略

[解析] 差异性营销战略：按照消费者需求差异，将总体市场分割为若干个子市场，针对不同的子市场的需求特点，设计和生产不同产品，并采用不同的营销组合。这种战略能够满足不同消费者的需求，增加企业对市场的适应能力和应变能力，减少经营风险。所以，把消费者分为老年人、中年人和儿童，针对每类消费者设计和生产不同的服装满足其需求，属于差异性营销战略。

[答案] B

真题精解

点题：本系列真题考查目标市场的选择，但考查侧重点不同。其中，2023年真题考查目标市场模式选择；2022年真题、2020年第一道真题考查无差异营销战略；2020年第二道真题考查集中性营销战略；2021年真题考查差异性营销战略。

分析：对于本考点，核心是掌握目标市场模式选择和目标市场选择战略的内容。

1. 目标市场模式选择

目标市场模式选择及其含义如表3-3所示。

表3-3　目标市场模式选择及其含义

模式	含义
产品—市场集中化	企业只生产或经营一种标准化产品，只供应某一顾客群
产品专业化	企业向各类顾客同时供应某种产品，但是在质量、款式、档次等方面都会有所不同。例如，某服装企业向儿童、青年、中年和老年等各类顾客提供冬季服装
市场专业化	企业向同一顾客群提供性能有所区别的产品。例如，某服装企业向老年顾客提供各个季节的服装
选择性专业化	企业有选择地进入几个不同的细分市场，为不同顾客群提供不同性能的产品。例如，某服装企业既为老年顾客提供春季、冬季的服装，也向儿童顾客提供春季、秋季的服装
全面进入	企业全方位进入各个细分市场，为所有顾客全心全意提供所需要的性能不同的系列产品。例如，某服装企业向各年龄段顾客提供各个季节的服装

2. 目标市场选择战略

目标市场内可供企业选择的市场战略主要有以下三种：

（1）无差异营销战略。企业把整体市场看作一个大的目标市场，只向市场投放单一的商品，设计一种营销组合策略，通过大规模分销和大众化的广告满足市场中绝大多数消费者的需求。这种战略可以降低营销成本，节省促销费用，但会导致一部分差异性需求得不到满足。

（2）差异性营销战略。按照消费者需求差异，将总体市场分割为若干个子市场，针对不同的子市场的需求特点，设计和生产不同的产品，并采用不同的营销组合。这种战略能够满足不同消费者的需求，增加企业对市场的适应能力和应变能力，减少经营风险，但会增加企业的生产费用和宣传费用。

（3）**集中性营销战略**。企业在市场细分的基础上，选择一个或几个细分市场作为目标市场，制定营销组合方案，实行专业化经营。这种战略有利于企业追求局部优势，但因为目标市场比较单一和窄小，企业发展可能受限。

拓展：该考点还可能通过不同的实例考查对应的战略，因此，考生要掌握每一种战略的核心概念。

易错易混

无差异营销战略与差异性营销战略、集中性营销战略的区别如下：
（1）无差异营销战略不进行市场细分，而差异性营销战略、集中性营销战略都是在市场细分的基础上进行的。
（2）无差异营销战略与差异性营销战略最终满足的是全部市场需求，集中性营销战略最终满足的是局部市场需求。

举一反三

[典型例题·单选] 某服装企业既为老年顾客提供春季、冬季的服装，也向儿童顾客提供春季、秋季的服装，该企业在选择目标市场时采用的模式是（　　）。

A. 市场专业化　　　　　　　　　　B. 全面进入
C. 产品专业化　　　　　　　　　　D. 选择性专业化

[解析] 选择性专业化是指企业有选择地进入几个不同的细分市场，为不同顾客群提供不同性能的产品。例如，某服装企业既为老年顾客提供春季、冬季的服装，也向儿童顾客提供春季、秋季的服装。

[答案] D

[典型例题·单选] 某企业把整个市场看成一个目标市场，只向市场投放一种产品，通过大规模分销和大众化广告推销产品。这种目标市场战略属于（　　）。

A. 无差异营销战略　　　　　　　　B. 集中性营销战略
C. 差异性营销战略　　　　　　　　D. 市场组合营销战略

[解析] 根据题干信息"把整个市场看成一个目标市场，通过大规模分销和大众化广告推销产品"，可以判断该目标市场战略是无差异营销战略。

[答案] A

[典型例题·单选] 企业根据自身的资源及营销实力选择几个细分市场作为目标市场，并为各目标市场制定特别的营销组合策略，这种战略称为（　　）。

A. 成本领先营销战略　　　　　　　B. 差异性营销战略
C. 迎头定位营销战略　　　　　　　D. 撇脂营销战略

[解析] 根据题干信息"选择几个细分市场作为目标市场，并为各目标市场制定特别的营销组合策略"，可知符合差异性营销战略的概念。

[答案] B

[典型例题·单选] 某企业选择两个细分市场作为目标市场，实行专业化经营，把所有的资源都投入到这两个目标市场上，该企业采用的目标市场战略是（　　）。

A. 市场营销组合战略　　　　　　　B. 差异性营销战略

C. 无差异营销战略 D. 集中性营销战略

[解析] 首先，根据题干信息可知该企业进行了市场细分，然后再根据题干信息"选择两个细分市场作为目标市场、实行专业化经营，把所有的资源都投入到这两个目标市场上"，可知符合集中性营销战略的概念。

[答案] D

环球君点拨

考生在做题时一定要认真审题，然后根据题干关键词判断具体符合哪一种目标市场战略。

第三节 市场营销组合策略

考点 1 产品策略

真题链接

[2023·单选] 某办公用品企业共生产3种打印机、2种复印机、4种扫描仪、3种碎纸机，该企业产品组合的长度为（　　）。

A. 3 B. 2 C. 4 D. 12

[解析] 产品组合的长度是指产品组合中所包含的产品项目的总数，即该企业产品组合的长度＝3＋2＋4＋3＝12。

[答案] D

[经典例题·多选] 下列选项中，企业的包装策略有（　　）。

A. 相似包装策略 B. 相关包装策略
C. 分量包装策略 D. 统一包装策略
E. 附赠品包装策略

[解析] 企业的包装策略有相似包装策略、个别包装策略、相关包装策略、分等级包装策略、分量包装策略、复用包装策略（又称双重用途包装策略）、附赠品包装策略、改变包装策略等。

[答案] ABCE

真题精解

点题：本系列题目考查产品策略，但考查侧重点不同。其中，2023年真题考查产品组合的长度；经典例题考查企业的包装策略。

分析：对于本考点，核心是掌握企业的产品组合包括的四个维度和包装策略。

产品组合包括以下四个维度：

(1) 宽度：即企业所经营的不同产品线的数量。

(2) 长度：即产品组合中所包含的产品项目的总数。

(3) 深度：即产品线中每种产品有多少花色、品种、规格等。

(4) 关联度：即企业的各条产品线在最终使用、生产条件、分销渠道等方面的密切相关程度。

企业常用的包装策略有相似包装策略、个别包装策略、相关包装策略、分等级包装策略、分量包装策略、复用包装策略（又称双重用途包装策略）、附赠品包装策略、改变包装策略。

拓展：考生应理解记忆产品组合四个维度的概念，理解每一种包装策略的具体方式。该考点还可能以案例题的形式出现，考生要注意案例中相关内容的描述。

举一反三

[**典型例题·单选**] 甲企业的产品组合为 3 种洗衣粉、4 种香皂、5 种纸巾和 6 种洗发水，共 18 种产品，则甲企业的产品组合宽度为（　　）。

A. 3　　　　　　B. 4　　　　　　C. 5　　　　　　D. 18

[**解析**] 产品组合的宽度是指企业所经营的不同产品线的数量，一共 4 条不同的生产线，所以甲企业的产品组合宽度为 4。如果这道题问甲企业的产品组合长度是多少，则应该为 18。

[答案] B

[**典型例题·单选**] 香水瓶可以当作工艺品摆放，这种可以使消费者"一物二用"的策略属于（　　）。

A. 相似包装策略　　　　　　　　　　B. 复用包装策略（双重用途包装策略）
C. 分量包装策略　　　　　　　　　　D. 改变包装策略

[**解析**] 复用包装策略（双重用途包装策略），即原包装的产品使用完后，包装物本身还可作其他用途。如香水瓶可以当作工艺品摆放。这种策略一方面可以使消费者"一物二用"；另一方面可以在消费者对包装物再使用时，发挥其广告效应，不断提示消费者重复购买。

[答案] B

环球君点拨

考生可以利用自己熟悉的例子记忆产品组合的四个维度。对于包装策略，考生可以根据字面意思理解记忆。

考点 2　定价策略

真题链接

[**2021·多选**] 下列定价方法中，属于竞争导向定价法的有（　　）。

A. 密封投标定价法　　　　　　　　　B. 竞争价格定价法
C. 成本加成定价法　　　　　　　　　D. 认知价值定价法
E. 随行就市定价法

[**解析**] 竞争导向定价法主要包括随行就市定价法、竞争价格定价法和密封投标定价法。

[答案] ABE

[**2020·多选**] 下列定价策略中，属于新产品定价策略的有（　　）。

A. 市场渗透定价策略　　　　　　　　B. 密封投标定价策略
C. 产品线定价策略　　　　　　　　　D. 温和定价策略
E. 撇脂定价策略

[**解析**] 新产品定价策略主要包括撇脂定价策略、温和定价策略和市场渗透定价策略。

[答案] ADE

[**2024·多选**] 下列关于撇脂定价策略的说法，正确的有（　　）。

A. 容易诱发竞争，企业压力大　　　　B. 易引发消费者不满
C. 可在短期内获取高额利润　　　　　D. 能迅速打开产品销路

E. 难以应付短期内的突发价格竞争

[解析] 撇脂定价策略是一种短期内追求最大利润的高价策略，指在新产品上市之初，将价格定得很高，以便尽可能在短期内赚取高额利润。撇脂定价策略定价较高，易引起消费者不满及市场竞争。优点：高价格能够带来高利润，能迅速补偿研究与开发费用，便于企业快速收回资金，并掌握调价主动权。缺点：定价较高会限制需求，销路不易扩大；高价原则诱发竞争，企业压力大；高价高利时期较短。

[答案] ABC

[2019·单选] 某企业推出新产品时，制定了一个较低的价格，以求迅速占领市场。这种新产品定价策略属于（　　）。

A. 市场渗透定价策略　　　　　　B. 备选产品定价策略
C. 撇脂定价策略　　　　　　　　D. 心理定价策略

[解析] 市场渗透定价策略：在推出新产品时，将价格定得较低，利用价廉物美的优势迅速占领市场，取得较高市场占有率。

[答案] A

[2023·单选] 某智能手机厂商在进行产品定价时，手机定价相对较低，但耳机、手机壳等产品定价相对较高。这种产品组合定价策略属于（　　）。

A. 产品线定价策略　　　　　　　B. 副产品定价策略
C. 产品束定价策略　　　　　　　D. 备选产品定价策略

[解析] 题干中厂商定价时，考虑到耳机、手机壳不是必买品，但是可以满足不同消费者的偏好，所以给备选品定价高不会影响手机的销售，属于备选产品定价策略。

[答案] D

[2019·单选] 某企业将其生产的高、中、低档服装分别定价为 2 198 元、588 元和 188 元，这种产品组合定价策略属于（　　）。

A. 备选产品定价策略　　　　　　B. 副产品定价策略
C. 产品数定价策略　　　　　　　D. 产品线定价策略

[解析] 根据题干，当顾客购买时，就会从这三种价位联想到服装的高、中、低三种档次。此外，这种定价策略也满足了顾客对各种档次服装的需求。

[答案] D

真题精解

点题：本系列真题考查定价策略，但考查侧重点不同。其中，2021 年真题考查竞争导向定价法的内容；2020 年真题、2019 年第一道真题考查新产品定价的具体方法；2024 年真题考查对撇脂定价的理解；2023 年真题考查产品组合定价策略中的备选产品定价；2019 年第二道真题考查产品组合定价策略中的产品线定价。

分析：关于定价策略，考生首先要掌握成本导向定价法，它是以产品成本为主要依据的定价方法，包括成本加成定价法和目标利润定价法，考生要熟记这两种方法的公式。成本加成定价法公式为：产品价格＝单位成本×（1＋加成率）。目标利润定价法公式为：目标价格＝（总成本＋目标利润）/总销量。目标利润＝投资额×投资收益率。

其次，考生还要掌握竞争导向定价法的方法，主要有随行就市定价法（保持在市场平均价格水平)、竞争价格定价法（低于或高于竞争者的价格）、密封投标定价法（招标方只有一个，处于相对垄断地位；投标方有多个，处于相互竞争地位）。

再次，考生应掌握新产品定价的三种策略：撇脂定价策略（该策略是一种短期内追求最大利润的高价策略，指在新产品上市之初，将价格定得很高，以便尽可能在短期内赚取高额利润。撇脂定价策略定价较高，易引起消费者不满及市场竞争。优点：高价格能够带来高利润，能迅速补偿研究与开发费用，便于企业快速回收资金，并掌握调价主动权。缺点：定价较高会限制需求，销路不易扩大；高价原则诱发竞争，企业压力大；高价高利时期较短）、市场渗透定价策略（利用物美价廉的优势迅速占领市场，取得较高市场占有率）、温和定价策略（价格定在高价和低价之间）。

最后，考生要准确掌握产品组合定价包含的五种策略：

(1) 产品线定价。例如，某服装店经营高、中、低三种档次的男装，那么根据这三种档次，该服装店可以为这些男装分别定价为 1 280 元、880 元 和 300 元。

(2) 备选产品定价。例如，购买汽车的客户往往在购车时还会选购诸如电子开窗控制器等备选产品，这些备选产品不是必买品，但是可以满足不同客户的偏好。

(3) 附属产品定价。例如，计算机硬件和软件，计算机硬件可以看成是主产品，而软件就成为其附属产品。

(4) 副产品定价。例如，生产肉类、石油、化工等产品时常常伴有副产品。

(5) 产品束定价。企业将几种产品组合在一起，进行低价销售。例如，电影院销售的年票，其价格就比单次购买的电影票价便宜得多。

举一反三

[典型例题·单选] 经核算得知某产品的单位产品成本为 62 元，企业希望该产品的目标利润率达到 20%，则该产品的单位价格是（　　）元。

A. 74.4　　　　　　B. 76.2　　　　　　C. 77.2　　　　　　D. 78.1

[解析] 成本加成定价法的计算公式：产品价格＝产品单位成本×（1＋加成率）＝62×（1＋20%）＝74.4（元）。

[答案] A

[典型例题·多选] 下列产品定价方法中，属于竞争导向定价法的有（　　）。

A. 竞争价格定价法　　　　　　B. 随行就市定价法
C. 认知价值定价法　　　　　　D. 盈亏平衡定价法
E. 密封投标定价法

[解析] 竞争导向定价法主要包括随行就市定价法、竞争价格定价法和密封投标定价法。

[答案] ABE

[典型例题·单选] 某公司生产打印机，打印机定价低，硒鼓定价高，其产品组合定价策略属于（　　）。

A. 产品线定价　　　　　　B. 副产品定价
C. 产品束定价　　　　　　D. 附属产品定价

[解析] 附属产品定价：一般将主产品的价格定得较低，附属产品的价格定得较高。本题中打印机是主产品，硒鼓是附属产品，选项 D 正确。

[答案] D

[典型例题·单选] 某企业在其新产品上市时，将价格定得很高，以求尽可能在短期内获得高额利润，这种新产品定价策略属于（　　）。

A. 分档定价策略
B. 撇脂定价策略
C. 温和定价策略
D. 市场渗透定价策略

[解析] 根据题干信息"将价格定得很高，以求尽可能在短期内获得高额利润"，可以判断符合撇脂定价策略的概念。

[答案] B

[典型例题·单选] 某企业将其生产的高、中、低档服装分别定价为 2 200 元、560 元和 180 元，该企业服装产品的产品组合定价策略为（　　）。

A. 产品线定价策略
B. 备选产品定价策略
C. 产品束定价策略
D. 副产品定价策略

[解析] 根据题干信息"高、中、低档服装分别定价为 2 200 元、560 元和 180 元"，可以判断该企业服装产品的产品组合定价策略为产品线定价策略。

[答案] A

环球君点拨

在新产品的定价策略中，撇脂定价策略为高价策略，温和定价策略为中价策略，市场渗透定价策略为低价策略，考生在备考时可根据关键点快速记忆该部分内容。

考点 3　促销策略

真题链接

[2024·单选] 某企业在知名网络平台开设直播间，面向普通消费者销售产品，这种促销策略属于（　　）。

A. 广告促销
B. 销售促进
C. 直复营销
D. 公共关系

[解析] 直复营销是指企业不通过中间商而是直接与目标顾客接触，网络直复营销即通过互联网向目标顾客销售产品。

[答案] C

[经典例题·单选] 生产商利用广告和公共关系手段，极力向广大消费者介绍产品，使他们产生兴趣，吸引、诱导他们来购买，这属于（　　）。

A. 推动策略 B. 拉引策略 C. 销售促进 D. 人员推销

[解析] 拉引策略指的是生产商利用广告和公共关系极力向消费者介绍产品，吸引消费者的兴趣。

[答案] B

[经典例题·单选] 某生产企业运用人员推销和销售促进的方式向其批发商推销产品，再由批发商将产品推销给零售商，最终零售商再推销给消费者，该生产企业采用的促销组合策略是（　　）。

A. 广告 B. 公共关系 C. 推动策略 D. 拉引策略

[解析] 根据题干信息可知，该生产企业的直接营销对象是其批发商，符合推动策略的概念，

故选项 C 正确。

[答案] C

真题精解

点题：本系列题目考查促销策略，但考查侧重点不同。其中，2024 年真题考查直复营销的概念应用；第一道经典例题考查拉引策略的具体表现；第二道经典例题考查推动策略的具体表现。

分析：促销策略的考查角度较少，且相对比较集中，考生应重点掌握拉引策略和推动策略的内容。

(1) 拉引策略：即生产商利用广告与公共关系等手段，极力向消费者介绍产品及企业，使他们产生兴趣，吸引、诱导他们来购买，卖方具有主动性。

(2) 推动策略：即生产商运用人员推销和销售促进将产品由生产商向批发商推销，再由批发商向零售商推销，最后再由零售商向消费者推销。

拓展：该考点还可能考查直复营销的内容，如 2024 年真题。直复营销是指企业不通过中间商而是直接与目标顾客接触，从而达到获取目标顾客的快速反应并培养长期顾客关系目的的活动。考生还应了解并掌握直复营销的主要方式，包括直邮营销、电话直复营销、电视直复营销和网络直复营销等。

举一反三

[典型例题·单选] 某企业投放大量的电视广告，以吸引消费者购买其产品，该企业的促销策略属于（ ）。

A. 无差异营销策略　　　　　　　　B. 差异性营销策略
C. 拉引策略　　　　　　　　　　　D. 推动策略

[解析] 拉引策略是生产商运用广告和公共关系来吸引消费者购买产品。因此，该企业用电视广告吸引消费者属于拉引策略。

[答案] C

[典型例题·多选] 下列选项中，直复营销的主要方式包括（ ）。

A. 直邮营销　　　　　　　　　　　B. 电话直复营销
C. 电视直复营销　　　　　　　　　D. 网络直复营销
E. 现场营销

[解析] 直复营销的主要方式包括直邮营销、电话直复营销、电视直复营销和网络直复营销等。

[答案] ABCD

环球君点拨

拉引策略为主动营销策略，推动策略为传统的被动营销策略。

第四节　品牌与品牌资产

考点　品牌资产

真题链接

[2022·多选] 下列选项中，属于"五星"概念模型中品牌资产的有（ ）。

A. 品牌知名度　　　　　　　　　　B. 品牌认知度
C. 品牌联想度　　　　　　　　　　D. 品牌忠诚度

E. 品牌美誉

[解析] 在"五星"概念模型中，品牌资产是由品牌知名度、品牌认知度、品牌联想度、品牌忠诚度和品牌其他资产五个部分组成。

[答案] ABCD

真题精解

点题：本系列真题考查品牌资产，2022年真题考查"五星"概念模型。

分析：对于本考点，核心是掌握大卫·艾克在1991年提炼出的品牌资产的"五星"概念模型，其具体内容如下。

（1）品牌知名度：指消费者对一个品牌的记忆程度，分为无知名度、提示知名度、未提示知名度和顶端知名度四个阶段。

（2）品牌认知度：包括消费者对产品质量和服务质量的认知。

（3）品牌联想度：即对产品特征、消费者利益、使用场合、产地、人物、个性等的人格化描述。

（4）品牌忠诚度：是品牌资产的核心，分为无忠诚购买者、习惯购买者、满意购买者、情感购买者、承诺购买者五个级别。

（5）品牌其他资产。

举一反三

[典型例题·单选] 在大卫·艾克提出的品牌资产的"五星"概念模型中，消费者对于品牌的记忆程度称为（　　）。

A. 品牌认知度　　　　　　　　　　B. 品牌忠诚度
C. 品牌联想度　　　　　　　　　　D. 品牌知名度

[解析] 品牌知名度指的是消费者对一个品牌的记忆程度。

[答案] D

[典型例题·单选] 根据大卫·艾克的品牌资产"五星"概念模型，品牌资产的核心是（　　）。

A. 品牌知名度　　　　　　　　　　B. 品牌联想度
C. 品牌忠诚度　　　　　　　　　　D. 品牌认知度

[解析] 品牌资产的核心是品牌忠诚度。

[答案] C

环球君点拨

考生应熟练掌握并准确对应"五星"概念模型每个部分的含义及具体表现。

第五节　品牌战略

考点　品牌战略

真题链接

[2023·多选] 下列品牌策略中，属于家族品牌决策的有（　　）。

A. 品牌延伸策略　　　　　　　　　B. 个别品牌策略

C. 统一品牌策略 D. 扩展品牌策略

E. 品牌创新策略

[解析] 家族品牌决策具体包括以下四种备选策略：①个别品牌策略；②统一品牌策略；③分类家族品牌策略；④企业名称与个别品牌并用策略。

[答案] BC

[经典例题·单选] 企业将现有成功的品牌名称使用到新产品上，包括新包装、新规格和新式样等，这属于（　　）。

A. 品牌有无决策 B. 品牌延伸决策

C. 家族品牌决策 D. 品牌重新定位决策

[解析] 品牌延伸决策即企业将现有成功的品牌名称使用到新产品上，包括新包装、新规格和新式样等，选项 B 正确。

[答案] B

真题精解

点题：本系列题目考查品牌战略，但考查侧重点不同。其中，2023 年真题考查家族品牌决策的具体内容；经典例题考查品牌延伸决策。

分析：对于本考点，核心是掌握家族品牌决策和品牌延伸决策的内容。

家族品牌决策即企业对其生产的不同种类、规格、质量的产品选择统一或不同的品牌名称。其具体包括以下四种备选策略：

(1) 个别品牌策略，即企业对各种不同的产品分别使用不同的品牌。这一策略的好处是：

①个别产品的失误不会影响到整个企业的形象，特别是新上市的产品如果不成功，不至于损害企业本身的声誉。

②产品增加或降低产品档次，不会影响原有产品。

(2) 统一品牌策略，即企业所有的产品使用同一个品牌。这一策略的好处是：

①不需要花费大量费用去设计更多的品牌，可以节省产品投放市场的费用。

②企业的品牌一旦获得市场成功，可以很容易地向市场推出新产品，新产品的销售能力可以得到加强。

(3) 分类家族品牌策略，即企业对不同类型的产品分别使用不同的品牌。

(4) 企业名称与个别品牌并用策略，即在每一个品牌之前均冠以企业名称，以企业名称表明产品出处，以品牌名称表明产品的特点。

品牌延伸决策即企业将现有成功的品牌名称使用到新产品上，包括新包装、新规格和新式样等。

举一反三

[典型例题·单选] 企业对各种不同的产品分别使用不同的品牌，这种策略属于（　　）。

A. 个别品牌策略 B. 统一品牌策略

C. 分类家族品牌策略 D. 企业名称与个别品牌并用策略

[解析] 个别品牌策略，即企业对各种不同的产品分别使用不同的品牌，选项 A 正确。

[答案] A

[典型例题·单选] 企业所有的产品使用同一个品牌,这种策略属于( )。
A. 个别品牌策略 B. 统一品牌策略
C. 分类家族品牌策略 D. 企业名称与个别品牌并用策略

[解析] 统一品牌策略,即企业所有的产品使用同一个品牌,选项B正确。

[答案] B

环球君点拨

考生在学习时,可通过自己熟悉的例子记忆每一种品牌决策。

第四章 分销渠道管理

第一节 渠道运营管理

考点1 渠道管理概述

真题链接

[2024·单选] 下列组织或个人中,不属于分销渠道成员的是（　　）。
A. 生产商　　　　　　　　　B. 中间商
C. 消费者　　　　　　　　　D. 物流企业

[解析] 分销渠道包括生产者、中间商和最终消费者。

[答案] D

[2022·单选] 下列各项中,属于分销渠道成员的是（　　）。
A. 配送公司　　　　　　　　B. 最终消费者
C. 银行　　　　　　　　　　D. 保险公司

[解析] 分销渠道的成员有生产者、中间商和最终消费者。配送公司、银行、保险公司均属于辅助商,辅助商不属于分销渠道的成员。

[答案] B

[2022·多选] 下列选项中,分销渠道管理的任务有（　　）。
A. 解决渠道冲突　　　　　　B. 制定分销目标
C. 建设分销渠道　　　　　　D. 确保利润额
E. 监测分销效率

[解析] 分销渠道管理的主要任务有：①提出并制定分销目标；②监测分销效率；③协调渠道成员关系,解决渠道冲突；④促进商品销售；⑤修改和重建分销渠道。

[答案] ABE

真题精解

点题：本系列真题考查渠道管理概述,但考查侧重点不同。其中,2024年真题、2022年第一道真题考查市场营销渠道与分销渠道；2022年第二道真题考查分销渠道管理的任务。

分析：对于本考点,核心是掌握市场营销渠道与分销渠道的具体内容以及二者的关系。

市场营销渠道包括供应商、生产者、中间商、最终消费者和辅助商（物流公司、银行、保险公司、信息公司等）。分销渠道包括生产者、中间商和最终消费者。市场营销渠道包含分销渠道,分销渠道只是市场营销渠道的一部分。

分销渠道管理是指根据分销渠道的基本职能和性质开展的活动。其主要任务有：提出并制定分销目标；监测分销效率；协调渠道成员关系,解决渠道冲突；促进商品销售；修改和重建分销渠道。

拓展： 该考点主要考查市场营销渠道与分销渠道的区别，在近年来的考试中，也开始考查分销渠道管理的任务。

举一反三

[典型例题·多选] 下列选项中，属于分销渠道成员的有（　　）。

A. 生产者
B. 中间商
C. 广告代理机构
D. 最终消费者
E. 金融机构

[解析] 分销渠道的成员包括生产者、中间商和最终消费者。广告代理机构和金融机构属于市场营销渠道，但不属于分销渠道。

[答案] ABD

[典型例题·多选] 下列各项中，不属于分销渠道管理任务的有（　　）。

A. 解决渠道冲突
B. 增加渠道成员数量
C. 修改和重建分销渠道
D. 提高服务质量
E. 监测分销效率

[解析] 分销渠道管理的主要任务有：①提出并制定分销目标；②监测分销效率；③协调渠道成员关系，解决渠道冲突；④促进商品销售；⑤修改和重建分销渠道。

[答案] BD

环球君点拨

供应商和辅助商（物流公司、银行、保险公司、信息公司等）属于市场营销渠道，但不属于分销渠道，此为考试中的高频考点。

考点 2　消费品分销渠道的构建

真题链接

[2024·多选] 下列选项中，属于消费品分类中非渴求品的有（　　）。

A. 股票
B. 艺术藏品
C. 百科全书
D. 饮料
E. 家用电器

[解析] 非渴求品是指那些消费者不知道或虽然知道但一般情况下不会主动购买的产品。传统的非渴求品有人寿保险、艺术藏品以及百科全书等。那些刚上市、消费者从未了解的新产品也可归为非渴求品的范畴。

[答案] BC

[2023·单选] 某画家的油画作品在市场上被公认具有很高的艺术收藏价值，则该画家的油画作品对于大多数消费者来说，属于消费品分类中的（　　）。

A. 特殊品
B. 冲动购买品
C. 非渴求品
D. 日用品

[解析] 非渴求品是指那些消费者不知道或虽然知道但一般情况下不会主动购买的产品。传统的非渴求品有人寿保险、艺术藏品以及百科全书等。那些刚上市、消费者从未了解的新产品也可归

为非渴求品的范畴。

[答案] C

[2022·单选] 按消费者购买习惯的不同对消费品进行分类，则家用电器属于（　　）。
A. 便利品　　　　　　　　　　　　B. 选购品
C. 冲动购买品　　　　　　　　　　D. 非渴求品
[解析] 选购品是指消费者对产品或服务的价格、质量、款式、耐用性等进行比较之后才会购买的产品，如家用电器、服装、美容美发产品等。

[答案] B

[2022·单选] 下列选项中，美容美发产品属于（　　）。
A. 冲动购买品　　　　　　　　　　B. 非渴求品
C. 特殊品　　　　　　　　　　　　D. 选购品
[解析] 选购品是指消费者对产品或服务的价格、质量、款式、耐用性等进行比较之后才会购买的产品，如家用电器、服装、美容美发产品等。

[答案] D

[2022·单选] 下列消费品分销渠道模式中，生产厂家对接蛋糕店、小卖部销售啤酒给消费者，属于（　　）。
A. 厂家直供模式　　　　　　　　　B. 多家经销（代理）模式
C. 独家经销（代理）模式　　　　　D. 平台式销售模式
[解析] 厂家直供模式是指生产厂家直接将商品供应给终端渠道进行销售的渠道模式。

[答案] A

真题精解

点题：本系列真题考查消费品分销渠道的构建，但考查侧重点不同。其中，2024年真题、2023年真题和2022年前两道真题考查消费品的定义及分类；2022年最后一道真题考查常见的消费品分销渠道模式。

分析：对于本考点，核心是掌握各类消费品的区别和例子。

1. 消费品的定义及分类

根据消费者购买习惯的不同，消费品可分为以下四种类型。

（1）便利品。便利品是指消费者购买频繁，不愿花时间和精力比较品牌、价格，希望随时随地能买到的产品，具体又可分为以下三种：

① 日用品，即指那些价格低、经常使用和购买的产品，如食盐、洗涤用品等。

② 冲动购买品，即指消费者在视觉、嗅觉、听觉的刺激下临时决定购买的产品，如玩具、水果等。

③ 应急物品，即指消费者在紧急需要的情况下所购买的产品，如急诊药品、应急雨伞等。

（2）选购品。选购品是指消费者对产品或服务的价格、质量、款式、耐用性等进行比较之后才会购买的产品，如家用电器、服装、美容美发产品等。

（3）特殊品。特殊品是指具备独有特征或品牌标志的产品。对这些产品，购买者愿意付出特殊的购买努力，如特殊品牌和式样的汽车、服装等。

（4）非渴求品。非渴求品是指那些消费者不知道或虽然知道但一般情况下不会主动购买的产品，如人寿保险、艺术藏品以及百科全书等。那些刚上市、消费者从未了解的新产品也可归为非渴求品的范畴。

2. 常见的消费品分销渠道模式

（1）厂家直供模式：即指生产厂家直接将商品供应给终端渠道进行销售的渠道模式。

（2）多家经销（代理）模式：即指厂家在建立渠道时选择多家经销商（代理商），通过建立庞大的销售网络实现分销目标。

（3）独家经销（代理）模式：即指生产厂家在一定时期内，在某个地区只选择一家经销商（代理商），由该经销商（代理商）建立分销渠道系统的模式。

（4）平台式销售模式：即指生产厂家以商品的分装厂为核心，由分装厂建立经营部，负责向各个零售终端供应商品。

拓展：该考点还可以多选题的形式考查消费品包括哪些类型，以及常见的消费品分销渠道模式包括哪些。

举一反三

[典型例题·单选] 企业把代理权全权交给一家能力非常强的经销商，这属于（　　）。

A. 独家经销模式　　　　　　　　B. 多家经销模式
C. 平台式销售模式　　　　　　　D. 厂家直供模式

[解析] 独家经销（代理）模式是指生产厂家在一定时期内，在某个地区只选择一家经销商（代理商），由该经销商（代理商）建立分销渠道系统的模式。

[答案] A

[典型例题·多选] 下列商品中，属于非渴求品的有（　　）。

A. 急诊药品　　　　　　　　　　B. 工艺陶瓷藏品
C. 洗涤用品　　　　　　　　　　D. 百科全书
E. 人寿保险

[解析] 急诊药品和洗涤用品均属于便利品，选项A、C错误。

[答案] BDE

环球君点拨

考生需要牢记消费品的分类及每类消费品的例子，该内容属于高频考点。常见的消费品分销渠道模式考查频率较低，且难度较小，理解记忆即可。

考点3　工业品分销渠道的构建

真题链接

[2023·多选] 与消费品市场相比，工业品市场的特点有（　　）。

A. 购买者对工业品的需求具有派生性
B. 工业品市场购买活动一般由专业采购人员或团队完成
C. 工业品市场的顾客集中稳定
D. 工业品需求受价格影响大，需求弹性大
E. 工业品市场一次采购量大

[解析] 工业品市场的特点之一是需求弹性小，其指的是工业品市场购买者对产品和劳务的需

求受价格影响不大,即价格上涨,不会引发需求大幅度下降;反之,价格下降,也不会引发需求大幅度上升,选项 D 错误。

[答案] ABCE

[2022·单选] 下列关于工业品市场特点的说法,错误的是（　　）。

A. 购买者对工业品的需求具有派生性
B. 工业品市场相对消费品市场单次购买量大
C. 工业品需求受价格影响不大,需求弹性小
D. 工业品市场的顾客分散且变动大,不稳定

[解析] 工业品市场顾客集中稳定。

[答案] D

[2021·单选] 下列关于工业品市场特点的说法,正确的是（　　）。

A. 需求的非派生性　　　　　　　B. 需求弹性大
C. 由专业采购人员或团队完成　　D. 顾客分散

[解析] 工业品市场的特点表现为:需求的派生性、需求弹性小、专业采购、一次购买量大和顾客集中稳定,选项 A、B、D 错误。

[答案] C

真题精解

点题：本系列真题考查工业品分销渠道的构建,2023 年真题、2022 年真题、2021 年真题均考查工业品市场的特点。

分析：对于本考点,核心是掌握工业品市场的特点。

工业品是指以社会再生产为目的而购买的产品。工业品市场的特点包括:

(1) 需求的派生性。
(2) 需求弹性小。
(3) 专业采购。
(4) 一次购买量大。
(5) 顾客集中稳定。

拓展：该考点还可以多选题的形式考查。工业品市场的特点的考查频率较高,考生需重点学习。

举一反三

[典型例题·多选] 下列选项中,属于工业品市场特点的有（　　）。

A. 需求的原生性　　　　　　　B. 需求弹性大
C. 专业采购　　　　　　　　　D. 一次性购买量大
E. 顾客集中稳定

[解析] 工业品市场的特点包括:①需求的派生性;②需求弹性小;③专业采购;④一次购买量大;⑤顾客集中稳定。

[答案] CDE

[典型例题·多选] 与消费品市场不同,工业品市场的特点包括（　　）。

A. 不可分离性　　　　　　　　B. 一次购买量大

C. 顾客集中稳定 D. 需求弹性大

E. 所有权的不可转让性

[解析] 工业品市场需求弹性小，选项 D 错误。不可分离性和所有权的不可转让性属于服务产品的特征，选项 A、E 错误。

[答案] BC

环球君点拨

工业品市场的特点只有五条，内容不多，但容易记错。考生记忆工业品市场的特点时应在理解的基础上联系实际生活。

考点 4　服务产品分销渠道的构建

真题链接

[2023·单选] 与看得见、摸得着的产品（如手机、电脑等）相比，服务产品特质往往是看不见、摸不着的，甚至使用服务后的利益也很难被察觉。这一服务产品的特质是（　　）。

A. 无形性　　　　　　　　　　B. 不可分离性
C. 差异性　　　　　　　　　　D. 不可储存性

[解析] 无形性：与有形的消费品或产业用品相比，服务产品的特质及组成的元素往往是无形无质的，甚至使用服务产品后的利益也很难被察觉。

[答案] A

[2023·单选] 有形产品的质量具有一致性、标准化和稳定性，而服务产品的构成成分及其质量水平很难统一界定，经常发生变化。这体现出服务产品特征中的（　　）。

A. 差异性　　　　　　　　　　B. 不可储存性
C. 无形性　　　　　　　　　　D. 不可分离性

[解析] 差异性：服务产品的构成成分及其质量水平经常发生变化，很难统一界定。与有形的消费品或产业用品质量的一致性、标准化和稳定性不同，服务产品的提供一般缺乏标准的操作规程。

[答案] A

[2022·单选] 下列关于服务产品的特征的说法，错误的是（　　）。

A. 不可储存性　　　　　　　　B. 所有权的不可转让性
C. 分离性　　　　　　　　　　D. 差异性

[解析] 服务产品的特征之一是不可分离性，即一般情况下，服务产品的生产与消费过程是同时进行的，服务人员向顾客提供服务产品的同时，顾客也完成了对服务产品的消费，两者在时间上不可分离。

[答案] C

[2020·单选] 按服务对象和服务特征划分，客运、医疗、美容、餐饮等服务产品应归类为针对（　　）的服务。

A. 人的思想　　　　　　　　　B. 无形资产
C. 人的身体　　　　　　　　　D. 物体

[解析] 人体处理服务（针对人身体的服务）：属于顾客高卷入的服务，如客运、医疗、美容、

餐饮、手术等。

[答案] C

> 真题精解

点题：本系列真题考查服务产品分销渠道的构建，但考查侧重点不同。其中，2023年两道真题和2022年真题考查服务产品的特征；2020年真题考查服务产品的分类。

分析：对于本考点，核心是掌握服务产品的特征、分类和例子。

1. 服务产品的特征

服务产品包括以下特征：

（1）无形性：服务产品的特质及组成的元素往往是无形无质的。

（2）不可分离性：服务产品的生产与消费过程是同时进行的。

（3）差异性：服务产品的构成成分及其质量水平经常发生变化，很难统一界定。

（4）不可储存性：服务产品不可能像有形的消费品或产业用品一样能够被储存起来。

（5）所有权的不可转让性：服务产品生产消费过程中不涉及任何有形产品所有权的转移。

2. 服务产品的分类

按照服务对象、服务特征两方面的不同，可将服务产品分为四类，即人体处理服务、脑刺激处理服务、物体处理服务和信息处理服务。

（1）针对"人"的服务。

①人体处理服务（针对人身体的服务）：属于顾客高卷入的服务，如客运、医疗、美容、餐饮、手术等。

②脑刺激处理服务（针对思想意识的服务）：服务过程中顾客意识必须在场，现场或远程均可，如娱乐、艺术、广播、电视、广告、咨询、教育、宗教、心理治疗、音乐会等。

（2）针对"物"的服务。

①物体处理服务（针对物体的服务）：物体处理服务过程中对象必须在场，顾客本人不必在场，如货运、维修、零售、加油、保管等。

②信息处理服务（针对无形资产的服务）：不一定要求顾客直接参与，现场服务或异地服务均可，如会计、银行、法律服务、程序编写、科学研究、证券投资等。

拓展：该考点还可以多选题的形式考查服务产品的每种分类包括哪些例子。

> 举一反三

[典型例题·多选] 下列关于服务产品的特征，说法错误的有（　　）。

A. 有形性　　　　　　　　　　B. 差异性
C. 不可分离性　　　　　　　　D. 可储存性
E. 所有权的不可转让性

[解析] 服务产品的特征包括无形性、不可分离性、差异性、不可储存性和所有权的不可转让性。

[答案] AD

[典型例题·单选] 按服务对象和服务特征划分，会计、银行、法律服务、程序编写、科学研究等服务产品应归类为针对（　　）的服务。

A. 人的思想　　　B. 无形资产　　　C. 人的身体　　　D. 物体

[解析] 信息处理服务（针对无形资产的服务）：不一定要求顾客直接参与，现场服务或异地服务均可，如会计、银行、法律服务、程序编写、科学研究、证券投资等。

[答案] B

环球君点拨

服务产品的基本分类法：按照服务对象可以分为人和物，按照服务特征可以分为行为和结果有形的服务以及行为和结果无形的服务两大类。考生可以结合上述两种分类角度记忆和区分该部分内容。

考点5 渠道成员的激励

真题链接

[2024•多选] 下列选项中，属于沟通激励的有（　　）。
A. 公关宴请
B. 融资支持
C. 交流市场信息
D. 安排经销商会议
E. 培训销售人员

[解析] 沟通激励包括：①提供产品、技术动态信息；②公关宴请；③交流市场信息；④让经销商发泄不满。

[答案] AC

[2023•单选] 下列企业激励渠道成员的方法中，属于业务激励的是（　　）。
A. 交流市场信息
B. 灵活确定佣金比例
C. 提供广告津贴
D. 培训销售人员

[解析] 交流市场信息属于沟通激励，选项 A 错误。提供广告津贴和培训销售人员属于扶持激励，选项 C、D 错误。

[答案] B

[2023•单选] 下列企业激励渠道成员的方法中，属于扶持激励的是（　　）。
A. 交流市场信息
B. 佣金总额动态管理
C. 公关宴请
D. 培训销售人员

[解析] 交流市场信息和公关宴请属于沟通激励，选项 A、C 错误。佣金总额动态管理属于业务激励，选项 B 错误。

[答案] D

[2022•单选] 以下各项中，属于扶持激励的是（　　）。
A. 灵活确定佣金比例
B. 交流市场信息
C. 合作制订经营计划
D. 提供广告津贴

[解析] 扶持激励包括实施优惠促销、提供广告津贴、培训销售人员、融资支持。

[答案] D

[2021•单选] 某公司召集经销商交流市场信息，并让经销商发泄不满情绪，这种激励方法属于（　　）。
A. 扶持激励
B. 沟通激励
C. 差别激励
D. 业务激励

第四章　分销渠道管理

[解析] 沟通激励包括：①提供产品、技术动态信息；②公关宴请；③交流市场信息；④让经销商发泄不满。

[答案] B

📖 **真题精解**

点题：本系列真题考查渠道成员的激励，但考查侧重点不同。其中，2024年真题、2021年真题考查渠道成员激励方法中的沟通激励；2023年第一道真题考查渠道成员激励方法中的业务激励；2023年第二道真题和2022年真题考查渠道成员激励方法中的扶持激励。

分析：对于本考点，核心是掌握激励渠道成员常用的方法。

激励渠道成员常用的方法如表4-1所示。

表4-1　激励渠道成员常用的方法

沟通激励	业务激励	扶持激励
(1) 提供产品、技术动态信息 (2) 公关宴请 (3) 交流市场信息 (4) 让经销商发泄不满	(1) 佣金总额动态管理 (2) 灵活确定佣金比例 (3) 安排经销商会议 (4) 合作制订经营计划	(1) 实施优惠促销 (2) 提供广告津贴 (3) 培训销售人员 (4) 融资支持

拓展：该考点还可以多选题的方式考查，如某种激励方法包括哪些具体的做法。

📖 **举一反三**

[典型例题·多选] 下列渠道成员激励方法中，属于业务激励的有（　　）。
A. 佣金总额动态管理　　　　　　B. 公关宴请
C. 安排经销商会议　　　　　　　D. 灵活确定佣金比例
E. 提供产品、技术动态信息

[解析] 公关宴请和提供产品、技术动态信息均属于沟通激励，选项B、E错误。

[答案] ACD

[典型例题·单选] 实施优惠促销、提供广告津贴、培训销售人员属于渠道成员激励方法中的（　　）。
A. 业务激励　　　　　　　　　　B. 沟通激励
C. 扶持激励　　　　　　　　　　D. 政策激励

[解析] 扶持激励包括实施优惠促销、提供广告津贴、培训销售人员和融资支持等。

[答案] C

📖 **环球君点拨**

在激励渠道成员的常用方法中，沟通激励往往与信息有关，业务激励往往与佣金有关，扶持激励往往与业务之外的协助有关。

▶ **考点6　渠道权力的定义及其来源**

📖 **真题链接**

[2021·多选] 下列选项中，属于中介性权力的有（　　）。
A. 奖励权　　　　　　　　　　　B. 强迫权

C. 专长权　　　　　　　　　　D. 信息权

E. 认同权

[解析] 中介性权力包括奖励权、强迫权和法律法定权。没有目标对象的觉察就不存在的权力属于非中介性权力，包括专长权、信息权、认同权和传统法定权，选项C、D、E错误。

[答案] AB

[2021·单选] 在特许经营中，授权人和受权人之间是单纯的买卖关系，授权人具有的权力为（　　）。

A. 专长权　　　　　　　　　　B. 信息权

C. 认同权　　　　　　　　　　D. 法律权

[解析] 专长权是指受影响的渠道成员认为，影响者具备其所不具备的某种特殊知识或有用的专长。例如，特许经营就是一种典型的租借授权人的专长开展自己业务的渠道管理方式。

[答案] A

真题精解

点题：本系列真题考查渠道权力的定义及其来源，但考查侧重点不同。其中，2021年第一道真题考查渠道权力来源的区分；2021年第二道真题考查渠道权力来源的类型。

分析：对于本考点，核心是掌握渠道权力的六类来源。

1. 渠道权力来源的类型

渠道权力来源的类型包括：

（1）奖励权。奖励权是指渠道成员（影响者）承诺而且能够对其他遵守其要求的渠道成员（受影响者）给予奖励。奖励权也称承诺策略，即对服从型伙伴给予好处的做法。

（2）强迫权。强迫权是指渠道中的影响者对受影响者施加惩罚的能力。

（3）法定权。法定权是指受影响者认识到影响者有明确的权力对其施加影响，并由交易合同或契约式垂直分销体系形成的明确的权力。

（4）认同权。认同权也称参照权，是指当一个渠道成员在使用另一个渠道成员的品牌或者从事对对方有利的活动时，对另一方成员产生的影响。例如：一些流通企业通过选择与某些知名制造商合作，达到提高市场声誉的目的。在这种渠道关系中，被选择的制造商就具备了认同权。

（5）专长权。专长权是指受影响的渠道成员认为，影响者具备其所不具备的某种特殊知识或有用的专长。例如，特许经营就是一种典型的租借授权人的专长开展自己业务的渠道管理方式。

（6）信息权。信息权是指渠道成员提供某类信息的能力。

2. 渠道权力来源的区分

中介性权力和非中介性权力的区别如下：

（1）中介性权力：当影响者向目标对象展示权力时就在使用中介性权力，即影响者可以迫使目标对象承认它的权力，中介性权力包括奖励权、强迫权和法律法定权。

（2）非中介性权力：没有目标对象的觉察就不存在的权力属于非中介性权力，包括专长权、信息权、认同权和传统法定权。

拓展：该考点还可能考查某种渠道权力的具体概念，如上述2021年单选题。同时，该考点也可以多选题的形式考查渠道权力来源的类型。

第四章 分销渠道管理

举一反三

[典型例题·单选] 某成功企业将其先进的管理经验、品牌、技术等以特许经营的方式授予加盟店，并对加盟店进行统一管理，以此建立业务渠道。该企业进行渠道管理的权力来源是（　　）。

A. 强迫权
B. 认同权
C. 专长权
D. 信息权

[解析] 专长权是指受影响的渠道成员认为，影响者具备其所不具备的某种特殊知识或有用的专长。例如，特许经营就是一种典型的租借授权人的专长开展自己业务的渠道管理方式。

[答案] C

[典型例题·单选]（　　）是指渠道中的影响者对受影响者施加惩罚的能力。

A. 奖励权
B. 强迫权
C. 法定权
D. 认同权

[解析] 强迫权是指渠道中的影响者对受影响者施加惩罚的能力。强迫权涉及渠道成员所感觉到的可能发生的任何反面制裁和惩罚，是一种潜在的、暗示性的、明确的威胁。

[答案] B

环球君点拨

在渠道权力来源的类型中，法定权分为法律法定权和传统法定权。法律法定权属于中介性权力，传统法定权属于非中介性权力。该考点在考试中会考查得很细致，考生在学习时要格外注意。

考点7 渠道权力的运用

真题链接

[2020·单选] 某制造商在与分销商交流过程中明确表明态度："无须说明我想要的是什么，我们来探讨什么对我的合作伙伴更有利。"这种渠道权力运用的战略属于（　　）。

A. 法律战略
B. 信息交换战略
C. 请求战略
D. 建议战略

[解析] 法律战略，表现为"你必须按照我说的去做，因为从某种意义讲，你已经同意这样做了"，选项A错误。请求战略，表现为"请按照我希望的去做"，选项C错误。建议战略，表现为"如果你按照我说的去做，你会有更多盈利"，选项D错误。

[答案] B

[2021·单选] 在分销渠道管理中，建议战略是一种与渠道权力运用相关的战略，其必要的权力来源是（　　）。

A. 专长权、信息权、奖励权
B. 法定权、专长权、奖励权
C. 专长权、信息权、强迫权
D. 认同权、奖励权、强迫权

[解析] 建议战略必要的权力来源是专长权、信息权、奖励权。

[答案] A

真题精解

点题： 本系列真题考查渠道权力的运用，但考查侧重点不同。其中，2020年真题考查渠道权力运用战略的表现；2021年真题考查渠道权力运用战略必要的权力来源。

分析： 对于本考点，核心是掌握与渠道权力运用相关的战略及其表现。

渠道权力运用相关的战略类型及其表现、必要的权力来源如表 4-2 所示。

表 4-2　渠道权力运用相关的战略类型及其表现、必要的权力来源

战略类型	表现	必要的权力来源
许诺战略	如果你按照我说的去做，我会奖励你	奖励权
威胁战略	如果你不按照我说的去做，我就会惩罚你	强迫权
法律战略	你必须按照我说的去做，因为从某种意义讲，你已经同意这样做了	法定权
请求战略	请按照我希望的去做	认同权、奖励权、强迫权
信息交换战略	无须说明我想要的是什么，我们来探讨什么对我的合作伙伴更有利	专长权、信息权、奖励权
建议战略	如果你按照我说的去做，你会有更多盈利	

拓展： 该考点为高频考点，考试中重点考查战略类型、表现、必要的权力来源以及三者之间的对应关系。本考点中的法律战略、请求战略、信息交换战略和建议战略的出题概率更高。

举一反三

[典型例题·单选] 在分销渠道管理中，法律战略是一种与渠道权力运用相关的战略，其必要的权力来源是（　　）。

A. 强迫权　　　　　　　　　　　B. 专长权
C. 认同权　　　　　　　　　　　D. 法定权

[解析] 法律战略必要的权力来源是法定权。

[答案] D

[典型例题·单选] 某批发商在与其零售商交流过程中表明："请按照我希望的去做。"这种渠道权力运用的战略属于（　　）。

A. 威胁战略　　　　　　　　　　B. 信息交换战略
C. 请求战略　　　　　　　　　　D. 许诺战略

[解析] 威胁战略，表现为"如果你不按照我说的去做，我就会惩罚你"，选项 A 错误。信息交换战略，表现为"无须说明我想要的是什么，我们来探讨什么对我的合作伙伴更有利"，选项 B 错误。许诺战略，表现为"如果你按照我说的去做，我会奖励你"，选项 D 错误。

[答案] C

环球君点拨

信息交换战略和建议战略的必要权力来源均为专长权、信息权、奖励权，因此，考生可以一起学习、记忆这两个战略的必要权力来源。

▶ 考点 8　渠道冲突的定义和分类

真题链接

[2024·单选] 在杜茨模型中，不存在利益冲突，但是双方存在对抗性行为的类型属

于（　　）。

  A. 不冲突   B. 冲突

  C. 虚假冲突   D. 潜伏性冲突

  [解析] 虚假冲突是指不存在利益冲突，但是双方存在对抗性行为的情况。

[答案] C

  [2023·单选] 渠道成员通过相互对抗消除渠道成员之间潜在的、有害的紧张气氛和不良动机的行为，通过提出分歧并克服分歧，激励对方并相互挑战，从而共同提高绩效。这种渠道冲突是（　　）。

  A. 破坏性冲突   B. 虚假冲突

  C. 功能性冲突   D. 潜伏性冲突

  [解析] 功能性冲突是指渠道成员通过相互对抗消除渠道成员之间潜在的、有害的紧张气氛和不良动机的行为，通过提出和克服分歧，激励对方并相互挑战，从而共同提高绩效。

[答案] C

  [2020·单选] 某企业随着业务规模的扩大和经销商数量的增加，出现了渠道控制力下降及区域窜货等问题。按照渠道冲突对企业发展的影响方向划分，该企业面对的渠道冲突属于（　　）。

  A. 功能性冲突   B. 垂直冲突

  C. 水平冲突   D. 破坏性冲突

  [解析] 破坏性冲突是指渠道成员间的不安心理和对抗动机外化成对抗性行为，并超过了一定的限度，对渠道绩效水平和渠道关系产生消极的破坏性影响的一种冲突状态，如窜货、赖账、制假售假等行为导致的渠道冲突。

[答案] D

  [经典例题·单选] 渠道冲突按照渠道成员的层级关系类型划分，可分为（　　）。

  A. 冲突、潜伏性冲突、虚假冲突和不冲突

  B. 功能性冲突和破坏性冲突

  C. 水平冲突、垂直冲突和多渠道冲突

  D. 低度冲突区、中度冲突区和高度冲突区

  [解析] 按照利益冲突与对抗性行为的关系划分，渠道冲突可分为冲突、潜伏性冲突、虚假冲突和不冲突，选项 A 错误。按照渠道冲突对企业发展的影响方向划分，渠道冲突可分为功能性冲突和破坏性冲突，选项 B 错误。按照渠道冲突程度划分，渠道冲突可分为低度冲突区、中度冲突区和高度冲突区，选项 D 错误。

[答案] C

真题精解

  点题：本系列题目考查渠道冲突的定义和分类，但考查侧重点不同。其中，2024 年真题考查虚假冲突；2023 年真题考查功能性冲突；2020 年真题考查破坏性冲突；经典例题考查按照渠道成员的层级关系类型划分的渠道冲突的种类。

  分析：对于本考点，核心是掌握渠道冲突的分类。

  （1）按照渠道成员的层级关系划分，渠道冲突可分为水平冲突、垂直冲突和多渠道冲突，其具体内容如下：

①水平冲突是指同一渠道中同一层次的成员之间的冲突。

②垂直冲突是指同一渠道中不同层次的成员之间的冲突。

③多渠道冲突是指当某个厂商建立了两条或两条以上的渠道向同一市场出售产品或服务时，发生在这些渠道之间的冲突。

(2) 按照利益冲突与对抗性行为的关系划分，渠道冲突可分为冲突、潜伏性冲突、虚假冲突和不冲突，其具体内容如下：

①冲突是指同时存在对抗性行为和利益冲突的情况。

②潜伏性冲突是指存在利益冲突，但不存在对抗性行为的情况。

③虚假冲突是指不存在利益冲突，但是双方存在对抗性行为的情况。

④如果对抗性行为和利益冲突都不存在，那么这种状况就称为不冲突。

(3) 按照渠道冲突程度划分，渠道冲突可分为低度冲突区、中度冲突区和高度冲突区。

(4) 按照渠道冲突对企业发展的影响方向划分，渠道冲突可分为功能性冲突和破坏性冲突，其具体内容如下：

①功能性冲突是指渠道成员通过相互对抗消除渠道成员之间潜在的、有害的紧张气氛和不良动机的行为，通过提出和克服分歧，激励对方并相互挑战，从而共同提高绩效。例如，生产厂商给予表现优秀的经销商的返利奖励和促销奖励可能会对其他经销商产生一些影响，这些影响运用得当能产生"鲶鱼效应"，成为其他渠道成员发展的动力。

②破坏性冲突是指渠道成员间的不安心理和对抗动机外化成对抗性行为，并超过了一定的限度，对渠道绩效水平和渠道关系产生消极的破坏性影响的一种冲突状态，如窜货、赖账、制假售假等行为导致的渠道冲突。

拓展：该考点也可以多选题的形式出题，考查每种分类方法中各包括哪些具体冲突。

举一反三

[典型例题·单选] 渠道冲突根据利益冲突与对抗性行为的关系可分为不同类型，（　　）存在利益冲突，但不存在对抗性的行为。

A. 虚假冲突　　　　　　　　　　　B. 潜伏性冲突

C. 冲突　　　　　　　　　　　　　D. 不冲突

[解析] 虚假冲突是指不存在利益冲突，但是双方存在对抗性行为的情况，选项 A 错误。潜伏性冲突是指存在利益冲突，但不存在对抗性行为的情况，选项 B 正确。冲突是指同时存在对抗性行为和利益冲突的情况，选项 C 错误。不冲突是指对抗性行为和利益冲突都不存在的状况，选项 D 错误。

[答案] B

[典型例题·单选] 按照渠道冲突对企业发展的影响方向划分，渠道冲突可分为（　　）。

A. 功能性冲突和破坏性冲突

B. 冲突、潜伏性冲突、虚假冲突和不冲突

C. 水平冲突、垂直冲突和多渠道冲突

D. 低度冲突区、中度冲突区和高度冲突区

[解析] 按照渠道冲突对企业发展的影响方向划分，渠道冲突可分为功能性冲突和破坏性冲突，选项 A 正确。按照利益冲突与对抗性行为的关系划分，渠道冲突可分为冲突、潜伏性冲突、虚假

冲突和不冲突，选项 B 错误。按照渠道成员的层级关系划分，渠道冲突可分为水平冲突、垂直冲突和多渠道冲突，选项 C 错误。按照渠道冲突程度划分，渠道冲突可分为低度冲突区、中度冲突区和高度冲突区，选项 D 错误。

[答案] A

> **环球君点拨**
>
> 在渠道冲突的四种分类方法中，按照利益冲突与对抗性行为的关系划分渠道冲突的方法和按照渠道冲突对企业发展的影响方向划分渠道冲突的方法的出题概率较高，考生需要重点掌握。

第二节 分销渠道系统评估

考点 1 渠道差距评估

真题链接

[2023·单选] 在服务质量差距模型中，最主要的、需要通过弥合其他四种差距来弥合的差距是（　　）。

A. 市场沟通差距　　　　　　　　B. 服务感知差距
C. 服务传递差距　　　　　　　　D. 质量标准差距

[解析] 服务感知差距（差距 5）是指顾客期望的服务和顾客感知或实际体验的服务不一致的情况。最主要的差距是服务感知差距（差距 5）——这是服务质量差距模型的核心，要弥合这一差距，就要对以下四个差距进行弥合：差距 1——期望感知差距；差距 2——质量标准差距（未选择正确的服务设计和标准）；差距 3——服务传递差距；差距 4——市场沟通差距。

[答案] B

[2021·单选改编] 根据服务质量差距模型，企业的管理者认知的顾客期望和服务提供者制定的服务标准不一致导致的差距是（　　）。

A. 期望感知差距　　　　　　　　B. 服务传递差距
C. 质量标准差距　　　　　　　　D. 服务感知差距

[解析] 质量标准差距是指服务提供者制定的服务标准与管理者所认知的顾客期望不一致导致的差距。

[答案] C

真题精解

点题：本系列真题考查渠道差距评估，但考查侧重点不同。其中，2023 年真题考查服务质量差距模型中的服务感知差距；2021 年真题改编考查服务质量差距模型中的质量标准差距。

分析：对于本考点，核心是掌握并区分服务质量差距模型中的五种差距。

在服务质量差距模型中，最主要的差距是服务感知差距（差距 5）——这是服务质量差距模型的核心，要弥合这一差距，就要对以下四个差距进行弥合：差距 1——期望感知差距；差距 2——质量标准差距（未选择正确的服务设计和标准）；差距 3——服务传递差距；差距 4——市场沟通差距。服务质量差距模型的具体内容如下：

(1) 期望感知差距（差距 1）是指企业不能准确地感知顾客的服务期望。

（2）质量标准差距（差距2）是指服务提供者制定的服务标准与管理者所认知的顾客期望不一致导致的差距。

（3）服务传递差距（差距3）是指因为服务生产与传递过程未按照企业所设定的标准进行而产生的差距。

（4）市场沟通差距（差距4）意味着企业市场宣传中所承诺的服务与企业实际提供的服务不同。

（5）服务感知差距（差距5）是指顾客期望的服务和顾客感知或实际体验的服务不一致的情况。

拓展：该考点考试题目以单选题为主。考生应着重掌握服务质量差距模型中五种差距的概念，其内容非常相似且在考试中均会涉及。

举一反三

[典型例题·单选]（　　）是指因为服务生产与传递过程未按照企业所设定的标准进行而产生的差距。

A. 期望感知差距
B. 质量标准差距
C. 服务传递差距
D. 市场沟通差距

[解析] 服务传递差距是指因为服务生产与传递过程未按照企业所设定的标准进行而产生的差距。

[答案] C

[典型例题·单选]（　　）意味着企业市场宣传中所承诺的服务与企业实际提供的服务不同。

A. 市场沟通差距
B. 服务感知差距
C. 服务传递差距
D. 市场沟通差距

[解析] 市场沟通差距意味着企业市场宣传中所承诺的服务与企业实际提供的服务不同。

[答案] A

环球君点拨

期望感知差距、服务传递差距和服务感知差距等名称较为相似，名称中的词语在概念中均有所表示，考生可以此进行区分。

考点2　分销渠道运行绩效评估

真题链接

[2024·单选] 某企业线下分销渠道2022年实现销售额200万元，2023年实现销售额300万元，该企业2023年线下渠道销售增长率为（　　）。

A. 66.7%
B. 50.0%
C. 150.0%
D. 33.3%

[解析] 渠道销售增长率＝本期销售增长率/上期销售总额×100%＝（本期销售额－上期销售额）/上期销售总额×100%＝（300－200）/200×100%＝50%。

[答案] B

[2023·单选] 某企业2022年商品销售额为1 000万元，其中，网络渠道销售额为600万元，

网络渠道费用额为 250 万元,则该企业 2022 年的网络渠道费用率是( )。

A. 25.0%
B. 60.0%
C. 40.0%
D. 41.7%

[解析] 该企业 2022 年的网络渠道费用率＝分销渠道费用额/渠道商品销售额×100%＝2 500 000/6 000 000×100%≈41.7%。

[答案] D

[2023·多选] 下列分销渠道运行绩效评估指标中,用于评价渠道畅通性的指标有( )。

A. 分销渠道费用率
B. 商品周转速度
C. 销售回款率
D. 市场覆盖面
E. 渠道销售增长率

[解析] 分销渠道费用率和渠道销售增长率属于渠道财务绩效评估指标,选项 A、E 错误。市场覆盖面属于渠道覆盖率评估指标,选项 D 错误。

[答案] BC

[2020·多选] 下列选项中,渠道畅通性评估常用的评价指标有( )。

A. 货款回收速度
B. 渠道销售增长率
C. 市场覆盖率
D. 商品周转速度
E. 渠道市场占有率

[解析] 渠道销售增长率属于渠道盈利能力指标,选项 B 错误。市场覆盖率属于渠道覆盖率评估指标,选项 C 错误。渠道市场占有率属于渠道财务绩效评估指标,选项 E 错误。

[答案] AD

[2020·单选] 下列分销渠道运行绩效评估指标中,用于衡量渠道盈利能力的是( )。

A. 销售回款率
B. 渠道销售增长率
C. 市场覆盖率
D. 商品周转速度

[解析] 销售回款率和商品周转速度属于渠道畅通性评估指标,渠道选项 A、D 错误。渠道盈利能力的指标包括渠道销售增长率、渠道销售利润率、渠道费用利润率和渠道资产利润率,选项 B 正确。市场覆盖率属于渠道覆盖率评估指标,选项 C 错误。

[答案] B

📖 **真题精解**

点题:本系列真题考查分销渠道运行绩效评估,但考查侧重点不同。其中,2024 年真题、2020 年第二道真题考查渠道盈利能力指标;2023 年第一道真题考查分销渠道费用指标;2023 年第二道真题和 2020 年第一道真题考查渠道畅通性评估指标。

分析:对于本考点,核心是掌握分销渠道运行绩效评估的三个方面及其包含的具体指标,其具体内容如下:

(1) 渠道畅通性评估。常用指标有商品周转速度、货款回收速度和销售回款率。商品周转速度是指商品在渠道流通环节停留的时间。货款回收速度是从资金的角度反映渠道畅通程度的指标,可以用销售回款率表示。销售回款率＝实际收到的销售款/销售总收入×100%。

(2) 渠道覆盖率评估。常用指标有市场覆盖面、市场覆盖率。市场覆盖面(绝对指标)是指分销网络终端分销商品所覆盖的地理区域。市场覆盖率(相对指标)是指该渠道在一定区域的市场覆盖面积占整个市场总面积的比率。覆盖率越高,企业渠道占领市场的能力越强。

(3) 渠道财务绩效评估。

①分销渠道费用指标。分销渠道费用可以用分销渠道费用额和分销渠道费用率等表示。分销渠道费用额是指一定时期内分销渠道所发生的各种费用的金额总和。分销渠道费用率是指一定时期内分销渠道费用额和渠道商品销售额之间的对比关系。分销渠道费用率的计算公式如下:

$$分销渠道费用率 = 分销渠道费用额 / 渠道商品销售额 \times 100\%$$

分销渠道费用率升降程度是从动态角度反映渠道费用开支节约或浪费情况的指标。其计算公式如下:

$$分销渠道费用率升降程度 = 本期分销渠道费用率 - 上期分销渠道费用率$$

②渠道占有率指标。渠道市场占有率的计算公式如下:

$$渠道市场占有率 = 某渠道分销商品销售额 / 该商品同期销售总额 \times 100\%$$

③渠道盈利能力指标。

$$渠道销售增长率 = 本期销售增长额 / 上期销售总额 \times 100\%$$
$$= (本期销售额 - 上期销售额) / 上期销售总额 \times 100\%$$
$$渠道销售利润率 = 渠道利润额 / 渠道商品销售额 \times 100\%$$
$$渠道费用利润率 = 渠道利润额 / 分销渠道费用 \times 100\%$$
$$渠道资产利润率 = 渠道利润额 / 渠道资产占用额 \times 100\%$$

拓展:该考点还可以反向出题,即给出某一具体的评估指标,让考生判断该指标的所属类型。

举一反三

[典型例题·多选] 下列分销渠道运行绩效评估指标中,不属于渠道财务绩效评估指标的有( )。

A. 商品周转速度 　　　　　　B. 市场覆盖率

C. 渠道市场占有率　　　　　　D. 市场覆盖面

E. 渠道资产利润率

[解析] 商品周转速度属于渠道畅通性评估指标,选项A正确。市场覆盖率、市场覆盖面属于渠道覆盖率评估指标,选项B、D正确。

[答案] ABD

[典型例题·单选] 下列选项中,渠道市场占有率指标属于( )。

A. 渠道畅通性评估指标　　　　B. 渠道覆盖率评估指标

C. 渠道财务绩效评估指标　　　D. 分销渠道费用指标

[解析] 渠道财务绩效评估指标包括分销渠道费用指标、渠道市场占有率指标和渠道盈利能力指标。

[答案] C

环球君点拨

本考点中涉及许多公式,但在考试中考查公式计算的概率较低,这些公式只是为了帮助考生理解相关指标的概念,所以对于本考点,考生掌握好各个指标的概念和分类即可。

第三节 分销渠道发展趋势

考点1 网络分销渠道与传统分销渠道的比较

真题链接

[2020·多选] 下列关于网络分销渠道的说法，正确的有（　　）。

A. 网络分销渠道可以降低交易费用

B. 企业可以通过网络分销渠道开展商务活动

C. 企业可以通过网络分销渠道对用户进行技术培训

D. 网络分销渠道是直接分销渠道

E. 企业无法通过网络分销渠道为用户提供售后服务

[解析] 网络分销渠道可分为直接分销渠道和间接分销渠道，选项D错误。企业既可以通过网络渠道开展商务活动，也可以对用户进行技术培训和售后服务，选项E错误。

[答案] ABC

[经典例题·单选] 下列关于网络分销渠道的说法，错误的是（　　）。

A. 网络分销渠道可以降低交易费用，缩短销售周期

B. 企业可以通过网络分销渠道开展商务活动

C. 网络分销渠道的结构是线性的

D. 网络分销渠道提供了双向的信息传播模式

[解析] 传统分销渠道的结构是线性的，体现为一种有流动方向的线性通道；而网络分销渠道是网状的，呈现出以互联网站点为中心，向周围发散的结构。

[答案] C

真题精解

点题：本系列题目考查网络分销渠道与传统分销渠道的比较，考查侧重点基本一致。

分析：对于本考点，核心是掌握网络分销渠道与传统分销渠道的差别体现在哪些方面。

网络分销渠道与传统分销渠道的区别体现在以下三个方面。

（1）作用。网络渠道提供了双向的信息传播模式，使生产者和消费者的沟通更加方便畅通；网络渠道是企业销售商品、提供服务的快捷途径，在实现商品所有权转移方面的作用较传统渠道有所加强；企业既可以通过网络渠道开展商务活动，也可以对用户进行技术培训和售后服务。

（2）结构。传统分销渠道的结构是线性的，体现为一种有流动方向的线性通道；而网络分销渠道是网状的，呈现出以互联网站点为中心，向周围发散的结构。网络分销渠道也可分为直接分销渠道和间接分销渠道。但与传统的分销渠道相比，网络分销渠道的结构要简单得多。

（3）费用。网络分销渠道的结构相对比较简单，从而大大减少了流通环节，降低了交易费用，缩短了销售周期，提高了营销活动的效率。

拓展：该考点属于低频考点，在近几年考试中偶有考查，虽然难度较低，但很容易丢分，考生需要多加练习。

举一反三

[典型例题·单选] 下列关于网络分销渠道和传统分销渠道的说法，正确的是（　　）。

A. 传统分销渠道是企业销售商品、提供服务的快捷途径
B. 企业可以通过网络分销渠道对用户进行技术培训和售后服务
C. 传统分销渠道的结构是网状的，呈现出以互联网站点为中心
D. 网络分销渠道的结构相对比较复杂，从而大大增加了流通环节

[解析] 网络分销渠道是企业销售商品、提供服务的快捷途径，选项 A 错误。网络分销渠道的结构是网状的，呈现出以互联网站点为中心，选项 C 错误。网络分销渠道的结构相对比较简单，从而大大减少了流通环节，降低了交易费用，选项 D 错误。

[答案] B

环球君点拨

该考点文字表述较多，考试中考查的点又比较细，因此，考生应在理解的基础上记忆该考点的内容。

考点 2　网络分销系统

真题链接

[2020·多选] 网络分销功能的实现需要完善的系统支撑，这些系统包括（　　）。

A. 订货系统　　　　　　　　　B. 生产系统
C. 配送系统　　　　　　　　　D. 设计系统
E. 结算系统

[解析] 网络分销系统包括订货系统、结算系统和配送系统，选项 B、D 错误。

[答案] ACE

[经典例题·单选] 下列各项中，不属于网络分销系统的是（　　）。

A. 订货系统　　　　　　　　　B. 结算系统
C. 配送系统　　　　　　　　　D. 辅助系统

[解析] 网络分销系统包括订货系统、结算系统和配送系统，选项 D 正确。

[答案] D

真题精解

点题：本系列题目考查网络分销系统，考查侧重点基本一致。

分析：对于本考点，核心是掌握网络分销系统的内容。

网络分销系统包括订货系统、结算系统和配送系统，其具体内容如下：

（1）订货系统：为顾客提供商品信息，同时方便厂家（商家）获取顾客的需求信息，以求达到供求平衡。

（2）结算系统：顾客购买商品后，可以通过多种方式进行付款，因此厂家（商家）应有多种结算方式。

（3）配送系统：对于无形产品，如服务、软件、音乐等，可以网上直接配送；有形产品的配送，则会涉及运输和仓储问题。

拓展：该考点内容简单，容易掌握。其在考试中的出题频率较低，且以直接考查为主，单选题和多选题均可能出现。

举一反三

[典型例题·多选] 下列选项中，网络分销系统主要包括（　　）。

A. 订货系统　　　　　　　　　　B. 人力系统

C. 运营系统　　　　　　　　　　D. 结算系统

E. 技术系统

[解析] 网络分销系统包括订货系统、结算系统和配送系统，选项B、C、E错误。

[答案] AD

环球君点拨

在网络分销系统中，订货系统不是供应系统，结算系统不是财务系统，配送系统不是物流系统，考生需要格外注意上述专业名词的表达。

考点3　网络分销渠道类型

真题链接

[2020·单选] 某网站将网络分类整理好目录，属于（　　）。

A. 综合性目录服务商　　　　　　B. 商业性目录服务商

C. 搜索引擎服务商　　　　　　　D. 专业性目录服务商

[解析] 目录服务商包括以下三类：①综合性目录服务商，即对不同站点进行检索，然后将所包含的站点分类按层次组织在一起，为用户提供各种不同站点的综合性索引的组织或个人；②商业性目录服务商，即仅提供对现有的各种商业性网站的索引，如一些互联网商店目录；③专业性目录服务商，即针对某一专业领域或主题建立的网站。搜索引擎服务商主要为用户提供基于关键词的检索服务，选项B、C、D错误。

[答案] A

[2020·单选] 某网络中间商为加入平台的厂商提供建设和开发网站的服务，其收入来源包括服务器租金和销售收入提成等。该网络中间商属于（　　）。

A. 搜索引擎服务商　　　　　　　B. 虚拟商业街

C. 虚拟评估机构　　　　　　　　D. 互联网内容提供商

[解析] 搜索引擎服务商主要为用户提供基于关键词的检索服务，选项A错误。虚拟商业街是指包含两个以上商业站点链接的网站。虚拟商业街为加入平台的厂商提供建设和开发网站的服务，其收入来源包括商家租用服务器的租金、销售收入提成等。例如，新浪网的虚拟商业街可提供专卖店店面出租服务，选项B正确。虚拟评估机构就是一些根据预先制定的标准体系对网上商家进行评估的第三方评级机构，选项C错误。互联网内容提供商是指在互联网上向目标客户群提供所需信息的服务商，选项D错误。

[答案] B

真题精解

点题：本系列真题考查网络分销渠道类型，但考查侧重点不同。其中，2020年第一道真题考查目录服务商；2020年第二道真题考查虚拟商业街。

分析：对于本考点，核心是掌握网络分销渠道的类型。

当下常见的两种网络分销渠道分别是网络直销渠道和网络间接分销渠道，其具体内容如下：

(1) 网络直销渠道指生产者通过互联网直接把产品销售给顾客的销售渠道。常见的网络直销渠道有两种形式：一种是生产企业直接在网络平台上搭建网站销售产品，如企业官网；另一种是企业入驻电子商务平台直接进行销售。

(2) 网络间接分销渠道指生产者通过网络中间商把商品销售给顾客的销售渠道。常见的网络中间商有以下十类：

①目录服务商：

a. 综合性目录服务商：对不同站点进行检索，然后将所包含的站点分类按层次组织在一起，为用户提供各种不同站点的综合性索引的组织或个人。

b. 商业性目录服务商：仅提供对现有的各种商业性网站的索引，如一些互联网商店目录。

c. 专业性目录服务商：针对某一专业领域或主题建立的网站。

目录服务商的主要收入来源于为客户提供的互联网广告服务。

②搜索引擎服务商：主要为用户提供基于关键词的检索服务。

③虚拟商业街：指包含两个以上商业站点链接的网站。虚拟商业街的收入来源包括商家租用服务器的租金、销售收入提成等。例如，新浪网的虚拟商业街可提供专卖店店面出租服务。

④互联网内容提供商：其提供的产品包括搜索引擎、虚拟社区、电子邮箱、新闻娱乐等。

⑤网上零售商：主要包括两种类型：一种是纯网络型零售商；另一种是传统零售企业触网，将传统业务与电子商务互相整合后形成的网上零售商。

⑥虚拟评估机构：根据一些预先制定的标准体系对网上商家进行评估的第三方评级机构。

⑦智能代理：根据消费者的偏好和要求预先为消费者自动进行所需信息的搜索和过滤服务的提供者。

⑧虚拟市场：为那些想要进行物品交易的人提供的一个虚拟交易场所。网上拍卖站点是比较具有代表性的一种虚拟市场。

⑨网络统计机构。

⑩网络金融机构。

拓展：该考点非高频考点，但概念较多，考生需着重理解记忆。在考试中，该考点可能考查网络分销渠道包括哪些类型，也可能考查某种网络分销渠道的具体内容。

举一反三

[典型例题·单选] 某企业通过企业网站将商品直接销售给消费者，该企业采用的网络分销渠道的类型属于（　　）。

A. 网络直销渠道　　　　　　　　B. 网络间接分销渠道
C. 网络混合渠道　　　　　　　　D. 网络双渠道

[解析] 网络直销渠道是指生产者通过互联网直接把产品销售给顾客的销售渠道，选项A正确。网络间接分销渠道是指生产者通过网络中间商把商品销售给顾客的销售渠道，选项B错误。当前常见的网络分销渠道可分为两类：网络直销渠道和网络间接分销渠道，选项C、D错误。

[答案] A

[典型例题·多选] 网络中间商通常利用专门的软件，为消费者提供信息搜集和过滤服务。常见的网络中间商包括（　　）。

A. 互联网内容提供商　　　　　　B. 网上零售商
C. 虚拟评估机构　　　　　　　　D. 智能代理
E. 网络商务机构

[解析] 常见的网络中间商有：①目录服务商；②搜索引擎服务商；③虚拟商业街；④互联网内容提供商；⑤网上零售商；⑥虚拟评估机构；⑦智能代理；⑧虚拟市场；⑨网络统计机构；⑩网络金融机构。

[答案] ABCD

■ 环球君点拨

该考点在考试中的考查较细，考生需牢记网络中间商的十种类型及其典型例子。

第五章　生产管理

第一节　生产计划

考点 1　生产能力的种类

真题链接

[2021·单选] 新成立的企业进行生产线建设应依据（　　）。
A. 计划生产能力　　　　　　　　B. 历史生产能力
C. 设计生产能力　　　　　　　　D. 查定生产能力

[解析] 设计生产能力是指企业在进行基本建设时，在设计任务书和技术文件中所写明的生产能力。

[答案] C

[2022·单选] 下列生产能力中，反映企业现实生产能力的是（　　）。
A. 计划生产能力　　　　　　　　B. 审查生产能力
C. 核定生产能力　　　　　　　　D. 设计生产能力

[解析] 计划生产能力也称现实生产能力，是企业在计划期内根据现有生产组织条件和技术水平等因素能够实现的生产能力。

[答案] A

真题精解

点题：本系列真题考查生产能力的种类，但考查侧重点不同。其中，2021年真题考查设计生产能力；2022年真题考查计划生产能力。

分析：对于本考点，核心是掌握三种生产能力的概念和区别。

设计生产能力是指企业在进行基本建设时，在设计任务书和技术文件中所写明的生产能力。查定生产能力是指在企业没有设计生产能力资料或设计生产能力资料可靠性低的情况下，根据企业现有生产组织条件和技术水平等因素，而重新审查核定的生产能力。计划生产能力也称现实生产能力，是企业在计划期内根据现有生产组织条件和技术水平等因素能够实现的生产能力。它直接决定了近期生产计划的编制。

拓展：该考点在考查时也可能会结合影响企业生产能力的因素等内容，但考点仍是三种生产能力的概念。

举一反三

[典型例题·单选] 企业进行基本建设时，在技术文件中所写明的生产能力是（　　）。
A. 设计生产能力　　　　　　　　B. 查定生产能力
C. 计划生产能力　　　　　　　　D. 现实生产能力

[解析] 设计生产能力是指企业在进行基本建设时，在设计任务书和技术文件中所写明的生产能力。

[答案] A

[典型例题·单选] 企业根据现有的生产组织条件和技术水平等因素重新审查核定的生产能力是指（　　）。

A. 设计生产能力	B. 预期生产能力
C. 计划生产能力	D. 查定生产能力

[解析] 查定生产能力是指在企业没有设计生产能力资料或设计生产能力资料可靠性低的情况下，根据企业现有生产组织条件和技术水平等因素，而重新审查核定的生产能力。

[答案] D

环球君点拨

设计生产能力、查定生产能力和计划生产能力的适用情况不同。企业确定生产规模，编制长远规划和确定扩建、改建方案，采取重大技术措施时，以设计生产能力或查定生产能力为依据；编制企业年度、季度计划时，以计划生产能力为依据。

考点 2　影响生产能力的因素

真题链接

[2024·多选] 影响企业生产能力的因素有（　　）。

A. 固定资产的生产效率	B. 固定资产的数量
C. 固定资产的工作时间	D. 品牌资产的价值
E. 流动资产的变现时间

[解析] 影响生产能力的因素主要有三个：固定资产的数量；固定资产的工作时间；固定资产的生产效率。

[答案] ABC

[2023·单选] 某企业重新测算生产能力的主要依据是（　　）。

A. 直接参加生产的员工数量	B. 直接参加生产的原材料数量
C. 直接参加生产的固定资产	D. 直接参加生产的流动资产

[解析] 影响生产能力的因素主要有固定资产的数量、固定资产的工作时间和固定资产的生产效率，其均与固定资产有关，故选项 C 正确。

[答案] C

[2023·多选] 下列企业设备中，影响企业生产能力的有（　　）。

A. 不配套的设备	B. 正在运转的设备
C. 封存待调的设备	D. 正在检修的设备
E. 正在安装的设备

[解析] 设备的数量应包括正在运转的和正在检修、安装或准备检修的设备，也包括因暂时没有任务而停用的设备，但不包括已报废的、不配套的、封存待调的设备和企业备用的设备。

[答案] BDE

[2023·单选] 下列因素中，不会对固定资产有效工作时间产生影响的是（ ）。

A. 工作班次　　　　　　　　　　　B. 全年工作日数

C. 轮班工作时间　　　　　　　　　D. 单位时间的产量定额

[解析] 固定资产的有效工作时间同企业现行制度、规定的工作班次、轮班工作时间、全年工作日数、设备计划修理时间有关。

[答案] D

[2020·多选] 下列选项中，影响企业生产能力的因素有（ ）。

A. 固定资产的生产效率　　　　　　B. 固定资产的工作时间

C. 品牌资产的价值　　　　　　　　D. 固定资产的数量

E. 流动资产的变现时间

[解析] 影响企业生产能力的因素包括固定资产的数量、固定资产的生产效率和固定资产的工作时间。

[答案] ABD

[2019·多选] 下列因素中，影响企业生产能力的有（ ）。

A. 正在运转的设备　　　　　　　　B. 工作班次

C. 单位机器设备的产量定额　　　　D. 正在安装的设备

E. 封存待调的设备

[解析] 封存待调的设备不属于固定资产的数量，即不属于影响企业生产能力的因素，选项 E 错误。

[答案] ABCD

📘 真题精解

点题：本系列真题考查影响企业生产能力的因素，考查侧重点基本一致。

分析：对于本考点，核心是掌握影响企业生产能力的因素及各因素包括哪些指标。

影响企业生产能力的因素包括：

(1) 固定资产的数量：设备的数量应包括正在运转的和正在检修、安装或准备检修的设备，也包括因暂时没有任务而停用的设备，但不包括已报废的、不配套的、封存待调的设备和企业备用的设备。生产性建筑面积中包括企业厂房和其他生产用建筑物的面积，一切非生产用的房屋面积和场地面积均不应列入。

(2) 固定资产的工作时间：指按照企业现行工作制度计算的机器设备的全部有效工作时间和生产面积的全部有效利用时间。

(3) 固定资产的生产效率：指单位机器设备的产量定额或单位产品的台时定额，单位时间、单位面积的产量定额或单位产品生产面积占用额。

拓展：该考点还可以反向考查影响企业生产能力的因素，如"影响企业生产能力的因素不包括（ ）"。

📘 举一反三

[典型例题·单选] 下列因素中，不影响固定资产的数量的是（ ）。

A. 正在检修的设备　　　　　　　　B. 正在安装的设备

C. 不配套的设备　　　　　　　　　D. 暂时没有任务而停用的设备

[解析] 设备的数量应包括正在运转的和正在检修、安装或准备检修的设备，也包括因暂时没有任务而停用的设备，但不包括已报废的、不配套的、封存待调的设备和企业备用的设备。

[答案] C

[典型例题·单选] 下列因素中，不影响企业生产能力的是（ ）。
A. 固定资产的生产效率
B. 固定资产的工作时间
C. 固定资产的质量
D. 固定资产的数量

[解析] 影响企业生产能力的因素包括固定资产的数量、固定资产的生产效率和固定资产的工作时间。

[答案] C

环球君点拨

在固定资产的数量中，考生需准确记忆设备的数量应该包括哪些设备、不包括哪些设备，切勿混淆。

考点 3 生产能力的核算

真题链接

[2024·单选] 某组设备单一生产一零件，一共 25 台机器，每台机器一个工作日的有效工作时间 8 小时，每小时生产 20 个零件，该设备组一个工作日的生产能力是（ ）个。
A. 3 500
B. 4 150
C. 3 800
D. 4 000

[解析] 该设备组一个工作日的生产能力＝单位设备的有效工作时间×设备数量×产量定额＝8×25×20＝4 000（个）。

[答案] D

[2023·单选] 某车床组只加工一种零件，共有 20 台车床，每台车床一个工作日的有效工作时间是 7 小时，每小时生产 8 个零件，则该车床组一个工作日的生产能力是（ ）个。
A. 1 075
B. 1 120
C. 1 110
D. 1 250

[解析] 该车床组一个工作日的生产能力＝单位设备的有效工作时间×设备数量×产量定额＝7×20×8＝1 120（个）。

[答案] B

[2021·单选] 某企业拥有设备 25 台，每日有效工作时间是 7.5 小时，每台设备每小时能生产 10 件产品，则该企业日生产能力是（ ）件。
A. 1 875
B. 250
C. 1 689
D. 1 785

[解析] 该企业日生产能力＝单位设备的有效工作时间×设备数量×产量定额＝7.5×25×10＝1 875（件）。

[答案] A

[2016·单选] 某摩托车企业的一条装配流水线有效工作时间为每日 8 小时，该条流水线节拍

为 6 分钟，则该流水线每日的生产能力是（　　）台。

A. 75　　　　　　B. 80　　　　　　C. 90　　　　　　D. 120

[解析] 流水线生产能力＝流水线有效工作时间/流水线节拍，根据公式计算如下：①流水线有效工作时间为 8 小时，换算成以分钟为单位，8×60＝480（分钟）；②节拍为 6 分钟；③流水线生产能力＝480/6＝80（台）。

[答案] B

[**2023·案例（节选）**] 某企业生产甲、乙、丙、丁四种产品，各种产品在铣床组的台时定额分别为 50 小时、40 小时、30 小时、50 小时；铣床组共有铣床 10 台，每台铣床的年有效工作时间为 4 200 小时；甲、乙、丙、丁四种产品计划年产量分别为 180 台、250 台、300 台、200 台。该企业采用代表产品法进行多品种生产条件下铣床组生产能力核算，以丁产品为代表产品。

根据以上资料，回答下列问题：

(1) 以丁产品为代表产品，甲产品折合成代表产品后的计划年产量为（　　）台。

A. 210　　　　　　　　　　　　　　　B. 190

C. 200　　　　　　　　　　　　　　　D. 180

[解析] 第一步，以丁为代表产品，甲产品的换算系数为 $K_甲＝t_甲/t_丁＝50/50＝1$；第二步，将具体产品的计划产量换算为代表产品的产量，$Q_{丁甲}＝K_甲 Q_甲＝1×180＝180$（台）。

[答案] D

(2) 如果各种产品的计划产量换算为代表产品的总和年生产总量为 760 台，折合乙产品年生产量为 200 台，乙产品的产量比重为（　　）。

A. 0.325　　　　　　　　　　　　　　B. 0.278

C. 0.263　　　　　　　　　　　　　　D. 0.249

[解析] 根据公式，代入相关数值，计算各具体产品产量占全部产品产量比重（以代表产品为依据）。计算公式如下：$w_i＝Q_{di}/\sum_{i=1}^{n}Q_{di}＝200/760≈0.263$。

[答案] C

真题精解

点题：本系列真题考查生产能力的核算，但考查侧重点不同。其中，2024 年真题、2023 年第一道真题和 2021 年真题考查设备组生产能力的计算；2016 年真题考查流水线生产能力的计算；2023 年第二道真题考查多品种生产条件下生产能力的核算。

分析：对于本考点，核心是掌握单一品种生产条件下生产能力核算中的三种计算方法和多品种生产条件下生产能力核算中的代表产品法。

1. **单一品种生产条件下生产能力核算**

(1) 设备组生产能力的计算。其计算公式如下：

$$M＝F×S×P$$
$$M＝FS/t$$

(2) 作业场地生产能力的计算。其计算公式如下：

$$M＝FA/at$$

(3) 流水线生产能力的计算。其计算公式如下：

$$M＝F/r$$

2. 多品种生产条件下生产能力核算（代表产品法）

步骤1：选定代表产品。代表产品是反映企业专业方向、产量较大、占用劳动较多、产品结构和工艺上具有代表性的产品。

步骤2：以选定的代表产品来计算生产能力。其计算公式如下：
$$M_d = FS/t_d$$

步骤3：计算其他产品的换算系数。其计算公式如下：
$$K_i = t_i/t_d \quad (i=1, 2, \cdots, n)$$

步骤4：计算其他产品的生产能力。

(1) 将具体产品的计划产量换算为代表产品的产量。其计算公式如下：
$$Q_{di} = K_i Q_i$$

(2) 计算各具体产品产量占全部产品产量比重（以代表产品为计算依据）。其计算公式如下：
$$w_i = Q_{di} / \sum_{i=1}^{n} Q_{di} \quad (i=1, 2, \cdots, n)$$

(3) 计算各具体产品的生产能力。其计算公式如下：
$$M_i = w_i M_d / K_i \quad (i=1, 2, \cdots, n)$$

拓展：该考点主要以单选题的形式考查公式的计算，一般难度较低，出题方式较稳定。代表产品法的内容在考试中很少出现，尤其是案例题中，2023年的案例真题属于一次突破性尝试。

举一反三

[典型例题·单选] 已知设备组有机器10台，每台机器一个工作日的有效工作时间是15小时，每台机器每小时生产60件产品，那么该设备组的一个工作日的生产能力为（　　）件。

A. 8 500　　　　B. 9 000　　　　C. 9 600　　　　D. 8 000

[解析] 该设备组的一个工作日的生产能力＝单位设备有效工作时间×设备数量×产量定额＝$10 \times 15 \times 60 = 9\,000$（件）。

[答案] B

[典型例题·单选] 某车间生产单一产品，车间生产面积为2 000平方米，单位面积有效工作时间为每日8小时，单班制，全年工作时间为300天，每件产品占用生产面积2平方米，生产每件产品占用时间为2小时，则该车间的年生产能力为（　　）万件。

A. 120　　　　B. 240　　　　C. 480　　　　D. 80

[解析] 单位面积有效工作时间（F）：题目已知"单位面积有效工作时间为每日8小时，单班制，全年工作时间为300天"，即$8 \times 300 = 2\,400$（小时）；作业场地生产面积（A）：题目已知为"2 000"平方米；单位产品占用生产面积（a）：题目已知为"2"平方米；单位产品占用时间（t）：题目已知为"2"小时。将上述信息代入公式，该车间年生产能力＝FA/at（$2\,400 \times 2\,000$）/（2×2）＝$4\,800\,000/4 = 1\,200\,000$（件）＝120（万件）。

[答案] A

环球君点拨

设备组生产能力的两个计算公式在历年考试中均有所涉及，因此，考生需要完全掌握并能熟练运用这两个公式。

考点 4　生产计划的含义与指标

真题链接

[2024·单选] 企业生产计划指标中的产品平均技术性能属于（　　）指标。

A. 产品质量　　　　　　　　　　B. 产品产量
C. 产品品种　　　　　　　　　　D. 产品产值

[解析] 产品质量指标包括两大类：一类是反映产品本身内在质量的指标，主要是产品平均技术性能、产品质量分等；另一类是反映产品生产过程中工作质量的指标，如质量损失率、废品率、成品返修率等。

[答案] A

[2023·多选] 下列选项中，企业生产计划指标体系的主要内容有（　　）。

A. 产品产值　　　　　　　　　　B. 产品品种
C. 产品产量　　　　　　　　　　D. 产品质量
E. 产品周期

[解析] 生产计划的建立包括以产品品种、产品质量、产品产量及产品产值四类指标为主要内容的生产指标体系。

[答案] ABCD

[2022·单选] 下列选项中，成品返修率属于（　　）。

A. 产品产值指标　　　　　　　　B. 产品品种指标
C. 产品质量指标　　　　　　　　D. 产品产量指标

[解析] 产品质量指标包括两大类：一类是反映产品本身内在质量的指标，主要是产品平均技术性能、产品质量分等；另一类是反映产品生产过程中工作质量的指标，如质量损失率、废品率、成品返修率等。

[答案] C

[2022·单选] 下列指标中，由新创造的价值与固定资产折旧共同构成的指标是（　　）。

A. 工业增加值　　　　　　　　　B. 工业总产值
C. 产品产值　　　　　　　　　　D. 工业商品产值

[解析] 工业增加值的价值构成是新创造的价值加固定资产折旧。

[答案] A

真题精解

点题：本系列真题考查生产计划指标，但考查侧重点不同。其中，2024年真题、2022年第一道真题考查产品质量指标；2023年真题考查生产计划指标的构成；2022年第二道真题考查产品产值指标。

分析：对于本考点，核心是掌握生产计划指标中四类指标的概念和具体内容。

1. 生产计划的含义

企业生产计划包括以下三个层次：

（1）中长期生产计划：企业中长期发展计划的重要组成部分，计划期一般是三年或五年，也有年限更长的。

(2) 年度生产计划：企业年度经营计划的核心，计划期为一年。

(3) 生产作业计划：企业年度生产计划的具体化，是贯彻实施生产计划、为组织企业日常生产活动而编制的执行性计划。年度生产计划是确定企业生产水平的纲领性计划，而生产作业计划则是生产计划的执行性计划。

2. 生产计划指标

生产计划的建立包括以产品品种、产品质量、产品产量及产品产值四类指标为主要内容的生产指标体系，其具体内容如下：

(1) 产品品种指标指企业在报告期内规定生产产品的名称、型号、规格和种类。产品品种指标的确定应首先考虑市场需求和企业实力，通常使用产品品种系列平衡法来确定。

(2) 产品质量指标是衡量企业经济状况和技术发展水平的重要标志之一。产品质量指标包括两大类：一类是反映产品本身内在质量的指标，主要是产品平均技术性能、产品质量分等；另一类是反映产品生产过程中工作质量的指标，如质量损失率、废品率和成品返修率等。

(3) 产品产量指标指企业在一定时期内生产的并符合产品质量要求的实物数量。确定产品产量指标主要采用盈亏平衡分析法、线性规划法等。

(4) 产品产值指标包括以下三种形式：

①工业总产值。以货币表现的工业企业在报告期内生产的工业产品总量。

②工业商品产值。工业企业在一定时期内生产的预定发售到企业外的工业产品的总价值，是企业可以获得的货币收入。

③工业增加值。企业在报告期内以货币表现的工业生产活动的最终成果。工业增加值的价值构成是新创造的价值加固定资产折旧。

拓展：该考点还可以单选题的形式考查生产计划指标包括哪些内容。

举一反三

[典型例题·单选] 下列生产计划指标中，属于产品产值指标的是（   ）。

A. 产品的规格 B. 成品返修率
C. 工业增加值 D. 质量损失率

[解析] 产品的规格属于产品品种指标，选项 A 错误。成品返修率和质量损失率属于产品质量指标，选项 B、D 错误。产品产值指标可分为工业总产值、工业商品产值和工业增加值三种形式，选项 C 正确。

[答案] C

[典型例题·单选] 企业生产计划分为多个层次，（   ）是贯彻实施生产计划、为组织企业日常生产活动而编制的执行性计划。

A. 年度生产计划 B. 中期计划
C. 长期计划 D. 生产作业计划

[解析] 生产作业计划是企业年度生产计划的具体化，是贯彻实施生产计划、为组织企业日常生产活动而编制的执行性计划。

[答案] D

环球君点拨

在生产计划指标中，产品质量指标和产品产值指标的内容较多，出题概率较高，且在考试中容易出多选题,因此,考生需要特别注意并重点掌握这两个指标的具体内容。

第二节 生产作业计划

> **考点1** **期量标准**

真题链接

[2024·多选] 成批轮番企业的期量标准有( )。
A. 生产提前期   B. 节拍
C. 批量   D. 生产间隔期
E. 生产周期

[解析] 成批轮番生产企业的期量标准有批量、生产周期、生产间隔期、生产提前期等。选项B错误,节拍属于大量大批生产企业的期量标准。

[答案] ACDE

[2022·单选] 作业计划标准是指为加工对象在( )方面规定的标准数据。
A. 生产质量和生产数量   B. 生产工艺和生产数量
C. 生产期限和生产质量   D. 生产期限和生产数量

[解析] 期量标准又称作业计划标准,是指为加工对象(零部件、产品等)在生产期限和生产数量方面规定的标准数据。

[答案] D

真题精解

点题:本系列真题考查期量标准,但考查侧重点不同。其中,2024年真题考查成批轮番生产企业的期量标准;2022年真题考查期量标准的概念。

分析:对于本考点,核心是掌握三种类型生产企业的期量标准。

期量标准又称作业计划标准,是指为加工对象(零部件、产品等)在生产期限和生产数量方面规定的标准数据。期量标准中的"期"就是时期,"量"就是数量。

1. 大量大批生产企业的期量标准

(1) 节拍:指大批量流水线上前后两个相邻加工对象投入或出产的时间间隔。节奏:指大批量流水线上前后两批相邻加工对象投入或出产的时间间隔。

(2) 流水线的标准工作指示图表。

(3) 在制品定额:指在一定技术组织条件下,各生产环节为了保证数量上的衔接所必需的、最低限度的在制品储备量。

2. 成批轮番生产企业的期量标准

(1) 批量:指相同产品或零件一次投入或出产的数量。

(2) 生产周期:指一批产品或零件从投入到出产的时间间隔。

(3) 生产间隔期:指相邻两批相同产品或零件投入的时间间隔或出产的时间间隔。

(4) 生产提前期:指产品或零件在各工艺阶段投入或出产时间与成品出产时间相比所要提前的时间。

3. 单件小批生产企业的期量标准

单件小批生产企业的期量标准有<u>生产周期</u>、<u>生产提前期</u>等。

拓展：该考点还可能在选择题中考查大量大批生产企业的期量标准和单件小批生产企业的期量标准，或者是在案例题中考查一道小题。

举一反三

[典型例题·多选] 下列选项中，大量大批生产企业的期量标准有（　　）。

A. 节拍
B. 节奏
C. 生产提前期
D. 流水线的标准工作指示图表
E. 生产间隔期

[解析] 生产提前期和生产间隔期属于成批轮番生产企业的期量标准，选项 C、E 错误。

[答案] ABD

[典型例题·单选] 在大量大批生产企业中，流水线上前后两个相邻加工对象投入或出产的时间间隔称为（　　）。

A. 节奏
B. 节拍
C. 批量
D. 生产间隔期

[解析] 节拍是指大批量流水线上前后两个相邻加工对象投入或出产的时间间隔。

[答案] B

环球君点拨

考生应注意区分"节拍"和"节奏"两者的概念。节拍是指大批量流水线上前后两个相邻加工对象投入或出产的时间间隔。节奏是指大批量流水线上前后两批相邻加工对象投入或出产的时间间隔。其中，前后"两个"相邻指的是节拍，前后"两批"相邻指的是节奏。

考点 2　生产作业计划的编制

真题链接

[2024·单选] 累计编号法又称（　　）。

A. 提前期法
B. 生产周期法
C. 量本利法
D. 平衡计分卡法

[解析] 累计编号法又称提前期法。

[答案] A

[2023·单选] 下列生产作业计划编制方法中，适用于成批轮番生产类型企业的是（　　）。

A. 连锁计算法
B. 生产周期法
C. 在制品定额法
D. 提前期法

[解析] 提前期法又称累计编号法，适用于成批轮番生产类型企业的生产作业计划编制。

[答案] D

[2023·单选] 某企业小批量生产芯片抛光机，则该企业适合采用的生产作业计划编制方法是（　　）。

A. 累计编号法
B. 准时制法

C. 生产周期法 　　　　　　　　　　D. 在制品定额法

[解析] 生产周期法适用于单件小批生产类型企业的生产作业计划编制。

[答案] C

[2022·单选] 以下各项中，采用生产周期法编制生产作业计划的是（　　）。

A. 大量生产 　　　　　　　　　　B. 大批生产

C. 单件小批生产 　　　　　　　　D. 中批生产

[解析] 生产周期法适用于单件小批生产类型企业的生产作业计划编制。

[答案] C

[2018·案例（节选）] 某机电生产企业生产单一机电产品，其生产计划部门运用提前期法来确定机电产品在各车间的生产任务。甲车间是生产该种机电产品的最后车间，2018年11月应生产到3 000号，产品的平均日产量为100台。该种机电产品在乙车间的出产提前期为20天，生产周期为10天。

假定各车间的生产保险期为0天，乙车间2018年11月出产产品的累计号是（　　）号。

A. 4 600 　　　　　　　　　　B. 5 000

C. 4 800 　　　　　　　　　　D. 5 500

[解析] 本车间出产累计号数＝最后车间出产累计号＋本车间出产提前期×最后车间平均日产量＝3 000＋20×100＝5 000（号）。

[答案] B

真题精解

点题：本系列真题考查生产作业计划的编制，但考查侧重点不同。其中，2024年真题、2023年第一道真题考查提前期法；2023年第二道真题和2022年真题考查生产周期法；2018年真题考查提前期法的计算。

分析：对于本考点，核心是掌握三种类型生产企业生产作业计划的编制方法。

1. 在制品定额法

在制品定额法也称连锁计算法，适用于大量大批生产类型企业的生产作业计划编制。其计算公式如下：

　　本车间出产量＝后续车间投入量＋本车间半成品外售量＋（本车间期末库存半成品定额－本车间期初预计库存半成品结存量）

　　本车间投入量＝本车间出产量＋本车间计划允许废品及损耗量＋（本车间期末在制品定额－本车间期初预计在制品结存量）

2. 提前期法

提前期法又称累计编号法，适用于成批轮番生产类型企业的生产作业计划编制。生产提前期是成批轮番生产作业计划重要的期量标准之一。其计算公式如下：

　　本车间投入提前期＝本车间出产提前期＋本车间生产周期

　　本车间出产提前期＝后车间投入提前期＋保险期

　　提前量＝提前期×平均日产量

　　本车间出产累计号数＝最后车间出产累计号＋本车间出产提前期×最后车间平均日产量

　　本车间投入累计号数＝最后车间出产累计号＋本车间投入提前期×最后车间平均日产量

3. 生产周期法

生产周期法适用于<u>单件小批生产类型企业</u>的生产作业计划编制。

拓展：该考点为高频考点，内容较琐碎且出题形式多样，属于案例题的重点考查范围，容易出现公式的计算。

举一反三

[典型例题·多选] 车间生产作业计划的编制随车间的生产类型和生产组织形式的不同而不同，主要包括（　　）。

A. 德尔菲法　　　　　　　　　　B. 在制品定额法

C. 提前期法　　　　　　　　　　D. 生产周期法

E. 头脑风暴法

[解析] 德尔菲法和头脑风暴法属于企业经营决策的方法，选项 A、E 错误。

[答案] BCD

[典型例题·案例（节选）] 某企业的产品按照工艺顺序需连续经过甲车间、乙车间、丙车间、丁车间的生产才能完成。该企业运用在制品定额法来编制下一个生产周期的生产任务。在下一个生产周期，各车间生产计划如下：丙车间出产量为 1 200 件，计划允许废品及损耗量为 50 件，车间期末在制品定额为 100 件，期初预计在制品结存量为 150 件；乙车间投入量为 1 000 件；甲车间半成品外售量为 300 件，期末库存半成品定额为 150 件，期初预计库存半成品结存量为 100 件。

甲车间下一个生产周期的出产量为（　　）件。

A. 1 350　　　　　　　　　　　　B. 1 450

C. 1 400　　　　　　　　　　　　D. 1 300

[解析] 甲车间出产量＝乙车间投入量＋甲车间半成品外售量＋（甲车间期末库存半成品定额－甲车间期初预计库存半成品结存量）＝1 000＋300＋150－100＝1 350（件）。

[答案] A

环球君点拨

本考点中的在制品定额法有两个公式，提前期法有五个公式。考生在备考时可以将这两个方法结合在一起学习，以便更好地区分两者。

第三节　生产控制

考点 1　生产控制的概念

真题链接

[2023·单选] 狭义的生产控制的核心是（　　）。

A. 进度管理　　　　　　　　　　B. 在制品管理

C. 质量管理　　　　　　　　　　D. 工艺管理

[解析] 狭义的生产控制主要是指对生产活动中生产进度的控制，又称生产作业控制。

[答案] A

[经典例题·单选] 下列选项中，生产控制的目的是（ ）。

A. 提高产品价格 　　　　　　　　B. 提高生产管理的有效性
C. 提高客户满意度 　　　　　　　D. 提高生产产量

[解析] 生产控制的目的是提高生产管理的有效性，即通过生产控制使企业的生产活动既可在严格的计划指导下进行，满足品种、质量、数量和时间进度上的要求，又可按各种标准来消耗活劳动和物化劳动，以及减少资金占用，加速物资和资金周转，实现成本目标，从而取得良好的经济效益。

[答案] B

[经典例题·多选] 下列控制活动中，属于广义生产控制的内容的有（ ）。

A. 生产进度控制 　　　　　　　　B. 客户关系控制
C. 库存控制 　　　　　　　　　　D. 质量控制
E. 成本控制

[解析] 广义的生产控制包括计划安排、生产进度控制及调度、库存控制、质量控制、成本控制等内容。

[答案] ACDE

真题精解

点题：本系列题目考查生产控制的概念，但考查侧重点不同。其中，2023 年真题考查狭义的生产控制的核心；第一道经典例题考查生产控制的目的；第二道经典例题考查广义的生产控制包括的具体内容。

分析：对于本考点，核心是掌握生产控制的概念。

生产控制是指为保证生产计划目标的实现，按照生产计划的要求，对企业生产活动全过程的检查、监督、分析偏差和合理调节的系列活动。广义的生产控制包括计划安排、生产进度控制及调度、库存控制、质量控制、成本控制等内容。狭义的生产控制主要是指对生产活动中生产进度的控制，又称生产作业控制。

生产控制既要保证生产过程协调地进行，又要保证以最少的人力和物力完成生产任务，所以它又是一种协调性和促进性的管理活动。生产控制的目的是提高生产管理的有效性，即通过生产控制使企业的生产活动既可在严格的计划指导下进行，满足品种、质量、数量和时间进度上的要求，又可按各种标准来消耗活劳动和物化劳动，以及减少资金占用，加速物资和资金周转，实现成本目标，从而取得良好的经济效益。

拓展：该考点题目比较简单，且近年来在考试中涉及较少。

举一反三

[典型例题·单选] 为了保证生产计划目标的实现，按照生产计划的要求，对企业生产活动全过程的检查、监督、分析偏差和合理调节的系列活动属于（ ）。

A. 生产监督 　　　　　　　　　　B. 生产控制
C. 生产调度 　　　　　　　　　　D. 生产分析

[解析] 生产控制是指为保证生产计划目标的实现，按照生产计划的要求，对企业生产活动全过程的检查、监督、分析偏差和合理调节的系列活动。

[答案] B

[典型例题·多选] 下列选项中，生产控制的目的主要有（　　）。

A. 保证产品产量的最大化
B. 保证生产过程协调地进行
C. 保证以最少的人力完成生产任务
D. 保证以最少的物力完成生产任务
E. 保证产品生产计划的科学编制

[解析] 生产控制既要保证生产过程协调地进行，又要保证以最少的人力和物力完成生产任务。

[答案] BCD

环球君点拨

生产控制有广义和狭义之分。广义的生产控制包括计划安排、生产进度控制及调度、库存控制、质量控制、成本控制等内容。狭义的生产控制主要是指对生产活动中生产进度的控制。考生要注意区分广义的生产控制和狭义的生产控制。

考点2　生产控制的基本程序

真题链接

[2024·单选] 下列生产控制指标中，实际值大于目标值即达标的是（　　）。

A. 废品率
B. 成本
C. 水电消耗
D. 产量

[解析] 实际值大于目标值为负偏差，对于产量、利润和劳动生产率负偏差表示达标。

[答案] D

[2023·单选] 下列指标中，当其实际值大于计划目标值时，需要重点加以控制的是（　　）。

A. 劳动生产率
B. 成本
C. 利润
D. 收入

[解析] 负偏差表示实际值大于目标值，成本、工时消耗等目标需要控制。

[答案] B

[2022·单选] 参照本企业的历史水平制定标准，属于（　　）。

A. 分解法
B. 定额法
C. 类比法
D. 标准化法

[解析] 类比法：参照本企业的历史水平制定标准，也可参照同行业的先进水平制定标准。

[答案] C

[2021·多选] 下列选项中，生产控制的基本程序主要包括（　　）。

A. 实施执行
B. 编制生产计划
C. 确定控制标准
D. 控制决策
E. 根据控制标准检查实际情况

[解析] 生产控制的基本程序主要包括制定控制标准、测量比较、控制决策、实施执行。

[答案] ACDE

真题精解

点题：本系列真题考查生产控制的基本程序，但考查侧重点不同。其中，2024年真题、2023年真题考查测量比较；2022年真题考查制定控制标准中的类比法；2021年真题考查生产控制基本程序的各个步骤。

分析：对于本考点，核心是掌握生产控制的基本程序中四个步骤的具体内容。其中，制定控制标准和测量比较两个步骤的内容尤为重要。

1. 制定控制标准

制定控制标准就是对生产控制过程中的人力、物力和财力，对产品质量特性、生产数量、生产进度规定一个数量界限。它可以用实物数量表示，也可以用货币数量表示。

制定控制标准的方法一般有以下四种：

（1）类比法。参照本企业的历史水平制定控制标准，也可参照同行业的先进水平制定控制标准。

（2）分解法。把企业层的指标按部门和产品层层分解为一个个小指标，作为每个生产单元的控制目标。

（3）定额法。为生产过程中某些消耗规定标准，主要包括劳动消耗定额和材料消耗定额。

（4）标准化法。将权威机构制定的标准作为自己的控制标准，如国际标准、国家标准、部颁标准以及行业标准等。

2. 测量比较

偏差有正负之分，正偏差表示目标值大于实际值，负偏差表示实际值大于目标值，正负偏差的控制论意义视具体的控制对象而定。

（1）对于产量、利润和劳动生产率，正偏差表示没有达标，需要考虑控制。

（2）对于成本、工时消耗等目标，正偏差表示优于控制标准。

3. 控制决策

控制决策就是根据产生偏差的原因，提出用于纠正偏差的控制措施。

4. 实施执行

实施执行是生产控制基本程序中的最后一个阶段，由一系列具体操作组成。控制措施贯彻执行情况直接影响控制效果。

拓展：该考点在考试中考查得较为细致，比如，考题会单独考查制定控制标准和测量比较两个步骤的内容。因此，考生需要深入了解并掌握该考点内容。

举一反三

[典型例题·单选] 企业在制定控制标准时，将企业层的指标按部门和产品层层分解为一个个小指标，作为每个生产单元的控制目标。该方法属于（　　）。

A. 类比法　　　　　　　　　　　B. 定额法

C. 分解法　　　　　　　　　　　D. 标准化法

[解析] 分解法：把企业层的指标按部门和产品层层分解为一个个小指标，作为每个生产单元的控制目标。

[答案] C

[典型例题·单选] 某企业参照同行业的先进水平制定控制标准，这种制定控制标准的方法是（　　）。

A. 标准化法　　　　　　　　　　B. 定额法

C. 分解法　　　　　　　　　　　D. 类比法

[解析] 类比法：参照本企业的历史水平制定控制标准，也可参照同行业的先进水平制定控制标准。

[答案] D

环球君点拨

根据标准检验实际执行情况时，正负偏差的控制论意义在之前考试中考查过，考生可以直接记住结论，也可以按照逻辑自行分析得出答案。

考点 3 生产控制的方式

真题链接

[2021·单选] 在生产控制的方式中，属于反馈控制的有（　　）。
A. 事前控制　　　　　　　　　　B. 事中控制
C. 事后控制　　　　　　　　　　D. 串行控制

[解析] 事后控制是指将本期生产结果与期初所制订的计划相比较，找出差距，提出措施，在下一期的生产活动中实施控制的一种方式。它属于反馈控制，控制的重点是下一期的生产活动。

[答案] C

[2019·单选] 下列生产控制方式中，将控制重点放在生产前的计划与执行中有关影响因素的预测上面的是（　　）。
A. 事后控制　　　　　　　　　　B. 全员控制
C. 事前控制　　　　　　　　　　D. 事中控制

[解析] 事前控制是指在本期生产活动展开前，根据上期生产的实际成果及对影响本期生产的各种因素所做的预测。它属于前馈控制，控制的重点是在事前计划与执行中有关影响因素的预测上。

[答案] C

真题精解

点题：本系列真题考查生产控制的方式，但考查侧重点不同。其中，2021年真题考查事后控制；2019年真题考查事前控制。

分析：对于本考点，核心是掌握生产控制的三种方式。

生产控制的方式可分为以下三种：

(1) 事后控制方式：指将本期生产结果与期初所制订的计划相比较，找出差距，提出措施，在下一期的生产活动中实施控制的一种方式。它属于反馈控制，控制的重点是下一期的生产活动。

(2) 事中控制方式：通过获取作业现场信息，实时进行作业核算，并把结果与作业计划有关指标进行对比分析。这种控制方式在全面质量管理中得到广泛应用，控制的重点是当前的生产过程。

(3) 事前控制方式：在本期生产活动展开前，根据上期生产的实际成果及对影响本期生产的各种因素所做的预测，制定出各种控制方案，在生产活动展开之前进行调节控制的一种方式。它属于前馈控制，控制的重点是在事前计划与执行中有关影响因素的预测上。

拓展：该考点属于高频考点，考查形式以单选题和多选题为主。

举一反三

[典型例题·多选] 根据生产管理的自身特点，生产控制的方式主要分为（　　）。

A. 事后控制方式　　　　　　　　　B. 事中控制方式
C. 识别控制方式　　　　　　　　　D. 事前控制方式
E. 流动控制方式

[解析] 生产控制的方式包括事后控制方式、事中控制方式、事前控制方式。

[答案] ABD

[典型例题·单选] 下列关于生产控制的方式的说法，错误的是（　　）。

A. 事后控制的重点是在事前计划与执行中有关影响因素的预测上
B. 事中控制的缺点是控制费用较高
C. 事前控制属于前馈控制
D. 事后控制属于反馈控制

[解析] 事前控制的重点是在事前计划与执行中有关影响因素的预测上。

[答案] A

环球君点拨

考生应注意区分事后控制和事前控制。事后控制是对下一期的生产活动实施控制，而事前控制是对影响本期生产的各种因素做的预测和控制。

第四节　生产作业控制

考点1　生产进度控制和在制品控制

真题链接

[2021·单选] 下列选项中，生产进度管理的目标是（　　）。

A. 准时生产　　　　　　　　　　　B. 优化生产工艺
C. 提高产品质量　　　　　　　　　D. 降低成本

[解析] 生产进度管理的目标是准时生产，即在需要的时间，按需要的品种生产需要的产品数量，既要保证交货期，又要保持和调整生产速度。

[答案] A

[2019·单选] 下列零部件和产品中，不属于在制品的是（　　）。

A. 半成品　　　　　　　　　　　　B. 办完入库手续的成品
C. 毛坯　　　　　　　　　　　　　D. 入库前成品

[解析] 通常根据所处工艺阶段的不同，把在制品划分为毛坯、半成品、入库前成品和车间在制品。

[答案] B

[2023·多选] 下列选项中，生产过程中的在制品有（　　）。

A. 车间正在加工的制品　　　　　　B. 半成品
C. 毛坯　　　　　　　　　　　　　D. 库存成品

E. 入库前成品

[解析] 通常根据所处工艺阶段的不同，把在制品划分为毛坯、半成品、入库前成品和车间在制品。

[答案] ABCE

■ 真题精解

点题：本系列真题考查生产进度控制和在制品控制，但考查侧重点不同。其中，2021年真题考查生产进度控制概述；2019年真题和2023年真题考查在制品的概念。

分析：对于本考点，核心是掌握生产进度管理的目标和在制品的概念。

生产进度控制是生产控制的基本方面，其任务是按照已经制订出的作业计划，检查各种零部件的投入和出产时间、数量以及产品和生产过程的配套性，保证生产过程平衡进行并准时出产。生产进度管理的目标是准时生产，即在需要的时间，按需要的品种生产需要的产品数量，既要保证交货期，又要保持和调整生产速度。

生产控制的核心在于进度管理，生产进度控制的基本内容主要包括投入进度控制、工序进度控制和出产进度控制。

在制品是指从原材料、外购件等投入生产开始到经检验合格入库之前，存在于生产过程中各个环节的零部件和产品。通常根据所处工艺阶段的不同，把在制品划分为毛坯、半成品、入库前成品和车间在制品。

拓展：该考点近年来考频很低，未来可能以单选题的形式考查生产进度管理的目标，也可能以多选题的形式考查生产进度控制的内容。

■ 举一反三

[典型例题·单选] 下列选项中，生产控制的核心在于（   ）。

A. 技术管理　　　　　　　　　　B. 人员管理
C. 进度管理　　　　　　　　　　D. 规则管理

[解析] 生产控制的核心在于进度管理。

[答案] C

[典型例题·多选] 下列选项中，生产进度控制的基本内容主要包括（   ）。

A. 投入进度控制　　　　　　　　B. 工序进度控制
C. 出产进度控制　　　　　　　　D. 研发进度控制
E. 加工进度控制

[解析] 生产进度控制的基本内容主要包括投入进度控制、工序进度控制和出产进度控制。

[答案] ABC

[典型例题·多选] 下列各项中，属于在制品的有（   ）。

A. 半成品　　　　　　　　　　　B. 办完入库手续的成品
C. 车间在制品　　　　　　　　　D. 入库前成品
E. 毛坯

[解析] 通常根据所处工艺阶段的不同，把在制品划分为毛坯、半成品、入库前成品和车间在制品。

[答案] ACDE

环球君点拨

考生应注意区分生产进度管理的目标和生产进度控制的目的。生产进度管理的目标是准时生产，即在需要的时间，按需要的品种生产需要的产品数量，既要保证交货期，又要保持和调整生产速度。生产进度控制的目的在于依据生产作业计划，检查零部件的投入和出产数量、出产时间和配套性，保证产品能准时装配出厂。

考点 2　库存控制和生产调度

真题链接

[2024·多选] 库存管理成本包括（　　）。

A. 仓储成本　　　　　　　　　　B. 订货成本
C. 机会成本　　　　　　　　　　D. 时间成本
E. 资本成本

[解析]　库存管理成本包括仓储成本、订货成本和机会成本。

[答案] ABC

[2018·单选] 库存物料由于变质所造成的损失属于（　　）。

A. 订货成本　　　　　　　　　　B. 沉没成本
C. 仓储成本　　　　　　　　　　D. 机会成本

[解析]　仓储成本是指维持库存物料本身所需花费，包括存储成本、搬运和盘点成本、保险和税收以及库存物料由于变质、陈旧、损坏、丢失等造成的损失及购置库存物料所占用资金的利息等。

[答案] C

[2023·单选] 下列选项中，生产调度的依据是（　　）。

A. 生产进度计划　　　　　　　　B. 年度进度计划
C. 中期生产计划　　　　　　　　D. 长期生产计划

[解析]　生产调度以生产进度计划为依据，生产进度计划通过生产调度来实现。

[答案] A

[2023·单选] 下列选项中，生产调度工作的基本原则是（　　）。

A. 以生产进度计划为依据　　　　B. 以客户满意度为依据
C. 以原材料采购计划为依据　　　D. 以在制品计划为依据

[解析]　生产调度工作必须以生产进度计划为依据，这是生产调度工作的基本原则。

[答案] A

真题精解

点题：本系列真题考查库存控制和生产调度，但考查侧重点不同。其中，2024年真题考查库存管理成本；2018年真题考查库存控制；2023年两道真题均考查生产调度。

分析：对于本考点，核心是掌握库存管理成本的内容和库存控制的基本方法。

1. 库存管理成本

库存管理成本包括：

(1) 仓储成本。仓储成本指维持库存物料本身所需花费，包括存储成本、搬运和盘点成本、保险和税收以及库存物料由于变质、陈旧、损坏、丢失等造成的损失及购置库存物料所占用资金的利息等。

(2) 订货成本。订货成本指每次订购物料所需的联系、谈判、运输、检验等费用。其与订购次数有关。

(3) 机会成本。机会成本包括两个内容：其一是由于库存不够带来的缺货损失；其二是物料本身占用一定资金，企业会失去将这部分资金改作他用的机会，由此给企业造成损失。

2. 库存控制的基本方法

(1) ABC库存分类法的基本原理。按照库存商品价值的不同或重要程度的不同对其分类，通常根据年占用金额（年存货数量×价格）将商品分为三类库存：A类品种种类占总品种数的10%左右，价值占库存总价值的70%左右；B类品种种类占总品种数的20%左右，价值占库存总价值的20%左右；C类品种种类占总品种数的70%左右，价值占库存总价值的10%左右。

(2) ABC库存分类法的库存控制策略。将商品进行ABC分类，其目的在于根据分类结果对每类商品采取适宜的库存控制措施，把"重要的少数""不重要的多数"区别开，使企业将库存管理工作的重点放在"重要的少数"上，既可以加强管理，又可以节约成本。

3. 生产调度的概念和基本要求

生产调度就是组织执行生产进度计划的工作，是对生产计划的监督、检查和控制，发现偏差及时调整的过程。生产调度以生产进度计划为依据，生产进度计划通过生产调度来实现。

对生产调度工作的基本要求是快速和准确。对生产调度工作的其他要求如下所述：

(1) 生产调度工作必须以生产进度计划为依据，这是生产调度工作的基本原则。

(2) 生产调度工作必须高度集中和统一。

(3) 生产调度工作要以预防为主。

(4) 生产调度工作要从实际出发，贯彻群众路线。

拓展：该考点还可以多选题的形式综合考查库存控制的基本方法，考题难度会有所上升。同时，库存管理成本的内容也可以多选题的形式出题。

■ 举一反三

[典型例题·多选] 下列选项中，库存管理成本包括（　　）。

A. 仓储成本　　　　　　　　　B. 运输成本
C. 订货成本　　　　　　　　　D. 销售成本
E. 机会成本

[解析] 库存管理成本包括仓储成本、订货成本和机会成本。

[答案] ACE

[典型例题·多选] 下列库存控制方法中，关于定期控制法的表述，正确的有（　　）。

A. 订货的间隔周期固定
B. 每次订货量固定
C. 需连续不断地监视库存余量的变化
D. 当库存量达到某一预定数值时进行订购
E. 每次订货量不固定

[解析] 每次订货量固定、需连续不断地监视库存余量的变化、当库存量达到某一预定数值时进行订购均属于定量控制法，选项B、C、D错误。

[答案] AE

环球君点拨

考生应注意区分定量控制法和定期控制法，二者在多个方面是相反的。定量控制法又称订货点法，定期控制法又称订货间隔期法。

第五节 现代生产管理方式

考点1 MRP、MRPⅡ和ERP

真题链接

[2024·单选] 主生产计划是物料需求计划（MRP）的主要输入信息，主生产计划是指（　　）。

A. 在制品生产计划
B. 车间的生产作业计划
C. 生产调度计划
D. 产品出产计划

[解析] 主生产计划又称产品出产计划，是物料需求计划的主要输入。

[答案] D

[2017·单选] 在MRP系统中，主生产计划由市场预测和（　　）决定。

A. 顾客订单
B. 物料清单
C. 库存量
D. 生产周期

[解析] 主生产计划又称产品出产计划，它是物料需求计划的最主要输入，表明企业向社会提供的最终产品数量是由客户订单、销售预测和备件需求决定的。

[答案] A

[2023·单选] 与制造资源计划（MRPⅡ）相比，企业资源计划（ERP）的特点是（　　）。

A. 将经营的多企业、多地区、多国家联系在一起
B. 强调事后控制
C. 仅应用于生产企业
D. 仅能适应企业内部资源的配置和管理

[解析] MRPⅡ和ERP的区别如下表所示。

对比项目	MRPⅡ	ERP
活动范围	企业内部资源	面向供应链的各个环节
应用环节	企业制造、分销、财务管理	供、产、需环节
生产方式	单一生产	混合生产
控制方式	事中控制	事前控制
应用范围	企业内部	多企业、多地区、多国家
适用企业类型	生产企业	生产企业、非生产企业、公益事业
应用计算机程度	一般	加深一步

[答案] A

第五章 生产管理

■ 真题精解

点题： 本系列真题考查 MRP、MRPⅡ和 ERP，但考查侧重点不同。其中，2024 年真题和 2017 年真题考查物料需求计划（MRP）；2023 年真题考查企业资源计划（ERP）。

分析： 对于本考点，核心是掌握物料需求计划（MRP）和企业资源计划（ERP）的内容。

物料需求计划（MRP）的主要依据是主生产计划、物料清单和库存处理信息三大部分，它们是物料需求计划的主要输入信息。

(1) 主生产计划：又称产品出产计划，它是物料需求计划的最主要输入，表明企业向社会提供的最终产品数量是由客户订单、销售预测和备件需求决定的。

(2) 物料清单：又称产品结构文件，它反映了产品的组成结构层次及每一层次下组成部分本身的需求量。

(3) 库存处理信息：又称库存状态文件，它记载着产品及所有组成部分的存在状况数据。

制造资源计划（MRPⅡ）是一个完整的企业计划与控制系统，它几乎涵盖了企业中的各种因素。实施 MRPⅡ大致可分为以下三个阶段：第一阶段，前期工程；第二阶段，决策；第三阶段，实施。

企业资源计划（ERP）是指建立在信息技术基础上，以系统化的管理思想，实现资源合理配置、满足市场需求，为企业决策层和员工提供决策运行手段的管理平台。目前较多的生产企业中使用的 ERP 主要包括生产控制模块、物流管理模块、财务管理模块和人力资源管理模块四个部分。

拓展： 该考点还可以多选题的形式出题，或是考查主生产计划、物料清单和库存处理信息三种主要依据的具体内容。

■ 举一反三

[典型例题·多选] 下列选项中，物料需求计划（MRP）的主要依据有（   ）。

A. 主生产计划　　　　　　　　　B. 辅助报告
C. 产品质量文件　　　　　　　　D. 物料清单
E. 库存处理信息

[解析] 物料需求计划的主要依据是主生产计划、物料清单和库存处理信息三大部分，它们是物料需求计划的主要输入信息。

[答案] ADE

[典型例题·单选] 在物料需求计划的主要输入信息中，（   ）反映了产品的组成结构层次及每一层次下组成部分本身的需求量。

A. 主生产计划　　　　　　　　　B. 库存处理信息
C. 物料清单　　　　　　　　　　D. 产品出产计划

[解析] 物料清单又称产品结构文件，它反映了产品的组成结构层次及每一层次下组成部分本身的需求量。

[答案] C

■ 环球君点拨

考生需记忆清楚本考点中的专业名词的不同叫法。在物料需求计划中，主生产计划又称产品出产计划，物料清单又称产品结构文件，库存处理信息又称库存状态文件。上述内容可能在考试中单独出题，也可能在题目的选项中出现。

考点2 精益生产管理和丰田精益生产方式

真题链接

[2022·多选] 下列选项中，精益思想强调的基本原则有（　　）。

A. 系统思考　　　　　　　　　　B. 拉动

C. 识别价值流　　　　　　　　　D. 正确定义价值

E. 流动

[解析] 精益思想强调以下五项基本原则：①正确定义价值；②识别价值流；③流动；④拉动；⑤追求尽善尽美。

[答案] BCDE

[2023·多选] 在丰田生产方式中，看板的主要功能有（　　）。

A. 防止过量生产　　　　　　　　B. 改善的工具

C. 进行目视管理的工具　　　　　D. 显示生产的工作指令

E. 现场整顿的工具

[解析] 看板的主要功能包括：①显示生产以及运送的工作指令；②防止过量生产和过量运送；③进行目视管理的工具；④改善的工具。

[答案] ABCD

[2021·单选] 在丰田生产方式中，对各道工序生产活动有效控制的手段是（　　）。

A. 准时化　　　　　　　　　　　B. 自动化

C. 看板管理　　　　　　　　　　D. 标准化工作

[解析] 看板管理可以说是让系统营运的工具。看板管理系统，简而言之，是对生产过程中各道工序生产活动进行控制的信息系统。

[答案] C

真题精解

点题：本系列真题考查精益生产管理和丰田精益生产方式，但考查侧重点不同。其中，2022年真题考查精益生产管理概述；2023年和2021年真题考查丰田精益生产方式。

分析：对于本考点，核心是掌握精益思想管理的具体目标和精益思想的基本原则，以及丰田精益生产方式的思想和手段。

1. 精益生产管理的具体目标

精益生产管理的具体目标在于：

(1) 效率。

(2) 质量。

(3) 成本。

(4) 交货期。

(5) 安全。

(6) 士气。

2. 精益思想的基本原则

精益思想强调以下五项基本原则：

(1) 正确定义价值。

(2) 识别价值流。

(3) 流动。

(4) 拉动。

(5) 追求尽善尽美。

3. 丰田精益生产方式

丰田精益生产方式的思想和手段包括：

(1) 看板管理。看板管理可以说是让系统营运的工具。看板管理系统，简而言之，是对生产过程中各道工序生产活动进行控制的信息系统。通常，看板是一张在透明塑料袋内的卡片。经常被使用的看板主要有两种：取料看板和生产看板。看板的主要功能包括：显示生产以及运送的工作指令；防止过量生产和过量运送；进行目视管理的工具；改善的工具。

(2) 准时制和自动化。准时制（just in time，JIT）本质是一个拉动式的生产系统，更有效率地响应了顾客需求。它的基本思想是"只在必要时刻，生产必要数量的必要产品"。这种生产方式的核心是追求一种无库存的生产系统，或使库存量达到最小的生产系统。丰田公司的自动化，即"自动化缺陷控制"，是通过三种主要的技术手段来实现的，即异常情况下的自动化检测、异常情况下的自动化停机、异常情况下的自动化报警。

拓展：精益生产管理的具体目标和精益思想是近年来新增的内容，考试中很可能会考查，且这两部分内容容易混淆，因此，考生要注意区分。

举一反三

[典型例题·多选] 下列选项中，精益生产管理的具体目标在于（　　）。

A. 质量
B. 成本
C. 识别价值流
D. 交货期
E. 流动

[解析] 识别价值流和流动属于精益思想的基本原则，选项C、E错误。

[答案] ABD

[典型例题·单选] 下列选项中，JIT的基本思想是（　　）。

A. 降低成本，杜绝一切浪费
B. 只在必要时刻，生产必要数量的必要产品
C. 保证生产的连续进行
D. 以顾客需求为出发

[解析] JIT生产方式本质是一个拉动式的生产系统，它的基本思想是"只在必要时刻，生产必要数量的必要产品"。

[答案] B

环球君点拨

精益生产管理的具体目标和精益思想一般以多选题形式考查，丰田精益生产方式一般以单选题形式考查。对于这两部分的内容，考生在学习时可以考点内容中的关键标题为主。

第六章 物流管理

第一节 物流与物流管理概述

考点 物流管理的发展

真题链接

[2023·多选] 下列选项中,企业使用第三方物流模式的优点有( )。
A. 企业可以减少物流设施、设备的投资
B. 企业可以高度掌控整个物流过程
C. 企业可以把资源集中于自己的核心业务上
D. 企业可以减少物流服务人员的数量
E. 企业可以实现物流活动的规模经济

[解析] 第三方物流是企业为集中精力做好主业,把原来由自己负责的物流活动,以合同方式委托给专业的物流服务提供商,通过信息系统与物流服务提供商保持密切联系,以达到对物流全程的管理和控制的一种物流运作和管理方式。对于第三方物流企业而言,可以更好地实现各项物流活动的规模经济。

[答案] ACD

[2023·多选] 下列关于第三方物流模式的说法,正确的有( )。
A. 第三方物流又称合同物流
B. 第三方物流模式下,物流企业可有效整合、利用资源,有助于缓解城市交通压力
C. 第三方物流是利用外部资源为企业提供物流服务的一种模式
D. 第三方物流模式下,物流企业库存水平高,大量资金被占用
E. 第三方物流模式下,物流企业可以更好地实现物流活动的规模经济

[解析] 如果企业采用第三方物流模式,利用第三方物流企业的运输、配送网络及其专业的物流管理能力,可以提高客户响应速度,加快存货的流动周转,减少企业的安全库存,降低企业的资金风险,选项D错误。

[答案] ABCE

真题精解

点题:本系列真题考查物流管理的发展,2023年两道真题均考查第三方物流。
分析:对于本考点,核心是掌握绿色物流和第三方物流的内容。

1. 绿色物流

绿色物流是指通过充分利用物流资源、采用先进的物流技术,合理规划和实施运输、储存、装卸、搬运、包装、流通加工、配送、信息处理等物流活动,降低物流活动对环境影响的过程。

绿色物流是物流操作和管理全过程的绿色化，一般包括以下五个方面的含义：
（1）集约资源。这是绿色物流的本质内容，也是物流业发展的主要指导思想之一。
（2）绿色运输。
（3）绿色仓储。
（4）绿色包装。
（5）逆向物流。

绿色物流的内涵还包括绿色物流是共生型物流，注重从环境保护和可持续发展角度谋求环境与经济发展共存；绿色物流是循环型物流，包括原材料、副产品再循环，包装废弃物再循环，废旧物品再循环，资源垃圾的收集和再资源化等。

2. 第三方物流

第三方物流是企业为集中精力做好主业，把原来由自己负责的物流活动，以合同方式委托给专业的物流服务提供商，通过信息系统与物流服务提供商保持密切联系，以达到对物流全程的管理和控制的一种物流运作和管理方式，第三方物流又称合同物流。

第三方物流模式的价值体现在以下几个方面：
（1）降低成本。
（2）提高顾客服务水平和质量。
（3）规避风险。
（4）提高竞争力。
（5）提升社会价值。

拓展：该考点还可以单选题的形式考查第三方物流的相关内容。另外，绿色物流的内容也可能在考试中出现，特别是单独以多选题的形式出题。

■ 举一反三

[典型例题·多选] 绿色物流可以降低对环境的影响，其含义主要包括（　　）。
A. 集约资源　　　　　　　　　B. 顺向物流
C. 绿色运输　　　　　　　　　D. 绿色包装
E. 绿色仓储

[解析] 绿色物流一般包括以下五个方面的含义：①集约资源；②绿色运输；③绿色仓储；④绿色包装；⑤逆向物流。

[答案] ACDE

[典型例题·单选] 下列各项中，不属于第三方物流的价值的是（　　）。
A. 降低成本　　　　　　　　　B. 降低物流价格
C. 提高顾客服务水平和质量　　D. 提高竞争力

[解析] 第三方物流模式的价值体现在以下几个方面：①降低成本；②提高顾客服务水平和质量；③规避风险；④提高竞争力；⑤提升社会价值。

[答案] B

■ 环球君点拨

在第三方物流的考试题目中可能会考查本考点中的某些具体语句，如上述2023年真题。因此，考生需要在理解的基础上记忆本考点的内容，而不能只掌握关键词。

第二节 包装、装卸搬运与流通加工

考点 1 包装

真题链接

[2023·单选] 商品包装上标有易碎品标记，这体现了包装的（　　）功能。
A. 保护　　　　　　　　　　　　B. 销售
C. 美化　　　　　　　　　　　　D. 方便

[解析] 方便功能：包装使物品便于流通。包装便于保护物品本身的原有使用价值，包装物上的各种标志和标识便于管理者识别、存取、盘点，有特殊要求的物品易于引起注意。

[答案] D

[2023·单选] 下列选项中，粮食适用的集装化包装形式是（　　）。
A. 集装箱　　　　　　　　　　　B. 集装袋
C. 货捆　　　　　　　　　　　　D. 框架

[解析] 集装袋是用柔性材料制成的袋式包装容器，主要用于粉状、颗粒状如水泥、粮食、化肥、盐、糖、矿产品等物品。集装袋的特点是结构简单、自重轻、可折叠、成本低，比较常见的有橡胶集装袋、塑料集装袋、帆布集装袋，一般都可以重复使用。

[答案] B

[2023·单选] 下列选项中，化肥适用的集装化包装形式是（　　）。
A. 集装袋　　　　　　　　　　　B. 框架
C. 集装箱　　　　　　　　　　　D. 货捆

[解析] 集装袋是用柔性材料制成的袋式包装容器，主要用于粉状、颗粒状如水泥、粮食、化肥、盐、糖、矿产品等物品。集装袋的特点是结构简单、自重轻、可折叠、成本低，比较常见的有橡胶集装袋、塑料集装袋、帆布集装袋，一般都可以重复使用。

[答案] A

真题精解

点题：本系列真题考查包装，但考查侧重点不同。其中，2023 年第一道真题考查包装的功能与分类；2023 年第二道真题和第三道真题考查集装化包装。

分析：对于本考点，核心是掌握包装的功能和集装化包装。

1. 包装的功能

包装有以下三大功能：

（1）保护功能。包装保护物品不受损伤，防止物品破损变形，使物品能承受在装卸、运输、保管等过程中可能受到的冲击、振动、颠簸、压缩、摩擦等外力作用；防止物品外观、品质发生变化，如包装一定程度上起到阻隔水分、潮气、光线以及空气中各种有害气体的作用，防止物品发生受潮、发霉、变质、生锈等物理化学变化，导致物品外观、品质发生变化；防止鼠、虫及其他有害生物对物品造成的破坏，包装封闭不严，会给细菌、虫类等造成侵入机会，导致物品变质、腐败；包装还可以防止异物混入、污物污染、丢失、散失等。

(2) 方便功能。包装使物品便于流通。包装便于保护物品本身的原有使用价值，包装物上的各种标志和标识便于管理者识别、存取、盘点，有特殊要求的物品易于引起注意；包装的集合方法和定量性特征加快了验收速度，节约了验收时间；包装规格尺寸、重量、形态适当时，便于进行装卸搬运操作，提高装卸搬运效率，特别是尺寸与运输工具的箱、仓容积吻合时，更使物品便于运输，提高运输效率。

(3) 销售功能。在商业交易中，促进销售的手段很多，其中物品的包装装潢设计占有重要地位，精美的包装能激发人们的购买欲望，刺激顾客的购买行为。

2. 集装化包装

集装化包装的形式主要有集装箱、托盘、集装袋、货捆、框架集装等。

(1) 集装箱是集合包装容器中最主要的形式，也称货箱、货柜，是具有足够的强度，可长期反复使用的适于多种运输工具而且容积在 $1m^3$ 以上（含 $1m^3$）的集装单元器具。集装箱按照用途不同可分为冷冻集装箱、框架集装箱、罐式集装箱、冷藏集装箱等；按箱体材料不同可分为钢质集装箱、铝合金集装箱、玻璃钢集装箱等；按箱体结构不同可分为折叠式集装箱、固定式集装箱、薄壳式集装箱等。

(2) 集装袋是用柔性材料制成的袋式包装容器，主要用于粉状、颗粒状如水泥、粮食、化肥、盐、糖、矿产品等物品。集装袋的特点是结构简单、自重轻、可折叠、成本低，比较常见的有橡胶集装袋、塑料集装袋、帆布集装袋，一般都可以重复使用。

(3) 货捆也是集装化包装的一种形式，采用各种材料的绳索将货物进行多种方式的捆扎，使若干件单件货物汇集成一个单元。

(4) 框架是根据货物的外形特征选择或者特制各种形式的框架，用于货物的集装化包装。

[拓展]：该考点还可以综合考查包装的几种功能或是单独考查包装的某一种功能，如上述2023年第一道真题。对于集装化包装的四种形式，考生需要掌握并区分其各自的特点，牢记每种集装化包装形式对应的例子。与集装化包装相关的题目往往以单选题为主，如上述2023年第二道真题，其他具体的说明内容也可能出现在考试题目中。

举一反三

[典型例题·多选] 企业物流活动中，包装的功能有（　　）。

A. 促进物品的销售　　　　　　　　B. 防止在物流活动中受到损害
C. 调节货物的运输能力　　　　　　D. 使物品形成单位，便于处置
E. 促进物价的平均化

[解析] 包装的作用是保护物品，使物品的形状、性能、品质在物流运输过程中不受损坏。包装还能使物品形成一定的单位，便于作业时处置。此外，包装使物品醒目、美观，因此可以促进销售。

[答案] ABD

[典型例题·单选] 精美的包装能激发人们的购买欲望，这体现了包装的（　　）功能。

A. 保护　　　　B. 销售　　　　C. 美化　　　　D. 方便

[解析] 销售功能：在商业交易中，促进销售的手段有很多，其中物品的包装装潢设计占有重要地位，精美的包装能激发人们的购买欲望，刺激顾客的购买行为。

[答案] B

[典型例题·单选] 下列选项中，水泥适用的集装化包装形式是（　　）。

A. 集装箱　　　　　　　　　　　B. 集装袋

C. 货捆　　　　　　　　　　　　D. 框架

[解析] 集装袋是用柔性材料制成的袋式包装容器，主要用于粉状、颗粒状如水泥、粮食、化肥、盐、糖、矿产品等物品。集装袋的特点是结构简单、自重轻、可折叠、成本低，比较常见的有橡胶集装袋、塑料集装袋、帆布集装袋，一般都可以重复使用。

[答案] B

环球君点拨

集装化包装的形式主要有集装箱、托盘、集装袋、货捆、框架集装等。其中，托盘的内容在本考点中没有具体展开，而是放到了后面的考点中，但考试中考到集装化包装的形式时，考生不要忘了有托盘这个形式，特别是在多选题中。

考点2 装卸搬运

真题链接

[2023·多选] 下列选项中，装卸搬运作业的特点有（　　）。

A. 具有伴生性　　　　　　　　　B. 对安全性要求高

C. 作业量大、对象复杂　　　　　D. 各物流节点作业量均衡

E. 具有起讫性

[解析] 装卸搬运作业的特点：①装卸搬运作业量大、对象复杂；②装卸搬运作业不均衡；③装卸搬运作业对安全性要求高；④装卸搬运作业具有伴生性和起讫性。

[答案] ABCE

[2023·多选] 下列关于装卸搬运作业特点的说法，正确的有（　　）。

A. 装卸搬运和其他物流环节密不可分，具有伴生性和附属性

B. 各物流活动几乎都需要有装卸搬运作业的衔接，作业量大

C. 流通领域中各物流节点的装卸搬运作业不均衡

D. 装卸搬运作业的安全性指的是所装卸搬运物品的安全

E. 货物的形态、重量、体积和包装方法不同，会有不同的装卸搬运作业要求

[解析] 装卸搬运的安全性直接涉及作业人员的人身安全，也涉及物品安全，必须重视装卸搬运作业的安全问题，选项D错误。

[答案] ABCE

真题精解

点题：本系列真题考查装卸搬运，2023年两道真题均考查装卸搬运作业的特点。

分析：对于本考点，核心是掌握装卸搬运作业的特点和活性指数的内容。

1. 装卸搬运作业的特点

装卸搬运作业的特点包括：

（1）装卸搬运作业量大、对象复杂。物流活动中几乎所有环节都需要有装卸搬运作业的衔接，作业量会随着运输方法的变更、仓库的中转、货物的集散等大幅度提高。在物流过程中，货物多种

多样,物理化学性质、形态、重量、体积和包装方法不同,会有不同的装卸搬运作业要求,不同的储存方法和运输方式也会有不同的装卸搬运作业。

(2) 装卸搬运作业不均衡。在生产领域,生产企业内部的装卸搬运作业相对比较稳定。然而,货物一旦进入流通领域,受到产需对接、市场机制的影响,物流量会出现较大的波动性。商流是物流的前提,某种货物的畅销和滞销、远销和近销,销售批量的大小对货物实物流量有着决定性的影响。从物流领域内部看,各种运输方式运量上的差别、速度的不同,使得港口、码头、车站等物流节点也会出现不均衡的装卸搬运作业。

(3) 装卸搬运作业对安全性要求高。装卸搬运作业需要人与机械、货物、其他劳动工具相结合,作业量大、情况变化多、作业环境复杂等会导致装卸搬运作业中存在安全隐患。装卸搬运的安全性直接涉及作业人员的人身安全,也涉及物品安全,必须重视装卸搬运作业的安全问题。

(4) 装卸搬运作业具有伴生性和起讫性。装卸搬运和其他物流环节密不可分,具有伴生性和附属性特点;同时运输、储存、包装等各物流环节一般都以装卸搬运为起始点和终结点,因此具有起讫性。

2. 活性指数

装卸搬运活性是装卸搬运作业的专用术语,指物流过程中的货物进行装卸搬运作业的方便或者难易程度。通常将各种存放状态下货物的装卸搬运活性用活性指数来表示。活性指数为自然数,指数越大,其装卸搬运活性越高,即货物越容易装卸搬运;指数越小,其装卸搬运活性越低,即货物越难装卸搬运。平均活性指数用 σ 表示,其大小是确定改变搬运方式的信号。当 $\sigma<0.5$ 时,所分析的装卸搬运系统半数以上处于活性指数为 0 的状态,即大部分物料处于散放状态。这时,可以采用料箱、推车等存放物料的方式改善当前的状态。当 $0.5<\sigma<1.3$ 时,表示大部分物料处于集装状态,其改进方式可采用叉车或动力搬动车。当 $1.3<\sigma<2.3$ 时,装卸搬运系统多数处于活性指数为 2 的状态,可采用单元化的连续装卸和搬运加以改善。当 $\sigma>2.3$ 时,则说明装卸搬运系统多数处于活性指数为 3 的状态,其改进方法可以选用拖车或机车车头拖挂的装卸搬运方式。

拓展:该考点考查的内容较细致,考生容易丢分。对于该考点中的其他内容,如活性指数等,考生也要牢固掌握。

举一反三

[典型例题·单选] 下列各项中,装卸搬运作业的特点不包括( )。

A. 作业不均衡 B. 具有伴生性和起讫性
C. 作业量小、对象复杂 D. 对安全性要求高

[解析] 装卸搬运作业量大、对象复杂。

[答案] C

[典型例题·多选] 下列关于活性指数的说法,正确的有( )。

A. 指数越大,装卸搬运活性越高,货物越容易装卸搬运
B. 指数越小,装卸搬运活性越低,货物越难装卸搬运
C. $\sigma<0.5$ 时,装卸搬运系统多数处于活性指数为 1 的状态,即大部分物料处于散放状态
D. $0.5<\sigma<1.3$ 时,大部分物料处于集装状态
E. $\sigma>2.3$ 时,装卸搬运系统多数处于活性指数为 3 的状态

[解析] 当 $\sigma<0.5$ 时,所分析的装卸搬运系统半数以上处于活性指数为 0 的状态,即大部分物

料处于散放状态。这时，可以采用料箱、推车等存放物料的方式改善当前的状态，选项 C 错误。

[答案] ABDE

环球君点拨

考生在备考时可结合生产实际理解装卸搬运作业的特点，并应记住装卸搬运作业特点的具体的表述及部分解释性文字。此外，活性指数在将来的考试中也会涉及，考生要注意货物搬运的 5 级难易程度及平均活性指数对改变搬运方式的影响。

考点 3　流通加工

真题链接

[2023·单选] 下列流通加工活动中，能够提高商品利用率的是（　　）。
A. 丝制品的防虫加工　　　　　　　　B. 钢材集中套裁下料
C. 超市提供的净菜加工　　　　　　　D. 自行车消费地装配

[解析] 为提高商品利用率的流通加工：利用在流通领域的集中加工代替分散在各用户的单个加工，可以大大提高商品的利用率，集中加工形式可以减少原材料消耗，提高加工质量，有时还可以充分利用加工后的副产品。例如，钢材集中下料时能充分合理下料、搭配套裁、减少边角余料的浪费。据测算，钢材集中套裁、加工搭配下料，比分散下料能节约 20%。

[答案] B

[2023·单选] 下列流通加工活动中，属于提高物流效率、降低物流损失的是（　　）。
A. 自行车消费地装配　　　　　　　　B. 丝制品的防虫加工
C. 钢材集中套裁下料　　　　　　　　D. 超市提供的净菜加工

[解析] 为提高物流效率、降低物流损失的流通加工：有些商品，由于自身的特性、形状在运输、装卸搬运作业中的效率低，而且很容易发生损坏，需要进行适当的流通加工以弥补这些商品的物流缺陷。例如，自行车在消费地装配后直接销售，可避免整体运输低效率和货物高损坏的情况。

[答案] A

真题精解

点题：本系列真题考查流通加工，但考查侧重点不同。其中，2023 年第一道真题考查提高商品利用率的流通加工；2023 年第二道真题考查为提高物流效率、降低物流损失的流通加工。

分析：对于本考点，核心是掌握流通加工与生产加工的区别以及流通加工的形式。

1. 流通加工与生产加工的区别

流通加工与生产加工的区别体现在以下几个方面：

（1）加工对象不同。流通加工的对象是进入流通领域的商品，具有商品性质；生产加工的对象是某种最终产品形成过程中的原材料、零部件或半成品。

（2）加工深度不同。流通加工一般是简单加工，其加工内容是浅层次，如板材的剪裁、玻璃开片等；生产加工的复杂程度以及加工深度要远远高于流通加工。不过，当前流通加工产业出现了不断向深加工发展的趋势。

（3）责任人不同。流通加工是由流通企业负责和组织，以满足消费者要求为目的进行的加工活动组织；生产加工以生产企业为责任人和组织者，更多要符合产品设计和加工技术要求。

(4) **附加价值不同**。从价值观点看，生产加工在于创造商品的价值和使用价值，而流通加工在于完善商品的使用价值，一般在不对加工对象做大的改变的情况下提高商品价值。

2. 流通加工的形式

(1) **以保存商品为目的的流通加工**。根据加工对象不同，以保存商品为目的的流通加工可分为生产资料流通加工和消费品流通加工。生产资料的流通加工以保存商品使用价值为目的，一般不改变商品的外形和理化性质，如金属的防锈、除锈处理加工，木材的防腐、防干裂处理加工等。消费品的流通加工是为了使顾客满意商品的质量，如水产品、蛋类、肉类食品的保鲜加工、冷冻加工、防腐加工，纺织品如丝、麻、棉制品的防虫、防霉加工等。

(2) **为提高商品利用率的流通加工**。利用在流通领域的集中加工代替分散在各用户的单个加工，可以大大提高商品的利用率，集中加工形式可以减少原材料消耗，提高加工质量，有时还可以充分利用加工后的副产品。例如，钢材集中下料时能充分合理下料、搭配套裁、减少边角余料的浪费。据测算，钢材集中套裁、加工搭配下料，比分散下料能节约20%。

(3) **为方便消费、满足用户需求的流通加工**。流通企业对标准规格产品按照用户需求进行改制加工，如钢材卷板的舒展、剪切加工，平板玻璃按需要规格的开片加工等。对生产型用户而言，这种流通加工形式可以缩短生产流程，提高生产技术密集程度，缩短生产周期。在消费领域中，净菜、半成品菜、预制菜以及首饰加工、服装加工等流通加工形式不同程度地满足了消费者方便、省时省力的要求。

(4) **为提高物流效率、降低物流损失的流通加工**。有些商品，由于自身的特性、形状在运输、装卸搬运作业中的效率低，而且很容易发生损坏，需要进行适当的流通加工以弥补这些商品的物流缺陷。例如，自行车在消费地装配后直接销售，可避免整体运输低效率和货物高损坏的情况。

拓展：该考点还可以单选题的形式考查另外几种流通加工的形式，特别是每种形式中的例子，考生需要格外关注，这是考试中的常考点。此外，流通加工与生产加工的区别也可能在考试中出现，考生需要精准掌握流通加工和生产加工的特点，以免混淆。

举一反三

[典型例题·多选] 下列选项中，流通加工与生产加工的区别主要体现在（　　）。

A. 加工对象不同　　　　　　　　B. 加工技术不同
C. 责任人不同　　　　　　　　　D. 加工广度不同
E. 附加价值不同

[解析] 流通加工与生产加工的区别体现在以下几个方面：①加工对象不同；②加工深度不同；③责任人不同；④附加价值不同。

[答案] ACE

[典型例题·单选] 下列流通加工活动中，能够方便消费、满足用户需求的是（　　）。

A. 丝制品的防虫加工　　　　　　B. 钢材集中套裁下料
C. 超市提供的净菜加工　　　　　D. 自行车消费地装配

[解析] 为方便消费、满足用户需求的流通加工：在消费领域中，净菜、半成品菜、预制菜以及首饰加工、服装加工等流通加工形式不同程度地满足了消费者方便、省时省力的要求。

[答案] C

环球君点拨

考生在备考时，可通过对照各自的例子理解记忆并区分"为提高商品利用率的流通加工"和"为提高物流效率、降低物流损失的流通加工"。在流通加工的形式中，为提高商品利用率的流通加工是提高商品本身的利用率，而为提高物流效率、降低物流损失的流通加工是提高物流过程的利用率。

第三节 仓储与库存管理

考点1 仓储与仓储合理化

真题链接

[2020·单选] 由船舶运抵的大批货物先存储在港口的货仓中，再由汽车和火车分批、分期转运给客户。这体现了仓储的（ ）功能。

A. 配送与流通加工　　　　　　　　B. 价格调节
C. 货物运输能力调节　　　　　　　D. 供需调剂

[解析] 仓储调节功能的体现之一是实现对运输的调节，产品从生产地向销售地流转主要依靠运输完成，但是不同的运输方式在运输方向、距离、运输量以及运输线路和时间上存在差异，这一差异可以通过仓储活动来调节。

[答案] C

[经典例题·单选] 仓储为目标企业的生产、供应、销售等提供物资和信息的支持，这体现了仓储的（ ）。

A. 调节功能　　　　　　　　　　　B. 防范风险功能
C. 保管检验功能　　　　　　　　　D. 客户服务功能

[解析] 客户服务功能：仓储活动是一种客户服务，为客户的生产、供应、销售等提供物资和信息的支持，为客户带来方便。

[答案] D

真题精解

点题：本系列题目考查仓储与仓储合理化，但考查侧重点不同。其中，2020年真题考查仓储的调节功能；经典例题考查仓储的客户服务功能。

分析：对于本考点，核心是掌握仓储的功能和仓储合理化的内容。

1. 仓储的功能

仓储的功能有：

（1）调节功能。一方面调节生产与消费，使两者在时间和空间上得以协调；另一方面实现对运输的调节，产品从生产地向销售地流转主要依靠运输完成，但是不同的运输方式在运输方向、距离、运输量以及运输线路和时间上存在差异，这一差异可以通过仓储活动来调节。

（2）保管检验功能。仓储必须对所存储的物品进行有效储存保管，为保证其数量和质量，还必须对有关事项进行检验，以满足生产、运输、销售以及客户的要求。

（3）集散功能。仓储活动汇集了生产企业的产品，形成规模，再根据需要分散到不同需求的客户，衔接产需，均衡运输，提高物流效率。

（4）**客户服务功能**。仓储活动是一种客户服务，为客户的生产、供应、销售等提供物资和信息的支持，为客户带来方便。

（5）**防范风险功能**。各种物资的储备和安全库存是用于防范灾害、偶然发生的事件以及市场变化、随机状态而设置的保险库存，可以防范各种风险，保障生产和生活的正常进行。

2. 仓储合理化

仓储合理化的评判标准有仓储质量、仓储数量、储存时间、仓储结构、仓储费用。

拓展：该考点还可以多选题的形式考查仓储有哪几种功能。

举一反三

[典型例题·多选] 下列选项中，仓储的功能主要包括（ ）。

A. 调节功能   B. 客户服务功能

C. 保管检验功能   D. 稳定功能

E. 集散功能

[解析] 仓储的功能有：①调节功能；②保管检验功能；③集散功能；④客户服务功能；⑤防范风险功能。

[答案] ABCE

[典型例题·单选] 仓储可以解决生产与消费的匹配问题，这体现了仓储的（ ）。

A. 调节功能   B. 防范风险功能

C. 保管检验功能   D. 客户服务功能

[解析] 调节功能：一方面调节生产与消费，使二者在时间和空间上得以协调；另一方面实现对运输的调节。

[答案] A

环球君点拨

调节功能：一方面调节生产与消费，使二者在时间和空间上得以协调；另一方面实现对运输的调节，产品从生产地向销售地流转主要依靠运输完成，但是不同的运输方式在运输方向、距离、运输量以及运输线路和时间上存在差异，这一差异可以通过仓储活动来调节。调节功能中的两个方面可能分开来单独出题，考生应全面掌握调节功能的具体内容。

考点2 仓储设施与设备

真题链接

[2023·单选] W 企业欲将某商品入库上架并固定货位储存。该商品最高储存量为 2.4 吨，使用的货架长、宽、高分别是 6 米、1.2 米、3 米，能承受的货品单位质量为 200 千克/立方米，货架存放商品时的容积充满系数为 60%，则需要（ ）个货架。

A. 1   B. 3

C. 4   D. 2

[解析] $N = Q / [(l \cdot b \cdot h) \cdot k \cdot \gamma] = 2.4 / [(6 \times 1.2 \times 3) \times 60\% \times 0.2] \approx 0.926 \approx 1$（个）。

[答案] A

[经典例题·单选] 某公司仓库B区为托盘存储区，每小时进出该库区的商品有120件（单件尺寸基本相同），每个托盘的平均使用周期为8小时，托盘的标准装载量为10件，平均装载效率为90%，则需要（　　）个托盘。

A. 182
B. 193
C. 216
D. 234

[解析] $N = D \cdot T \cdot (1+X)/C = 120 \times 8 \times (1+90\%)/10 = 182.4$（个），即需要182个托盘。

[答案] A

真题精解

点题：本系列题目考查仓储设施与设备，但考查侧重点不同。其中，2023年真题考查货架需要量的计算公式；经典例题考查托盘需要量的计算公式。

分析：对于本考点，核心是掌握仓储设备相关的内容。

（1）货架是指用支架、隔板或托架组成的立体储存货物的设施。货架是专门用于存放成件商品的保管设备。货架最基本的功能是在保护商品的同时有效利用空间。

入库商品需上货架存放时，货架的需要量可根据需上架存放商品的最高储存量、所使用货架的长宽高、该种商品的单位质量，以及货架存放该种商品时的容积充满系数来计算，计算公式如下：

$$N = Q/[(l \cdot b \cdot h) \cdot k \cdot \gamma]$$

（2）托盘是指在运输、搬运和存储过程中，将物品规整为货物单元时，作为承载面并包括承载面上辅助结构件的装置。在商品储存过程中，通常采用货物连带托盘的存储方法，其目的是提高出入库效率和仓库空间利用率。

仓库中储存商品所需托盘的数量主要根据单位时间内进出商品的数量、托盘的平均使用周期、所使用托盘的标准装载量和平均装载效率来计算，计算公式如下：

$$N = D \cdot T \cdot (1+X)/C$$

拓展：该考点是新增考点，出题概率较大。该考点还可能以单选题的形式考查托盘需要量的计算，也就是相关公式的掌握情况，如上述经典例题。同时，该考点也可以文字的形式考查考生对计算公式的记忆。

举一反三

[典型例题·单选] 在货架需要量的计算中，需要考虑的因素不包括（　　）。

A. 上架存放商品的最高储存量
B. 所选用货架的长、宽
C. 上架存放商品的种类
D. 上架存放商品的单位质量

[解析] 在计算货架需要量的公式 $N = Q/[(l \cdot b \cdot h) \cdot k \cdot \gamma]$ 中，N 为货架数量（个）；Q 为上架存放商品的最高储存量（吨）；l、b、h 分别为所选用货架的长、宽、高（米）；k 为货架存放该种商品时的容积充满系数（%）；γ 为上架存放商品的单位质量（吨/立方米）。该公式不涉及上架存放商品的种类，选项C正确。

[答案] C

[典型例题·单选] 某公司仓库B区为托盘存储区，每小时进出该库区的商品有1 250件（单

第六章 物流管理

件尺寸基本相同),每个托盘的平均使用周期为 8 小时,托盘的标准装载量为 20 件,平均装载效率为 80%,则需要(　　)个托盘。

A. 982　　　　　　B. 943　　　　　　C. 900　　　　　　D. 934

[解析] $N = D \cdot T \cdot (1+X) / C = 1\,250 \times 8 \times (1+80\%) / 20 = 900$(个)。

[答案] C

📖 环球君点拨

考生需重点掌握货架需要量计算公式和托盘需要量计算公式,考试中这两个计算公式的考查频率较高。此外,在托盘需要量的计算公式的分子中包括(1+平均装载效率),此处不要忘了有个"1"。

考点 3　仓储作业流程管理

真题链接

[2021·多选] 在企业仓储管理的货物入库环节,入库验收的主要内容包括(　　)。

A. 包装　　　　　　　　　　　　B. 质量
C. 产地　　　　　　　　　　　　D. 数量
E. 价格

[解析] 入库验收是指在商品正式入库前,按照一定的程序和要求,对到库商品进行数量、质量和包装的检查,选项 C、E 错误。

[答案] ABD

[经典例题·多选] 在商品盘点管理中,商品盘点的主要内容包括(　　)。

A. 数量检查　　　　　　　　　　B. 质量检查
C. 成本检查　　　　　　　　　　D. 安全检查
E. 保管条件检查

[解析] 商品盘点的内容主要包括数量检查、质量检查、安全检查、保管条件检查等。

[答案] ABDE

真题精解

点题:本系列题目考查仓储作业流程管理,但考查侧重点不同。其中,2021 年真题考查商品入库作业管理;经典例题考查商品盘点管理。

分析:对于本考点,核心是掌握商品入库作业管理和商品盘点管理的内容。

1. 商品入库作业管理

(1)货位分配原则:以周转率为基础的原则;商品相关性原则;商品同一性原则;商品类似性原则;商品替代性原则;商品相容性原则;先进先出原则。

(2)商品入库流程及其具体内容:

①入库验收。入库验收是指在商品正式入库前,按照一定的程序和要求,对到库商品进行数量、质量和包装的检查,以验证其是否符合订货合同规定的一项工作。验收的程序一般为:验收准备;核对资料凭证;实物检验;建立货物信息档案。

②入库堆码。堆码是指根据商品的包装、外形、性质、特点、重量和数量,结合季节和气候情

况，以及储存时间的长短，将商品按一定的规律码成各种形状的货垛的活动。堆码的主要目的是便于对商品进行维护、查点等管理，提高仓容利用率。堆码的基本要求主要是：合理、牢固、定量、整齐、节约和方便。

2. 商品盘点管理

商品盘点的目的主要是清查实际库存量，帮助企业计算资产损益和发现仓库中存在的问题。通过盘点清查实际库存数量与账面库存数量，发现问题并查明原因，及时调整。

商品盘点的内容主要包括数量检查、质量检查、安全检查、保管条件检查等。

盘点方法主要有账面盘点及现货盘点。账面盘点又称永续盘点，就是根据各有关凭证，在账簿中逐日逐笔进行登记，并随时结算出各种商品账面结存数额的一种方法。现货盘点又称实地盘点或实盘，也就是实际去库内清点数量，再依商品单价计算出实际库存金额的方法。

拓展： 该考点还可能考查货位分配原则、商品入库流程和商品盘点的方法等，且单选题和多选题都可能出现。

举一反三

[典型例题·单选] 下列选项中，货位分配的原则不包括（　　）。

A. 商品相关性原则　　　　　　B. 商品同一性原则

C. 商品相容性原则　　　　　　D. 后进先出原则

[解析] 货位分配原则：①以周转率为基础的原则；②商品相关性原则；③商品同一性原则；④商品类似性原则；⑤商品替代性原则；⑥商品相容性原则；⑦先进先出原则。

[答案] D

[典型例题·多选] 下列选项中，商品入库验收的程序一般包括（　　）。

A. 验收准备　　　　　　　　　B. 入库堆码

C. 核对资料凭证　　　　　　　D. 实物检验

E. 建立货物信息档案

[解析] 入库堆码属于商品入库流程，选项B错误。

[答案] ACDE

环球君点拨

入库验收和商品盘点的内容虽有重叠，但不完全一致，为防止混淆，考生需准确记忆二者的具体内容。商品入库流程中的入库验收是对到库商品进行数量、质量和包装的检查，而商品盘点的内容主要包括数量检查、质量检查、安全检查、保管条件检查等。

考点4　库存管理

真题链接

[经典例题·单选] 按照库存的功能分类，为了应对需求和补货提前期变动的不确定，防止产品制造与供应的意外情况而建立的库存为（　　）。

A. 周转库存　　B. 安全库存　　C. 投机性库存　　D. 调节库存

[解析] 安全库存，又称缓冲库存，指为了应对需求和补货提前期变动的不确定，防止产品制造与供应的意外情况而设立的一种库存。

第六章　物流管理

[答案] B

[2023·单选] 某公司的库存商品有 3 300 个品种，其中 A 类有 300 种，B 类有 600 种，C 类有 2 400 种。若每月清点一次 A 类，每季清点一次 B 类，每半年清点一次 C 类，若每月 20 个工作日，那么该库存管理人员每个工作日需要清点的商品品种数共（　　）种。

A. 52　　　　　　　　　　　　B. 68

C. 45　　　　　　　　　　　　D. 84

[解析] 每个工作日需清点 A 类产品：300/20＝15（种）；每个工作日需清点 B 类产品：600/60＝10（种）；每个工作日需清点 C 类产品：2 400/120＝20（种）。该库存管理人员每个工作日需要清点的商品品种数共计：15＋10＋20＝45（种）。

[答案] C

[2022·单选] 某企业每年需要原材料 120 000 吨，单次订货费用为 4 万元，单价为 1 万元/吨，每吨保管费率为 6％，则该种原材料的经济订购批量为（　　）吨。

A. 4 000　　　　　　　　　　　B. 8 000

C. 6 000　　　　　　　　　　　D. 5 000

[解析] 经济订购批量 $= \sqrt{\dfrac{2 \times 每次订货成本 \times 年需求量}{单价商品的价格 \times 单位商品的年持有成本占商品价值的百分比}}$

$= \sqrt{\dfrac{2 \times 40\,000 \times 120\,000}{10\,000 \times 0.06}} = 4\,000$（吨）。

[答案] A

[2022·单选] 设企业某种材料的年需求量为 1 200 吨，单价为 20 万元/吨，单次订货费用为 4 万元，每吨年保管费率为 4.8％，则该种原材料的经济订购批量为（　　）吨。

A. 250　　　　　　　　　　　　B. 100

C. 150　　　　　　　　　　　　D. 200

[解析] 经济订购批量 $= \sqrt{\dfrac{2 \times 每次订货成本 \times 年需求量}{单价商品的价格 \times 单位商品的年持有成本占商品价值的百分比}} =$

$\sqrt{\dfrac{2 \times 40\,000 \times 1\,200}{200\,000 \times 0.048}} = 100$（吨）。

[答案] B

真题精解

点题： 本系列题目考查库存管理，但考查侧重点不同，经典例题考查库存的分类；2023 年真题考查 ABC 库存分类管理法；2022 年的两道真题考查库存控制基本模型。

分析： 对于本考点，核心是掌握库存的分类、ABC 库存分类管理法、库存控制基本模型。

1. 库存的分类

（1）按**库存的功能**分类，库存可分为以下五种类型：

①**周转库存**，又称周期库存，指为了满足补货/订货期间的平均需求而形成的必要库存。补货/订货提前期是指从发出订单到收到货物的时间。

②**安全库存**，又称缓冲库存，指为了应对需求和补货提前期变动的不确定，防止产品制造与供应的意外情况而设立的一种库存。

③在途库存，指从一个地方到另外一个地方，处于运输状态或为了运输的目的而暂时处于储存状态的物品。

④调节库存，又称季节性库存，指为了避免生产供给或者消费需求的季节性波动而持有的库存。大米、棉花、水果等属于季节性产出的产品，夏季对空调机的需求等属于季节性变动的需求。

⑤投机性库存，又称屏障库存，指为了避免因为物价上涨造成损失，或者为了从商品价格上涨中获利而建立的库存。

(2) 按库存的需求特性分类，库存可分为独立需求库存和相关需求库存。独立需求是指对某种物品的需求只受企业外部的市场影响而不受其他种类物品的影响，表现出对这种产品需求的独立性。相关需求又称非独立需求，是指对某种物品的需求直接依赖于其他种类的物品，如自行车车轮和自行车的需求关系。

(3) 按库存所处的生产阶段分类，库存可分为原材料库存、在制品库存和成品库存。

2. 库存控制基本模型

(1) 定量库存控制系统。EOQ 模型只考虑两类成本，即库存持有成本与订购成本。EOQ 模型下，年库存总成本可由下式表示：

$$TC = PD + CD/Q + K(Q/2)$$

EOQ 的计算公式为：

$$EOQ = \sqrt{2CD/K}$$

$$EOQ = \sqrt{2CD/PF}$$

(2) 定期库存控制系统。每次订购批量的计算公式为：

$$Q = E - Q_0 - Q_1$$

如果订购间隔期 T 和订购提前期 L 均以"日"为单位，一年中有 N 个作业日时，最大库存量的计算公式为：

$$E = D(T+L)/N + S$$

拓展：该考点内容较多，在考试中出现的概率较大。库存的意义和分类主要考查文字类内容，考生应重点掌握相关的概念，不混淆即可。库存控制基本模型主要考查计算类内容，以单选题为主，考生应重点掌握计算的方法和步骤。

举一反三

[典型例题·单选] 按库存所处生产阶段的不同，库存可分为（　　）。

A. 商品库存、制造业库存、安全库存　　B. 原材料库存、在制品库存、成品库存
C. 经常库存、季节性库存、安全库存　　D. 独立需求库存、相关需求库存

[解析] 按库存所处生产阶段的不同，库存可分为原材料库存、在制品库存和成品库存。

[答案] B

[典型例题·单选] 某企业原料的年需求量为 1 200 吨，单价为 2 000 元/吨，单次订货费用为 400 元，每吨年保管费率为 4.8%，则该种原料的经济订购批量为（　　）吨。

A. 200　　　　　　　　　　　　　　　B. 150
C. 250　　　　　　　　　　　　　　　D. 100

[解析] 经济订购批量 = $\sqrt{\dfrac{2 \times 每次订购成本 \times 年需求量}{单价商品的价格 \times 单位商品的年持有成本占商品价值的百分比}}$ =

$$\sqrt{\frac{2\times400\times1\,200}{2\,000\times0.048}}=100\ (吨)。$$

[答案] D

环球君点拨

库存的分类属于常考点，特别是对概念的直接考查，一般来说难度不大。ABC 库存分类管理法中的计算难度较低，但考生要注意计算中的清点循环周期的时间要统一，并看清题目所问的具体库存主体。库存控制基本模型的题目一般不会太难，考生应熟练记忆库存控制基本模型中的计算公式。

第四节　运输与配送管理

考点 1　运输管理

真题链接

[2023·单选] 在商品运输中，同一品种货物在同一地点运进的同时又向外运出，这种情况属于（　　）。

A. 对流运输　　　　　　　　　　B. 迂回运输
C. 重复运输　　　　　　　　　　D. 倒流运输

[解析] 对流运输亦称"相向运输""交错运输"，指同一种货物，或彼此间可以互相代用而又不影响管理、技术及效益的货物，在同一线路上或平行线路上作相对方向的运送，而与对方运程的全部或一部分发生重叠交错的运输，选项 A 错误。迂回运输属于舍近取远的一种运输，即可以选取短距离运输，却选择路程较长的路线进行运输的一种不合理形式，选项 B 错误。重复运输指的是本来可以直接将货物运到目的地，但是在未达目的地之处，或目的地之外的其他场所将货物卸下，再重复装运送达目的地，这是重复运输的一种形式。另一种形式是，同品种货物在同一地点运进的同时又向外运出，选项 C 正确。倒流运输指货物从销地或中转地向产地或起运地回流的一种运输现象，选项 D 错误。

[答案] C

[2023·单选] 在商品运输中，货物从销售地向产地运输，这种运输属于（　　）。

A. 重复运输　　　　　　　　　　B. 迂回运输
C. 倒流运输　　　　　　　　　　D. 对流运输

[解析] 倒流运输是指货物从销地或中转地向产地或起运地回流的一种运输现象。

[答案] C

真题精解

点题：本系列真题考查运输管理，但考查侧重点不同。其中，2023 年第一道真题考查重复运输；2023 年第二道真题考查倒流运输。

分析：对于本考点，核心是掌握运输与运输系统、合理运输的内容。

1. 运输与运输系统

运输是利用载运工具、设施设备及人力等运力资源，将货物在较大空间上产生位置移动的活动。运输提供以下两大效用：

(1) 空间效用。空间效用也称"场所效用"，是指物品在不同的地理位置，其使用价值实现的程度是不同的，即效用价值是不同的。

(2) 时间效用。运输除创造空间效用外，还创造时间效用，即具有一定的存储功能。所谓时间效用，是指物品在不同的时刻，其使用价值的实现程度是不同的，即效用价值是不一样的。

运输系统就是在一定的时间和空间内，由运输过程所需的基础设施、运输工具和运输参与者等若干要素相互作用、相互依赖和相互制约所构成的具有特定运输功能的有机整体。运输系统的构成要素主要有运输线路、运输工具、运输参与者和运输节点。

2. 合理运输

商品的合理运输是指在运输过程中，按照交通运输条件、商品合理流向、市场供求情况，走最短的里程，经最少的环节，用最少的运力，花最少的费用，以最快的速度，将商品从起运点运达目的地的运输。

商品的不合理运输是指在现有条件下可以达到的运输水平而未达到，从而造成了运力浪费、运输时间增加、运费超支等问题的运输形式。不合理运输的形式主要有以下几种：

(1) 空驶运输。不合理运输的最严重形式是空驶运输。在实际运输组织中，有时候必须调运空车，从管理上不能将其看成不合理运输。但是，因调运不当、货源计划不周而未采用运输社会化所形成的空驶，是不合理运输的表现。

(2) 对流运输。亦称"相向运输""交错运输"，指同一种货物，或彼此间可以互相代用而又不影响管理、技术及效益的货物，在同一线路上或平行线路上作相对方向的运送，而与对方运程的全部或一部分发生重叠交错的运输。

(3) 迂回运输。属于舍近取远的一种运输，即可以选取短距离运输，却选择路程较长的路线进行运输的一种不合理形式。

(4) 重复运输。本来可以直接将货物运到目的地，但是在未达目的地之处，或目的地之外的其他场所将货物卸下，再重复装运送达目的地，这是重复运输的一种形式。重复运输的另一种形式是，同品种货物在同一地点运进的同时又向外运出。

(5) 倒流运输。货物从销地或中转地向产地或起运地回流的一种运输现象。

(6) 过远运输。调运物资舍近求远，拉长了货物的运距。过远运输占用运力时间长，易出现货损，增加了费用支出。

(7) 运力选择不当。未依据运输工具的优势选择运输方式造成的运输不合理现象，有以下几种常见的形式：弃水走陆；铁路、大型船舶的过近运输；运输工具承载能力选择不当。

(8) 托运方式选择不当。本应选择整车未选择，反而采取零担托运；应当直达而选择了中转运输；应当中转运输而选择了直达运输等都属于这一类型的不合理运输。

(9) 无效运输。凡装运的货物中无使用价值的杂质（如煤炭中的矸石、原油中的水分、矿石中的泥土和沙石）含量过多或含量超过规定标准的运输都属于无效运输。

拓展：考试中可能会以多选题的方式考查不合理运输的形式有哪些，同时也可能会以单选题的形式考查各种不合理运输形式的概念，如上述 2023 年真题。

举一反三

[典型例题·多选] 下列选项中，不合理运输的形式主要包括（　　）。

A. 空驶运输　　　　　　　　　　　　B. 超速运输

C. 对流运输　　　　　　　　　　　D. 重复运输
E. 过远运输

[解析] 不合理运输的形式包括：①空驶运输；②对流运输；③迂回运输；④重复运输；⑤倒流运输；⑥过远运输；⑦运力选择不当；⑧托运方式选择不当；⑨无效运输。

[答案] ACDE

[典型例题·单选] 在商品运输中，可以选取短距离运输，却选择路程较长的路线进行运输。这种不合理运输的形式属于（　　）。

A. 空驶运输　　　　　　　　　　　B. 迂回运输
C. 对流运输　　　　　　　　　　　D. 重复运输

[解析] 迂回运输属于舍近取远的一种运输，即可以选取短距离运输，却选择路程较长的路线进行运输的一种不合理形式。

[答案] B

环球君点拨

考生需要准确地掌握不合理运输的九种形式，并深入了解不合理运输的九种形式中的相似的概念及各个概念的内涵。例如：迂回运输有一定复杂性，不能简单处之，只有当计划不周、组织不当而发生的迂回运输，才属于不合理运输。如果最短距离有交通阻塞、道路情况不好或有对噪声、排气等特殊限制而不能使用时发生的迂回运输，不能称不合理运输。倒流运输不合理程度要高于对流运输，其原因在于，往返两程的运输都是不必要的，形成了双程的浪费。倒流运输也可以看作隐蔽对流的一种特殊形式。

考点2　配送管理

真题链接

[2020·单选] 下列选项中，产品从物流据点到用户之间的运输活动属于（　　）。

A. 分配　　　　　　　　　　　　　B. 分流
C. 配送　　　　　　　　　　　　　D. 分销

[解析] 配送是指产品从物流据点到用户之间的运输活动。

[答案] C

[2023·单选] 一般由商业销售网点进行的距离近、品种多、批量小、临时需要的货物配送属于（　　）。

A. 集中配送　　　　　　　　　　　B. 共同配送
C. 定量配送　　　　　　　　　　　D. 分散配送

[解析] 分散配送：对于小批量货物、零星货物或者临时需要的货物，一般由商业销售网点进行配送。商业销售网点具有分布广、数量多、服务面宽等特点，适宜开展距离近、品种多而用量小的货物配送。

[答案] D

[2023·单选] 下列选项中，按规定的批量在指定的时间范围内进行的配送属于（　　）。

A. 定时配送　　　　　　　　　　　B. 定量配送

C. 定时定路线配送　　　　　　　D. 即时配送

[解析] 定量配送：按规定的批量在一个指定的时间范围内进行的配送。

[答案] B

真题精解

点题：本系列真题考查配送管理，但考查侧重点不同。其中，2020年真题考查配送的含义；2023年两道真题均考查配送的类型。

分析：对于本考点，核心是掌握配送的含义和配送的类型。

1. 配送的含义

配送是根据客户要求，对物品进行分类、拣选、集货、包装、组配等作业，并按时送达指定地点的物流活动。配送的基本功能要素有备货、储存、订单处理、分拣及配货、配装、输送、送达服务等。

配送包含以下几层含义：

（1）配送是从物流据点至收货人的一种送货形式，物流据点可以是仓库、配送中心，也可以是商店或其他物资集散地，在将货物送交收货人后即告完成。

（2）配送是流通加工、整理、拣选、分类、配货、配装、末端运输等多种物流活动的组合体，是"配"与"送"的有机结合形式，是短距离的"末端运输""二次运输""支线运输"。

（3）配送以用户要求为根本出发点。用户对配送的要求包括数量、品种、规格、供货周期、供货时间等。

（4）配送要体现经济合理性，并以现代化的物流技术与装备为支撑。

2. 配送的类型

（1）按**配送的组织形式**分类，可将配送分为以下几种类型：

①集中配送。由专门从事配送业务的企业对多家用户开展的配送。

②共同配送。又称协同配送，是在同一个地区，许多企业在物流运输中相互配合、联合合作，共同进行理货、配货、发送等活动的一种配送组织形式。

③分散配送。对于小批量货物、零星货物或者临时需要的货物，一般由商业销售网点进行配送。

（2）按**配送商品的种类和数量**分类，可将配送分为以下几种类型：

①单（少）品种大批量配送。当生产企业所需的物资品种少或者只需要单一品种的物资，而需求量大且需求较稳定时，可实行这种配送方式。

②多品种小批量多批次配送。按用户的要求，将所需的各种物资配备齐全后，由配送点送达用户。

③成套配套配送。按企业生产需要，尤其是装配型企业的生产需要，将生产每一件产品所需的全部零部件配齐，按生产节奏定时送达，随即可将此成套零部件送入生产线装配产品。

（3）按**配送的时间和数量**分类，可将配送分为以下几种类型：

①定时配送。按规定的时间间隔进行的配送。时间间隔由配送企业和生产企业相互协商决定，可以是数天，也可以是数小时。

②定量配送。按规定的批量在一个指定的时间范围内进行的配送。

③定时定量配送。按规定的时间、规定的货物品种和数量进行配送。

④定时定路线配送。在规定的运行线路上，制定配送车辆到达的时间表，按运行时间表进行配送。

⑤即时配送。立即响应用户提出的即刻服务要求并且短时间内送达的一种配送方式。

拓展：该考点是重要考点，特别是配送的分类，难度较低但容易出错。考试中还可能给出配送分类的标准，让考生选择在这一标准下的配送类型，或者是单独考查某种配送的概念。

举一反三

[典型例题·多选] 按配送商品的种类和数量分类，配送可以分为（　　）。

A. 共同配送　　　　　　　　　　B. 单（少）品种大批量配送

C. 多品种小批量多批次配送　　　　D. 分散配送

E. 成套配套配送

[解析] 共同配送和分散配送是按配送的组织形式分类，选项 A、D 错误。

[答案] BCE

[典型例题·多选] 按配送的时间和数量分类，配送可以分为（　　）。

A. 成套配套配送　　　　　　　　B. 定时配送

C. 集中配送　　　　　　　　　　D. 定时定量配送

E. 定时定路线配送

[解析] 成套配套配送是按配送商品的种类和数量分类，选项 A 错误。集中配送是按配送的组织形式分类，选项 C 错误。

[答案] BDE

环球君点拨

在配送的类型中，考生需要精准掌握三种不同的分类标准所得出的不同分类结果，并仔细区分各个概念。例如，按配送的时间和数量分类，配送的类型包括定时定量配送、定时定路线配送等，但不包括定量定路线配送。

第七章 技术创新管理

第一节 技术创新的含义、分类与模式

考点1 创新与技术创新

真题链接

[2024·多选] 下列关于技术创新的说法，正确的有（ ）。

A. 技术创新是一项高风险活动　　B. 技术创新具有一体化趋势

C. 技术创新只是一种技术行为　　D. 技术创新没有外部性

E. 技术创新具有时间差异性

[解析] 技术创新的特点包括：①技术创新是一种经济行为；②技术创新是一项高风险活动；③技术创新时间的差异性；④（正）外部性；⑤一体化与国际化。

[答案] ABE

[2023·单选] 技术的非自愿扩散促进了周围技术和生产力水平的提高，这表明技术创新具有（ ）。

A. 时间差异性　　B. 外部性

C. 国际性　　　　D. 风险性

[解析] 对于技术创新活动来说，外部性是指由于技术的非自愿扩散，促进了周围技术和生产力水平的提高，如对创新成果的无偿模仿等。

[答案] B

[2022·单选] 技术创新成果具有准公共物品的性质，是技术创新的（ ）。

A. 高风险　　B. 差异性

C. 外部性　　D. 一体化

[解析] 由于技术创新成果的使用具有非排他性，创新投入主体很难对成果实现独占，所以技术创新成果具有准公共物品的性质，技术创新活动具有较强的正外部性。

[答案] C

[2021·多选] 下列关于技术创新的说法，正确的有（ ）。

A. 技术创新是一种技术行为，不是经济行为

B. 技术创新具有很强的负外部性

C. 技术创新具有时间差异性

D. 技术创新具有国际化趋势

E. 技术创新是一种高风险的活动

[解析] 技术创新是一种经济行为，同时具有较强的正外部性，选项A、B错误。

[答案] CDE

第七章 技术创新管理

📖 **真题精解**

点题：本系列真题考查创新与技术创新，但考查侧重点不同。其中，2024年真题、2021年真题均考查技术创新的主要特点；2023年真题和2022年真题均考查技术创新的外部性。

分析：对于本考点，核心是掌握技术创新的特点。

技术创新具有以下主要特点：

（1）技术创新是一种<u>经济行为</u>。其核心是企业家，技术创新的产出成果是新产品和新工艺等，其目的是获取潜在的利润。

（2）技术创新是一项<u>高风险活动</u>。

（3）技术创新时间的<u>差异性</u>。

①大部分技术创新需要的时间：<u>2~10年</u>。

②工厂开发部门从事发展性开发（短期创新）需要的时间：<u>2~3年</u>。

③应用性技术开发（中期创新）需要的时间：<u>5年左右</u>。

④基础性开发需要的时间：<u>8~10年</u>。

（4）<u>外部性</u>。外部性是指由于技术的非自愿扩散，促进了周围技术和生产力水平的提高，如对创新成果的无偿模仿等。由于技术创新成果的使用具有非排他性，创新投入主体很难对成果实现独占，所以技术创新成果具有准公共物品的性质，技术创新活动具有较强的正外部性。

（5）<u>一体化与国际化</u>。

📖 **举一反三**

[典型例题·多选] 下列关于技术创新的特点的表述，正确的有（　　）。

A. 是一项低风险活动　　　　　　B. 国际化

C. 是一项高风险活动　　　　　　D. 一体化

E. 具有负外部性

[解析] 技术创新是一项高风险活动，选项A错误。技术创新具有正外部性，选项E错误。

[答案] BCD

[典型例题·单选] 下列选项中，技术创新的核心是（　　）。

A. 研发人员　　　　　　　　　　B. 企业家

C. 一线员工　　　　　　　　　　D. 科学家

[解析] 技术创新是一种经济行为，其核心是企业家，技术创新的产出成果是新产品和新工艺等，其目的是获取潜在的利润。

[答案] B

📖 **环球君点拨**

技术创新是一种经济行为，研究开发是技术行为。创新联结了技术与经济，是将技术转化为生产力的过程。

考点2 技术创新的分类

📖 **真题链接**

[2024·单选] 企业对一种涂料的生产工艺进行了改进，大大提高了色牢度，根据技术创新的

新颖程度不同，该企业这种技术创新属于（　　）。

　　A. 集成创新　　　　　　　　　　B. 渐进性创新

　　C. 根本性创新　　　　　　　　　D. 原始创新

[解析] 根据技术创新的新颖程度不同，技术创新分为渐进性创新和根本性创新。其中渐进性创新是指对现有技术的改进和完善引起的渐进性、连续性的创新。它在技术原理上没有重大变化，只是根据市场需要对现有产品或生产工艺进行功能上的扩展和改进。

[答案] B

[2022·单选] 集装箱是由火柴盒发展起来的，从技术创新的对象看，这种创新属于（　　）。

　　A. 原始创新　　　　　　　　　　B. 工艺创新

　　C. 集成创新　　　　　　　　　　D. 产品创新

[解析] 根据技术创新对象的不同，技术创新可分为产品创新和工艺创新。按照技术变化量的大小，产品创新可分为重大的产品创新和渐进的产品创新。由火柴盒包装箱发展起来的集装箱，由收音机发展起来的组合音响等，均属于渐进的产品创新。

[答案] D

[2021·单选] 根据技术创新对象的不同，技术创新可以分为（　　）。

　　A. 自主创新和模仿创新　　　　　B. 渐进性创新和根本性创新

　　C. 引进、消化吸收再创新和工艺创新　　D. 产品创新和工艺创新

[解析] 根据技术来源的不同，企业技术创新战略可分为自主创新战略、模仿创新战略和合作创新战略，选项A错误。根据技术创新的新颖程度不同，技术创新可分为渐进性创新和根本性创新，选项B错误。根据技术创新模式的不同，技术创新可分为原始创新，集成创新和引进、消化吸收再创新，选项C错误。

[答案] D

[2019·单选] 为提高产品质量，某公司进行生产技术变革，这属于技术创新中的（　　）。

　　A. 工艺创新　　　　　　　　　　B. 原始创新

　　C. 根本性创新　　　　　　　　　D. 产品创新

[解析] 工艺创新也称过程创新，是产品的生产技术变革，其成果包括新工艺、新设备和新组织管理方式。

[答案] A

真题精解

点题：本系列真题考查技术创新的分类，但考查侧重点不同。其中，2024年真题考查基于技术创新的新颖程度；2022年真题考查产品创新；2021年真题考查基于技术创新对象的不同，技术创新可分为哪些具体类型；2019年真题考查工艺创新。

分析：对于本考点，核心是掌握基于技术创新对象对技术创新进行分类的内容。

技术创新的分类有很多方法，其中比较有代表性的有以下三种。

1. 基于技术创新对象

（1）**产品创新**：建立在产品整体概念基础上、以市场为导向的系统工程，是功能创新、形式创新、服务创新多维交织的组合创新。产品创新可分为重大（全新）的产品创新和渐进（改进）的产品创新（例如，由火柴盒包装箱发展起来的集装箱，由收音机发展起来的组合音响等）。

(2) 工艺创新：也称过程创新，是产品的生产技术变革，其成果包括新工艺、新设备和新组织管理方式。

2. 基于技术创新模式

(1) 原始创新。原始创新活动主要集中在基础科学和前沿技术领域。原始创新是为未来发展奠定坚实基础的创新，其本质属性是原创性和第一性。

(2) 集成创新。集成创新的主体是企业。集成创新所应用到的所有单项技术都是已经存在的，其创新之处就在于对这些已经存在的单项技术按照自己的需要进行了系统集成并创造出全新的产品或工艺。

(3) 引进、消化吸收再创新。引进、消化吸收再创新是最常见、最基本的创新形式，其核心是利用各种引进的技术资源，在消化吸收的基础上完成重大创新。

3. 基于技术创新的新颖程度

(1) 渐进性创新：指对现有技术的改进和完善引起的渐进性、连续性的创新。它在技术原理上没有重大变化，只是根据市场需要对现有产品或生产工艺进行功能上的扩展和改进。例如，性能日新月异的家用电器、功能不断扩展的手机、服务领域逐渐扩大的电子商务等。

(2) 根本性创新：指技术有重大突破的创新，往往与科学上的重大发现相联系。

拓展：该考点还可能考查基于技术创新模式对技术创新进行分类和基于技术创新的新颖程度对技术创新进行分类的这两种方法中，技术创新分别包含哪些具体类型，或是综合考查三种分类方法。

举一反三

[典型例题·单选] 基于技术创新的新颖程度不同，技术创新可划分为（　　）。

A. 产品创新和工艺创新
B. 渐进性创新和根本性创新
C. 组织创新和管理创新
D. 原始创新，集成创新和引进、消化吸收再创新

[解析] 基于技术创新的新颖程度不同，技术创新可分为渐进性创新和根本性创新。

[答案] B

[典型例题·单选] 技术创新根据创新模式不同进行分类。其中，（　　）的本质属性是原创性和第一性。

A. 原始创新　　　　　　　　　　B. 集成创新
C. 工艺创新　　　　　　　　　　D. 引进、消化吸收再创新

[解析] 原始创新是为未来发展奠定坚实基础的创新，其本质属性是原创性和第一性。

[答案] A

环球君点拨

引进、消化吸收再创新是一种创新，考生不能拆开来理解，其是基于技术创新模式对技术创新进行分类的结果。

考点3 技术创新的过程与模式

真题链接

[2024·单选] 根据A-U过程创新模式，主导设计被消费者与市场接受和推崇的阶段是（　　）。
A. 集成阶段　　　　　　　　　　　B. 不稳定阶段
C. 稳定阶段　　　　　　　　　　　D. 过渡阶段

[解析] 过渡阶段的产品创新逐渐减少，而工艺创新继续呈上升趋势，且超越产品创新，通过"纠错"形成了主导设计。这是一个主导设计被消费市场接受和推崇的阶段。

[答案] D

[2022·单选] 从基础研究开始，到应用研究，到研究开发，再到生产制造，直到商业化的新产品在市场上销售，属于（　　）创新模式。
A. 技术推动　　　　　　　　　　　B. 需求拉动
C. 技术和市场交互　　　　　　　　D. 国家创新体系

[解析] 科技推动的创新是一种简单的线性关系，从基础研究开始，到应用研究，到研究开发，再到生产制造，直到商业化的新产品在市场上销售。

[答案] A

[2023·单选] 根据A-U过程创新模式，技术资源与市场需求联结起来的主导设计开始出现的阶段是（　　）。
A. 不稳定阶段　　　　　　　　　　B. 稳定阶段
C. 成熟阶段　　　　　　　　　　　D. 过渡阶段

[解析] 过渡阶段：此阶段的产品创新逐渐减少，而工艺创新则继续呈上升趋势，且超越产品创新，通过"纠错"形成了主导设计。随着企业技术经验的积累和消费者消费倾向的明晰，会出现一个技术资源与市场需求联结起来的主导设计。在主导设计确定后，产品基本稳定，产品创新程度下降，工艺创新取代产品创新成为关注的焦点。

[答案] D

[2022·单选] 在A-U过程创新模式中，产品创新逐步减少，工艺创新呈上升趋势并超越产品创新的阶段称为（　　）。
A. 成熟阶段　　　　　　　　　　　B. 衰退阶段
C. 过渡阶段　　　　　　　　　　　D. 不稳定阶段

[解析] 过渡阶段：此阶段的产品创新逐渐减少，而工艺创新继续呈上升趋势，且超越产品创新，通过"纠错"形成了主导设计。

[答案] C

[2023·单选] 根据党的二十大报告，我国科技创新体系中，居于科技创新主体地位的是（　　）。
A. 科研院所　　　B. 企业　　　C. 政府　　　D. 高校

[解析] 党的二十大报告指出，要完善科技创新体系。强化企业科技创新主体地位，发挥科技型骨干企业引领支撑作用，营造有利于科技型中小微企业成长的良好环境，推动创新链产业链资金链人才链深度融合。

[答案] B

真题精解

点题：本系列真题考查技术创新的过程与模式，但考查侧重点不同。其中，2024年真题、2023年第一道真题和2022年第二道真题考查A－U过程创新模式；2022年第一道真题考查技术推动创新模式；2023年第二道真题考查国家创新体系。

分析：对于本考点，核心是掌握技术推动创新模式、需求拉动创新模式、A－U过程创新模式等的内容。技术创新的过程与模式及其具体内容如下：

（1）技术推动创新模式。基本观点是研究开发是创新构思的主要来源，因而，这种观点被称作创新的技术推动或发现创新模式。科技推动的创新是一种简单的线性关系，从基础研究开始，到应用研究，到研究开发，再到生产制造，直到商业化的新产品在市场上销售。市场只是被动地接受研究开发成果。

（2）需求拉动创新模式。市场需求信息是技术创新活动的出发点。

（3）技术和市场交互作用创新模式。技术创新是技术和市场交互作用共同引发的，技术推动和需求拉动的相对重要性在产业及产品生命周期的不同阶段可能有着显著的不同。

（4）A－U过程创新模式。A－U过程创新模式分为三个阶段，即不稳定阶段、过渡阶段、稳定阶段，并与产品的生命周期联系起来。A－U过程创新模式三个阶段具体内容如下：

①不稳定阶段。此阶段的产品创新和工艺创新都呈上升趋势，但产品创新明显强于工艺创新。这是一个在商业与技术上不断"尝试、纠错"的阶段。这一阶段的研究开发具有探索性，研发经费支出较高，不易获得好的经济效益。

②过渡阶段。产品创新逐渐减少，而工艺创新继续呈上升趋势，且超越产品创新，通过"纠错"形成了主导设计。随着企业技术经验的积累和消费者消费倾向的明晰，会出现一个技术资源与市场需求联结起来的主导设计。这是一个主导设计被消费市场接受和推崇的阶段。

③稳定阶段。产品创新与工艺创新均表现为下降趋势，工艺创新较产品创新仍然有相对优势，产业发展进入成熟期。

（5）系统集成和网络创新模式。系统集成和网络创新模式是第五代创新过程模式，是一体化模式的理想化发展。

（6）国家创新体系。党的二十大报告指出，要完善科技创新体系。坚持创新在我国现代化建设全局中的核心地位。强化企业科技创新主体地位，发挥科技型骨干企业引领支撑作用，营造有利于科技型中小微企业成长的良好环境，推动创新链产业链资金链人才链深度融合。

拓展：该考点还可以多选题的形式考查技术创新的过程与模式包括哪些，另外在考试中，有时也会考查各个模式的具体内容。

举一反三

[典型例题·单选] 关于A－U过程创新模式，下列说法正确的是（   ）。

A. 不稳定阶段产品创新和工艺创新都呈下降趋势

B. 过渡阶段产品创新和工艺创新都呈上升趋势

C. 稳定阶段创新的重点是以提高质量和降低成本为目标的渐进性的产品创新

D. 不稳定阶段研发经费支出较高，不易获得好的经济效益

[解析] 不稳定阶段产品创新和工艺创新都呈上升趋势，选项A错误。过渡阶段产品创新下

降，工艺创新继续呈上升趋势，选项 B 错误。稳定阶段创新的重点是以提高质量和降低成本为目标的渐进性的工艺创新，选项 C 错误。

[答案] D

[典型例题·单选] 研究开发是创新构思的主要来源，这是（　　）创新模式的基本观点。

A. 系统集成和网络模型　　　　　　　B. 国家创新系统

C. 需求拉动　　　　　　　　　　　　D. 技术推动

[解析] 技术推动创新模式的基本观点是研究开发是创新构思的主要来源，因而，这种观点被称作创新的技术推动或发现创新模式。

[答案] D

环球君点拨

A－U 过程创新模式中的三个阶段为不稳定阶段、过渡阶段和稳定阶段。考生应注意区分 A－U 过程创新模式中的三个阶段与行业生命周期理论、产品生命周期理论等内容。

第二节　技术创新战略与技术创新决策评估方法

考点 1　技术创新战略的类型

真题链接

[2024·单选] 某企业抢在竞争对手之前推出新的产品来占领市场，其技术创新战略类型属于（　　）。

A. 进攻型战略　　　　　　　　　　　B. 防御型战略

C. 技术领先型战略　　　　　　　　　D. 切入型战略

[解析] 进攻型战略致力于抢在竞争对手之前不断推出新的产品和生产工艺来占领市场，以进入新的领域。

[答案] A

[2022·单选] 强调"人有我有，人新我好；不求最新，但求最好"的战略属于企业技术创新战略中的（　　）战略。

A. 进攻型　　　　　　　　　　　　　B. 模仿型

C. 防御型　　　　　　　　　　　　　D. 切入型

[解析] 实施防御型战略的企业往往具有先进的技术，但在技术开发和国际市场上并不领先，为了避免领先所造成的不确定性和巨大的研发成本以及不可预知的市场风险，必须采取积极的防御战略，以低成本、高性能、高质量来占领市场。这种战略的特点是低风险、低收益，强调"人有我有，人新我好；不求最新，但求最好"。

[答案] C

[2023·单选] 某企业针对竞争者的弱项和自己的相对优势，推出新的技术来取代现有的主导技术。这种技术创新战略属于（　　）。

A. 切入型战略　　　　　　　　　　　B. 自主型战略

C. 进攻型战略　　　　　　　　　　　D. 防御型战略

[解析] 切入型战略也称游击型战略，采用这种战略的企业在某个方面紧跟领先者，在市场中不断寻找出击的机会，及时从"缝隙"中切入，做好"切入面"的创新。该战略要求企业密切关注、分析竞争者的弱项和自己的相对优势，以此为"切入点"，有能力推出新的技术来取代现有的主导技术，打破现有的技术和市场竞争格局，重分市场。

[答案] A

[2022·单选] 企业在某个方面紧跟领先者，在市场中不断寻找出击机会，及时从"缝隙"中切入，属于（　　）技术创新战略。

A. 进攻型　　　　　　　　　B. 防御型
C. 切入型　　　　　　　　　D. 模仿创新型

[解析] 切入型战略也称游击型战略，采用这种战略的企业在某个方面紧跟领先者，在市场中不断寻找出击的机会，及时从"缝隙"中切入，做好"切入面"的创新。

[答案] C

真题精解

点题：本系列真题考查技术创新战略的类型，但考查侧重点不同。其中，2024 年真题考查进攻型战略；2022 年第一道真题考查防御型战略；2023 年真题和 2022 年第二道真题考查切入型战略。

分析：对于本考点，核心是掌握根据企业行为方式的不同对技术创新战略进行分类的内容。技术创新战略的分类依据及具体内容如下。

1. 根据企业所期望的技术竞争地位的不同分类

（1）技术领先战略。企业致力于在相关技术领域占据领导地位，要在所有竞争者之前，率先采用新技术，并使新产品最早进入市场，成为同行业的"领头羊"，获取较大的市场占有率和利润。

（2）技术跟随战略。在领先者的创新获得进展以后，学习领先者创造的知识，跟在领先者后面进行模仿。

2. 根据企业行为方式的不同分类

（1）进攻型战略：致力于抢在竞争对手之前不断推出新的产品和生产工艺来占领市场，以进入新的或扩大原有的技术领域或市场领域。这种战略的特点是风险大，但潜在收益高。该战略一般是由具有雄厚研发及资金实力的企业所采用。

（2）防御型战略：企业往往具有先进的技术，但在技术开发和国际市场上并不领先，为了避免领先所造成的不确定性和巨大的研发成本以及不可预知的市场风险，必须采取积极的防御战略，以低成本、高性能、高质量来占领市场。该战略的特点是低风险、低收益，强调"人有我有，人新我好；不求最新，但求最好"。

（3）切入型战略：也称游击型战略，采用这种战略的企业在某个方面紧跟领先者，在市场中不断寻找出击的机会，及时从"缝隙"中切入，做好"切入面"的创新。在研发能力和市场竞争能力有限的情况下，这一战略是很有效的，既可以避免领先者的反击，又可占领市场。该战略要求企业密切关注、分析竞争者的弱项和自己的相对优势，以此为"切入点"，有能力推出新的技术来取代现有的主导技术，打破现有的技术和市场竞争格局，重分市场。

3. 根据技术来源的不同分类

（1）自主创新战略：指企业通过自身的努力和探索实现技术突破，攻破技术难关，并在此基础上依靠自己的能力推动创新的后续环节，完成技术的商品化，获得商业利润，实现预期目标的创新战略。

（2）**模仿创新战略**：企业通过学习模仿率先创新者的创新思路和创新行为，学习其成功经验、吸取其失败教训，引进购买或破译其核心技术和技术秘密，并在此基础上进行改进和创新的战略。

（3）**合作创新战略**：指两个或两个以上的企业合作进行研发，共享技术创新的成果，以达到节约研发投资、缩短开发周期或进入新市场目的的创新战略。

拓展：该考点还包括根据企业所期望的技术竞争地位的不同分类和根据技术来源的不同分类两部分内容，这些内容在考试中也可能考查。另外，该考点在考试中可能会综合出题，考查技术创新战略三种不同的分类方法中的内容，题目难度也将加大。

举一反三

[典型例题·多选] 根据企业所期望的技术竞争地位的不同，技术创新战略可分为（　　）。

A. 技术领先战略　　　　　　　　B. 技术跟随战略
C. 进攻型战略　　　　　　　　　D. 防御型战略
E. 切入型战略

[解析] 根据企业行为方式的不同，企业技术创新战略可分为进攻型战略、防御型战略和切入型战略，选项C、D、E错误。

[答案] AB

[典型例题·多选] 根据技术来源的不同，技术创新战略可分为（　　）。

A. 技术领先战略　　　　　　　　B. 技术跟随战略
C. 自主创新战略　　　　　　　　D. 模仿创新战略
E. 合作创新战略

[解析] 根据企业所期望的技术竞争地位的不同，企业技术创新战略可分为技术领先战略和技术跟随战略，选项A、B错误。

[答案] CDE

环球君点拨

根据企业所期望的技术竞争地位的不同，可将技术创新战略分为两种，而其他的分类方法都是将技术创新战略分为三种，考生要记住此区别，不要混淆。另外，根据企业所期望的技术竞争地位的不同对技术创新战略分类，其分类的结果也是后面一个考点"技术创新战略的选择"中重点讲解的两种战略。

考点2　技术创新战略的选择

真题链接

[2024·单选] 下列关于技术领先战略和跟随战略的说法，错误的是（　　）。

A. 领先战略技术开发的重点是产品技术
B. 领先战略技术来源以自主研发为主
C. 跟随战略投资的重点是技术开发
D. 跟随战略市场开发的重点是开发细分市场

[解析] 跟随战略的投资重点偏向于生产、销售环节。领先战略更多侧重研究开发。

[答案] C

[2020·单选] 下列关于领先战略和跟随战略的说法,错误的是( )。
A. 领先战略技术开发的重点是产品基本原理和功能
B. 领先战略技术来源以自主研发为主
C. 跟随战略投资的重点是技术开发
D. 跟随战略市场开发的重点是开发细分市场

[解析] 跟随战略的投资重点是生产、销售。

[答案] C

[2016·多选] 下列关于技术领先战略和技术跟随战略的说法,正确的有( )。
A. 技术领先战略以自主开发为主
B. 技术跟随战略的技术开发重点是改进工艺技术
C. 技术领先战略的市场开发重点是开拓新市场
D. 技术跟随战略的投资重点是技术开发
E. 技术领先战略的风险大、投资大

[解析] 技术领先战略的投资重点是技术开发、市场开发,技术跟随战略的投资重点是生产、销售。

[答案] ABCE

真题精解

点题:本系列真题考查技术创新战略的选择,但考查侧重点不同。其中,2024年真题、2020年真题考查领先战略和跟随战略的基本特征;2016年真题考查领先战略和跟随战略的基本特征和重点考虑因素。

分析:对于本考点,核心是掌握领先战略和跟随战略的基本特征和重点考虑因素。

领先战略与跟随战略的基本特征如表7-1所示。

表7-1 领先战略与跟随战略的基本特征

战略类型	特征类型及内容			
	技术来源	技术开发重点	市场开发	投资重点
领先战略	自主研发为主	产品基本原理和功能	开拓一个全新的市场	技术开发、市场开发
跟随战略	模仿、引进为主	改进工艺技术	开发细分市场或挤占他人市场	生产、销售

领先战略与跟随战略选择的重点考虑因素及其特点如表7-2所示。

表7-2 领先战略与跟随战略选择的重点考虑因素及其特点

战略类型	重点考虑因素	不同战略下重点考虑因素的特点
领先战略	优势能力	技术开发能力强
	风险与收益	风险大、收益大
	领先的持久性	不易被复制,后续开发速度快,领先的持久性好
跟随战略	优势能力	生产销售能力强
	风险与收益	风险小、收益小
	领先的持久性	争取超越领先者

拓展:该考点属于高频考点,其在考查时,可能对领先战略和跟随战略的基本特征和重点考虑因素分别出题,也可能将两个部分的内容放到一起综合出一道多选题。

举一反三

[典型例题·单选] 下列关于技术领先战略和技术跟随战略的说法，正确的是（　　）。

A. 技术领先战略的风险和收益相对较小
B. 技术领先战略的技术来源以自主开发为主
C. 技术跟随战略的技术开发重点是产品基本原理和功能
D. 技术跟随战略的优势能力特点是技术开发能力

[解析] 技术领先战略的风险和收益相对较大，选项A错误。技术领先战略的技术开发重点是产品基本原理和功能，选项C错误。技术领先战略的优势能力特点是技术开发能力，选项D错误。

[答案] B

[典型例题·单选] 下列选项中，领先战略与跟随战略的基本特征不包括（　　）。

A. 技术来源
B. 持久性
C. 技术开发重点
D. 市场开发

[解析] 领先战略与跟随战略的基本特征包括技术来源、技术开发重点、市场开发和投资重点。

[答案] B

环球君点拨

与领先战略和跟随战略的重点考虑因素相比，领域战略和跟随战略的基本特征的考查概率更大。另外，考生要注意区分领先战略、跟随战略这两种战略的基本特征和重点考虑因素。两种战略的基本特征从四个方面分析，而重点考虑因素是从三个方面分析，考生不要混淆二者。

考点 3　知识产权管理

真题链接

[2024·多选] 下列选项中，属于知识产权客体的有（　　）。

A. 植物新品种
B. 商业秘密
C. 商标
D. 科学发现
E. 作品

[解析] 知识产权是权利人依法就下列客体享有的专有的权利：①作品；②发明、实用新型、外观设计；③商标；④地理标志；⑤商业秘密；⑥集成电路布图设计；⑦植物新品种；⑧法律规定的其他客体。

[答案] ABCE

[2019·多选] 下列选项中，世界知识产权组织界定的知识产权包括（　　）。

A. 关于文学、艺术和科学作品的权利
B. 关于科学发现的权利
C. 关于同工同酬的权利
D. 关于股利收益的权利
E. 关于工业品外观设计的权利

[解析] 世界知识产权组织把知识产权界定为：①关于文学、艺术和科学作品的权利；②关于表演艺术家的表演以及唱片和广播节目的权利；③关于人类一切活动领域的发明的权利；④关于科学发现的权利；⑤关于工业品外观设计的权利；⑥关于商标、服务标记以及商业名称和标志的权利；⑦关于制止不正当竞争的权利；⑧在工业、科学、文学艺术领域内由于智力创造活动而产生的

一切其他权利。

[答案] ABE

[2024·单选] 某企业于2017年9月14日申请注册商标，2018年1月5日获得核准，该商标有效期至（　　）。

A. 2027年9月13日 B. 2037年9月13日
C. 2038年1月4日 D. 2028年1月4日

[解析] 注册商标的有效期限是10年，自核准注册之日起计算。根据题干信息可知，该企业2018年1月5日获得核准，则有效期至2028年1月4日。

[答案] D

[2023·单选] 知识产权是权利人依法就特定客体享有的专有权利，根据我国《民法典》，这些客体不包括（　　）。

A. 动物新品种 B. 集成电路布图设计
C. 地理标志 D. 商业秘密

[解析] 2020年颁布的《中华人民共和国民法典》（以下简称《民法典》）列出了知识产权的8项内容，知识产权是权利人依法就下列客体享有的专有的权利：①作品；②发明、实用新型、外观设计；③商标；④地理标志；⑤商业秘密；⑥集成电路布图设计；⑦植物新品种；⑧法律规定的其他客体。

[答案] A

[2016·单选] 某公司2015年8月13日申请实用新型专利，2016年1月5日获得核准，该专利的有效期至（　　）。

A. 2025年8月12日 B. 2026年1月4日
C. 2035年8月12日 D. 2036年1月4日

[解析] 《中华人民共和国专利法》（以下简称《专利法》）规定，实用新型专利权的期限为10年，自申请日起计算，即该公司实用新型专利的有效期至2025年8月12日。

[答案] A

[2023·单选] 甲公司的一项注册商标于2023年11月10日有效期满，该公司于2023年7月19日办理了续展手续。根据《中华人民共和国商标法》（以下简称《商标法》），下列关于该注册商标有效期的说法，正确的是（　　）。

A. 有效期自2023年7月19日起算
B. 有效期自2023年11月11日起算
C. 有效期自2023年7月20日起算
D. 有效期自2023年11月10日起算

[解析] 注册商标有效期期满，需要继续使用的，商标注册人应当在期满前12个月内按照规定办理续展手续；在此期间未能办理的，可以给予6个月的宽展期。每次续展注册的有效期为10年，自该商标上一届有效期满次日起计算。甲公司的注册商标于2023年11月10日有效期满，续展后有效期自2023年11月11日起算。

[答案] B

[2023·单选] 根据《中华人民共和国反不正当竞争法》（以下简称《反不正当竞争法》），下

列企业信息中，不属于商业秘密的是（　　）。

　　A. 企业 VIP 客户名单　　　　　　B. 企业内部实验数据
　　C. 企业产品宣传册　　　　　　　D. 企业现金流数据

[解析] 根据《反不正当竞争法》，商业秘密是指不为公众所知悉、具有商业价值并经权利人采取相应保密措施的技术信息、经营信息等商业信息。

[答案] C

真题精解

点题：本系列真题考查知识产权管理，但考查侧重点不同。其中，2024 年第一道真题、2019 年真题和 2023 年第一道真题考查知识产权的类型；2024 年第二道真题、2016 年真题和 2023 年第二、三道真题考查知识产权的保护形式。

分析：对于本考点，核心是掌握知识产权的类型和保护形式。

1. 知识产权的类型

《与贸易有关的知识产权协定》对其适用的知识产权类型进行了列举，即穷尽式地列举了其所适用的各类知识产权，对于此外的知识产权不予适用。这些知识产权包括版权和相关权利、商标、地理标识、工业设计、专利、集成电路布图设计（拓扑图）和未披露信息，并对协议许可中的反竞争行为的控制做出了规定。

世界知识产权组织把知识产权界定为：

（1）关于文学、艺术和科学作品的权利。

（2）关于表演艺术家的表演以及唱片和广播节目的权利。

（3）关于人类一切活动领域的发明的权利。

（4）关于科学发现的权利。

（5）关于工业品外观设计的权利。

（6）关于商标、服务标记以及商业名称和标志的权利。

（7）关于制止不正当竞争的权利。

（8）在工业、科学、文学艺术领域内由于智力创造活动而产生的一切其他权利。

2020 年颁布的《民法典》列出了知识产权的 8 项内容，知识产权是权利人依法就下列客体享有的专有的权利：

（1）作品。

（2）发明、实用新型、外观设计。

（3）商标。

（4）地理标志。

（5）商业秘密。

（6）集成电路布图设计。

（7）植物新品种。

（8）法律规定的其他客体。

2. 知识产权的保护形式

（1）专利。《专利法》规定，发明专利权的保护期限为 20 年，实用新型专利权的期限为 10 年，外观设计专利权的期限为 15 年，均自申请日起计算。

(2) 商标。根据《商标法》的规定，注册商标的有效期为 10 年，自核准注册之日起计算。注册商标有效期期满，需要继续使用的，商标注册人应当在期满前 12 个月内按照规定办理续展手续；在此期间未能办理的，可以给予 6 个月的宽展期。每次续展注册的有效期为 10 年，自该商标上一届有效期满次日起计算。

(3) 著作权（版权）。自然人的作品，其发表权、复制权、发行权、出租权等 14 项权利的保护期为作者终生及其死亡后 50 年，截止于作者死亡后第 50 年的 12 月 31 日；如果是合作作品，截止于最后死亡的作者死亡后第 50 年的 12 月 31 日。

(4) 商业秘密。商业秘密指不为公众所知悉、具有商业价值并经权利人采取相应保密措施的技术信息、经营信息等商业信息。

拓展：该考点可能以单选题或多选题的形式考查，也可能以案例题的形式考查。如果该考点出案例题，则不仅会同时考查知识产权的类型和保护形式，还会与本章的其他考点综合出题。

举一反三

[典型例题·单选] 某企业于 2019 年 11 月 15 日向我国专利部门提交外观设计专利申请，2020 年 10 月 15 日获得核准，该专利的有效期至（　　）。

A. 2030 年 10 月 14 日　　　　　　B. 2039 年 1 月 14 日
C. 2040 年 10 月 14 日　　　　　　D. 2034 年 11 月 14 日

[解析] 外观设计专利权的期限是 15 年，专利有效期自申请日起计算，即该企业专利的有效期应在 2019 年 11 月 15 日的基础上加 15 年的期限，是 2034 年 11 月 14 日。

[答案] D

[典型例题·多选] 下列选项中，世界贸易组织的《与贸易有关的知识产权协定》所列举的知识产权包括（　　）。

A. 版权　　　　　　　　　　　B. 植物新品种
C. 地理标识　　　　　　　　　D. 工业设计
E. 商业秘密

[解析] 植物新品种和商业秘密属于《民法典》中列出的知识产权的 8 项内容，选项 B、E 错误。

[答案] ACD

环球君点拨

世界贸易组织、世界知识产权组织和《民法典》对知识产权的列举各有不同，又彼此相似，甚至有相同的部分，考生非常容易混淆。该考点内容在历年考试中偶有涉及，难度较低，考生识记清楚即可。

考点 4 定量评估方法、定性评估方法、项目组合评估

真题链接

[2020·多选] 下列关于技术创新决策评估方法中的评分法的说法，正确的有（　　）。

A. 项目的关键因素之间通常具有很强的独立性
B. 可以采用财务指标评价，也可以采用非财务指标评价

C. 项目关键因素的权重依据客观因素确定

D. 项目的评价标准可以根据项目的实际情况灵活确定

E. 最终得出的综合指标实际意义不明确

[解析] 项目的关键因素之间通常具有较强的相关性，选项 A 错误。权重确定或评分过程中的主观性较大，选项 C 错误。

[答案] BDE

[2022·单选] 某企业运用动态排序列表法进行技术创新方案的筛选，详细情况如表 7-3 所示，表中 IRR 为预期内部收益率，PTS 为技术成功的概率，NPV 为预期收益净现值，括号中的数值为每列指标单独排序的序号。该企业应该应用（　　）。

A. 项目甲　　　　　　　　　　　B. 项目乙
C. 项目丙　　　　　　　　　　　D. 项目丁

表 7-3　某企业运用动态排序列表法筛选技术创新方案的详细情况

项目标号	IRR×PTS	NPV×PTS	战略重要性
甲	13.5（4）	7.8（3）	4（3）
乙	16.9（1）	6.5（4）	3（2）
丙	14.5（3）	9.1（1）	1（4）
丁	15.4（2）	8.6（2）	4（1）

[解析] 项目甲的排序分值＝（4＋3＋3）/3≈3.33；项目乙的排序分值＝（1＋4＋2）/3≈2.33；项目丙的排序分值＝（3＋1＋4）/3≈2.67；项目丁的排序分值＝（2＋2＋1）/3≈1.67。该企业应该应用项目丁。

[答案] D

[2023·单选] 下列关于风险—收益气泡图中四种项目类型的说法，正确的是（　　）。

A. 面包和黄油型项目有助于开拓新市场、带来高额利润

B. 珍珠型项目是企业重要的短期现金流来源

C. 牡蛎型项目是企业长期竞争优势的源泉

D. 白象型项目开发成功率较高、预期收益较低

[解析] 珍珠型项目能够帮助企业开拓新市场、扩展新业务，为企业带来高额利润，选项 A 错误。面包和黄油型项目预期收益不高，但企业通过不断改进产品或工艺，通过市场细分吸引新客户，可以为企业提供稳定的收入，是企业重要的短期现金流来源，选项 B 错误。面包和黄油型项目开发成功率较高、预期收益较低，选项 D 错误。

[答案] C

真题精解

点题：本系列真题考查技术创新决策的评估方法，但考查侧重点不同。其中，2020 年真题考查评分法；2022 年真题考查动态排序列表法；2023 年真题考查项目地图法。

分析：对于本考点，核心是掌握技术创新决策的各种评估方法，特别是定性评估方法。

1. 定量评估方法

（1）折现现金流法。在投资项目评估中最常用的一种方法就是利用折现现金流计算投资项目的

净现值，通过判断项目净现值的正负来决定投资项目的取舍。如果净现值大于0，即项目可行，否则不可行。

（2）风险分析。

①敏感性分析。对项目的可能结果假设以下三种状态：最乐观的情况；最可能的情况；最悲观的情况。计算并比较三种状态下的指标值，估计项目的风险大小。

②概率分析。

2. 定性评估方法

（1）轮廓图法。首先，确定一组影响项目成败的关键因素或评价标准；然后，按照这些标准对每一候选项目的绩效做出定性判断（如评价为高、中、低）。将这些定性的评价连接起来，就好像一个轮廓图。

（2）检查清单法（满意为1，不满意为0，选择评分高的项目）。

（3）评分法。又称多属性分析法，是对多个定性指标进行比较、判断、评价和排序的方法。

（4）动态排序列表法。动态排序列表法可以对不同的新产品开发项目进行比较和排序。这种方法克服了单独使用一种指标对项目优先权排序的缺点，同时对多个定量或定性的指标进行排序，但是又不像评分法那样复杂和耗时。简单地说，这种方法对各个项目分别按照不同的单一评价指标进行排序，然后将同一项目按不同指标排序的序号进行算术平均，得到项目的排序分值。

3. 项目组合评估

（1）矩阵法。

①评估企业技术实力。此评估要求管理者对传统业务范围之外的企业内外技术环境做全景扫描。

②分析技术组合。一个维度代表某一具体技术对行业发展的重要性，另一个维度表示企业在此技术上的投资和相对竞争地位。

③比较技术战略和商业战略。

④确定技术项目优先次序。

（2）项目地图法。项目地图或者气泡图是实践中最为常用的一类图示方法。其中最为常用的是风险—收益气泡图，其横轴用来衡量项目的财务效果，纵轴用来衡量项目的风险。风险和报酬区分为高与低，就可以将气泡图分割为以下四个象限。

①珍珠（pearls，第Ⅰ象限）。项目具有较高的预期收益和很高的开发成功概率，项目的风险较小，属于比较有潜力的明星项目。大部分企业都希望此类项目越多越好。

②面包和黄油（bread and butter，第Ⅱ象限）。项目较小、技术上比较简单，技术风险小；开发成功率较高，但预期收益不是很好。这类项目可能包括对当前产品或工艺的改进、为细分市场而做的产品性能调整等。

③白象（white elephants，第Ⅲ象限）。"white elephants"在英文中是"无用而累赘的东西"的意思，此类项目通常不仅开发风险较大，而且预期效益不好，不值得进行投资和开发。

④牡蛎（oysters，第Ⅳ象限）。"oysters"一词在英文中除了有"牡蛎"的意思，还可以理解为"可以从中获得利益的事物"。在该象限的项目通常是一些需要长远规划、具有探索性的研发项目。虽然潜在收益很高，但是开发成功的可能性较小，风险较大。

拓展：该考点属于高频考点，特别是风险—收益气泡图，考查点较细致，在考试中可能将其四个象限的名称和具体内容混合在一起出题，如上述 2023 年真题。此外，本考点还可能以多选题的形式考查风险—收益气泡图的各象限内容。

举一反三

［典型例题·多选］ 以下各项中，属于定量评估方法的有（　　）。

A. 轮廓图法　　　　　　　　　　B. 检查清单法
C. 折现现金流法　　　　　　　　D. 矩阵法
E. 风险分析

［解析］ 轮廓图法和检查清单法属于定性评估方法，选项 A、B 错误。矩阵法属于项目组合评估方法，选项 D 错误。

［答案］CE

［典型例题·单选］ 根据项目地图法，位于风险—收益气泡图（　　）区域的项目应当终止或排除。

A. 珍珠　　　　　　　　　　　　B. 牡蛎
C. 面包和黄油　　　　　　　　　D. 白象

［解析］ 白象类项目通常不仅开发风险较大，而且预期效益不好，不值得进行投资和开发。

［答案］D

环球君点拨

定性评估方法的出题概率高于定量评估方法。定性评估方法中的轮廓图法、检查清单法、评分法、动态排序列表法均可能单独出题，且这四种方法的内容具有一定的相似性，因此，考生应全面了解并掌握这四种方法的具体内容。项目组合评估中的项目地图法的出题方式类似于第一章的波士顿矩阵。

考点 5　技术价值的评估方法

真题链接

［2022·单选］ 某企业开发一项技术，物质消耗为 300 万元，人力消耗为 600 万元，技术复杂系数为 1.3，风险概率为 60%。根据技术价值评估的成本模型，该技术成果的价格为（　　）万元。

A. 1 170　　　　　　　　　　　　B. 1 950
C. 2 925　　　　　　　　　　　　D. 900

［解析］ 技术价格＝（技术开发中的物质消耗＋技术开发中的人力消耗）×技术复杂系数/（1－研究开发的风险概率）＝（300＋600）×1.3/（1－60%）＝2 925（万元）。

［答案］C

［2023·案例（节选）］ 甲公司在纳米材料领域是一家技术领先的生产商。2020 年，该公司决定研发一种纳米材料制备技术。该技术可使生产这种纳米材料的成本大幅降低、性能更为稳定。为此公司从各部门共抽调 10 名员工，并招聘了 2 名高级专家来组建专门部门进行研发。经评估，该技术研发的物质消耗为 500 万元，人力消耗为 400 万元，技术复杂系数为 1.2，研发失败概率为 40%。该技术研发成功后，甲公司于 2022 年 7 月 22 日申请实用新型专利，2023 年 8 月 23 日获得

授权。

根据技术价值评估的成本模型，甲公司该技术的价格为（　　）万元。

A. 900　　　　　　　　　　　　B. 2 250

C. 1 800　　　　　　　　　　　D. 1 080

[解析] 技术价格=（技术开发中的物质消耗+技术开发中的人力消耗）×技术复杂系数/（1－研究开发的风险概率）=（500+400）×1.2/（1－40%）=1 800（万元）。

[答案] C

[2022·案例（节选）] 甲企业为解决一个生产工艺问题，临时从各部门抽调人员进行攻关。问题解决后，这些员工返回原来岗。为改进生产工艺，甲企业拟购买一项新技术，经评估可以发现，该技术可再使用5年，采用新技术后，产品价格比同类产品每件可提高20元，预计未来5年的销量分别为5万件、5万件、6万件、8万件、6万件。根据行业投资收益率，折现率确定为10%（复利现值系数表如表7-4所示）。同时甲企业与乙研究所签订研发一种新材料，约定双方共同出资，组建研究团队，研究成果由双方共享。新材料研发成功后，迅速投入生产，并于2021年1月4日申请注册商标，同年10月15日商标局核准注册。

表7-4　复利现值系数表

年份	1	2	3	4	5
复利现值系数	0.909	0.826	0.751	0.683	0.621

根据技术价值评估效益模型，甲企业购买该项技术的价格为（　　）万元。

A. 465　　　　　　　　　　　　B. 416

C. 438　　　　　　　　　　　　D. 447

[解析] 技术价格=20×5×0.909+20×5×0.826+20×6×0.751+20×8×0.683+20×6×0.621≈447（万元）。

[答案] D

真题精解

点题：本系列真题考查技术价值的评估方法，但考查侧重点不同。其中，2022年第一道真题和2023年真题考查成本模型；2022年第二道真题考查效益模型。

分析：对于本考点，核心是掌握技术价值三种评估方法的计算公式。

1. 成本模型

成本模型的基本出发点是：成本是价格的基本决定因素。公式如下：

技术商品的评估价格=（技术开发中的物质消耗+技术开发中的人力消耗）×技术复杂系数/（1－研究开发的风险概率）

即：

$$P = [(C+V)\beta]/(1-\gamma)$$

2. 市场模拟模型

通过模拟市场条件，假定在技术市场上交易时，估算可能的成交价格。公式如下：

技术商品的评估价格=类似技术的实际交易价格×技术性能修正系数×时间修正系数×技术寿命修正系数

即：

$$P = P_0 \times a \times b \times c$$

3. 效益模型
基本思路：按技术所产生的经济效益来估算技术的价值。公式如下：

$$P = \sum_{t=1}^{n} [B_t / (1+i)^t]$$

拓展：该考点一般以单选题的形式考查技术价值评估方法中三种模型的计算。

举一反三

[典型例题·单选] 某企业拟购买一项钢铁冶炼技术。3年前类似技术交易转让价格为30万元。经专家鉴定和研究发现，该项新技术的效果比3年前类似交易技术的效果提高15%，技术交易市场的价格水平比3年前提高10%，技术寿命修正系数为1.2。根据市场模拟模型，该企业购买该技术的评估价格为（　　）万元。

A. 21.08　　　　　　　　　　　　B. 42.96
C. 45.54　　　　　　　　　　　　D. 30.36

[解析] 技术寿命修正系数为1.2；时间修正系数为：1+10%=1.1；技术经济性能修正系数为：1+15%=1.15。综上可知，$P = P_0 \times a \times b \times c = 30 \times 1.15 \times 1.1 \times 1.2 = 45.54$（万元）。

[答案] C

[典型例题·单选] 某冰箱生产企业开发一项制冷技术，物质消耗为500万元，人力消耗为400万元，技术复杂系数为1.6，风险概率为70%。根据技术价值评估的成本模型，该技术成果的价格为（　　）万元。

A. 3 170　　　　　　　　　　　　B. 4 800
C. 3 925　　　　　　　　　　　　D. 4 900

[解析] 技术价格=（技术开发中的物质消耗+技术开发中的人力消耗）×技术复杂系数/（1-研究开发的风险概率）=（500+400）×1.6/（1-70%）=4 800（万元）。

[答案] B

环球君点拨

考生需要牢记技术价值评估方法中三个模型各自的公式，这三个公式在考试中均有可能出题考查。考生在记忆公式时，还应记住字母的含义，即中文公式。

第三节　技术创新组织与研发管理

考点1　企业技术创新的内部组织模式

真题链接

[2018·单选] 某企业大力推广"双创"，允许员工在两年内离开本岗位，从事自己感兴趣的创新工作，且企业为员工提供资金、设备等。这种企业技术创新的内部组织模式属于（　　）。

A. 企业技术中心　　　　　　　　　B. 新事业发展部
C. 内企业　　　　　　　　　　　　D. 技术创新小组

[解析] 企业为了鼓励创新，允许自己的员工在一定限度的时间内离开本岗位工作，从事自己感兴趣的创新活动，并且可以利用企业的现有条件，如资金、设备等。由于这些员工的创新行为颇

具企业家的特征,而创新的风险和收益均由所在企业承担,因此称这些从事创新活动的员工为"内企业家",由内企业家创建的企业称为"内企业"。

[答案] C

[2016·单选] 某企业为开发新型产品,从市场部、生产部、研发中心等多个部门临时抽调10人组建创新组织,这种组织属于( )。

  A. 内企业   B. 企业技术中心
  C. 新事业发展部   D. 技术创新小组

[解析] 技术创新小组是指为完成某一创新项目临时从各部门抽调若干专业人员而成立的一种创新组织。

[答案] D

[2023·案例(节选)] 甲公司在纳米材料领域是一家技术领先的生产商。2020年,该公司决定研发一种纳米材料制备技术。该技术可使生产这种纳米材料的成本大幅降低、性能更为稳定。为此公司从各部门共抽调10名员工,并招聘了2名高级专家来组建专门部门进行研发。经评估,该技术研发的物质消耗为500万元,人力消耗为400万元,技术复杂系数为1.2,研发失败概率为40%。该技术研发成功后,甲公司于2022年7月22日申请实用新型专利,2023年8月23日获得授权。

甲公司研发该技术的技术创新组织模式属于( )。

  A. 企业技术中心   B. 技术创新小组
  C. 内企业   D. 新事业发展部

[解析] 新事业发展部是一种固定性的组织,多数由若干部门抽调专人组成,是企业进入新的技术领域和产业领域的重要方式之一。此公司从各部门共抽调10名员工,并招聘了2名高级专家来组建专门部门进行研发,组建了专门部门,说明甲公司研发该技术的技术创新组织模式属于新事业发展部。

[答案] D

■ 真题精解

点题:本系列真题考查企业技术创新的内部组织模式,但考查侧重点不同。其中,2018年真题考查内企业;2016年真题考查技术创新小组;2023年真题考查新事业发展部。

分析:对于本考点,核心是掌握并区分企业技术创新的四种内部组织模式的概念和特点。企业技术创新的内部组织模式及其具体内容如下:

(1) 内企业:指企业为了鼓励创新,允许自己的员工在一定限度的时间内离开本岗位工作,从事自己感兴趣的创新活动,并且可以利用企业的现有条件,如资金、设备等。由于这些员工的创新行为颇具企业家的特征,而创新的风险和收益均由所在企业承担,因此称这些从事创新活动的员工为"内企业家",由内企业家创建的企业称为"内企业"。内企业家与企业家是有差别的,其根本的不同在于,内企业家的活动局限在企业内部,其行动受到企业的规定、政策和制度以及其他因素的限制。

(2) 技术创新小组:指为完成某一创新项目临时从各部门抽调若干专业人员而成立的一种创新组织。其主要特点是:组成人员少,但工作效率却很高;组成人员在完成创新任务之后就随之解散;是一个开放性组织,小组成员随着技术项目的需要增加或减少;完全由创新小组成员自主决定工作方式；组织形式是一种典型的简单矩阵式结构；技术创新小组成员之间是工作中的协作与合作关系，多为扁平型结构。因此，技术创新小组是最适合中小企业的一种技术创新组织形式。

（3）**新事业发展部**：是大企业为了开创全新事业而单独设立的组织形式，是独立于现有企业运行体系之外的分权组织。全新事业可能是重大的产品创新，也可能是全新的工艺创新。新事业发展部拥有很大的决策权，只接受企业最高层的领导。这类组织是一种固定性的组织，多数由若干部门抽调专人组成，是企业进入新的技术领域和产业领域的重要方式之一。

（4）**企业技术中心**：也称企业技术研发中心或企业科技中心，是企业特别是大中型企业实施高度集中管理的科技开发组织，在本企业的科技开发活动中起着主导和牵头作用，具有权威性，处于核心地位。

拓展：该考点内容较细，四种企业技术创新的内部组织模式可以分别出题，也可以放到一起综合出题，又或者在案例题中考查，如"下列各项中，属于企业技术创新内部组织模式的有（　　）"。

举一反三

[典型例题·单选] 大中型企业实施高度集中管理的科技开发组织，在本企业的科技开发活动中，起着主导和牵头的作用，具有权威性，处于核心地位，这种技术创新组织模式称为（　　）。

A. 内企业家　　　　　　　　　　B. 技术创新小组
C. 新发展事业部　　　　　　　　D. 企业技术中心

[解析] 企业技术中心也称技术研发中心或企业科技中心，是企业特别是大中型企业实施高度集中管理的科技开发组织，在本企业的科技开发活动中起着主导和牵头作用，具有权威性，处于核心地位。

[答案] D

[典型例题·多选] 下列各项中，属于企业技术创新内部组织模式的有（　　）。

A. 企业技术中心　　　　　　　　B. 内企业
C. 产学研合作模式　　　　　　　D. 新事业发展部
E. 企业联盟

[解析] 产学研合作模式和企业联盟属于企业技术创新的外部组织模式，选项C、E错误。

[答案] ABD

环球君点拨

技术创新小组和新事业发展部都是由若干部门抽调专人组成的，但新事业发展部是一种固定性的组织，而技术创新小组在完成创新任务之后就随之解散。

▶ 考点2　企业技术创新的外部组织模式

真题链接

[2023·多选] 下列关于平行模式企业联盟的说法，正确的有（　　）。

A. 联盟成员地位平等、独立　　　B. 联盟的核心是盟主企业
C. 联盟的协调通常采用自发性协调　D. 联盟通常由核心层和外围层构成
E. 垂直供应链型企业宜采用平行模式

[解析] 星形联盟的联盟核心为盟主企业，选项 B 错误。联邦模式的动态联盟的组织结构一般可以分为两层，即核心层（团队）和外围层（团队），选项 D 错误。垂直供应链型的企业适宜采用星形模式，选项 E 错误。

[答案] AC

[2019·单选] 某企业与 30 多家生产商组成联盟，该企业为联盟盟主，负责关系协调和冲突仲裁，统一计划、管理、调度联盟内的各种资源，这种企业技术创新的组织模式属于（　　）。

A. 星形模式　　　　　　　　　　B. 扁平模式
C. 联邦模式　　　　　　　　　　D. 平行模式

[解析] 星形模式有盟主企业，盟主企业负责关系协调和冲突仲裁，调度联盟内的各种资源。

[答案] A

[2020·单选] 甲、乙、丙、丁组建一个核心团队，主要负责动态联盟的组织并控制其运行过程，这属于（　　）企业联盟。

A. 星形模式　　　　　　　　　　B. 水平模式
C. 联邦模式　　　　　　　　　　D. 平行模式

[解析] 联邦模式的动态联盟的组织结构一般可以分为两层，即核心层（团队）和外围层（团队）。核心层由具备核心能力的企业联合构成，它主要负责动态联盟的组织并控制其运行过程。

[答案] C

真题精解

点题：本系列真题考查企业技术创新的外部组织模式，但考查侧重点不同。其中，2023 年真题考查平行模式；2019 年真题考查星形模式；2020 年真题考查联邦模式。

分析：对于本考点，核心是掌握并区分企业技术创新的三种外部组织模式的概念和特点。企业技术创新的外部组织模式及具体内容如下：

（1）产学研合作模式。

①校内产学研合作模式。学校为促进教学与科研结合，筹措教育经费，利用校内自身的有形资产和无形资产、自己研究出的科技成果和人才优势，创办自主经营、自负盈亏的经济实体，并将该实体与教学实习基地合二为一，以达到人才培养、科研发展与经营效益并举的目的。

②双向联合体合作模式。通过这种合作方式，校外企业获得了人才、成果与技术的有力支撑，提高了企业开发新产品的能力，促进了企业的不断发展与市场份额的提高。该模式的特点：迅速直接，合作多以单个项目或成果为主，优势互补明显；主要侧重一次性操作，技术转让、项目转让、服务咨询、人员培训是其主要形式。

③多向联合体合作模式。三主体包括技术成果方（学校）、出资方（金融机构或社会资本投资者）与生产经营企业。其特点是：合作紧凑规范、风险低、合作期限长、潜力大、收益明显。

④中介协调型合作模式（以中介机构为纽带的合作模式）。中介机构包括政府的生产力促进中心、学校产业推广服务中心、社会科技推广服务机构以及一些媒体附属的科技成果传播机构等。

（2）企业—政府模式。

（3）企业联盟。企业联盟也称动态联盟或虚拟企业，指的是两个或两个以上对等经济实体为了共同的战略目标，通过各种协议而结成的利益共享、风险共担、要素双向或多向流动的松散型网络组织体。企业联盟的主要形式是技术联盟，企业联盟的主要形式及具体内容如表 7-5 所示。

表 7-5 企业联盟的主要形式及具体内容

主要形式	具体内容			
	联盟核心	联盟伙伴	协调机制	适用情形
星形模式	盟主企业	相对固定的伙伴（如供应商）	由盟主企业负责关系协调和冲突仲裁	垂直供应链型的企业适宜采用该模式
平行模式	无盟主企业、无核心企业	伙伴地位平等、独立	自发性协调	适用于对存在某一市场机会的产品的联合开发及长远战略合作
联邦模式	核心团队（由具备核心能力的企业联合组成）	外围层伙伴与核心层伙伴间的关系一般是技术外包或标准件供应关系	联盟协调委员会	可用于高新技术产品的快速开发

拓展： 该考点可以多选题的形式出题，考查企业技术创新的外部组织模式包括哪些种类，也可以单独考查某种企业技术创新的外部组织模式的具体内容。

■ 举一反三

[典型例题·单选] 下列选项中，（　　）模式可用于高新技术产品的快速开发。

A. 星形 B. 平行
C. 联邦 D. 动态

[解析] 联邦模式可用于高新技术产品的快速开发。

[答案] C

[典型例题·多选] 下列各项中，属于企业技术创新的外部组织模式的有（　　）。

A. 企业—政府模式 B. 内企业
C. 产学研合作模式 D. 新事业发展部
E. 企业联盟

[解析] 内企业和新事业发展部属于企业技术创新的内部组织模式，选项 B、D 错误。

[答案] ACE

■ 环球君点拨

企业联盟也称动态联盟或虚拟企业，企业联盟的相关内容属于考试常考点。企业联盟中的三种模式都各有其特点，如星形模式有盟主企业，平行模式和联邦模式都没有盟主企业，但联邦模式有核心团队。

考点 3 企业研发管理

■ 真题链接

[2022·多选] 下列关于研发中应用研究的说法，正确的有（　　）。

A. 应用研究包含新产品开发和工艺改造
B. 应用研究的成果一般是普遍知识、原则或定律
C. 是将理论发展为实际运用的形式
D. 具有特定的实际目的

E. 应用研究的目标是探寻为实现预定目标应采取的新方法或新途径

[解析] 开发研究也称试验开发与发展，发展项目一般包括新产品开发与工艺改造两大类，选项 A 错误。基础研究的成果一般是普通知识、原则或定律，选项 B 错误。

[答案] CDE

[2023·案例（节选）] 甲公司在纳米材料领域是一家技术领先的生产商。2020 年，该公司决定研发一种纳米材料制备技术。该技术可使生产这种纳米材料的成本大幅降低、性能更为稳定。为此公司从各部门共抽调 10 名员工，并招聘了 2 名高级专家来组建专门部门进行研发。经评估，该技术研发的物质消耗为 500 万元，人力消耗为 400 万元，技术复杂系数为 1.2，研发失败概率为 40%。该技术研发成功后，甲公司于 2022 年 7 月 22 日申请实用新型专利，2023 年 8 月 23 日获得授权。

从研发的类型看，甲公司该技术研发属于（　　）。

A. 合作研究　　　　　　　　　　B. 基础研究
C. 应用研究　　　　　　　　　　D. 开发研究

[解析] 开发研究也称试验开发与发展，是指应用基础研究和应用研究的成果，开发新产品、新材料、新装置、新方法，或者为了对现有材料和中间生产做重大改进而进行的系统的创造性工作。发展项目一般包括新产品开发与工艺改造两大类，题目中的情况属于工艺改造。

[答案] D

[2023·单选] 某企业出资在当地一所大学建立人工智能实验室，开展工业机器人方面的研发，这种研发模式属于（　　）。

A. 合作研发　　　　　　　　　　B. 委托研发
C. 自主研发　　　　　　　　　　D. 基础研发

[解析] 合作研发是指企业、科研院所、高等院校、行业基金会和政府等组织机构，为了克服研发中的高额投入和不确定性，规避风险，缩短产品的研发周期，应对紧急事件的威胁，节约交易成本而结成伙伴关系，共同研发。

[答案] A

[2019·多选] 下列关于委托研发与合作研发的说法，正确的有（　　）。

A. 合作研发时，合作各方共同投入资金和技术
B. 委托研发时，受托方投入资金，委托方投入技术
C. 合作研发时，研发的成本风险是共担的
D. 委托研发时，研发的成本风险是由委托方承担的
E. 委托研发时，研发的失败风险是共担的

[解析] 在委托研发中，受委托方投入研发的知识和技术，委托方投入资金，选项 B 错误。委托研发的失败风险和成本风险不是共担的，合作研发的失败风险和成本风险是共担的，选项 E 错误。

[答案] ACD

真题精解

点题：本系列真题考查企业研发管理，但考查侧重点不同。其中，2022 年真题和 2023 年第一道真题考查研发的主要类型；2023 年第二道真题和 2019 年真题考查企业研发的模式。

分析：对于本考点，核心是掌握研发的主要类型和模式。

1. 研发的主要类型

（1）**基础研究**：也称纯理论研究，是指认识自然现象、揭示自然规律、获取新知识、新原理、新方法的研究活动。基础研究是技术创新的源泉，这种研究没有特定的商业目的，主要是为了获得有关现象和事实的基本原理和规律，其成果一般是普遍知识、原则或定律。企业的基础研究往往是一种定向的基础研究。例如，飞机制造业将气流中的压力条件与固定浮力作为其定向基础研究。

（2）**应用研究**：是指为了获得某一具体领域的新知识而进行的创造性研究活动。这种研究具有与产品和工艺相关的特定商业目的，主要是运用基础研究所取得的科学知识，探寻有使用目的的新知识和新技术。应用研究具有以下四个特点：

①具有特定的实际目的或应用目标，应用研究的目标一般是探寻为实现预定目标应采取的新方法或新途径。

②在围绕特定目的或目标进行研究的过程中获取新的知识，为解决实际问题提供科学依据。

③研究结果一般只影响科学技术的有限范围，并具有专门的性质，针对具体的领域、问题或情况，其成果形式以科学论文、专著、原理性模型或发明专利为主。一般地说，应用研究就是将理论发展成为实际运用的形式。

④在工业企业中，应用研究一般表现为与新产品、新工艺、新材料有关的研究。

（3）**开发研究**：也称试验开发与发展，是指应用基础研究和应用研究的成果，开发新产品、新材料、新装置、新方法，或者为了对现有材料和中间生产做重大改进而进行的系统的创造性工作。发展项目一般包括新产品开发与工艺改造两大类。

客观地看，基础研究、应用研究和开发研究三者之间是相辅相成、相互影响和相互促进的。基础研究可以促进应用研究和开发研究的发展；反过来，应用研究和开发研究不能解决的难题，也会为基础研究提供新的方向，从而促进基础研究更快地发展。

2. 企业研发的模式

（1）**自主研发**。自主研发贯穿产品概念构想、产品设计、工艺实现、生产制造、营销服务，产品最终到达消费者手中的全过程。

企业实施自主研发有以下好处：

①研发成果最大限度地集中在企业内部，不易被竞争者所利用，有利于保护知识产权的专有性。

②研发成果具有专门的实用性，可以快速、顺利地实现成果转化。

③有助于提高企业人员的技术学习与技术开发能力。

④有利于企业建立核心竞争力，培育核心竞争优势。

企业实施自主研发有以下不利之处：

①研发的投入成本大，面临的不确定性大。

②完全依靠企业内部力量，投资回收期长，沉没成本高，失败的风险非常大。

③研究成果具有外部性。

④对企业人员的素质、管理水平等要求较高。故中小企业采用自主研发模式有很大的困难。

（2）**合作研发**。合作研发指企业、科研院所、高等院校、行业基金会和政府等组织机构，为了克服研发中的高额投入和不确定性，规避风险，缩短产品的研发周期，应对紧急事件的威胁，节约交易成本而结成伙伴关系，共同研发。

合作研发通常有以下四种组织方式。

①联合开发。双方并不组建实体，而是依据相互之间签署的协议共同开展相关研发。合作项目通常被细分成多项任务，合作者分别承担自己擅长的任务，最后对各方研制的成果进行集成，合作成员共享研发成果。

②建立联盟。若干企业通过共享彼此的研发资源、分担成本和风险、实现共同的研发目标而建立的联盟组织。

③共建机构。共建机构指企业在大学、科研院所等建立研发机构，通常是大学提供平台、人员，企业提供资金。例如，微软公司在清华大学建立的"微软—清华多媒体实验室"、在浙江大学建立的"微软—浙大视觉感知实验室"以及在哈尔滨工业大学建立的"微软—哈工大机器翻译实验室"等。

④项目合作。例如，某些大型企业从一些著名高校中挑选出有重要价值的科研项目，与高校共同研发，并将此称为"共享的大学研究项目"。也有一些企业与企业，或企业与大学合作投标争取政府的科技计划支持。

（3）委托研发。委托研发又称研发外包，即企业将所需技术的研发工作通过协议委托给外部的企业或者机构来完成。

委托研发与合作研发的区别是：在委托研发过程中，受托方投入研发的知识和技术，委托方投入资金，研发的失败风险和成本风险不是共担的；而合作研发是合作伙伴共同投入资金、知识、技术，共同承担研发的失败风险和成本风险。

拓展：该考点在近年来的考试中屡有涉及，且容易丢分。研发的主要类型和模式均分为三大类，各个类型的内容比较相似，且考试中对于本考点的考查往往较细，特别是将这两部分放在一起考查就更容易出错。因此，考生需要全面了解并掌握本考点内容。

■ 举一反三

[典型例题·单选] 下列关于自主研发、合作研发和委托研发的说法，错误的是（　　）。

A. 自主研发面临的不确定性大

B. 合作研发可分散风险

C. 委托研发又称研发外包

D. 共建机构、项目合作属于委托研发

[解析] 共建机构、项目合作属于合作研发。

[答案] D

[典型例题·单选] 与合作研发和委托研发相比，下列关于自主研发的说法，错误的是（　　）。

A. 一般需要投入大量的资金

B. 失败的风险非常小

C. 投资回收期长，沉没成本高

D. 研究成果具有外部性

[解析] 自主研发失败的风险非常大。

[答案] B

环球君点拨

在研发的主要类型中，考生可根据关键词记忆并区分应用研究和开发研究，以免混淆。企业研发的模式属于高频考点，难度较低，考生应重点掌握合作研发的具体组织方式以及合作研发与委托研发的区别。

第四节　企业管理创新

考点 1　管理创新概述

真题链接

[2024·单选] 管理创新需要随着内外部环境的变化而不断进行调整，这体现了管理创新的（　　）。

A. 风险性　　　　　　　　　　B. 基础性
C. 动态性　　　　　　　　　　D. 系统性

[解析] 创新是一个不断变化的过程，具有动态性的特征。

[答案] C

[2022·多选] 下列选项中，管理创新的特点有（　　）。

A. 静态性　　　　　　　　　　B. 经济性
C. 基础性　　　　　　　　　　D. 全员性
E. 系统性

[解析] 管理创新的特点有：基础性、风险性、全员性、动态性、系统性。

[答案] CDE

[2023·多选] 下列关于管理创新和技术创新关系的说法，正确的有（　　）。

A. 管理创新决定技术创新的方向　　B. 技术创新为管理创新提供了新的领域
C. 没有技术创新就没有管理创新　　D. 管理创新有助于推动技术创新
E. 管理创新和技术创新相互制约

[解析] 管理创新未必然导致技术创新的出现。因为技术创新依赖于整个社会的技术环境和技术资源，技术创新有独立于管理之外的因素。技术创新能否取得成功取决于技术创新主体的创新能力、行为方式、投入的各种资源的数量和质量以及技术创新过程中的管理效率因素。管理为技术创新提供了一个平台，使技术创新过程中的资源配置更有效率，对技术创新的方向和目标提出了具体要求，但管理创新并不能决定技术创新的方向，选项 A 错误。

[答案] BCDE

[经典例题·多选] 下列选项中，管理创新的主体主要包括（　　）。

A. 企业家　　　　　　　　　　B. 政府官员
C. 管理者　　　　　　　　　　D. 独立董事
E. 员工

[解析] 对企业来说，管理创新的主体包括企业家、管理者和员工。

[答案] ACE

第七章　技术创新管理

📖 真题精解

点题：本系列题目考查管理创新概述，但考查侧重点不同。其中，2024年真题、2022年真题考查管理创新的特点；2023年真题考查管理创新与技术创新的关系；经典例题考查管理创新的主体。

分析：对于本考点，核心是掌握管理创新的特点、主体以及管理创新与技术创新的关系。

1. 管理创新的特点

（1）<u>基础性</u>。管理创新是企业整个创新体系的重要组成部分，是企业其他创新的基础。在从事各类创新的过程中，若不进行相应的管理创新，技术创新或营销创新等就难以取得良好的效果。

（2）<u>风险性</u>。风险性是企业各类创新的共同特征，创新是基于对未来的预测而做出的改变，其中包含着许多不确定性因素，这种不确定性使得管理创新必然具有风险。

（3）<u>全员性</u>。企业管理创新的主体不仅仅是管理人员，普通员工也是管理创新的重要参与者，他们处在企业的基层，直接与企业的顾客接触。

（4）<u>动态性</u>。创新是一个不断变化的过程，具有动态性的特征。动态性是企业掌握主动性，进而在竞争中取得优势的必然要求，也是管理创新的重要特点。

（5）<u>系统性</u>。企业的系统性决定了管理创新的系统性。因此，企业在进行创新时，要把管理创新看成一个复杂的系统工程。

2. 管理创新与技术创新的关系

管理与技术是社会经济发展的<u>两大动力</u>。管理创新未必必然导致技术创新的出现。因为技术创新依赖于整个社会的技术环境和技术资源，技术创新有独立于管理之外的因素。技术创新能否取得成功取决于技术创新主体的创新能力、行为方式、投入的各种资源的数量和质量以及技术创新过程中的管理效率因素。管理为技术创新提供了一个平台，使技术创新过程中的资源配置更有效率，对技术创新的方向和目标提出了具体要求。

管理创新与技术创新的关系可以描述为：一方面，管理创新是技术创新的<u>前提</u>，没有高效的管理，就不可能产生技术创新，而技术创新为管理开辟了新的领域和局面，对管理提出了更多的要求，促进了新一轮管理创新的出现，没有技术创新就没有企业的发展，就没有管理创新，技术创新与管理创新相互依存；另一方面，对企业而言，所有的技术创新都是在管理下实现的，落后的管理系统中很难产生先进的技术，先进的管理促进技术创新，管理系统从体制、组织、战略、领导、环境、运作方式和资源配置效率等方面为技术系统提供保证。从这个意义上讲，技术创新与管理创新又相互制约。

3. 管理创新的主体

（1）<u>企业家</u>。企业家精神主要表现在创新意识、实干精神、机会意识和奉献精神四个方面。

（2）<u>管理者</u>。

（3）<u>员工</u>。

拓展：该考点还可以考查企业家精神表现在哪些方面，或者以单选题的形式考查管理创新的每一个特点。

📖 举一反三

[**典型例题·单选**] 管理创新的特点来自管理和创新两个方面，其中不包括（　　）。

A. 基础性　　　　　　　　　　　　　　B. 风险性

193

C. 全员性　　　　　　　　　　　　D. 静态性

[解析] 管理创新的特点包括基础性、风险性、全员性、动态性、系统性。

[答案] D

[典型例题·多选] 下列选项中，企业家精神主要表现在（　　）方面。

A. 创新意识　　　　　　　　　　　B. 机会意识
C. 实干精神　　　　　　　　　　　D. 奉献精神
E. 管理能力

[解析] 企业家精神主要表现在以下四个方面：①创新意识；②实干精神；③机会意识；④奉献精神。

[答案] ABCD

📖 环球君点拨

企业是一个复杂的系统，系统内各要素相互影响、相互制约，改变其中的某一个环节，就会"牵一发而动全身"。这说的不是动态性，不是风险性，也不是全员性，而是系统性。此处易错，考生需多关注。

▶ 考点2　管理创新的动因及主要阶段

真题链接

[2024·多选] 管理创新的外部动因有（　　）

A. 社会文化环境变迁　　　　　　　B. 管理者的责任感
C. 企业家的自我价值实现　　　　　D. 经济的发展变化
E. 科学技术的发展

[解析] 管理创新的外部动因：①社会文化环境的变迁；②经济的发展变化；③自然条件的约束；④科学技术的发展。

[答案] ADE

[2023·单选] 管理创新一旦成功，创新主体可以从中获得成就感。这属于管理创新动因中的（　　）。

A. 经济性动机　　　　　　　　　　B. 自我价值实现
C. 自尊需要　　　　　　　　　　　D. 责任感

[解析] 自我价值实现：管理创新的主体对成就的追求、对自我价值实现的向往，强化了他们进行管理创新的冲动，成为他们追求管理创新的动力。管理创新一旦成功，可以提升管理创新主体自身的价值，其也可以从中获得成就感，实现自我满足。

[答案] B

[2022·多选] 下列选项中，属于管理创新外部动因的有（　　）。

A. 员工自我价值实现　　　　　　　B. 经济的发展变化
C. 企业家的责任感　　　　　　　　D. 社会文化环境的变迁
E. 科学技术的发展

[解析] 管理创新的外部动因包括社会文化环境的变迁、经济的发展变化、自然条件的约束、

科学技术的发展等。

[答案] BDE

📘 **真题精解**

点题：本系列真题考查管理创新的动因及主要阶段，但考查侧重点不同。其中，2024年真题、2022年真题考查管理创新外部动因包含哪些内容；2023年真题考查管理创新内部动因中的自我价值实现。

分析：对于本考点，核心是掌握管理创新的动因。

管理创新包括以下动因：

(1) 内部动因包括自我价值实现、责任感、经济性动机。

(2) 外部动因包括社会文化环境的变迁、经济的发展变化、自然条件的约束、科学技术的发展。

拓展：该考点可能以多选题的形式考查管理创新的内部动因和外部动因各包括哪些内容，且会将两种动因放在一起加以考查，或在选项中加入非本考点的内容，以干扰学生选择正确答案。

📖 **举一反三**

[典型例题·多选] 下列选项中，属于管理创新内部动因的有（　　）。

A. 经济性动机　　　　　　　　B. 经济的发展变化
C. 责任感　　　　　　　　　　D. 自然条件的约束
E. 自我价值实现

[解析] 经济的发展变化和自然条件的约束属于管理创新外部动因，选项B、D错误。

[答案] ACE

[典型例题·单选] 下列选项中，不属于管理创新外部动因的是（　　）。

A. 社会文化环境的变迁　　　　B. 经济的发展变化
C. 自我价值实现　　　　　　　D. 科学技术的发展

[解析] 管理创新外部动因包括社会文化环境的变迁、经济的发展变化、自然条件的约束、科学技术的发展。自我价值实现属于管理创新内部动因。

[答案] C

📘 **环球君点拨**

该考点文字表述较少，难度较小，考生记住几个关键词即可应对考试。

考点3 管理创新的主要领域

📘 **真题链接**

[2022·单选] 下列选项中，管理创新的最高层次是（　　）。

A. 管理制度创新　　　　　　　B. 管理方式方法创新
C. 管理理念创新　　　　　　　D. 管理组织创新

[解析] 管理制度创新是管理创新的最高层次，是管理创新实现的根本保证。

[答案] A

[经典例题·单选] 某公司把科层制的管理结构转变成赋能型的管理结构，创立了以小组制为

核心的"单品全程运营体系",这种创新属于( )。
  A. 管理理念创新   B. 管理战略创新
  C. 管理组织创新   D. 管理方式方法创新

[解析] 管理组织创新包括组织体制、职能结构、机构设置、横向协调等方面的创新。例如,某电商集团主营业务是服装。该公司把科层制的管理结构转变成赋能型的管理结构,创立了以小组制为核心的"单品全程运营体系"。具体做法是将产品设计开发人员、页面制作人员(类似于传统的导购)、库存采购管理人员(负责采购和供应链)组成一个小组。每个小组都要跟踪业界产品动态,自行选出他们认为好的产品,并进行样衣采购、试销,然后根据试销情况找工厂大量生产。通过这种组织创新,该公司凭借"款式多、更新快、性价比高"的优势,迅速成长为一家大型互联网时尚品牌运营集团,选项 C 正确。

[答案] C

真题精解

点题:本系列题目考查管理创新的主要领域,但考查侧重点不同。其中,2022 年真题考查管理制度创新;经典例题考查管理组织创新。

分析:对于本考点,核心是掌握管理创新的主要领域的内容。

1. 管理理念创新

管理创新中的各种管理制度、管理方法的创新都离不开管理理念创新,都以理念的创新为依托。管理创新始于理念创新。

2. 管理组织创新

管理组织创新就是企业通过打破或调整原有的管理组织结构,并对组织内成员的责、权、利关系加以重新构建,使组织的功能得到发展,从而获得更好的效益。管理组织创新包括组织体制、职能结构、机构设置、横向协调等方面的创新。例如,某电商集团主营业务是服装。该公司把科层制的管理结构转变成赋能型的管理结构,创立了以小组制为核心的"单品全程运营体系"。具体做法是将产品设计开发人员、页面制作人员(类似于传统的导购)、库存采购管理人员(负责采购和供应链)组成一个小组。每个小组都要跟踪业界产品动态,自行选出他们认为好的产品,并进行样衣采购、试销,然后根据试销情况找工厂大量生产。通过这种组织创新,该公司凭借"款式多、更新快、性价比高"的优势,迅速成长为一家大型互联网时尚品牌运营集团。

3. 管理方式方法创新

管理方式方法既是进行管理创新的重要手段,也是管理创新的直接成果。它直接影响着资源配置的效率和效益,是企业实现资源有效配置的必要条件。

4. 管理制度创新

管理制度创新把管理理念创新、管理组织创新、管理方式方法创新活动制度化、规范化,同时又具有引导管理理念创新、管理组织创新、管理方式方法创新的功效。它是管理创新的最高层次,是管理创新实现的根本保证。企业管理制度创新涉及企业管理制度的诸多方面,如人力资源管理制度、财务管理制度、生产管理制度等。

拓展:该考点内容简单,容易掌握。考试中还可以多选题的形式考查管理创新的主要领域包括哪些,或者以单选题的形式考查各种管理创新的主要领域的具体内容。

第七章 技术创新管理

举一反三

[典型例题·多选] 下列选项中，管理创新的主要领域包括（　　）。

A. 管理理念创新　　　　　　　　B. 管理组织创新
C. 管理能力创新　　　　　　　　D. 管理方式方法创新
E. 管理制度创新

[解析] 管理创新的主要领域包括：①管理理念创新；②管理组织创新；③管理方式方法创新；④管理制度创新。

[答案] ABDE

[典型例题·单选] 下列选项中，管理创新始于（　　）。

A. 管理理念创新　　　　　　　　B. 管理组织创新
C. 管理制度创新　　　　　　　　D. 管理方式方法创新

[解析] 管理创新中的各种管理制度、管理方法的创新都离不开管理理念创新，都以理念的创新为依托。管理创新始于理念创新。

[答案] A

环球君点拨

考生需特别注意管理制度创新与其他三种管理创新主要领域的关系，其是考试中可能会涉及的内容。例如，管理制度创新把管理理念创新、管理组织创新、管理方式方法创新活动制度化、规范化，同时又具有引导管理理念创新、管理组织创新、管理方式方法创新的功效。它是管理创新的最高层次，是管理创新实现的根本保证。

第八章 人力资源规划与薪酬管理

第一节 人力资源规划

考点1 人力资源规划的内容

真题链接

[经典例题·单选] 按照规划的性质,企业人力资源规划可以分为（   ）。

A. 总体规划和具体计划
B. 短期规划、中期规划和长期规划
C. 企业规划和部门规划
D. 招聘规划和培训规划

[解析] 按规划的性质,企业人力资源规划可分为总体规划和具体规划。

[答案] A

[2023·单选] 下列企业人力资源规划的具体计划中,以降低人工成本、维护企业制度和改善人力资源结构为目标的计划是（   ）。

A. 人员使用计划
B. 退休解聘计划
C. 员工招聘计划
D. 劳动关系计划

[解析] 退休解聘计划的目标是降低人工成本、维护企业制度、改善人力资源结构等。

[答案] B

[2022·单选] 增加人力资源供给、提高士气、改善绩效属于（   ）。

A. 人员使用计划
B. 人员接续及升迁计划
C. 薪酬激励计划
D. 劳动关系计划

[解析] 薪酬激励计划的目标是增加人力资源供给、提高士气、改善绩效。

[答案] C

[2020·单选] 下列企业人力资源规划的具体计划中,以提高员工知识技能、改善员工工作作风为目标的计划是（   ）。

A. 人员培训开发计划
B. 人员使用计划
C. 员工招聘计划
D. 劳动关系计划

[解析] 人员培训开发计划以提高人员知识技能、明确培训数量及类别、提高绩效、改善工作作风和企业文化为目标。

[答案] A

真题精解

点题：本系列真题考查人力资源规划的内容,但考查侧重点不同。其中,经典例题考查人力资源规划的分类;2023年真题考查退休解聘计划;2022年真题考查薪酬激励计划;2020年真题考查人员培训开发计划。

分析：对于本考点,核心是掌握人力资源规划的分类以及人力资源规划各类别的具体目标。

第八章 人力资源规划与薪酬管理

按照规划时间的长短，企业人力资源规划可分为短期规划、中期规划和长期规划。其中，1年或1年以内的规划为短期规划，1年以上5年以下的规划为中期规划，5年或5年以上的规划为长期规划。

按照规划的性质，企业人力资源规划可分为总体规划和具体计划。总体规划涉及企业的总目标、总谋划，具体计划是对企业人力资源各方面具体工作制订工作方案与措施。

企业人力资源规划各类别的具体目标如表8-1所示。

表8-1 企业人力资源规划各类别的具体目标

规划类别		具体目标
总体规划		提升企业绩效、增减人员数量、改善人员结构及素质、促进员工个人发展等
具体计划	人员补充计划	明确补充人员的数量、类型、层次，优化人员结构等
	人员使用计划	优化部门编制和人员结构、改善绩效、合理配置人员、加强岗位轮换等
	人员接续及升迁计划	确定后备人员数量、优化人员结构、提高绩效目标
	人员培训开发计划	提高人员知识技能、明确培训数量及类别、提高绩效、改善工作作风和企业文化等
	薪酬激励计划	增加人力资源供给、提高士气、改善绩效
	劳动关系计划	降低非期望离职率、改善劳动关系、减少投诉和争议等
	退休解聘计划	降低人工成本、维护企业制度、改善人力资源结构等

举一反三

[典型例题·多选] 在企业人力资源规划的具体计划中，人员使用计划的目标主要有（　　）。

A. 优化部门编制

B. 加强岗位轮换幅度

C. 提高员工素质

D. 改善企业文化

E. 明确员工培训数量及类别

[解析] 人员使用计划的目标包括优化部门编制和人员结构、改善绩效、合理配置人员、加强岗位轮换等。

[答案] AB

[典型例题·单选] 下列企业人力资源规划的具体计划中，将目标定为优化部门编制和人员结构的是（　　）。

A. 薪酬激励计划　　　　　　　　B. 人员使用计划

C. 人员培训开发计划　　　　　　D. 劳动关系计划

[解析] 人员使用计划的目标包括优化部门编制和人员结构、改善绩效、合理配置人员、加强岗位轮换。

[答案] B

环球君点拨

该考点相对简单，考生可通过每一具体计划的字面意思判断其目标。

考点2 人力资源规划的制定程序

真题链接

[2021·多选] 下列人力资源信息中,属于企业外部环境信息的有( )。

A. 劳动力市场需求状况　　　　B. 员工使用情况
C. 人口变化趋势　　　　　　　D. 员工教育培训情况
E. 劳动力市场供应状况

[解析] 员工使用情况和员工教育培训情况属于企业内部信息,选项B、D错误。

[答案] ACE

真题精解

点题: 本系列真题考查人力资源规划的制定程序,2021年真题考查企业外部环境信息包括哪些内容。

分析: 对于本考点,核心是掌握企业人力资源规划的制定程序中的第一个步骤,并能够准确区分企业内部信息和企业外部环境信息。

1. 人力资源规划的制定步骤

(1) 收集信息,分析企业经营战略对人力资源的要求。
(2) 进行人力资源供给与需求预测。
(3) 制订人力资源总体规划和各项具体计划。
(4) 人力资源规划实施与效果评价。

2. 企业内部信息和企业外部环境信息的区别

(1) 企业内部信息包括:
①企业发展战略。
②经营计划。
③人力资源现状。人力资源现状包括员工数量和构成、员工使用情况、教育培训情况、离职率和流动性。

(2) 企业外部环境信息包括:
①宏观经济形势和行业经济形势。
②技术发展趋势。
③产品市场竞争状况。
④劳动力市场供求状况。
⑤人口和社会发展趋势。
⑥政府政策。

举一反三

[典型例题·单选] 下列选项中,制定人力资源规划的第一个步骤是( )。

A. 进行人力资源供给与需求预测
B. 制定人力资源总体规划和各项具体计划
C. 人力资源实施与效果评价
D. 收集信息,分析企业经营战略对人力资源的要求

[解析] 人力资源规划的制定步骤：①收集信息，分析企业经营战略对人力资源的要求；②进行人力资源供给与需求预测；③制订人力资源总体规划和各项具体计划；④人力资源规划实施与效果评价。

[答案] D

[典型例题·多选] 人力资源信息可分为企业内部信息和企业外部环境信息，下列属于企业内部信息的有（　　）。

A. 行业经济形势
B. 企业发展战略
C. 劳动力市场供求状况
D. 人口和社会发展趋势
E. 企业员工数量和构成

[解析] 行业经济形势、劳动力市场供求状况、人口和社会发展趋势属于企业外部信息，选项A、C、D错误。

[答案] BE

环球君点拨

企业的内部环境是企业自身的内部事宜，企业的外部环境是除企业自身之外的其他外在环境。

考点3　人力资源需求预测

真题链接

[2016·单选] 下列方法中，简便易行且主要适用于短期预测的人力资源需求预测方法是（　　）。

A. 人员核查法
B. 德尔菲法
C. 管理人员接续计划法
D. 管理人员判断法

[解析] 根据题干关键词"简便易行""短期"，可以判断是管理人员判断法。

[答案] D

[2019·单选] 下列人力资源预测方法中，能集思广益，充分发挥专家作用，且预测准确度相对较高的是（　　）。

A. 人员核查法
B. 转换比率分析法
C. 德尔菲法
D. 一元回归分析法

[解析] 根据关键词信息"集思广益""专家""预测准确度较高"，可以判断是德尔菲法。

[答案] C

[2020·单选] 某企业销售额每增长1 000万元，需增加管理人员、销售人员和客服人员共27名；新增管理人员、销售人员和客服人员的比例是2∶4∶3，该企业预计2019年销售额比2018年增加3 000万元，计算与2018年相比，该企业2019年需要新增客服人员（　　）人。

A. 36　　　　　　B. 9　　　　　　C. 27　　　　　　D. 18

[解析] 具体计算步骤如下：第一步，找出业务的增加量和人员增加量的关系。题目已知"每增加1 000万元需增加管理人员、销售人员和客服人员共27名"，且"预计2019年销售额比2018年销售额增加3 000万元"，可知销售额增加3 000万元（1 000万元的3倍），管理人员、销售人员和客服人员应同比例增加81人（27人的3倍）。第二步，找出新增客服人员数与新增人员总数

之间的比例关系。题目已知"新增管理人员、销售人员和客服人员的比例是2∶4∶3",即将新增人员总数分为:2+4+3=9(份),其中,客服人员占3/9,则2019年需新增客服人员=81×(3/9)=27(人)。

[答案] C

[经典例题·单选] 某企业通过统计分析发现,本企业的销售额与所需销售人员数成正相关关系,并根据过去10年的统计资料建立了一元线性回归预测模型 $y=a+bx$,x 代表销售额(单位:万元),y 代表销售人员数(单位:人),回归系数 $a=15$,$b=0.04$。同时该企业预计2011年销售额将达到1 000万元,则该企业2011年需要销售人员(　　)人。

A. 15　　　　　　　　　　　　B. 40
C. 55　　　　　　　　　　　　D. 68

[解析] 已知 $x=1\,000$(万元),$a=15$,$b=0.04$,代入公式 $y=a+bx$ 可得:$y=15+0.04\times1\,000=55$(人)。

[答案] C

真题精解

点题:本系列题目考查人力资源需求预测,但考查侧重点不同。其中,2016年真题考查管理人员判断法;2019年真题考查德尔菲法,2020年真题考查转换比率分析法,经典例题考查一元回归分析法。

分析:对于本考点,核心是掌握企业可以采用的人力资源需求预测方法。

企业可以采用的人力资源需求预测方法有以下四种。

(1) 管理人员判断法:通过各级管理人员的经验确定所需人员,这种方法是粗略的、简便易行的,主要适用于短期预测。

(2) 德尔菲法(也称专家调查法):有经验的专家依赖自己的知识、经验和分析判断能力,对企业的人力资源需求进行直觉判断与预测。该方法避免了彼此身份地位的差别、人际关系以及群体压力等因素对意见表达的影响,充分发挥了各位专家的作用,集思广益,预测的准确度相对较高,应用比较广泛。

(3) 转换比率分析法:根据过去的业务活动量水平,计算出每一业务活动量所需人员的相应增量,再根据计算出的比例关系,把未来的业务活动增量折算成总的人员需求增量,最后把总的人员需求量按比例折算成各类人员的需求量。

(4) 一元回归分析法:将相关数值代入一元线性回归方程 $y=a+bx$ 来计算人力资源需求量。

拓展:该考点还可以通过案例形式考查各种人力资源需求预测方法。

举一反三

[典型例题·单选] 某企业对营销部门的人力资源需求进行预测,由营销部经理和营销总监根据工作中的经验和对企业未来业务量增减情况的直觉判断来预测营销人员的需求数量。该企业采用的人力资源需求预测方法是(　　)。

A. 管理人员判断法　　　　　　B. 线性回归分析法
C. 德尔菲法　　　　　　　　　D. 管理人员接续计划法

[解析] 根据题干关键信息"对营销部门的人力资源需求进行预测",且由"营销部经理和营销总监"根据经验和直觉判断,可知为管理人员判断法。

[答案] A

[典型例题·单选] 某企业组织 20 名专家组成小组，根据专家的知识、经验对企业的人力资源管理需求进行多轮的直觉判断与预测，这种人力资源需求预测方法属于（　　）。

A. 管理人员判断法　　　　　　B. 线性回归分析法
C. 德尔菲法　　　　　　　　　D. 管理人员接续计划法

[解析] 根据题干关键词"20 名专家""多轮"，可以判断属于德尔菲法。

[答案] C

[典型例题·单选] 下列人力资源需求预测方法中，能够避免参加预测的专家因身份地位的差别、人际关系及群体压力等因素对意见表达的影响的方法是（　　）。

A. 德尔菲法　　　　　　　　　B. 一元回归分析法
C. 人员核查法　　　　　　　　D. 转换比率分析法

[解析] 德尔菲法可以避免参加预测的专家因身份地位的差别、人际关系及群体压力等因素对意见表达的影响。

[答案] A

[典型例题·单选] 某企业通过统计研究发现，年销售额每增加 1 000 万元，需增加管理人员、销售人员和后勤服务人员共 8 名，新增人员中，管理人员、销售人员和后勤服务人员的比例是 1∶5∶2。该企业预计 2017 年销售额比 2016 年销售额增加 3 000 万元。根据转换比率分析法计算，该企业 2017 年需要后勤服务人员（　　）人。

A. 3　　　　　　　　　　　　　B. 4
C. 6　　　　　　　　　　　　　D. 9

[解析] ①销量增加 3 000 万元，则需要增加的人员总数为 24 人（3 000/1 000×8）；②管理人员为 3 人 [24×（1/8）]；③销售人员为 15 人 [24×（5/8）]；④后勤人员为 6 人 [24×（2/8）]。

[答案] C

环球君点拨

对于四种人力资源需求预测方法中的概念类考查，考生应注意关键词的匹配；对于计算类考查，考生应注意计算过程中数字代入的准确性，计算要细心。

考点 4　人力资源供给预测

真题链接

[2020·单选] 某企业现有业务主管 15 人，预计明年将有 2 人提升为部门经理、1 人退休、2 人辞职。此外，该企业明年将从外部招聘 3 名业务主管，从业务员中提升 2 人为业务主管。采用管理人员接续计划法预测该企业明年业务主管的供给量为（　　）人。

A. 13　　　　B. 10　　　　C. 15　　　　D. 20

[解析] 某职位内部人力资源供给量＝现职人员数量＋提升为本职位的人员数量＋招聘人员数量－提升/降职为其他职位的人员数量－退休人员数量－辞职人员数量＝15＋3＋2－2－1－2＝15（人）。

[答案] C

[2016·案例（节选）] 某企业根据人力资源需求与供给状况及相关资料，制定 2017 年人力资源总体规划和人员接续及升迁计划，经过调查研究，确认该企业的市场营销人员变动矩阵如表 8-2 所示。

表 8-2　企业人员变动矩阵

职务	现有人数（人）	年平均人员调动概率				离职率
		市场营销总监	市场营销经理	市场营销主管	业务员	
市场营销总监	1	0.9				0.1
市场营销经理	4	0.1	0.8			0.1
市场营销主管	20		0.1	0.7		0.2
业务员	100			0.1	0.7	0.2

根据以上资料，回答下列问题：

（1）根据表 8-2 所示的企业人员变动矩阵，计算该企业 2017 年市场营销主管的内部供给量为（　）人。

A. 6　　　　　　B. 12　　　　　　C. 24　　　　　　D. 28

[解析] 该企业市场营销主管内部供给量＝0.7×20＋0.1×100＝24（人）。

[答案] C

（2）下列选项中，影响企业人力资源外部供给量的因素有（　）。

A. 本行业劳动力平均价格　　　　　B. 所属行业的价值链长度
C. 本地区人力资源的构成　　　　　D. 所在地区劳动力市场供求状况

[解析] 选项 B 属于混淆项。

[答案] ACD

● 真题精解

点题：本系列真题考查人力资源供给预测，但考查侧重点不同。其中，2020 年真题考查管理人员接续计划法的计算；2016 年真题考查马尔可夫模型法的计算和影响企业人力资源外部供给量的因素。

分析：对于本考点，考生应重点掌握人力资源供给预测的三种方法（即人员核查法、管理人员接续计划法和马尔可夫模型法）及其主要内容。

（1）人员核查法：通过对现有企业内部人力资源数量、质量、结构及其在各职位上的分布状况进行核查，确切掌握人力资源拥有量及其利用潜力，在此基础上，评价当前不同种类员工的供应状况，确定晋升和岗位轮换的人选，确定员工特定的培训或发展项目的需求，帮助员工确定职业开发计划与职业设计。

适用：人员核查法是一种静态的方法，不能反映未来人力资源拥有量的变化，因此，多用于短期的人力资源拥有量预测。

（2）管理人员接续计划法：这种方法主要是对某一职务可能的人员流入量和流出量进行估计。公式如下：

某职位内部人力资源供给量＝现职人员数量＋提升为本职位的人员数量＋招聘人员数量－提升/降职为其他职位的人员数量－退休人员数量－辞职人员数量

① 人员流入量：可提升的人员和新招聘的人员。

②人员流出量：提升、退休、辞职、解聘、降职的人员等。

适用：管理人员接续计划法主要用于对管理人员和工程技术人员的供给预测。

（3）**马尔可夫模型法**（考生应重点掌握）：马尔可夫模型法能够在图表中找出企业过去在某两个职务或岗位之间人事变动的规律，以此推测未来企业中这些职务或岗位的人员状况。

拓展：该考点还可以通过案例形式考查。此外，考生还应了解人力资源外部供给预测的影响因素，主要包括本地区的人口总量与人力资源供给率、本地区人力资源的构成、宏观经济形势和失业率预期、本地区劳动力市场供求状况、本行业劳动力市场供求状况、职业市场状况。

举一反三

[典型例题·单选]某企业采用马尔可夫模型法进行人力资源供给预测，现有业务员100人、业务主管10人、销售经理4人、销售总监1人，该企业人员变动矩阵如表8-3所示。

表8-3 该企业人员变动矩阵

职务	人员调动概率				离职率
	销售总监	销售经理	业务主管	业务员	
销售总监	0.8				0.2
销售经理	0.1	0.7			0.2
业务主管		0.2	0.7		0.1
业务员			0.1	0.7	0.2

则该企业一年后业务主管内部供给量为（　　）人。

A. 12　　　　　　　　　　　　　B. 17

C. 60　　　　　　　　　　　　　D. 72

[解析]该企业一年后业务主管内部供给量＝0.7×10＋0.1×100＝17（人）。

[答案]B

[典型例题·单选]某企业现有业务员200人、业务主管20人、销售经理4人、销售总监1人，该企业人员变动矩阵如表8-4所示。

表8-4 该企业人员变动矩阵

职务	人员调动概率				离职率
	销售总监	销售经理	业务主管	业务员	
销售总监	0.8				0.2
销售经理	0.1	0.7			0.2
业务主管		0.2	0.7		0.1
业务员			0.1	0.7	0.2

则该企业一年后业务主管的内部供给量为（　　）人。

A. 14　　　　　　　　　　　　　B. 20

C. 34　　　　　　　　　　　　　D. 140

[解析]该企业一年后业务主管的内部供给量＝20×0.7＋200×0.1＝34（人）。

[答案]C

[典型例题·多选]下列选项中，影响企业人力资源外部供给量的因素有（　　）。

A. 企业人员调动率

B. 企业人才流失率

C. 企业所在地区人力资源的构成

D. 企业所处行业劳动力市场供求状况

E. 企业人员结构

[解析] 人力资源外部供给预测的影响因素主要包括：①本地区的人口总量与人力资源供给率；②本地区人力资源的构成；③宏观经济形势和失业率预期；④本地区劳动力市场供求状况；⑤本行业劳动力市场供求状况；⑥职业市场状况。选项 A、B、E 属于企业人力资源内部供给预测的影响因素。

[答案] CD

环球君点拨

考生在学习马尔可夫模型法时，可以通过实例以题带点的方式掌握。

第二节 绩效考核

考点1 绩效考核的含义与功能

经典例题

[经典例题·单选] 下列选项中，不属于绩效考核的功能的是（　　）。

A. 管理功能　　　　　　　　　　B. 监控功能

C. 宣传功能　　　　　　　　　　D. 增进绩效的功能

[解析] 绩效考核的功能包括管理功能、激励功能、学习和导向功能、沟通功能、监控功能、增进绩效的功能。

[答案] C

[经典例题·单选] 某公司奖励年终绩效考核前3名的员工5万元，该公司主要是利用绩效考核的（　　）。

A. 协调功能　　　　　　　　　　B. 沟通功能

C. 监控功能　　　　　　　　　　D. 激励功能

[解析] 通过奖励激发员工的积极性，可知为激励功能。

[答案] D

题目精解

点题：本系列题目考查绩效考核的含义与功能，但考查侧重点不同。其中，第一道经典例题考查绩效考核包括哪些功能；第二道经典例题考查绩效考核的激励功能。

分析：对于本考点，核心是掌握绩效考核的功能。

绩效考核的功能包括：

(1) 管理功能：解决考核什么和怎样考核的问题，根据绩效考核结果对员工进行奖惩、职位升降、工作转换、培训等。

(2) 激励功能：绩效考核的根本目的是促进员工完成绩效目标，增进绩效。

(3) 学习和导向功能。

(4) 沟通功能。

(5) 监控功能。

(6) 增进绩效的功能。

举一反三

[典型例题·单选] 企业对绩效考核结果排名前 3 位的员工提供出国培训的机会，这体现了绩效考核的（　　）。

A. 管理功能　　　　　　　　　　B. 沟通功能

C. 监控功能　　　　　　　　　　D. 学习和导向功能

[解析] 管理功能解决考核什么和怎样考核的问题，又根据绩效考核结果对员工进行奖惩、晋级、培训等。根据题干信息"企业对绩效考核结果排名前 3 位的员工提供出国培训的机会"，可知是绩效考核的管理功能。

[答案] A

[典型例题·单选] 根据绩效考核结果对员工进行奖惩，这属于绩效考核的（　　）。

A. 学习功能　　　　　　　　　　B. 沟通功能

C. 监控功能　　　　　　　　　　D. 管理功能

[解析] 管理功能：解决考核什么和怎样考核的问题，又根据绩效考核结果对员工进行奖惩、晋级、培训等，选项 D 正确。

[答案] D

环球君点拨

本考点相对简单，考生可根据关键词以及字面意思判断是绩效考核的哪一种功能。此外，考生还要注意区分管理功能与激励功能。

考点 2　绩效考核的内容和标准

真题链接

[2019·多选] 下列绩效考核内容中，属于绩效考核项目的有（　　）。

A. 开拓创新能力　　　　　　　　B. 组织指挥能力

C. 沟通协调能力　　　　　　　　D. 工作业绩

E. 工作态度

[解析] 绩效考核的项目包括工作业绩、工作能力和工作态度，选项 A、B、C 错误。

[答案] DE

[2024·单选] 某企业对销售人员年销售额进行绩效考核，则所考核的年销售额属于（　　）。

A. 绩效考核对象

B. 绩效考核的内容

C. 绩效考核的条件

D. 绩效考核的前提

[解析] 绩效考核内容是指对企业员工工作任务的界定，它明确回答了企业员工在绩效考核期内应该完成哪些工作，具体包括绩效考核项目和绩效考核指标两个部分。年销售额属于绩效考核指标。

[答案] B

[2021·多选] 下列关于绩效考核标准的说法，正确的有（　　）。

A. 绩效考核标准应该按照企业高绩效员工的实际水平确定
B. 在不同的绩效考核时期，绩效考核标准应该随环境变化而变化
C. 绩效考核标准应尽量是量化的
D. 绩效考核标准一方面要有一定难度，另一方面需要经过员工的努力又可以达到
E. 绩效考核标准是对员工工作任务在数量和质量方面的要求

[解析] 绩效考核标准是指关于企业员工工作任务在数量和质量方面的要求，它明确回答了绩效考核所界定的工作任务应该达到什么标准，是绩效考核指标的进一步量化或具体描述，而不是高绩效员工的实际水平，选项 A 错误。

[答案] BCDE

真题精解

点题：本系列真题考查绩效考核的内容和标准，但考查侧重点不同。其中，2019 年真题考查绩效考核的项目；2024 年真题考查绩效考核内容的具体表现；2021 年真题考查对绩效考核标准的理解。

分析：对于本考点，考生应主要掌握绩效考核的内容，具体包括绩效考核项目和绩效考核指标两个部分。其中，绩效考核项目指的是绩效考核的维度，主要包括工作业绩、工作能力和工作态度三个考核项目。绩效考核指标具体可细化为分析判断能力、业务操作能力、沟通协调能力、学习提高能力、开拓创新能力等。

此外，考生还需要了解绩效考核标准，包括：必须明确、具体、清楚；必须适度；必须具有可变性。

举一反三

[典型例题·多选] 下列选项中，企业对于员工绩效考核的项目主要包括（　　）。

A. 工作目标　　　　　　B. 工作业绩
C. 工作职能　　　　　　D. 工作能力
E. 工作态度

[解析] 企业对员工的绩效考核主要包括工作业绩、工作能力和工作态度三个考核项目。

[答案] BDE

[典型例题·多选] 下列选项中，企业对于员工绩效考核的指标主要包括（　　）。

A. 沟通协调能力　　　　B. 业务操作能力
C. 分析判断能力　　　　D. 工作能力
E. 学习提高能力

[解析] 企业对员工的绩效考核指标主要包括分析判断能力、业务操作能力、沟通协调能力、学习提高能力、开拓创新能力等，选项 D 为干扰项。

[答案] ABCE

环球君点拨

考生在学习时，应注意区分绩效考核项目和绩效考核指标。

第八章　人力资源规划与薪酬管理

考点 3　绩效考核的步骤

真题链接

[2020·多选] 下列绩效考核活动中，属于绩效考核准备阶段的工作有（　　）。

A. 明确考核标准　　　　　　　　B. 绩效考核评价

C. 反馈考核结果　　　　　　　　D. 确定考核方法

E. 选择考核者

[解析] 绩效考核的技术准备工作包括选择考核者、明确考核标准、确定考核方法等。

[答案] ADE

[2021·单选] 在绩效考核中，贯穿于绩效考核整个周期的活动是（　　）。

A. 选择考核方法　　　　　　　　B. 绩效沟通

C. 制订考核计划　　　　　　　　D. 反馈考核结果

[解析] 绩效沟通是指围绕员工工作绩效问题而进行的上下级的交流、讨论和协商，它贯穿于绩效考核的整个周期和整个过程。

[答案] B

[经典例题·多选] 绩效考核是对客观行为及其结果的主观评价，容易出现误差，导致误差的原因有（　　）。

A. 晕轮效应　　　　　　　　　　B. 从众心理

C. 偏见效应　　　　　　　　　　D. 鲶鱼效应

E. 近期效应

[解析] 导致绩效考核出现误差和错误的原因主要有晕轮效应、从众心理、优先与近期效应、逻辑推理效应、偏见效应等。

[答案] ABCE

[2018·多选] 下列绩效考核工作中，属于绩效考核实施阶段的工作有（　　）。

A. 绩效考核评价　　　　　　　　B. 选择考核者

C. 确定考核方法　　　　　　　　D. 明确考核标准

E. 进行绩效沟通

[解析] 绩效考核实施阶段的主要任务是绩效沟通、绩效考核评价。选项 B、C、D 属于绩效考核准备阶段的工作。

[答案] AE

真题精解

点题：本系列题目考查绩效考核的步骤，但考查侧重点不同。其中，2020 年真题考查绩效考查准备阶段的工作内容；2021 年真题考查绩效沟通；经典例题考查绩效考核出现误差的原因；2018 年真题考查绩效考核实施阶段的工作内容。

分析：对于本考点，核心是掌握绩效考核各步骤中的具体内容。

绩效考核步骤包括：

(1) 准备阶段。在这个阶段需要做的工作有制订绩效考核计划和绩效考核技术准备（选择考核者、明确考核标准、确定考核方法）。

(2) **实施阶段**。这一阶段的主要任务是绩效沟通与绩效考核评价。绩效沟通指围绕员工工作绩效问题而进行的上下级的交流、讨论和协商,它贯穿于绩效考核的整个周期和整个过程。绩效考核评价主体一般包括被考核者的上级、同事、下级、本人和客户五类。导致绩效考核出现误差和错误的原因主要是晕轮效应、从众心理、优先与近期效应、逻辑推理效应和偏见效应等。

(3) **结果的反馈**。上级领导就绩效考核的结果与考核对象沟通,指出员工在绩效方面存在的问题,指导员工制订出绩效改进的计划,还要对该计划的执行效果进行跟踪并给予指导。

(4) **结果的运用**。绩效考核结果的运用,是绩效考核工作的"归宿"。

举一反三

[典型例题·多选] 下列绩效考核工作中,属于绩效考核技术准备工作的有( )。

A. 选择考核者　　　　　　　　　　B. 明确考核标准
C. 进行绩效沟通　　　　　　　　　D. 确定考核方法
E. 绩效考核评价

[解析] 绩效考核准备阶段中的技术准备工作包括选择考核者、明确考核标准、确定考核方法等。选项 C、E 属于绩效考核实施阶段的工作。

[答案] ABD

[典型例题·多选] 下列绩效考核活动中,属于绩效考核结果反馈阶段的有( )。

A. 分析、整理绩效考核结果　　　　B. 改进人力资源开发与管理工作
C. 与被考核者沟通绩效考核结果　　D. 指出被考核者绩效方面的问题
E. 指导被考核者制订绩效改进计划

[解析] 选项 A、B 是绩效考核结果运用阶段的工作。

[答案] CDE

环球君点拨

考生应结合日常绩效管理的流程,准确记忆每一阶段的具体任务。

考点 4 绩效考核的方法

真题链接

[2019·多选] 企业对员工进行绩效考核时,常用的方法有( )。

A. 民主评议法　　　　　　　　　　B. 职位等级法
C. 关键事件法　　　　　　　　　　D. 职位分类法
E. 行为锚定评价法

[解析] 绩效考核常用的方法:民主评议法、书面鉴定法、关键事件法、比较法(包括直接排序法、交替排序法、一一对比法)、量表法(包括评级量表法、行为锚定评价法)。

[答案] ACE

[2020·单选] 某企业对销售主管进行绩效考核,在听取两个人的述职报告后,由销售部经理、其他业务主管以及销售员对每位销售主管的工作绩效做出评价,然后综合分析各方面意见得出每位销售主管的绩效考核结果。该企业对销售主管采用的绩效考核方法是( )。

A. 民主评议法　　　　　　　　　　B. 关键事件法

C. 目标管理法　　　　　　　　　　D. 行为锚定法

[解析] 根据题干关键信息"在听取两个人的述职报告后，由销售部经理、其他业务主管以及销售员对每位销售主管的工作绩效做出评价"，可知为民主评议法。

[答案] A

[2023·单选] 企业某部门运用一一对比法对所属的4名员工进行绩效考核，考核情况如表8-5所示。（"＋"表示考核对象比比较对象绩效水平高，"－"表示被考核者比比较对象绩效水平低，"0"表示两者绩效水平一致）

表8-5　企业某部门的绩效考核情况

比较对象	张××	王××	李××	赵××
张××	0	－	＋	＋
王××	＋	0	＋	＋
李××	－	－	0	＋
赵××	－	－	－	0
获高次数	1	0	2	3

由此可知，绩效最优的员工是（　　）。

A. 张××　　B. 李××　　C. 王××　　D. 赵××

[解析] 将每一名被考核者得到的"＋"次数相加，得到的"＋"越多，则对该被考核者的评价越高。赵××获得3个"＋"，数量最多，因此绩效最优的员工为赵××。

[答案] D

[2021·单选] 某企业用文字长期记录员工在工作中发生的直接影响工作绩效的重要行为，以对员工的工作绩效进行评价，该企业采取的绩效考核方法是（　　）。

A. 民主评议法　　　　　　　　　　B. 书面鉴定法
C. 关键事件法　　　　　　　　　　D. 关键绩效指标法

[解析] 关键事件法：是指考核者通过观察，用描述性的文字记录下企业员工在工作中发生的直接影响工作绩效的重大的和关键性的事件和行为。

[答案] C

[2021·单选] 在绩效考核时为每一职位的各个考核维度设计出评分量表，量表上的每个分数刻度都对应典型行为的描述性文字，供考核者在对考核对象进行评价打分时参考，这种方法称为（　　）。

A. 评级量表法　　　　　　　　　　B. 书面鉴定法
C. 关键事件法　　　　　　　　　　D. 行为锚定评价法

[解析] 根据题干信息"设计出评分量表"和"对应典型行为的描述性文字"，可知是把评级量表法与关键事件法结合起来，因此，该方法是行为锚定评价法。

[答案] D

> 真题精解

点题：本系列真题考查绩效考核的方法，但考查侧重点不同。其中，2019年真题考查绩效考核常用的方法；2020年真题考查民主评议法；2023年真题考查一一对比法；2021年第一道真题考查关键事件法；2021年第二道真题考查行为锚定评价法。

分析： 对于本考点，核心是掌握绩效考核五种方法的概念以及操作。

常用的绩效考核方法主要有以下五种。

（1）民主评议法：在听取考核对象个人述职报告的基础上，由考核对象的上级主管、同事、下级以及与其有工作关系的人员，对其工作绩效做出评价。该方法常用于对企业中层和基层管理人员的绩效考核。

优点：民主性强、操作程序比较简单、容易控制。

缺点：难免会有人为因素导致的评价偏差。

（2）书面鉴定法：指考核者以书面文字的形式对考核对象做出评价的方法。该方法常用于对企业初级、中级专业技术人员和职能管理人员的绩效考核。

优点：明确灵活、反馈简洁。

缺点：只涉及总体，缺乏精确的维度和衡量标准，只有定性分析没有量化的数据，所以很难进行相互比较，也无法作为人力资源管理决策的可靠依据。

（3）关键事件法：考核者通过观察，用描述性的文字记录下企业员工在工作中发生的直接影响工作绩效的重大的和关键性的事件和行为。

优点：考核结果以事实为依据，说服力强，也能够使被考核者明了自己目前存在的不足和今后努力的方向。

缺点：缺少唯一的考核标准，考核结果难以进行横向比较，因而不适用于为员工的奖励分配提供依据。

（4）比较法：将一名员工的工作绩效与其他员工进行比较，进而确定其绩效水平的考核方法。此方法只适用于被考核者人数较少的情况。该类方法最常用的形式包括直接排序法、交替排序法、一一对比法。

（5）量表法：是把绩效考核的指标和标准制作成量表，根据量表对考核对象的工作绩效进行考核的方法。量表法包括评级量表法和行为锚定评价法。其中，评级量表法也称评价量表法或图表评价尺度法，是指在量表中列出需要考核的绩效项目和绩效指标，然后将每个指标的评价尺度划分为若干等级。行为锚定评价法为每一职位的各个考核维度都设计出一个评分量表，量表上的每个分数刻度都对应有一些典型行为的描述性文字说明。

拓展： 该考点还可能以案例题的形式考查各种方法的具体内容。

举一反三

[典型例题·多选] 企业对员工进行绩效考核时，常用的方法有（ ）。

A. 职位分类法

B. 职位等级法

C. 关键事件法

D. 民主评议法

E. 书面鉴定法

[解析] 绩效考核的方法主要有民主评议法、书面鉴定法、关键事件法、比较法和量表法五种。

[答案] CDE

[典型例题·单选] 某企业财务部门运用一一对比法对所属的4名员工进行绩效考核，考核情况如表8-6所示。（"＋"表示考核对象比比较对象绩效水平高，"0"表示两者绩效水平相同，"－"表

的含义与"＋"相反）

表 8-6　某企业财务部门的绩效考核情况

比较对象	张××	王××	李××	赵××
张××	0	－	－	＋
王××	＋	0	－	＋
李××	＋	＋	0	＋
赵××	－	－	－	0

由此可知，绩效水平最高的员工为（　　）。

A. 张×× 　　　　　　　　　　　B. 王××
C. 李×× 　　　　　　　　　　　D. 赵××

[解析]"＋"号数量最多的员工即绩效水平最高的员工，因此，赵××绩效水平最高。

[答案] D

环球君点拨

考生可通过字面意思理解记忆绩效考核的各类方法，通过做题熟悉——对比法的判断规则。

第三节　薪酬管理

考点 1　薪酬的概念、构成与功能

真题链接

[2021·单选] 在薪酬的构成中，企业根据员工所承担的工作或者所具备的技能而支付给员工比较稳定的薪酬属于（　　）。

A. 间接薪酬　　　　　　　　　　B. 基本薪酬
C. 补偿薪酬　　　　　　　　　　D. 激励薪酬

[解析] 基本薪酬是指企业根据员工所承担的工作或者所具备的技能而支付给员工的比较稳定的薪酬。

[答案] B

[2020·多选] 下列薪酬形式中，属于激励薪酬的有（　　）。

A. 带薪休假　　　　　　　　　　B. 保险福利
C. 计件工资　　　　　　　　　　D. 股票期权
E. 奖金

[解析] 激励薪酬是指企业根据员工、团队或者企业自身的绩效而支付给员工的具有变动性质的薪酬。

[答案] CDE

[2019·单选] 下列选项中，企业提供给员工的各种福利属于（　　）。

A. 补偿薪酬　　　　　　　　　　B. 激励薪酬
C. 基本薪酬　　　　　　　　　　D. 间接薪酬

[解析] 间接薪酬是企业给员工提供的各种福利。间接薪酬的支付与员工个人的工作和绩效并没有直接的关系,往往具有普遍性。

[答案] D

[2024·单选] 对企业来讲,薪酬是企业购买劳动力的成本,它能够给企业带来大于成本的预期收益,这属于薪酬的(　　)。

A. 增值功能
B. 改善用人活动功效的功能
C. 协调企业内部关系和塑造企业文化的功能
D. 促进企业变革和发展的功能

[解析] 根据题干信息"给企业带来大于成本的预期收益",可以判断是薪酬的增值功能。

[答案] A

■ 真题精解

点题:本系列题目考查薪酬的概念、构成与功能,但考查侧重点不同。其中,2021年真题考查基本薪酬;2020年真题考查激励薪酬;2019年真题考查间接薪酬;2024年真题考查薪酬的增值功能。

分析:对于本考点,核心是掌握薪酬的构成,各种薪酬的概念以及内容。

1. 薪酬的构成

在企业中,员工的薪酬一般是由基本薪酬、激励薪酬和间接薪酬三部分构成的。

(1) 基本薪酬:指企业根据员工所承担的工作或者所具备的技能而支付给员工的比较稳定的薪酬。

(2) 激励薪酬:指企业根据员工、团队或者企业自身的绩效而支付给员工的具有变动性质的薪酬。

(3) 间接薪酬:指企业给员工提供的各种福利。间接薪酬的支付与员工个人的工作和绩效并没有直接的关系,往往具有普遍性。

2. 薪酬的功能

薪酬的功能及其具体表现如表8-7所示。

表8-7　薪酬的功能及其具体表现

功能		具体表现
对员工的功能	保障功能	薪酬是绝大部分劳动者的主要收入来源,它对于劳动者及其家庭的保障作用是其他任何保障手段都无法替代的
	激励功能	薪酬是个人和企业之间的一种心理契约,这种契约通过员工对于薪酬状况的感知而影响员工的工作行为、工作态度以及工作绩效,即产生激励作用
	调节功能	薪酬作为一种重要的经济杠杆,可以调节劳动力在社会各地区、各部门和各企业之间的流动

续表

功能		具体表现
对企业的功能	增值功能	薪酬是企业购买劳动力的成本，它能够给企业带来大于成本的预期收益
	改善用人活动功效的功能	薪酬不仅决定了企业可以招聘到的员工数量和质量，也决定了企业的人力资源存量，还决定了现有员工受到激励的状况，影响到他们的工作效率、归属感和忠诚度，从而直接影响到企业的生产能力和效率
	协调企业内部关系和塑造企业文化的功能	薪酬一方面通过其水平的变动，将企业目标和管理者意图传递给员工，促使个人行为与企业行为融合，有助于协调员工与企业之间的关系；另一方面，通过合理的薪酬差别和结构，有助于化解企业和员工之间的矛盾
	促进企业变革和发展的功能	薪酬可以通过作用于员工个人、工作团队来创造出与变革相适应的内部和外部氛围，从而有效地推动企业的变革和发展，使企业的经营活动变得更加灵活，对市场和客户的反应更为迅速有效
对社会的功能		薪酬水平的高低会直接影响到国民经济的正常运行，也会影响到人民的生活质量，还会影响到社会的稳定等。另外，薪酬也调节人们择业和就业的流向

举一反三

[典型例题·多选] 下列薪酬形式中，属于激励薪酬的有（　　）。

A. 奖金　　　　　　　　　　B. 员工持股

C. 员工分红　　　　　　　　D. 保险福利

E. 带薪休假

[解析] 保险福利、带薪休假属于间接薪酬，选项 D、E 错误。

[答案] ABC

[典型例题·多选] 在企业中，员工的薪酬一般由（　　）构成。

A. 基本薪酬　　　　　　　　B. 激励薪酬

C. 间接薪酬　　　　　　　　D. 补偿薪酬

E. 福利薪酬

[解析] 在企业中，员工的薪酬一般是由基本薪酬、激励薪酬和间接薪酬三部分构成的。

[答案] ABC

[典型例题·多选] 下列薪酬形式中，属于间接薪酬的有（　　）。

A. 奖金　　　　　　　　　　B. 员工持股

C. 员工分红　　　　　　　　D. 保险福利

E. 带薪休假

[解析] 间接薪酬是企业给员工提供的各种福利，间接薪酬的支付与员工个人的工作和绩效并没有直接的关系，往往具有普遍性。

[答案] DE

环球君点拨

考生在做题时应注意区分基本薪酬、激励薪酬和间接薪酬。薪酬结构中的基本薪酬相对稳定，激励薪酬具有变动性，间接薪酬多为福利。

考点2 薪酬管理的含义及其影响因素

真题链接

[2021·单选]（　　）是指企业内部各个职位之间薪酬的相互关系，它反映了企业支付薪酬的内部一致性。

A. 薪酬形式　　　　　　　　　　B. 薪酬调整

C. 薪酬结构　　　　　　　　　　D. 薪酬水平

[解析] 薪酬结构指企业内部各个职位之间薪酬的相互关系，它反映了企业支付薪酬的内部一致性。

[答案] C

[经典例题·单选] 下列选项中，影响企业薪酬管理的主要因素不包括（　　）。

A. 企业外部因素　　　　　　　　B. 企业内部因素

C. 员工个人因素　　　　　　　　D. 市场因素

[解析] 影响企业薪酬管理的因素主要有三类，即企业外部因素、企业内部因素和员工个人因素。

[答案] D

真题精解

点题：本系列题目考查薪酬管理的含义及其影响因素，但考查侧重点不同。其中，2021年真题考查薪酬结构的概念；经典例题考查影响企业薪酬管理的主要因素。

分析：对于本考点，核心是掌握薪酬水平、薪酬结构和薪酬形式的概念，以及影响薪酬管理的主要因素。

1. 薪酬管理的含义

（1）薪酬水平：企业内部各类职位以及企业整体平均薪酬的高低，它反映了企业支付薪酬的外部竞争性。

（2）薪酬结构：企业内部各个职位之间薪酬的相互关系，它反映了企业支付薪酬的内部一致性。

（3）薪酬形式：不同类型薪酬的组合方式。

2. 影响薪酬管理的因素

影响薪酬管理的三大类因素：

（1）企业外部因素：法律法规、物价水平、劳动力市场的供求状况、其他企业的薪酬状况。

（2）企业内部因素：企业的经营战略、企业的发展阶段、企业的财务状况。

（3）员工个人因素：员工所处的职位、员工的绩效表现、员工的工作年限。

拓展：该考点还可能考查薪酬调整和薪酬控制。薪酬调整是指企业根据相应变化对薪酬水平、薪酬结构等进行调整。薪酬控制是指企业对支付的薪酬总额进行测算和监控。

举一反三

[典型例题·多选] 下列选项中，影响企业薪酬管理的内部因素有（　　）。

A. 其他企业的薪酬状况　　　　　B. 法律法规

C. 企业的财务状况　　　　　　　D. 员工的绩效表现

E. 企业的发展阶段

[解析] 企业内部因素包括企业的经营战略、企业的发展阶段、企业的财务状况。选项 A、B 属于企业外部因素；选项 D 属于员工个人因素。

[答案] CE

[典型例题·单选] 下列关于薪酬管理的说法，不正确的是（　　）。

A. 薪酬水平反映了企业支付薪酬的内部一致性
B. 薪酬调整是指企业根据内外部变化，对薪酬水平、薪酬结构和薪酬形式进行相应的调整
C. 薪酬结构是指企业内部各个职位之间薪酬的相互关系，它反映了企业支付薪酬的内部一致性
D. 薪酬形式是指在员工和企业总体的薪酬中，不同类型薪酬的组合方式

[解析] 薪酬水平是指企业内部各类职位以及企业整体平均薪酬的高低，它反映了企业支付薪酬的外部竞争性。

[答案] A

环球君点拨

影响企业薪酬管理的三大因素是从宏观角度到微观角度进行分析，范围由大到小，考生应注意区分。

考点 3　企业薪酬制度设计的原则

真题链接

[2023·单选] 企业内部各类、各级职位之间的薪酬标准要适当拉开距离，以提高员工的工作积极性。这体现了薪酬制度设计的（　　）。

A. 公平原则　　　　　　　　B. 合法原则
C. 激励原则　　　　　　　　D. 量力而行原则

[解析] 激励原则是指企业内部各类、各级职位之间的薪酬标准要适当拉开距离，避免平均化。利用薪酬的激励功能提高员工的工作积极性。

[答案] C

[2022·单选] 企业进行薪酬制度设计时，应遵循国家有关法律法规的要求，做到合法合理付酬，属于（　　）原则。

A. 外部公平　　　　　　　　B. 量力而行
C. 合法　　　　　　　　　　D. 竞争

[解析] 合法原则是指企业在进行薪酬制度设计时，应遵循国家有关法律法规和政策的要求，做到合法合理付酬。

[答案] C

真题精解

点题： 本系列真题考查企业薪酬制度设计的原则，但考查侧重点不同。其中，2023 年真题考查激励原则；2022 年真题考查合法原则。

分析： 对于本考点，核心是掌握企业薪酬制度设计的原则及其具体表现。

薪酬制度设计的原则及其具体表现如表8-8所示。

表8-8 薪酬制度设计的原则及其具体表现

原则		具体表现
公平原则	外部公平	同一行业或同一地区或同等规模企业中类似职务的薪酬水平应当基本相同，因为它们对员工的知识、技能和经验的要求基本相似
	内部公平	同一企业中不同职务之间的薪酬水平应该相互协调
	个人公平	同一企业中从事相同工作的员工报酬要与其绩效相匹配
竞争原则		企业向在某些重要职位上工作的员工提供的薪酬应高于同一地区或同一行业其他企业同种职位的薪酬，以使自己的企业更具吸引力和竞争力
激励原则		企业内部各类、各级职位之间的薪酬标准要适当拉开距离，避免平均化
量力而行原则		企业在设计薪酬制度时，应考虑自身的经济实力，避免薪酬过高或薪酬过低的情况出现，进而避免使企业成本过高或缺乏吸引力和竞争力
合法原则		遵循国家有关法律法规和政策的要求

◆ 举一反三

[典型例题·单选] 在进行薪酬制度设计时，强调同一企业中从事相同工作的员工报酬要与其绩效相匹配，这体现了薪酬制度设计的（　　）原则。

A. 外部公平　　　　　　　　　　B. 内部公平

C. 个人公平　　　　　　　　　　D. 量力而行

[解析] 个人公平是指同一企业中从事相同工作的员工报酬要与其绩效相匹配。

[答案] C

[典型例题·单选] 企业在设计薪酬制度时必须考虑自身的经济实力，避免薪酬过高或薪酬过低的情况出现，这体现了薪酬制度设计的（　　）。

A. 公平原则　　　　　　　　　　B. 合法原则

C. 激励原则　　　　　　　　　　D. 量力而行原则

[解析] 量力而行原则是指企业在设计薪酬制度时必须考虑自身的经济实力，避免薪酬过高或过低的情况出现，以避免使企业成本过高或缺乏吸引力和竞争力。

[答案] D

◆ 环球君点拨

在薪酬制度设计的五个原则中，考生要注意区分公平原则的细分原则，其他原则均可以通过字面意思理解掌握。

▶ 考点4　基本薪酬设计

◆ 真题链接

[2021·多选] 企业确定薪酬浮动率时，应考虑的因素主要有（　　）。

A. 本企业各薪酬等级之间的价值差异

B. 各薪酬等级自身的价值

C. 本企业的薪酬支付能力

D. 同行业其他企业同种职位的薪酬标准

E. 本企业各薪酬等级的重叠比率

[解析] 企业确定薪酬浮动率时要考虑以下四个因素：①企业的薪酬支付能力；②各薪酬等级自身的价值；③各薪酬等级之间的价值差异；④各薪酬等级的重叠比率。

[答案] ABCE

[2022·多选] 企业进行基本薪酬设计时，常用的方法有（　　）。

A. 关键绩效指标法

B. 目标管理法

C. 职位分类法

D. 职位等级法

E. 计点法

[解析] 以职位为导向的基本薪酬设计方法具体包括职位等级法、职位分类法、计点法和因素比较法四种。

[答案] CDE

[2024·单选] 某企业进行基本薪酬设计时，将员工的职位划分为若干个级别，按员工所处的职位级别确定其基本薪酬的水平和数额。该企业采用的基本薪酬设计方法是（　　）。

A. 职位等级法 B. 计点法

C. 职位分类法 D. 因素比较法

[解析] 将员工的职位划分为若干个级别，按员工所处的职位级别确定其基本薪酬的水平和数额，属于职位等级法。

[答案] A

[2018·单选] 某企业进行基本薪酬设计时，第三薪酬等级的薪酬区间中值为 3 000 元，薪酬浮动率为 20%，则该薪酬等级的区间最高值为（　　）元。

A. 4 800 B. 3 600

C. 3 000 D. 2 400

[解析] 区间最高值＝区间中值×（1＋薪酬浮动率）＝3 000×（1＋20%）＝3 600（元）。

[答案] B

真题精解

点题：本系列真题考查基本薪酬设计，但考查侧重点不同。其中，2021 年真题考查确定薪酬浮动率的因素；2022 年真题考查基本薪酬设计的方法；2024 年真题考查职位等级法；2018 年真题考查薪酬区间的计算。

分析：对于本考点，首先，考生要掌握如何确定薪酬等级，以及理解薪酬区间的概念，薪酬区间是指某薪酬等级内部允许薪酬变动的最大幅度，它反映了同一薪酬等级内部最低薪酬水平和最高薪酬水平之间的绝对差距。其次，考生还应明确某一等级的薪酬区间中值是由处于该等级中间位置职位的薪酬水平决定的，区间最高值＝区间中值×（1＋薪酬浮动率）；区间最低值＝区间中值×（1－薪酬浮动率）。一般来说，确定薪酬浮动率时要考虑以下四个主要因素：企业的薪酬支付能力、各薪酬等级自身的价值、各薪酬等级之间的价值差异、各薪酬等级的重叠比率。

其次，考生应掌握以职位为导向的基本薪酬设计方法（包括职位等级法、职位分类法、计点法和因素比较法）并明确每一种方法的具体内容、优缺点和适用范围，如表8-9所示。

表8-9　以职位为导向的基本薪酬设计方法及其具体内容、优缺点和适用范围

方法	具体内容	优缺点	适用范围
职位等级法	将员工的职位划分为若干级别（即职级），按其所处的职级确定其基本薪酬的水平和数额	（1）优点：简单易行，成本较低 （2）缺点：不能有效地激励员工，尤其是当许多职位不能简单地划分等级时体现得更加明显	仅适用于规模较小、职位类型较少而且员工对本企业各职位都较为了解的小型企业
职位分类法	将企业中的所有职位划分为若干类型	（1）优点：简单易行，可做到同职同薪，且能较好地发挥薪酬对员工在企业内部流动的调节作用 （2）缺点：将各职位划分到某一类职位中时，有的科学依据不足，容易造成内部不公平	适用于专业化程度较高、分工较细、工作目标较为明确的企业
计点法	（1）将各种职位划分为若干职位类型，找出各类职位中所包含的共同"付酬因素"，即与履行职责有关的、企业认为应当并愿意为之支付报酬的因素 （2）把各付酬因素划分为若干等级，并对每一因素及其等级予以界定和说明，以便于实际操作 （3）接着对每一付酬因素指派分数及其在该因素各等级间的分配数值 （4）利用一张转换表将处于不同职级上的职位所得的付酬因素数值转换成具体的薪酬金额	（1）优点：较为客观地找出了各类职位中的付酬因素，并进行了较为科学的分级，能够更好地体现出内部公平性的原则 （2）缺点：其操作较为复杂，而且在进行付酬因素等级划分和指派分数时一般需要聘请人力资源管理专家协助指导，因而成本较高	管理水平较高的企业
因素比较法	（1）选择付酬因素 （2）确定关键职位 （3）依次按所选各付酬因素，将各关键职务从相对价值最高到最低排出顺序 （4）为各关键职位按各付酬因素分配薪金值 （5）比较按薪金值及按付酬因素价值排出的两种顺序 （6）根据对照因素比较表对非关键待评职位进行职位评价	（1）优点：既较为全面地考虑了各职位的价值，又具有较强的灵活性，是一种较为完善的基本薪酬设计方法 （2）缺点：复杂且难度大，需要人力资源管理专家指导才能完成，故成本较高，且不易被员工完全理解，其公平性也常受到质疑	使用范围具有一定局限性

最后，考生还应掌握以技能为导向的基本薪酬设计方法，包括以知识为基础的基本薪酬制度设计方法（适用于企业职能管理人员）、以技能为基础的基本薪酬制度设计方法（适用于生产和业务一线员工）。

举一反三

［典型例题·单选］企业在设计基本薪酬时，将所有的职位划分成管理类、技术类、财务类等

不同的类型,这种设计基本薪酬的方法是( )。

A. 职位分类法　　　　　　　　B. 职位等级法

C. 计点法　　　　　　　　　　D. 因素比较法

[解析] 首先,根据题干信息可知没有"付酬因素",故可排除计点法和因素比较法;其次,根据题干信息"将所有的职位划分成管理类、技术类、财务类等不同的类型",可知为职位分类法。

[答案] A

[典型例题·单选] 下列选项中,较适用于工作在生产和业务一线的员工的基本薪酬确定方法是( )。

A. 以职位为基础的基本薪酬制度设计方法

B. 以类型为基础的基本薪酬制度设计方法

C. 以知识为基础的基本薪酬制度设计方法

D. 以技能为基础的基本薪酬制度设计方法

[解析] 以知识为基础的基本薪酬制度设计方法适用于企业职能管理人员基本薪酬的确定,以技能为基础的基本薪酬制度设计方法适用于生产和业务一线员工基本薪酬的确定。选项A、B为干扰项。

[答案] D

[典型例题·单选] 建立企业薪酬等级时,能反映某一薪酬等级内部允许薪酬变动的幅度的是( )。

A. 薪酬浮动率　　　　　　　　B. 薪酬均值

C. 薪酬区间　　　　　　　　　D. 薪酬级别

[解析] 薪酬区间是指某一薪酬等级内部允许薪酬变动的最大幅度,它反映了同一薪酬等级内部最低薪酬水平和最高薪酬水平之间的绝对差距。

[答案] C

环球君点拨

本考点涉及的计算题并不难,考生认真计算即可。对于本考点中涉及的基本薪酬设计方法,考生要理解并记忆每一种方法的操作方式。

考点 5　激励薪酬设计与福利

真题链接

[2022·多选] 下列薪酬形式中,适用于群体激励的有( )。

A. 住房公积金　　　　　　　　B. 月/季度浮动薪酬

C. 计件工资　　　　　　　　　D. 利润分享计划

E. 收益分享计划

[解析] 群体激励薪酬主要有以下三种形式:①利润分享计划;②收益分享计划;③员工持股计划。选项A属于福利;选项B、C属于个人激励薪酬。

[答案] DE

[2017·多选] 下列薪酬形式中，适用于个人激励的有（　　）。

A. 绩效奖金　　　　　　　　　　B. 员工持股计划
C. 利润分享计划　　　　　　　　D. 收益分享计划
E. 特殊绩效认可计划

[解析] 个人激励薪酬的主要形式包括计件制、工时制、绩效工资（包括绩效调薪、绩效奖金、月/季度浮动薪酬、特殊绩效认可计划）。

[答案] AE

[2023·单选] 下列薪酬形式中，形式灵活多样，可以满足员工的不同需要，能减少员工对企业不满情绪的是（　　）。

A. 绩效奖金　　　　　　　　　　B. 利润分享计划
C. 绩效工资　　　　　　　　　　D. 福利

[解析] 与直接薪酬相比，福利具有自身独特的优势：①福利的形式灵活多样，可以满足员工不同的需要。②福利具有典型的保健性质，可以减少员工的不满意，有助于吸引和留住员工，增强企业的凝聚力。③福利具有税收方面的优惠，可以使员工得到更多的实际收入。④由企业来集体购买某种福利产品，具有规模效应，可以为员工节省一定的支出。

[答案] D

真题精解

点题：本系列真题考查激励薪酬设计与福利，但考查侧重点不同。其中，2022年真题考查群体激励薪酬；2017年真题考查个人激励薪酬；2023年真题考查福利。

分析：对于本考点，核心是掌握个人激励薪酬、群体激励薪酬以及福利的主要形式。

个人激励薪酬、群体激励薪酬以及福利的具体形式及内容如表8-10所示。

表8-10　个人激励薪酬、群体激励薪酬以及福利的具体形式及内容

类型	具体形式	具体内容
个人激励薪酬	计件制	根据员工的产出水平和工资率来向员工支付相应的薪酬
	工时制	根据员工完成工作的时间来向员工支付相应的薪酬
	绩效工资	根据员工的绩效考核结果来向员工支付相应的薪酬
		绩效调薪：根据员工的绩效考核结果对其基本薪酬进行调整，绩效调薪不仅包括加薪，还应包括减薪
		绩效奖金：又称一次性奖金，是指根据员工的绩效考核结果给予员工的一次性奖励
		月/季度浮动薪酬：根据员工的月或季度绩效评价结果，以月绩效奖金或季度绩效奖金的形式对员工的业绩加以认可
		特殊绩效认可计划：指在个人或部门远远超出工作要求，表现出特别的努力而且实现了优秀的绩效或做出了重大贡献的情况下，企业额外给予的一种奖励与认可

续表

群体激励薪酬	利润分享计划	是用盈利状况的变化来对整个企业的业绩进行衡量，把超过目标利润的部分在企业全体员工之间进行分配的制度
	收益分享计划	是企业提供的一种与员工分享因生产率提高、成本节约和质量提高等所带来收益的绩效奖励模式
	员工持股计划	（1）是一种企业向内部员工提供公司股票所有权的计划，是利润分享的重要形式 （2）股票期权是员工持股计划的一种重要表现形式 （3）股票期权是指允许员工以某一基期的价格来购买未来某一年份的同等面额的本公司股票，员工所得报酬就是股票的基期价格与未来市场价格的差额
福利	国家法定的福利	法定的社会保险；住房公积金；公休假日；法定休假日；带薪休假
	企业自主的福利	除了法定福利的为员工另外提供的各种假期、带薪休假；为员工及其家属提供的各种服务项目（如儿童看护、老人护理等）；灵活多样的员工退休计划

福利具有以下优势：

（1）福利的形式灵活多样，可以满足员工不同的需要。

（2）福利具有典型的保健性质，可以减少员工的不满意，有助于吸引和留住员工，增强企业的凝聚力。

（3）福利具有税收方面的优惠，可以使员工得到更多的实际收入。

（4）由企业来集体购买某种福利产品，具有规模效应，可以为员工节省一定的支出。

福利存在的问题如下：

（1）福利具有普遍性，与员工个人的绩效并没有太大的直接联系，因此在提高员工工作绩效方面的效果不如直接薪酬那么明显，这也是福利最主要的问题。

（2）福利具有刚性，一旦企业为员工提供了某种福利，就很难将其取消，这样就会导致福利支出不断膨胀，从而增加企业的负担。

举一反三

［典型例题·单选］李某是某公司的销售员，今年完成销售额为1 000万元，公司按规定给其发放10万元奖金，该笔奖金属于（　　）。

A. 特殊津贴　　　　　　　　　　B. 绩效奖金

C. 节约奖金　　　　　　　　　　D. 利润分享计划

［解析］根据题干信息"完成销售额"，可以判断该笔奖金属于绩效奖金。

［答案］B

［典型例题·单选］下列薪酬中，与员工的工作绩效无关，且具有促使员工忠诚于企业的作用的是（　　）。

A. 福利　　　　　　　　　　　　B. 奖金

C. 补偿薪酬　　　　　　　　　　D. 激励薪酬

［解析］福利的提供与员工的工作绩效及贡献无关，具有维持劳动力再生产、激励员工和促使员工忠实于企业的作用。

［答案］A

[典型例题·单选] 下列福利形式中，属于企业自主福利的是（　　）。

A. 基本养老保险　　　　　　　　B. 住房公积金

C. 法定休假日　　　　　　　　　D. 员工退休计划

[解析] 基本养老保险、住房公积金、法定休假日均属于国家法定福利的形式，选项 A、B、C 错误。

[答案] D

■ 环球君点拨

对于本考点中的激励薪酬设计部分，考生可对比掌握个人激励薪酬和群体激励薪酬的内容；对于本考点中的福利部分，考生理解其内容即可。

第九章 企业投融资决策及并购重组

第一节 财务管理的基本价值观念

考点1 货币时间价值观念

真题链接

[2024·单选] 某公司投入1亿元购买上市公司的优先股，约定每年股息500万元，无到期日，则该笔投资股息收入可视为（　　）。

A. 永续年金　　　　　　　　　　　B. 后付年金
C. 延期年金　　　　　　　　　　　D. 企业年金

[解析] 永续年金是指限期趋于无穷的普通年金。一般优先股因为有固定的股息而无到期日，因此优先股的股息有时可视为永续年金。

[答案] A

[2023·单选] 某科技公司与某物业公司签署办公场所租赁协议，租期为10年，约定3年后每年年末支付租金80万元，共支付7年。这种租金形式为（　　）。

A. 递延年金　　　　　　　　　　　B. 先付年金
C. 永续年金　　　　　　　　　　　D. 后付年金

[解析] 递延年金是指在最初若干期没有收付款项，后面若干期才有等额收付的年金形式。

[答案] A

[2022·单选] 货币时间价值是扣除通货膨胀和（　　）因素后的平均资金利润率。

A. 机会成本　　　　　　　　　　　B. 营业成本
C. 资本成本　　　　　　　　　　　D. 风险报酬

[解析] 货币时间价值是扣除风险报酬和通货膨胀因素后的平均资金利润率或平均报酬率。

[答案] D

[2022·单选] 甲公司从乙公司租入数控切割机1台，合同约定租期为3年，甲公司每年年初支付给乙公司10万元，年复利率为5%，则甲公司支付的租金现值总计是（　　）万元。

A. 28.59　　　　　　　　　　　　B. 27.22
C. 25.45　　　　　　　　　　　　D. 26.87

[解析] 甲公司支付的租金现值＝10＋10/（1＋5%）＋10/（1＋5%）^{2}≈28.59（万元）。

[答案] A

[2021·单选] 下列关于 n 期先付年金与 n 期后付年金的说法，正确的是（　　）。

A. n 期先付年金现值比 n 期后付年金现值多折现2期
B. n 期先付年金现值比 n 期后付年金现值少折现1期
C. n 期先付年金现值比 n 期后付年金现值少折现2期

D. n 期先付年金现值比 n 期后付年金现值多折现 1 期

[解析] n 期先付年金现值比 n 期后付年金现值少折现 1 期，选项 B 正确。

[答案] B

真题精解

点题：本系列真题考查货币时间价值观念，但考查侧重点不同。其中，2024 年真题考查永续年金；2023 年真题考查递延年金的概念；2022 年第一道真题考查货币时间价值概念；2022 年第二道真题考查先付年金的现值；2021 年真题考查先付年金与后付年金的关系。

分析：对于本考点，核心是掌握货币时间价值概念与货币时间价值计算的内容。

1. 货币时间价值的两种表现形式

（1）相对数：即时间价值率，是扣除风险报酬和通货膨胀因素后的平均资金利润率或平均报酬率。

（2）绝对数：即时间价值额，是一定数额的资金与时间价值率的乘积。

2. 一次性收付款项的复利终值与现值

（1）终值：又称将来值，是现在一定量现金在未来某一时点上的价值，也称本利和。一次性收付款项的复利终值的计算公式为：

$$F = P(1+i)^n$$
$$= P(F/P, i, n)$$

（2）复利现值：是指将来一定时间点发生的特定资金按复利计算的现在价值，也可以说是未来收取（或支付）一定的本利和现在所需要的本金。一次性收付款项的复利现值的计算公式为：

$$P = F(1+i)^{-n}$$
$$= F(P/F, i, n)$$

3. 年金终值与现值

后付年金又称普通年金，即各期期末发生的年金。后付年金的终值与现值的计算公式分别为：

$$F = A(F/A, i, n)$$
$$P = A(P/A, i, n)$$

先付年金又称即付年金，是指从第一期起，在一定时期内每期期初等额收付的系列款项。先付年金的终值是指各期收付系列款项的复利终值之和。n 期先付年金与 n 期后付年金的付款次数相同，但由于其付款时间不同，n 期先付年金终值比 n 期后付年金的终值多计算一期利息。n 期先付年金现值与 n 期后付年金现值的期限相同，但由于其付款时间不同，n 期先付年金现值比 n 期后付年金现值少折现一期。

递延年金是指在最初若干期没有收付款项，后面若干期才有等额收付的年金形式。

永续年金是指期限趋于无穷的普通年金。无期限债券的利息可视为永续年金。一般优先股因为有固定的股息而无到期日，因此优先股的股息有时可视为永续年金。永续年金现值的计算公式为：

$$P = A/i$$

拓展：该考点一般独立出题，且可能以计算题的方式出现，如上述 2022 年第二道真题。另外，该考点也可能会以文字的方式考查一次性收付款项和各类年金的概念与区别。

第九章 企业投融资决策及并购重组

📖 **举一反三**

[典型例题·单选] 下列选项中,连续盈利的公司支付的优先股股息可视为( )。

A. 先付年金 B. 后付年金
C. 递延年金 D. 永续年金

[解析] 一般优先股因为有固定的股息而无到期日,因此优先股的股息有时可视为永续年金。

[答案] D

[典型例题·单选] 某公司发行优先股,约定无到期日,每年股息 6 元,假设年利率为 10%,则该优先股股息的现值为( )元。

A. 45 B. 50 C. 55 D. 60

[解析] 优先股的股息有时可视为永续年金,永续年金现值的计算公式为:现值＝年金/必要报酬率＝6/10%＝60（元）。

[答案] D

[典型例题·单选] 某公司向银行借款 2 000 万元,期限为 5 年,年利率为 12%,复利计息,则该企业到期应偿还金额为( )万元。

A. 2 500.6 B. 2 300.6
C. 3 224.6 D. 3 524.6

[解析] 复利终值的计算公式为:复利终值＝现值×（1＋基期利率）^{n}＝2 000×（1＋12%）^{5}≈3 524.6（万元）。

[答案] D

📖 **环球君点拨**

在考试中,题干可能不会直接给出数据,而是给出一个表格,让考生自己从表格中找到计算需要的数据,故考生需要熟练掌握一次性收付款项和各类年金的计算公式及方法。

▶ 考点 2 风险价值观念

📖 **真题链接**

[2023·单选] 某公司计划投资生产 A 产品,经过资料收集、分析和测算得知,投资 A 产品的期望报酬率为 30%,标准离差为 10%,则投资 A 产品的标准离差率是( )。

A. 38.28% B. 18.00%
C. 30.00% D. 33.33%

[解析] 标准离差率＝标准离差/期望报酬率×100%＝10%/30%×100%≈33.33%。

[答案] D

[2021·多选] 下列指标中,可用来比较不同单项投资项目风险大小的有( )。

A. 标准离差 B. 时间价值率
C. 标准离差率 D. 资本成本率
E. 获利指数

[解析] 风险的衡量与概率相关,并由此同期望值、标准离差、标准离差率等相关。

[答案] AC

[2018·单选] 甲公司计划开发生产 A 产品，经测算，投资 A 产品的标准离差率为 40％，风险报酬系数为 40％，则甲公司开发生产 A 产品的风险报酬率是（　　）。

A. 15％　　　　　　　　　　　　　B. 40％

C. 16％　　　　　　　　　　　　　D. 80％

[解析] 风险报酬率＝风险报酬系数×标准离差率×100％＝40％×40％×100％＝16％。

[答案] C

真题精解

点题：本系列真题考查风险价值观念，但考查侧重点不同。其中，2023 年真题和 2021 年真题考查单项资产（或单项投资项目）的风险衡量；2018 年真题考查风险报酬估计。

分析：对于本考点，核心是掌握单项资产（或单项投资项目）的风险衡量和风险报酬估计的内容。

1. 单项资产（或单项投资项目）的风险衡量

风险的衡量与概率相关，并由此同期望值、标准离差、标准离差率等相关。对单项资产风险的衡量通常有以下四个环节。

（1）确定概率分布。

（2）计算期望报酬率。

（3）计算标准离差。标准离差简称标准差，是反映概率分布中各种可能结果对期望值的偏离或离散程度的一个数值。

（4）计算标准离差率。标准离差率是标准离差同期望报酬率的比值。计算公式如下：

标准离差率＝标准离差/期望报酬率×100％

即：

$$V = \delta / \overline{K} \times 100\%$$

2. 风险报酬估计

在标准离差率的基础上，需引入一个风险报酬系数 b 来计算风险报酬率。计算公式如下：

风险报酬率＝风险报酬系数×标准离差率×100％

即：

$$R_R = b \times V \times 100\%$$

拓展：该考点主要考查公式的计算，故出题时以单选题为主，考生应着重记忆本考点中出现的公式。另外，考生应准确记忆单项资产（或单项投资项目）的风险衡量的四个环节的顺序，该内容在考试中也可能会考查。

举一反三

[典型例题·案例（节选）] 某半导体公司正在论证新建一条生产线项目的可行性。经估算，项目的期望报酬率为 45％，报酬率的标准离差为 15％。项目的经济寿命为 10 年。项目固定资产投资额为 6 亿元，固定资产采用直线法折旧，无残值，项目流动资产投资额为 0.8 亿元。项目建成投产后，预计该项目每年销售收入为 1.5 亿元，每年固定成本（不含折旧）为 0.2 亿元。每年总变动成本为 0.3 亿元。该公司所得税率为 25％。

该项目报酬率的标准离差率是（　　）。

A. 25.5%
B. 15.5%
C. 33.3%
D. 20.5%

[解析] 标准离差率＝标准离差/期望报酬率×100%＝15%/45%×100%≈33.3%。

[答案] C

[典型例题·单选] 某项目的标准离差率为28%，无风险报酬率为5%，风险报酬系数为20%，则该项目的风险报酬率是（　　）。

A. 1.4%
B. 1%
C. 5.6%
D. 25%

[解析] 风险报酬率＝标准离差率×风险报酬系数×100%＝28%×20%×100%＝5.6%。

[答案] C

环球君点拨

在单项资产（或单项投资项目）的风险衡量的四个环节中，概率、期望报酬率、标准离差都很少考查计算题，但标准离差率考查计算题的情况时常出现，考生应重点掌握标准离差率的计算公式。

第二节　筹资决策

考点1　资本成本

真题链接

[2024·案例（节选）] M公司是全球智能芯片领域的先行者，在国家创新发展战略引领下，M公司始终坚持创新发展理念致力于打造人工智能领域的核心处理芯片。公司2023年的营业收入为7.8亿元，息税前盈余为2.5亿元，资产总额为48.5亿元，负债总额为24.2亿元，债务年利息额为1.3亿元。公司计划2024年对外筹资12亿元开发一个项目，筹资安排初步确定为发行普通股筹资8亿元，从银行借款4亿元。经过估算公司发行股票的资本成本率为12%，银行贷款的资本成本率为6.9%。

根据初步筹资安排，M公司12亿元筹资的综合资本成本率为（　　）。

A. 8.6%
B. 9.6%
C. 7.5%
D. 10.3%

[解析] 综合资本成本率＝8÷12×12%＋4÷12×6.9%≈0.080＋0.023＝10.3%。

[答案] D

[2023·单选] 某公司从银行借款3亿元，期限3年，借款年利率为7.5%，每年付息一次，到期一次性还本，筹资费用率为0.1%，公司所得税税率为25%，则该公司贷款的资本成本率为（　　）。

A. 4.12%
B. 5.63%
C. 4.25%
D. 5.25%

[解析] 长期借款资本成本率＝长期借款年利息额×（1－企业所得税税率）/[长期借款筹资

额×（1－长期借款筹资费用率）]＝3×7.5％×（1－25％）/[3×（1－0.1％）]≈5.63％。

[答案] B

[2022·单选] 假设无风险报酬率为3.8％，某公司股票的风险系数为1.4，市场平均报酬率为10.8％，则该公司发行股票的资本成本率为（　　）。

A. 16％
B. 13.6％
C. 14.6％
D. 7.0％

[解析] 在本题中，普通股资本成本率＝无风险报酬率＋风险系数×（市场平均报酬率－无风险报酬率）＝3.8％＋1.4×（10.8％－3.8％）＝13.6％。

[答案] B

[2020·多选] 下列选项中，企业所得税会直接影响（　　）的资本成本率水平。

A. 长期借款
B. 长期债券
C. 配售普通股
D. 发行普通股
E. 发行优先股

[解析] 长期借款和长期债券的资本成本率都会受到企业所得税的影响。普通股和优先股与企业所得税没有关系。

[答案] AB

真题精解

点题：本系列真题考查资本成本，但考查侧重点不同。其中，2024年真题考查综合资本成本率；2023年真题考查长期借款资本成本率的测算公式；2022年真题考查普通股资本成本率的测算公式；2020年真题考查影响长期借款资本成本率和长期债券资本成本率的因素。

分析：对于本考点，核心是掌握个别资本成本率和综合资本成本率的内容。

1. 长期借款资本成本率的测算

   长期借款资本成本率＝长期借款年利息额×（1－企业所得税税率）/[长期借款筹资额×（1－长期借款筹资费用率）]

2. 长期债券资本成本率的测算

   长期债券资本成本率＝债券每年支付的利息×（1－企业所得税税率）/[债券筹资额×（1－债券筹资费用率）]

3. 普通股资本成本率的测算

（1）股利折现模型。

①如果公司采用固定股利政策，每年每股分派现金股利 D 元，则资本成本率公式为：

   资本成本率＝普通股每年每股的股利/普通股融资净额

②如果公司采用固定增长股利政策，第一年派发股利 D_1 元，每年股利固定增长率为 G，则资本成本率按下式测算：

   资本成本率＝普通股每年每股的股利/普通股融资净额＋股利每年固定增长率

（2）资本资产定价模型。

   普通股资本成本率＝无风险报酬率＋风险系数×（市场平均报酬率－无风险报酬率）

4. 优先股资本成本率的测算

   优先股资本成本率＝优先股每股支付的股息/优先股筹资净额

5. 综合资本成本率

综合资本成本率是指一个企业全部长期资本的成本率，通常是以各种长期资本的比例为权重，对个别资本成本率进行加权平均测算，故又称<u>加权平均资本成本率</u>。个别资本成本率和各种资本结构<u>两大因素</u>决定了综合资本成本率。综合资本成本率的测算公式为：

$$K_w = \sum_{j=1}^{n} K_j W_j \quad （式中：\sum_{j=1}^{n} W_j = 1）$$

式中，K_w 为综合资本成本率；K_j 为第 j 种资本成本率；W_j 为第 j 种资本比例。

拓展：该考点主要考查个别资本成本率和综合资本成本率的计算，故以单选题为主。另外，该考点也可能以文字的方式考查上述公式，如 2020 年真题。

举一反三

[典型例题·单选] 某公司采用固定增长股利政策，每年股利增长率为 5%，如果第一年的每股股利为 0.8 元，普通股每股融资净额为 16 元，则该公司发行普通股的资本成本率为（　　）。

A. 11%　　　　　　　　　　　　B. 10%

C. 12%　　　　　　　　　　　　D. 5%

[解析] $K_c = D_1/P_0 + G = 0.8/16 + 5\% = 10\%$。

[答案] B

[典型例题·多选] 下列模型中，可以用于估算普通股资本成本率的有（　　）。

A. 现金流折现模型　　　　　　　B. 股利折现模型

C. 资本资产定价模型　　　　　　D. 市场模拟模型

E. 成本模型

[解析] 可以用于估算普通股资本成本率的模型主要有股利折现模型和资本资产定价模型。

[答案] BC

环球君点拨

该考点主要包括个别资本成本率和综合资本成本率的各种公式，有的公式较复杂，包含变量较多，有的公式还有变形，且诸多公式放到一起很容易混淆。所以，考生需要在理解各个公式含义的基础上加强训练，从而做到准确区分并熟练运用各个公式。

考点 2　杠杆理论

真题链接

[2024·单选] 营业杠杆系数为 1.2，财务杠杆系数为 1.5，则联合杠杆系数是（　　）。

A. 1.2~1.5　　　　　　　　　　B. 大于 1.5

C. 0~1.2　　　　　　　　　　　D. 大于 2.7

[解析] 总杠杆（联合杠杆）系数 = 1.2×1.5 = 1.8。

[答案] B

[2021·单选] 某企业财务杠杆系数、营业杠杆系数分别是 1.8、1.5，则总杠杆系数是（　　）。

A. 2.7　　　　　　　　　　　　B. 3.3

C. 0.3　　　　　　　　　　　　D. 1.8

[解析] 总杠杆系数 = 营业杠杆系数 × 财务杠杆系数 = 1.8×1.5 = 2.7。

[答案] A

[2017·多选] 下列选项中，影响企业财务杠杆系数的因素有（　　）。

A. 息税前盈余
B. 债务年利息额
C. 股权集中度
D. 金融资产比重
E. 无形资产比重

[解析] 根据公式财务杠杆系数＝息税前盈余/（息税前盈余－债务年利息额），可知影响财务杠杆系数的因素是息税前盈余和债务年利息额。

[答案] AB

■ 真题精解

点题： 本系列真题考查杠杆理论，但考查侧重点不同。其中，2024年真题、2021年真题考查总杠杆系数；2017年真题考查财务杠杆系数。

分析： 对于本考点，核心是掌握营业杠杆、财务杠杆和总杠杆的内容。

（1）营业杠杆又称经营杠杆或营运杠杆，是指企业在生产经营过程中，由于固定成本的存在，当销售额（营业额）增减时，息税前盈余会有更大幅度的增减。定量衡量这一影响程度用营业杠杆系数。营业杠杆系数的测算公式为：

营业杠杆系数＝（息税前盈余的变动额/息税前盈余）/（营业额的变动额/营业额）

（2）财务杠杆也称融资杠杆，是指由于债务利息等固定性融资成本的存在，普通股每股收益变动幅度大于息税前盈余变动幅度的现象。财务杠杆系数的测算公式为：

财务杠杆系数＝息税前盈余/（息税前盈余－债务年利息额）

（3）总杠杆是指营业杠杆和财务杠杆的联合作用，也称联合杠杆。总杠杆的意义是，普通股每股收益变动率相对于销售额（营业额）变动率的倍数。总杠杆系数的测算公式为：

总杠杆系数＝营业杠杆系数×财务杠杆系数

拓展： 该考点非高频考点，在考试中，很可能以单选题的形式出计算题，考查三种杠杆系数的计算公式，或者以文字的形式考查三种杠杆的概念和公式，如2017年真题。

■ 举一反三

[典型例题·单选] 下列因素中，影响财务杠杆系数大小的是（　　）。

A. 股权结构
B. 债务年利息额
C. 公益金
D. 资产结构

[解析] 财务杠杆系数＝息税前盈余/（息税前盈余－债务年利息额），因此，债务年利息额会影响财务杠杆系数的大小。

[答案] B

[典型例题·案例（节选）] 某上市公司2022年的营业额为15亿元，息税前盈余为3.2亿元，公司的资产总额为48亿元，负债总额为32亿元，债务年利息额为1.2亿元。公司计划2023年对外筹资5亿元投资一个新项目。筹资安排初步确定增发新股筹资4亿元，从银行贷款1亿元。经过估算，股票的资本成本率为10%，贷款的资本成本率为6%。

该公司2022年的财务杠杆系数为（　　）。

A. 1.2
B. 1.3
C. 1.6
D. 2.4

[解析] 财务杠杆系数＝息税前盈余/（息税前盈余－债务年利息额）＝3.2/（3.2－1.2）＝3.2/2＝1.6。

[答案] C

🔵 **环球君点拨**

该考点除了考查三种杠杆的概念和公式计算，还可能考查两种杠杆系数的经济含义。

营业杠杆系数的经济含义：营业杠杆系数越大，表示企业息税前盈余对销售量变化的影响越大，经营风险越大；营业杠杆系数越小，表示企业息税前盈余受销售量变化的影响越小，经营风险越小。

财务杠杆系数的经济含义：当息税前盈余变动1倍时，该公司普通股每股收益将变动约DFL倍；财务杠杆系数越大，财务风险也越大。

考点3　资本结构理论

🔵 **真题链接**

[2023·案例（节选）] M公司是我国知名的创新药生产企业。近年来，M公司在国家创新发展战略引领下，始终坚持创新发展理念，加大新产品研发力度，不断有新药品被批准上市。为了加大新药储备，公司决定新增4个研发管线，计划2023年需要筹资5亿元。M公司2022年债务合计20亿元，债务综合利率为12%，股东权益合计20亿元，总股本10亿股，无优先股。公司经过前期调查研究，拟定了以下两个筹资方案：方案一，发行公司债券5亿元，年利率为5%；方案二，增发普通股2 000万股，每股发行价25元。公司所得税税率为25%。

M公司进行筹资方案选择时，可依据的理论是（　　）。

A. MM理论　　　　　　　　B. 动态权衡理论
C. 投资组合理论　　　　　　D. 啄序理论

[解析] 资本结构理论包括早期资本结构理论、MM资本结构理论和现代资本结构理论。其中，现代资本结构理论又分为代理成本理论、啄序理论、动态权衡理论和市场择时理论，选项C错误。

[答案] ABD

[2017·单选] 下列理论中，将调整成本纳入最优资本结构分析的理论是（　　）。

A. 代理成本理论　　　　　　B. 啄序理论
C. 动态权衡理论　　　　　　D. 市场择时理论

[解析] 动态权衡理论将调整成本纳入模型之中，发现即使很小的成本调整也会使公司的负债率与最优水平发生较大的偏离。当成本调整小于次优资本结构所带来的公司价值损失时，公司的实际资本结构就会向其最优资本结构状态进行调整；否则，公司将取消调整。

[答案] C

[2016·单选] 根据资本结构理论中的啄序理论，公司倾向于首先选择的筹资方式是（　　）。

A. 发行股票　　　　　　　　B. 银行借款
C. 发行债券　　　　　　　　D. 内部筹资

[解析] 啄序理论认为，公司倾向于首先采用内部筹资。

[答案] D

📖 **真题精解**

点题： 本系列真题考查资本结构理论，但考查侧重点不同。其中，2023年真题考查资本结构理论具体包括哪些理论；2017年真题考查动态权衡理论；2016年真题考查啄序理论。

分析： 对于本考点，核心是掌握早期资本结构理论和现代资本结构理论的内容。

资本结构是指企业各种资金来源的构成及其比例关系。资本结构理论包括早期资本结构理论、现代资本结构理论和MM资本结构理论。

1. 早期资本结构理论

（1）*净收益观点*。该观点认为，由于债务资本成本率一般低于股权资本成本率，公司的债务资本越多，债务资本比例就越高，综合资本成本率就越低，从而公司的价值就越大。

（2）*净营业收益观点*。该观点认为，在公司的资本结构中，债务资本的多少、比例的高低与公司的价值没有关系。决定公司价值的真正因素应该是公司的净营业收益。

（3）*传统观点*。该观点认为，增加债务资本有利于提高公司价值，但债务资本规模必须适度。如果公司负债过度，综合资本成本率就会升高，从而使公司价值下降。

2. 现代资本结构理论

（1）*代理成本理论*。公司债务的违约风险是财务杠杆系数的增函数；随着公司债权资本的增加，债权人的监督成本随之提升，债权人会要求更高的利率。这种代理成本最终由股东承担，公司资本结构中债权比率过高会导致股东价值的降低。

（2）*啄序理论*。该理论认为，公司倾向于首先采用内部筹资，因而不会传递任何可能对股价不利的信息；如果需要外部筹资，公司将优先选择债权筹资，再选择其他外部股权筹资，这种筹资顺序的选择也不会传递对公司股价产生不利影响的信息。按照啄序理论，不存在明显的目标资本结构。

（3）*动态权衡理论*。该理论将调整成本纳入模型之中，发现即使很小的成本调整也会使公司的负债率与最优水平发生较大的偏离。当成本调整小于次优资本结构所带来的公司价值损失时，公司的实际资本结构就会向其最优资本结构状态进行调整；否则，公司将取消调整。

（4）*市场择时理论*。在公司股价被高估时，理性的决策者应该选择增发股票；当公司股价被过分低估时，理性的决策者应该回购股票。

3. MM资本结构理论

拓展： 该考点可能以单选题的形式具体考查某一类资本结构理论中的某一种资本结构理论的概念及相关知识，也可能以多选题的方式考查某一类资本结构理论包括哪些具体的资本结构理论。此外，该考点在考查时还可能将不同的资本结构理论的内容放在同一个题目的选项中，让考生判断其说法是否正确。

📖 **举一反三**

[典型例题·多选] 下列选项中，可用于指导企业筹资决策的理论有（　　）。

A. 市场结构理论　　　　　　　　B. 动态权衡理论
C. MM资本结构理论　　　　　　　D. 啄序理论
E. 双因素理论

[解析] 资本结构理论包括早期资本结构理论、MM资本结构理论和现代资本结构理论。其中，现代资本结构理论又包括代理成本理论、啄序理论、动态权衡理论和市场择时理论。

第九章 企业投融资决策及并购重组

[答案] BCD

[典型例题·单选] 企业资金来源的构成及其比例关系称为（　　）。
A. 债务结构
B. 资金结构
C. 股本结构
D. 资本结构

[解析] 资本结构是指企业各种资金来源的构成及其比例关系。

[答案] D

环球君点拨

在啄序理论中，公司筹资的顺序是：先内部后外部，先债券后股权。市场择时理论研究的结论较为简单，即公司在筹资时要遵循"低价买、高价卖"的原则，这点与商品市场上的情况很类似。

考点4　资本结构决策

真题链接

[2023·案例（节选）] M 公司是我国知名的创新药生产企业。近年来，M 公司在国家创新发展战略引领下，始终坚持创新发展理念，加大新产品研发力度，不断有新药品被批准上市。为了加大新药储备，公司决定新增 4 个研发管线，计划 2023 年需要筹资 5 亿元。M 公司 2022 年债务合计 20 亿元，债务综合利率为 12%，股东权益合计 20 亿元，总股本 10 亿股，无优先股。公司经过前期调查研究，拟定了以下两个筹资方案：方案一，发行公司债券 5 亿元，年利率为 5%；方案二，增发普通股 2 000 万股，每股发行价 25 元。公司所得税税率为 25%。

根据以上资料，回答下列问题：

(1) M 公司采用每股利润分析法进行决策，其测算公式为（　　）。

A. $\dfrac{(\overline{EBIT}-20\times12\%-5\times5\%)\times(1-25\%)}{10}=\dfrac{(\overline{EBIT}-20\times12\%)\times(1-25\%)}{10.2}$

B. $\dfrac{(\overline{EBIT}-5\times5\%)\times(1-25\%)}{10}=\dfrac{(\overline{EBIT}-20\times12\%)\times(1-25\%)}{10.2}$

C. $\dfrac{(\overline{EBIT}-20\times12\%-5\times5\%)\times(1-25\%)}{10}=\dfrac{(\overline{EBIT}-20\times12\%-5\times5\%)\times(1-25\%)}{10.2}$

D. $\dfrac{(\overline{EBIT}-20\times12\%-5\times5\%)\times(1-25\%)}{10}=\dfrac{(\overline{EBIT}-20\times12\%)\times(1-25\%)}{10}$

[解析] 测算公式为：$[(\overline{EBIT}-I_1)(1-T)-D_{P_1}]/N_1 = [(\overline{EBIT}-I_2)(1-T)-D_{P_2}]/N_2$。

[答案] A

(2) 如果公司选择了方案一，则意味着（　　）。
A. 每股利润的无差别点大于实际息税前盈余
B. 每股利润的无差别点等于实际息税前盈余
C. 每股利润的无差别点小于实际息税前盈余
D. 每股利润的无差别点与实际息税前盈余无关

[解析] 当实际 EBIT 大于无差别点时，选择资本成本固定型的筹资方式更有利，如银行贷款、发行债券或优先股；当实际 EBIT 小于无差别点时，选择资本成本非固定型筹资方式更有利，如发

行普通股。

[答案] C

[2015·单选] 使用每股利润分析法选择筹资方式时，计算得到的每股利润无差别点是指两种或两种以上筹资方案普通股每股利润相等时的（　　）水平。

A. 营业利润　　　　　　　　　　B. 息税前盈余

C. 净利润　　　　　　　　　　　D. 利润

[解析] 每股利润无差别点是指两种或两种以上筹资方案下普通股每股利润相等时的息税前盈余点。

[答案] B

真题精解

点题：本系列真题考查资本结构决策，但考查侧重点不同。其中，2023年真题考查每股利润分析法的测算公式和决策规则；2015年真题考查每股利润分析法的相关概念。

分析：对于本考点，核心是掌握资本结构的决策方法。

（1）资本成本比较法。资本成本比较法是指在适度财务风险的条件下，测算可供选择的不同资本结构或筹资组合方案的综合资本成本率，并以此为标准相互比较确定最佳资本结构的方法。

（2）每股利润分析法。每股利润分析法是指利用每股利润无差别点进行资本结构决策的方法。每股利润无差别点是指两种或两种以上筹资方案下普通股每股利润相等时的息税前盈余点。每股利润分析法的测算公式如下：

$$[(\overline{EBIT}-I_1)(1-T)-D_{P_1}]/N_1 = [(\overline{EBIT}-I_2)(1-T)-D_{P_2}]/N_2$$

每股利润分析法决策规则：解出 $\overline{EBIT}$（无差别点），当实际 EBIT 大于无差别点时，选择资本成本固定型的筹资方式更有利，如银行贷款、发行债券或优先股；当实际 EBIT 小于无差别点时，选择资本成本非固定型筹资方式，如发行普通股。

拓展：该考点基本不会考查计算题，一般只考查资本成本比较法和每股利润分析法两种资本结构决策方法的概念和结论。同时，该考点还可以多选题的形式考查资本结构的决策方法具体包括哪些。

举一反三

[典型例题·多选] 以下各项中，属于资本结构的决策方法的有（　　）。

A. 资本成本比较法

B. 资本成本鉴定法

C. 每股利润分析法

D. 每股利润比较法

E. 市盈率法

[解析] 资本结构的决策方法主要包括资本成本比较法和每股利润分析法。

[答案] AC

[典型例题·单选] 每股利润无差别点是指两种筹资方案下普通股（　　）。

A. 每股利润相等时的息税前盈余点

B. 息税前盈余相等时的每股利润点

C. 每股利润不等时的息税前盈余点

D. 息税前盈余不等时的每股利润点

[解析] 每股利润无差别点是指两种或两种以上筹资方案下普通股每股利润相等时的息税前盈余点。

[答案] A

环球君点拨

每股利润分析法中的计算公式在考试中不会以计算题的形式出现，因此，考生不需要刻意去记忆它。但是，每股利润分析法的决策规则是考试要点，考生应注意银行贷款、发行债券或优先股的成本是固定的，而发行普通股的成本是非固定的。在备考时，考生只需记住普通股成本非固定这一点，因为其他方式的成本都是固定的。这样一来，考生在考试时遇到相关题目便可采用排除法做题。

第三节　投资决策

考点1　固定资产投资决策

真题链接

[2024·单选] 项目初始现金流不包括（　　）。

A. 流动资产投资额　　　　　　　　B. 固定资产投资额
C. 付现成本　　　　　　　　　　　D. 原有固定资产变价收入

[解析] 初始现金流量主要包括四个方面：①固定资产投资额；②流动资产投资额；③其他投资费用；④原有固定资产的变价收入。

[答案] C

[2023·单选] G公司正在论证新建一条生产线项目的可行性。项目固定资产投资包括新建厂房投资100万元，购置设备投资800万元，固定资产折旧采用直线折旧法，折旧期10年，假设无残值。项目建成投产后，每年可实现净利润180万元，该项目的年净营业现金流量为（　　）万元。

A. 280　　　　　　　　　　　　　　B. 100
C. 270　　　　　　　　　　　　　　D. 150

[解析] 年净营业现金流量＝净利润＋折旧＝180＋（100＋800）/10＝270（万元）。

[答案] C

[2023·单选] 公司在多个互斥的投资方案中选择决策，当使用不同的决策指标所选的方案不一致时，在无资本限量的情况下，应以（　　）为选择标准。

A. 动态投资回收期　　　　　　　　B. 获利指数
C. 净现值　　　　　　　　　　　　D. 静态投资回收期

[解析] 在有多个互斥方案时，使用三个贴现指标得出的结论不一致时，在无资本限量的情况下，公司应以净现值为选择标准。

[答案] C

[2021·单选] 某项目进行到终结期时，固定资产残值收入为80万元，收回垫支的流动资产投

资为1 080万元,企业所得税税率为25％,则该项目的终结现金流量为（ ）万元。

A. 1 160　　　　　　　　　　　　B. 1 080

C. 1 000　　　　　　　　　　　　D. 980

[解析] 终结现金流量包括固定资产的残值收入或变价收入、原来垫支在各种流动资产上的资金收回、停止使用的土地变价收入等。根据题干信息"固定资产的残值收入为80万元,收回垫支的流动资产投资为1 080万元",可知该项目的终结现金流量＝1 080＋80＝1 160（万元）。

[答案] A

[2018·单选] 下列指标中,能够反映投资项目真实报酬率的是（ ）。

A. 通货膨胀率　　　　　　　　　B. 已获利息倍数

C. 内部报酬率　　　　　　　　　D. 获利指数

[解析] 内部报酬率反映投资项目的真实报酬率。

[答案] C

真题精解

点题： 本系列真题考查固定资产投资决策,但考查侧重点不同。其中,2024年真题、2023年第一道真题和2021年真题考查现金流量估算；2023年第二道真题和2018年真题考查财务可行性评价指标。

分析： 对于本考点,核心是掌握现金流量估算和财务可行性评价指标的内容。

1. 现金流量估算

投资中的现金流量是指一定时间内由投资引起的各项现金流入量、现金流出量及现金净流量的统称。

（1）初始现金流量：指开始投资时发生的现金流量,总体是现金流出量,用负数或带括号的数字表示,主要包括以下四个方面。

①固定资产投资额：包括固定资产的购入或建造成本、运输成本和安装成本等。

②流动资产投资额：包括对原材料、在产品、产成品和现金等流动资产的投资。

③其他投资费用：指与长期投资有关的职工培训费、谈判费、注册费用等。

④原有固定资产的变价收入：指固定资产更新时原有固定资产变卖所得的现金收入。

（2）营业现金流量：指投资项目投入使用后,在其寿命周期内由生产经营活动所产生的现金流入和现金流出。年净营业现金流量的公式为：

$$\text{年净营业现金流量（NCF）} = \text{年营业收入} - \text{付现成本} - \text{所得税}$$
$$= \text{净利润} + \text{折旧}$$

（3）终结现金流量：指投资项目完结时所发生的现金流量,包括固定资产的残值收入或变价收入、原来垫支在各种流动资产上的资金收回、停止使用的土地变价收入等。

2. 财务可行性评价指标

（1）非贴现现金流量指标：指不考虑货币时间价值的指标,一般包括投资回收期（静态）和平均报酬率。

①投资回收期（静态）：指回收初始投资所需要的时间,一般以年为单位。投资回收（期静）态计算方法如下：

a. 如果每年的净营业净现金流量（NCF）相等,则投资回收期（静态）公式为：

$$投资回收期=原始投资额/每年NCF$$

b. 如果每年的净营业净现金流量（NCF）不相等，则计算投资回收期要根据每年年末尚未回收的投资额加以确定。

投资回收期的概念容易理解，计算简便，但这一指标没有考虑货币时间价值，没有考虑回收期满后的现金流量。

② 平均报酬率（ARR）：指投资项目寿命周期内平均的年投资报酬率。平均报酬率的计算公式为：

$$平均报酬率=平均年现金流量/初始投资额\times 100\%$$

采用平均报酬率时，只有高于必要平均报酬率的方案才可选。而有多个互斥方案时，则选用平均报酬率最高的方案。平均报酬率法简明、易算、易懂，其主要缺点是没有考虑货币时间价值。

(2) 贴现现金流量指标。

① 净现值：是指投资项目投入使用后的净现金流量，按资本成本率或企业要求达到的报酬率折算为现值，加总后减去初始投资以后的余额。净现值的计算公式为：

$$净现值=未来报酬的总现值-初始投资$$

净现值法的优点是考虑了货币时间价值，能够反映各种投资方案的净收益；缺点是不能揭示各个投资方案本身可能达到的实际报酬率水平。

② 内部报酬率：指使投资项目的净现值等于零的贴现率。内部报酬率反映投资项目的真实报酬率。

内部报酬率法的优点是考虑了货币时间价值，反映了投资项目的真实报酬率，且概念易于理解。其缺点是计算过程比较复杂，特别是每年的 NCF 不相等的投资项目，一般要经过多次测算才能求得。

③ 获利指数：又称利润指数。获利指数的计算公式如下：

$$获利指数=未来报酬的总现值/初始投资额$$

获得指数的优点在于考虑了货币时间价值，能够真实地反映投资项目的盈亏程度。

在有多个互斥方案时，使用三个贴现指标得出的结论不一致时，在无资本限量的情况下，以净现值为选择标准。

3. 项目风险的衡量与处理方法

(1) 调整现金流量法：即把不确定的现金流量调整为确定的现金流量，然后用无风险报酬率作为折现率计算净现值。该方法的计算公式中包括某年现金流量的肯定当量系数。肯定当量系数是指不确定的 1 元现金流量相当于使投资者肯定满意的金额系数，数值在 0～1 之间，越远期的现金流量，肯定当量系数越小。

(2) 调整折现率法：基本思路是对高风险的项目采用较高的折现率计算净现值。

拓展：该考点内容较多较细，容易混淆，且考查频率高。例如，该考点可能以多选题的形式考查初始现金流量与终结现金流量的区别、以单选题的形式考查年净营业现金流量的计算、以多选题的形式考查非贴现现金流量指标和贴现现金流量指标的区别、以单选题的形式考查非贴现现金流量指标的计算等。

举一反三

[典型例题·单选] 某企业计划2020年投资建设一条新生产线。经测算，项目厂房投资为400万元，设备投资额为500万元，流动资产投资额为200万元，与该投资相关的其他费用为50万元，企业所得税率为25%，则该项目初始现金流出量为（　　）万元。

A. 863　　　　　　　　　　　　　　　B. 900
C. 1 150　　　　　　　　　　　　　　D. 1 100

[解析] 初始现金流量包括固定资产投资额、流动资产投资额、其他投资费用、原有固定资产的变价收入。因此，该项目的初始现金流量＝400＋500＋200＋50＝1 150（万元）。

[答案] C

[典型例题·单选] 某企业计划投资一个新的生产线项目，该项目投入运营后，每年销售收入为1 000万元，每年折旧为20万元，每年固定成本（不包括折旧）为50万元，变动成本总额为150万元，假定所得税率为25%，则该新的生产线项目每年的净营业现金流量为（　　）万元。

A. 750　　　　　　　　　　　　　　　B. 620
C. 605　　　　　　　　　　　　　　　D. 805

[解析] 根据公式，每年净营业现金流量＝净利润＋折旧，计算如下：①题目已知每年固定成本（不包括折旧）为50万元、变动成本总额为150万元，即付现成本总额＝50＋150＝200（万元），且题目已知销售收入为1 000万元、折旧为20万元。因此，利润总额＝销售收入－付现成本－折旧＝1 000－200－20＝780（万元）。②所得税费＝利润总额×所得税率＝780×25%＝195（万元）。③净利润＝利润总额－所得税费＝780－195＝585（万元）。④折旧已知为20万元，每年净营业现金流量＝585＋20＝605（万元）。

[答案] C

[典型例题·多选] 下列选项中，非贴现现金流量指标包括（　　）。

A. 投资回收期　　　　　　　　　　　B. 平均报酬率
C. 净现值　　　　　　　　　　　　　D. 内部报酬率
E. 外部报酬率

[解析] 净现值和内部报酬率属于贴现现金流量指标，选项C、D错误。该考点中不包括外部报酬率，选项E属于干扰项。

[答案] AB

环球君点拨

在现金流量估算中，初始现金流量往往表现为现金的流出，终结现金流量往往表现为现金的收入，但有一个例外，原有固定资产的变价收入虽是现金的收入，但不属于终结现金流量，而是属于初始现金流量。另外，在项目风险的衡量与处理方法中，调整现金流量法和调整折现率法两种方法的计算公式一般不会在考试中出现，即不考查计算题，但可能会考查这两种方法具体属于哪一类方法，因为各章中都包括很多的方法，所以在考试中容易将其他章节的方法与这两种方法放到一起综合出题。

考点 2 长期股权投资决策

真题链接

[2017·单选] 甲公司出资 1 亿元对乙公司进行股权投资,该项投资应计入(   )。
A. 甲公司资产负债表上的资产
B. 乙公司资产负债表上的负债
C. 甲公司资产负债表上的负债
D. 甲公司资产负债表上的股东权益

[解析] 长期股权投资是一种交换行为,是企业将资产让渡给被投资单位所获得的另一项资产。题干中没有涉及负债,选项 B、C 错误。甲公司对乙公司进行股权投资,自身的股东权益并没有发生变化,选项 D 错误。

[答案] A

[2020·单选] 企业在投资管理中应当建立投资业务的岗位责任制,明确相关部门和岗位的职责权限,确保办理投资业务的(   )相互分离、制约和监督。
A. 各部门的负责人
B. 不相容岗位
C. 部门负责人与员工
D. 各部门员工

[解析] 明确职责分工与授权批准:企业应当建立投资业务的岗位责任制,明确相关部门和岗位的职责权限,确保办理投资业务的不相容岗位相互分离、制约和监督。

[答案] B

真题精解

点题:本系列真题考查长期股权投资决策,但考查侧重点不同。其中,2017 年真题考查长期股权投资概述;2020 年真题考查长期股权投资的风险类型及内部控制。

分析:对于本考点,核心是掌握长期股权投资的风险类型及内部控制的内容。

1. 长期股权投资概述

长期股权投资是指以股东名义将资产投资于被投资单位并取得相应的股份,按所持股份比例享有被投资单位的权益以及承担相应的风险。长期股权投资是一种交换行为,是企业将资产让渡给被投资单位所获得的另一项资产,企业所取得的是伴随表决权甚至控制权的资产(股权),所获得的经济利益不同于其他资产为企业带来的经济利益,主要是通过分配来增加财富、分散风险或谋求其他利益。

2. 长期股权投资的风险类型及内部控制

(1) 长期股权投资的风险类型。

①投资决策风险。投资决策风险具体包括违反国家法律法规风险、未经审批或超越授权审批风险、被投资单位所处行业和环境的风险及其本身的技术和市场风险;投资项目的尽职调查及可行性论证风险;决策程序不完善和程序执行不严格的风险等。

②投资运营管理风险。投资运营管理风险具体包括股东选择风险、公司治理结构风险、投资协议风险、道德风险;被投资企业存在的经营风险和财务风险;项目小组和外派人员风险;信息披露风险等。

③投资清理风险。投资清理风险是指退出风险,具体包括投资退出时机与方式选择风险等。

(2) 长期股权投资的内部控制。

①明确职责分工与授权批准。企业应当建立投资业务的岗位责任制,明确相关部门和岗位的职

责权限，确保办理投资业务的不相容岗位相互分离、制约和监督。

②可行性研究、评估与决策控制。

③投资执行控制。

④投资处置控制。

拓展： 该考点考查的内容较详细，甚至会考查某些解释性文字，如上述2020年真题。长期股权投资的风险类型及内部控制在考试中可能以多选题的形式出现，因此，考生需要准确记忆长期股权投资的风险类型及内部控制的具体内容。

举一反三

[典型例题·单选] 长期股权投资是一种（　　）。

A. 交换行为　　　　　　　　　　B. 销售行为

C. 支持态度　　　　　　　　　　D. 控制行为

[解析] 长期股权投资是一种交换行为，是企业将资产让渡给被投资单位所获得的另一项资产，企业所取得的是伴随表决权甚至控制权的资产（股权），所获得的经济利益不同于其他资产为企业带来的经济利益，主要是通过分配来增加财富、分散风险或谋求其他利益。

[答案] A

[典型例题·多选] 下列选项中，长期股权投资的风险包括（　　）。

A. 投资决策风险　　　　　　　　B. 投资运营管理风险

C. 投资清理风险　　　　　　　　D. 投资财务风险

E. 投资信用风险

[解析] 长期股权投资的风险包括投资决策风险、投资运营管理风险、投资清理风险。

[答案] ABC

环球君点拨

该考点非高频考点，且考查难度较低，如在考试中遇到，则属于必拿分数。该考点具体可考角度包括长期股权投资的特征、长期股权投资的风险类型、长期股权投资的内部控制等。在长期股权投资的风险类型中，考生需重点掌握投资运营管理风险的内容。

第四节　并购重组

考点1　并购重组方式及效应

真题链接

[2024·单选] L公司计划并购Z公司，如果L公司利用Z公司资产的经营收入作为并购款支付的担保，则L公司采用的并购方式是（　　）。

A. 杠杆并购　　　　　　　　　　B. 现金购买方式并购

C. 非杠杆并购　　　　　　　　　D. 二级市场并购

[解析] 杠杆并购，即并购企业利用被并购企业资产的经营收入，来支付并购价款或作为此种支付的担保的并购方式。

[答案] A

第九章 企业投融资决策及并购重组

[2023·案例（节选）] M公司是一家新能源产业链上有重要影响力的企业。自2018年在上海证券交易所上市以来，M公司实现了跨越式发展，在落实国家"双碳"战略中发挥了重要作用。2023年，M公司把握重大机遇期，落实规模、效益并重战略，计划对下属"专精特新"子公司分拆上市，并收购H公司。H公司经营比较稳定，2022年营业收入为20 000万元，净利润总额为6 000万元。M公司聘请资产评估机构对H公司资产进行评估，经过科学估算，H公司估值可参考的标准市盈率为20倍，标准市销率为5倍。

M公司拆分成立子公司，需要公司股票境内上市满（　　）年。
A. 1　　　　　　　　　　　　　　　B. 2
C. 3　　　　　　　　　　　　　　　D. 5

[解析] 上市公司分拆，其股票境内上市应满3年。

[答案] C

[2023·单选] M公司与N公司签署协议，M公司将持有的H公司90%的股份与N公司的建筑面积为17 958平方米的房地产相互交易，差额部分用现金补足。此项重组方式属于（　　）。
A. 资产置换　　　　　　　　　　　B. 吸收合并
C. 以股抵债　　　　　　　　　　　D. 债转股

[解析] 资产置换是指交易双方（有时可由多方）按某种约定价格（如谈判价格、评估价格等），在某一时期内相互交换资产的交易。资产置换的双方均出资产，通常意味着业务的互换。

[答案] A

[2023·多选] M公司的大股东以其持有的对M公司的股权抵偿对M公司的债务，这给M公司带来的影响有（　　）。
A. 资产负债率降低　　　　　　　　B. 净资产收益率提高
C. 总资产增加　　　　　　　　　　D. 营业收入总额增加
E. 每股收益提高

[解析] 以股抵债指债务人以其持有的股权抵偿其所欠债务的行为，以股抵债为缺乏现金清偿能力的股东偿还公司债务提供了途径。以股抵债的积极效应体现在能有效提升债权公司的资产质量，使每股收益和净资产收益率水平提高，选项B、E正确。

[答案] BE

[2022·单选] 某电动汽车生产商用自有资金并购了一家电动汽车电池生产企业，该并购属于（　　）。
A. 杠杆并购　　　　　　　　　　　B. 横向并购
C. 纵向并购　　　　　　　　　　　D. 混合并购

[解析] 横向并购即处于同一行业的两个或多个企业所进行的并购。纵向并购即处于同类产品的不同产销阶段的两个或多个企业所进行的并购。混合并购即处于不相关行业的企业所进行的并购。杠杆并购即并购企业利用被并购企业资产的经营收入，来支付并购价款或作为此种支付的担保的并购方式。电动汽车生产企业与电动汽车电池生产企业是处于同类产品的不同产销阶段的两个企业，所以该并购属于纵向并购。

[答案] C

[2022·多选] E公司将其资产注入F公司，F公司可选择用（   ）支付。

A. F公司的负债
B. F公司的现金
C. F公司的资本公积
D. F公司的库存股
E. F公司的股权

[解析] 资产注入是指交易双方中的一方将公司账面上的资产，可以是流动资产、固定资产、无形资产、股权中的某一项或某几项，按评估价或协议价注入对方公司。如果对方支付现金，则意味着资产注入方的资产变现；如果对方出让股权，则意味着资产注入方以资产出资进行投资或并购。

[答案] BE

真题精解

点题：本系列真题考查并购重组方式及效应，但考查侧重点不同。其中，2024年真题、2022年第一道真题考查并购；2023年第一道真题考查分拆；2023年第二道真题考查资产置换；2023年第三道真题考查以股抵债；2022年第二道真题考查资产注入。

分析：本考点概念、分类较多，考生需要全面掌握。

1. 收购与兼并

（1）企业收购与企业兼并的含义。收购和兼并是企业实施加速扩张战略的主要形式，二者统称为并购。

企业收购指一个企业用现金、有价证券等方式购买另一家企业的资产或股权，以获得对该企业控制权的一种经济行为。

企业兼并指一个企业购买其他企业的产权，并使其他企业失去法人资格的一种经济行为。狭义兼并也称吸收合并，吸收合并与新设合并统称为合并。一个公司吸收其他公司为吸收合并，被吸收的公司解散。两个以上公司合并设立一个新的公司为新设合并，合并各方解散。

（2）企业并购类型。

①按**双方的业务性质**划分，企业并购可分为纵向并购、横向并购和混合并购。

　a. **纵向并购**：处于同类产品的不同产销阶段的两个或多个企业所进行的并购。

　b. **横向并购**：处于同一行业的两个或多个企业所进行的并购。

　c. **混合并购**：处于不相关行业的企业所进行的并购。

②按**双方是否友好协商**划分，企业并购可分为善意并购和敌意并购。

　a. **善意并购**：并购企业与被并购企业双方通过友好协商来确定相关事宜的并购。

　b. **敌意并购**：在友好协商遭到拒绝时，并购企业不顾被并购企业的意愿而采取非协商性并购的手段，强行并购被并购企业的并购。

③按**并购的支付方式划分**，企业并购可分为承担债务式并购、现金购买式并购和股权交易式并购。

　a. **承担债务式并购**：在被并购企业资不抵债或资产与债务相等的情况下，并购企业以承担被并购企业全部或部分债务为条件，取得被并购企业的资产所有权和经营权。

　b. **现金购买式并购**：并购企业用现金购买被并购企业的资产或股权（股票）。

　c. **股权交易式并购**：并购企业用其股权换取被并购企业的股权或资产。

④按**是否利用被并购企业本身资产来支付并购资金**划分，企业并购可分为杠杆并购和非杠杆

并购。

　　a. 杠杆并购：并购企业利用被并购企业资产的营业收入，来支付并购价款或作为此种支付的担保的并购方式。

　　b. 非杠杆并购：并购企业不用被并购企业自有资金及营运所得来支付或担保支付并购价格的并购方式。

　　⑤按并购的实现方式划分，企业并购可分为协议并购、要约并购和二级市场并购。

　　a. 协议并购：买卖双方经过一系列谈判后达成共识，通过签署股权转让、受让协议实现并购的方式。

　　b. 要约并购：买方向目标公司的股东就收购股票的数量、价格、期限、支付方式等发布公开要约，以实现并购目标公司的并购方式。

　　c. 二级市场并购：买方通过股票二级市场并购目标公司的股权，从而实现并购目标公司的并购方式。

　　(3) 并购效应。

　　①实现协同效应，包括管理协同、经营协同和财务协同。

　　②实现战略重组，开展多元化经营。

　　③获得特殊资产和渠道，包括土地、优秀管理队伍、优秀研究人员或专门人才以及专有技术、商标和品牌等无形资产，国外市场和技术。

　　④降低代理成本，代理成本包括契约成本、监督成本和剩余损失。

　　2. 分立与分拆

　　(1) 分立与分拆的概念。分立是指一家企业将部分或全部资产分离转让给现存或新设的企业，被分立企业股东换取分立企业的股权或非股权支付，实现企业的依法分立。企业分立有以下两种基本类型：存续分立和新设分立。存续分立是指分立后，被分立企业仍存续经营，并且不改变企业名称和法人地位，同时分立企业作为另一个独立法人而存在。存续分立后，分立企业的股份由被分立企业的股东持有。

　　分拆是指一个母公司通过将其在子公司中所拥有的股份，按比例地分配给现有母公司的股东，从而在法律上和组织上将子公司的经营从母公司的经营中分离出去的行为。

　　上市公司分拆，应当同时符合以下条件：

　　①上市公司股票境内上市已满3年。

　　②上市公司最近3个会计年度连续盈利。

　　③上市公司最近3个会计年度扣除按权益享有的拟分拆所属子公司的净利润后，归属于上市公司股东的净利润累计不低于人民币6亿元（净利润的计算，以扣除非经常性损益前后孰低值为依据）。

　　④上市公司最近1个会计年度合并报表中按权益享有的拟分拆所属子公司的净利润不得超过归属于上市公司股东的净利润的50%；上市公司最近1个会计年度合并报表中按权益享有的拟分拆所属子公司的净资产不得超过归属于上市公司股东的净资产的30%。

　　(2) 分立与分拆的动机：适应战略调整、减轻负担、筹集资金、清晰主业、化解内部竞争性冲突。

3. 资产注入与资产置换

资产注入是指交易双方中的一方将公司账面上的资产，可以是流动资产、固定资产、无形资产、股权中的某一项或某几项，按评估价或协议价注入对方公司。如果对方支付现金，则意味着资产注入方的资产变现；如果对方出让股权，则意味着资产注入方以资产出资进行投资或并购。

资产置换是指交易双方（有时可由多方）按某种约定价格（如谈判价格、评估价格等），在某一时期内相互交换资产的交易。

4. 债转股与以股抵债

债转股是指公司债权人将其对公司享有的合法债权转为出资（认购股份），增加公司注册资本的行为。债转股带来的变化是公司的债务资本转成权益资本、该出资者身份由债权人身份转变为股东身份。债转股的积极效应体现在：能够使被投资公司降低债务负担；能够使债权人获得通过债务企业上市、股权交易或股票回购方式收回全部投资的机会。

以股抵债是指债务人以其持有的股权抵偿其所欠债务的行为。以股抵债的积极效应主要体现在能有效提升债权公司的资产质量，使每股收益和净资产收益率水平提高。

拓展：该考点可以多选题的方式考查企业并购类型、并购效应及分立与分拆的动机，还可以单选题的方式考查该考点中的每个概念，在这类题目中可能会出现一些简单的例子以考查考生对这些概念的理解。

■ 举一反三

[典型例题·多选]企业通过重组实施加速扩张战略，可采用的方式有（   ）。

A. 收购
B. 吸收合并
C. 标准分立
D. 以股抵债
E. 持股分立

[解析]收购和兼并是企业实施加速扩张战略的主要形式，狭义兼并也称吸收合并，选项 A、B 正确。选项 C、E 属于分立，是一种收缩策略，故错误。选项 D 以股抵债是指以股份抵偿债务，与题目无关，故错误。

[答案] AB

[典型例题·单选]下列选项中，可以化解公司内部竞争性冲突的重组方式是（   ）。

A. 新设合并
B. 收购
C. 分立
D. 吸收合并

[解析]当公司某一项业务的存在和发展影响到公司另一项业务的客户时，选择某种分立方式可化解内部竞争性冲突。

[答案] C

■ 环球君点拨

资产注入与资产置换的区别：资产注入的双方中只有一方出资产，资产置换的双方均出资产。

债转股与以股抵债的区别：债转股是债权人债权减少股权投资增加，以股抵债是债务人债务减少股权投资减少。

第九章 企业投融资决策及并购重组

▶考点2 企业价值评估

真题链接

[2024·多选] 企业价值评估方法有（　　）。
A. 市销率法 B. 市净率法
C. 收益法 D. 市盈率法
E. 调整折现率法

[解析] 企业价值评估方法包括收益法、市盈率法、市净率法、市盈率相对盈利增长比率法、市销率法等。

[答案] ABCD

[2023·案例（节选）] M公司是一家新能源产业链上有重要影响力的企业。自2018年在上海证券交易所上市以来，M公司实现了跨越式发展，在落实国家"双碳"战略中发挥了重要作用。2023年，M公司把握重大机遇期，落实规模、效益并重战略，计划对下属"专精特新"子公司分拆上市，并收购H公司。H公司经营比较稳定，2022年营业收入为20 000万元，净利润总额为6 000万元。M公司聘请资产评估机构对H公司资产进行评估，经过科学估算，H公司估值可参考的标准市盈率为20倍，标准市销率为5倍。

根据以上资料，回答下列问题：

（1）根据市盈率法，H公司的企业价值是（　　）万元。
A. 360 000 B. 200 000 C. 120 000 D. 180 000

[解析] 目标企业H的价值＝企业净利润总额×标准市盈率＝6 000×20＝120 000（万元）。

[答案] C

（2）根据市销率法，H公司的企业价值是（　　）万元。
A. 300 000 B. 100 000
C. 150 000 D. 400 000

[解析] 目标企业H的价值＝销售收入（营业收入）×标准市销率＝20 000×5＝100 000（万元）。

[答案] B

[2022·单选] 在企业价值评估方法中，需要确定贴现率的是（　　）。
A. 收益法 B. 市销率法
C. 市净率法 D. 市盈率法

[解析] 企业价值评估中的收益法，是指将预期收益资本化或者折现，确定评估对象价值的评估方法。收益法常用的具体方法包括股利折现法和现金流量折现法。现金流量折现法通常包括企业自由现金流折现模型和股权自由现金流折现模型。其基本模型中包括变量i，i为与企业风险相适应的贴现率。

[答案] A

[2017·单选] 下列选项中，使用市销率法对公司估值的计算方式是（　　）。
A. 标准市销率×销售费用 B. 标准市销率×销售成本
C. 标准市销率×营业利润 D. 标准市销率×销售收入

[解析] 根据市销率法，目标企业的价值即销售收入（营业收入）乘以标准市销率。

[答案] D

真题精解

点题：本系列真题考查企业价值评估，但考查侧重点不同。其中，2024 年真题考查价值评估方法；2023 年真题考查市盈率法与市销率法；2017 年真题考查市销率法；2022 年真题考查收益法。

分析：对于本考点，核心是掌握企业价值评估的五种方法。

价值评估是指买卖双方对标的（企业或股权或资产）做出的价值判断。价值评估方法主要有以下五种。

1. 收益法

收益法是指将预期收益资本化或者折现，确定评估对象价值的评估方法。收益法常用的具体方法包括<u>股利折现法</u>和<u>现金流量折现法</u>。

2. 市盈率法

市盈率是某种股票普通股每股市价（或市值）与每股盈利（或净利润总额）的比率。利用市盈率法评估企业价值的公式为：

目标企业的价值＝企业净利润总额×标准市盈率

3. 市净率法

市净率是每股市价与每股净资产的比率。利用市净率法评估企业价值的公式为：

目标企业的价值＝企业净资产总值×标准市净率

4. 市盈率相对盈利增长比率（PEG）法

市盈率相对盈利增长比率（PEG）是用公司的市盈率除以公司未来 3 或 5 年的每股收益复合增长率。

5. 市销率法

市销率也称价格营收比，是股票市值与销售收入（营业收入）的比率。利用市销率法评估企业价值的公式为：

目标企业的价值＝销售收入（营业收入）×标准市销率

拓展：该考点并非高频考点，考试中可能以单选题的形式考查五种企业价值评估方法的概念和计算公式，还可能以多选题的方式考查企业价值评估方法具体包括哪些方法。如果在考试中考查到某种企业价值评估方法的计算公式，也是以文字的方式，而不是真正的计算题。

举一反三

[典型例题·单选] 利用收益法对企业价值进行评估时，需要先行估算的是（　　）。

A. 市盈率　　　　　　　　　　　　B. 折现率
C. 市销率　　　　　　　　　　　　D. 产权比率

[解析] 收益法是指将预期收益资本化或者折现，确定评估对象价值的评估方法。收益法涉及折现的问题，所以应首先估算折现率。

[答案] B

[典型例题·单选] 下列选项中，某种股票普通股每股市价与每股盈利的比率称为（　　）。

A. 市盈率　　　　　　　　　　　　B. 权益比率
C. 权益乘数　　　　　　　　　　　D. 市净率

[解析] 市盈率是某种股票普通股每股市价与每股盈利的比率。

[答案] A

环球君点拨

市盈率、市净率、市盈率相对盈利增长比率（PEG）、市销率的概念均为比率，而市盈率法、市净率法、市销率法评估企业价值均使用乘法，考生掌握这个规律可以更容易记忆本考点。

第十章 电子商务

第一节 电子商务概述

考点1 电子商务的产生背景及概念

真题链接

[2023·单选] 下列选项中，电子商务产生的现实需求背景是（　　）。
A. 经济全球化　　　　　　　　　B. 生态绿色化
C. 工艺专业化　　　　　　　　　D. 分工协作化

[解析] 经济全球化使得企业必须在立足于统一的国际市场的基础上，充分考虑各种可能性和可行性，采用一种更为有效的商业模式，以便迅速将产品销往全球最需要的市场。在此背景下，需要一种更加高效的商务运作模式，由此，电子商务的现实需求便产生了。

[答案] A

[2022·单选] 下列选项中，电子商务的基础技术是（　　）。
A. 物联网技术革命　　　　　　　B. 信息技术革命
C. 工业技术革命　　　　　　　　D. 电子技术革命

[解析] 信息技术革命使得参与商业贸易活动的买卖双方无须见面也能进行各种商贸活动成为可能，这为电子商务的产生奠定了技术基础。

[答案] B

真题精解

点题：本系列真题考查电子商务的产生背景及概念，但考查侧重点不同。其中，2023年真题考查电子商务产生的现实需求背景；2022年真题考查电子商务的基础技术。

分析：对于本考点，核心是掌握电子商务的概念。从根本上来说，电子商务是以商务活动为主体，以计算机网络为基础，以电子化方式为手段的一种商务模式。电子商务的产生是20世纪世界经济全球化与社会信息化两大趋势共同影响的结果。信息技术革命为电子商务的产生奠定了技术基础，从而产生了一种新型的商业运营模式，即电子商务。

拓展：该考点还可以从电子商务的产生背景角度考查。电子商务的产生是20世纪世界经济全球化与社会信息化两大趋势共同影响的结果。

举一反三

[典型例题·多选] 下列选项中，促使电子商务产生的主要因素有（　　）。
A. 经济全球化　　　　　　　　　B. 实体店升级
C. 信息技术革命　　　　　　　　D. 全球交通便利化
E. 再工业化

[解析] 电子商务的产生，是20世纪世界经济全球化与社会信息化两大趋势共同影响的结果。经济全球化与信息技术革命推动资本经济转变为信息经济和知识经济，强烈地影响着国际经济贸易环境，这种影响直接催生了电子商务。

[答案] AC

[典型例题·单选] 下列选项中，电子商务产生的现实需求背景是（　　）。

A. 分工精细化　　　　　　　　B. 经济全球化
C. 部门专业化　　　　　　　　D. 生态一体化

[解析] 经济全球化使得企业必须在立足于统一的国际市场的基础上，充分考虑各种可能性和可行性，必须进行多国企业联合的组合式生产，采用一种更为有效的商业模式，以便于迅速将产品销往全球最需要的市场。这种背景下，需要一种高效的商务运作模式，由此产生了电子商务的现实需求。

[答案] B

环球君点拨

对于本考点，考生应重点掌握概念，注意把握概念中的细节。

考点2　电子商务的功能和特点

真题链接

[2018·多选] 某房地产开发商开展电子商务战略，其电子商务平台可以实现的功能有（　　）。

A. 网络调研　　　　　　　　　B. 网上订购
C. 维修服务　　　　　　　　　D. 咨询洽谈
E. 电子支付

[解析] 电子商务的功能包括广告宣传、咨询洽谈、网上订购、电子支付、网上服务、网络调研、交易管理等。

[答案] ABDE

[2023·多选] 与传统商务相比，电子商务的特点有（　　）。

A. 运作高效化　　　　　　　　B. 成本低廉化
C. 交易虚拟化　　　　　　　　D. 支付现金化
E. 交易透明化

[解析] 电子商务的特点包括市场全球化、跨时空限制、交易虚拟化、成本低廉化、交易透明化、操作方便化、服务个性化、运作高效化。

[答案] ABCE

真题精解

点题： 本系列真题考查电子商务的功能和特点，但考查侧重点不同。其中，2018年真题考查电子商务的功能；2023年真题考查电子商务的特点。

分析： 对于本考点，核心是掌握电子商务的功能，理解并能够匹配电子商务的特点。

1. 电子商务的功能

电子商务的功能主要包括广告宣传、咨询洽谈、网上订购、电子支付、网上服务、网络调研、交易管理等。

2. 电子商务的特点

电子商务的特点具体包括：

(1) 市场全球化：电子商务的全球市场由计算机网络连接而成。

(2) 跨时空限制：通过计算机自动处理完成交易传递，而且无须人员干预，加快了交易速度。

(3) 交易虚拟化：通过以互联网为代表的计算机网络进行贸易，交易双方从开始洽谈、签约到订货、支付等，无须当面进行，均能通过网络完成，整个交易过程完全虚拟化。

(4) 成本低廉化：通过互联网进行的联系与沟通，可以缩短时间及减少重复的数据录入，降低了信息成本和库存成本，同时还降低了店面的租金成本。

(5) 交易透明化：电子商务中双方的洽谈、签约，以及货款的支付，交货的通知等整个交易过程都可以线上查询，因此交易显得更加透明，极大地减少了信息不对称的现象。

(6) 操作方便化：在电子商务环境中，人们不再受时间和地点的限制，能以简便的方式完成过去手续繁杂的商务活动。

(7) 服务个性化：追求个性化和定制化是电子商务的重要特点。

(8) 运作高效化：互联网将贸易中的商业报文标准化，使商业报文能在世界各地瞬间完成传递，通过计算机自动处理，各过程的人员干预减少，使之能在最短时间内完成。

举一反三

[典型例题·单选] 某企业为了提高服务水平，通过电子商务平台收集用户对服务的意见和偏好，该企业的活动实现了电子商务的（　　）功能。

A. 广告宣传　　　　　　　　　　B. 网上订购
C. 网络调研　　　　　　　　　　D. 咨询洽谈

[解析] 根据题干信息"收集用户对服务的意见和偏好"，可知属于电子商务的网络调研功能。

[答案] C

[典型例题·单选] 交易双方通过计算机网络进行贸易，从洽谈、签约到订货、支付等事项，均通过网络完成，无须当面进行，这体现电子商务的（　　）特点。

A. 运输全球化　　　　　　　　　B. 资本虚拟化
C. 经济全球化　　　　　　　　　D. 交易虚拟化

[解析] 根据题干信息"均通过网络完成、无须当面进行"，可以判断属于交易虚拟化。

[答案] D

环球君点拨

考生可根据字面意思理解电子商务的功能和特点，并可联系生活实际记忆其相关具体表现。

考点3　电子商务的分类

真题链接

[2022·多选] 下列选项中，属于完全电子商务的有（　　）。

A. 视频　　　　　　　　　　　　B. 信息咨询
C. 计算机　　　　　　　　　　　D. 音乐

E. 自行车

[解析] 完全电子商务交易的对象主要包括无形货物和服务，如某些计算机软件、娱乐产品的联机订购、付款和交付，或者是全球规模的信息服务。

[答案] ABD

[2021·单选] 电子商务按参与交易的主体划分，可分为（　　）。

A. 国际电子商务、国内电子商务、区域化电子商务
B. 完全电子商务和非完全电子商务
C. 团购电子商务和社交电子商务
D. 企业与企业之间的电子商务、企业与消费者之间的电子商务、消费者与消费者之间的电子商务等

[解析] 按照交易的主体划分，电子商务可分为企业对企业的电子商务（business to business，B2B）、企业对消费者的电子商务（business to consumer，B2C）、消费者对消费者的电子商务（consumer to consumer，C2C）、企业对政府的电子商务（business to government，B2G）、消费者对政府的电子商务（consumer to government，C2G）。

[答案] D

真题精解

点题：本系列真题考查电子商务的分类，但考查侧重点不同。其中，2022 年真题考查完全电子商务；2021 年真题考查按交易的主体划分，电子商务的类型。

分析：对于本考点，核心是掌握电子商务按照不同的标准分类，可分为哪些类型。

电子商务的划分标准、类型及概念要点如表 10-1 所示。

表 10-1　电子商务的划分标准、类型及概念要点

划分标准	类型	概念要点
按照商业活动的运行方式分类	完全电子商务	整个商务过程都可以在网络上实现，其对象主要包括无形货物和服务，如某些计算机软件、娱乐产品的联机订购、付款和交付，或者是全球规模的信息服务。完全电子商务是电子商务发展的高级阶段
	非完全电子商务	指无法完全依靠电子商务方式实现和完成整个交易过程，这些交易过程主要包括有形商品的物流配送、线下支付、现场服务等
按照开展电子交易的地域范围分类	区域化电子商务	通常指在本地区或本城市的信息网络实现的电子商务活动，其交易的区域范围较小
	远程国内电子商务	指在本国范围内进行的网上电子商务活动，其交易的地域范围较大，对软硬件和技术要求较高
	全球电子商务	在全球范围内进行的网上电子商务活动，参与电子商务交易的各方通过网络进行跨国界的贸易

续表

划分标准	类型	概念要点
按照交易的主体分类	B2B	企业对企业的电子商务
	B2C	企业对消费者的电子商务
	C2C	消费者对消费者的电子商务
	B2G	企业对政府的电子商务
	C2G	消费者对政府的电子商务

举一反三

[典型例题·单选] 按照（　　）划分，电子商务可以分为区域化电子商务、远程国内电子商务和全球电子商务。

A. 交易的主体 　　　　　　　　　　B. 开展电子交易的地域范围
C. 运行方式 　　　　　　　　　　　D. 电子商务的性质

[解析] 按照开展电子交易的地域范围划分，电子商务可以分为区域化电子商务、远程国内电子商务和全球电子商务。

[答案] B

[典型例题·单选] 以下商品或服务中，属于完全电子商务的是（　　）。

A. 电脑 　　　　　　　　　　　　　B. 服装
C. 护肤品 　　　　　　　　　　　　D. 网络游戏

[解析] 完全电子商务交易的对象主要包括无形货物和服务，如某些计算机软件、娱乐产品的联机订购、付款和交付，或者是全球规模的信息服务，选项 D 正确。

[答案] D

环球君点拨

考生在做题过程中，要注意对应电子商务的分类标准与具体类别。

考点4 电子商务中的商流、资金流、物流和信息流

真题链接

[2021·单选] 下列选项中，电子商务的"四流"指的是（　　）。

A. 资金流、物流、信息流、商流　　　B. 现金流、物流、信息流、商流
C. 现金流、物流、数据流、商流　　　D. 资金流、物流、数据流、商流

[解析] 电子商务的四流是指商流、资金流、物流和信息流。

[答案] A

[2022·单选] 下列选项中，伴随着整个交易过程的是（　　）。

A. 资金流 　　　　　　　　　　　　B. 商流
C. 物流 　　　　　　　　　　　　　D. 信息流

[解析] 信息流是电子商务活动各个交易主体之间的信息传递与交流的过程，它伴随整个交易过程。

[答案] D

第十章 电子商务

[2024·单选] 电子商务的动机和目的是（　　）。
A. 商流
B. 资金流
C. 物流
D. 信息流

[解析] 商流、资金流、物流、信息流是一个相互联系、互相伴随、共同支撑电子商务活动的整体。商流是动机和目的，资金流是条件，物流是终结和归宿，信息流是手段。

[答案] A

真题精解

点题：本系列真题考查电子商务中的商流、资金流、物流和信息流，但考查侧重点不同。其中，2021年真题考查"四流"的具体名称；2022年真题考查信息流的重要性；2024年真题考查商流的重要性。

分析：对于本考点，核心是掌握"四流"中每一环节的概念以及"四流"之间的关系。
"四流"中每一环节的概念如表10-2所示。

表10-2 "四流"中每一环节的概念

"四流"	概念
商流	物品在流通中发生形态变化的过程，即由货币形态转化为商品形态，以及由商品形态转化为货币形态，随着买卖关系的发生，商品所有权发生转移的过程
资金流	在买卖双方间随着商品实物及其所有权的转移而发生的资金往来流程，包括支付结算等
物流	商品从供应地向接收地的实体流动过程
信息流	电子商务活动各个交易主体之间的信息传递与交流的过程，它伴随整个交易过程

商流是动机和目的，资金流是条件，物流是终结和归宿，信息流是手段。信息的双向传递过程是电子商务活动实现的一种必需手段。总之，商流是物流、资金流和信息流的起点和前提。

举一反三

[典型例题·单选] 下列选项中，属于商品流通常用手段的是（　　）。
A. 商流
B. 物流
C. 资金流
D. 信息流

[解析] 商流是动机和目的，资金流是条件，物流是终结和归宿，信息流是手段。

[答案] D

[典型例题·单选] 下列电子商务的"四流"中，在买家与卖家之间双向流动的是（　　）。
A. 物流
B. 商流
C. 资金流
D. 信息流

[解析] 在买家与卖家之间双向流动的是信息流。

[答案] D

环球君点拨

考生在备考时，可以根据日常物流的过程理解记忆本考点内容。此外，考生在做本考点题目时，应注意题干中的一些关键性词语。

考点 5　电子商务对企业经营管理的影响

真题链接

[2022·多选] 下列选项中，电子商务影响企业经营管理的领域有（　　）。
A. 生产经营　　　　　　　　　　　B. 产品生产工艺
C. 竞争方式　　　　　　　　　　　D. 产品装配
E. 组织结构

[解析] 电子商务对企业经营管理产生的深远影响主要涉及企业的组织结构、管理模式、生产经营、竞争方式、人力资源管理、管理思想等领域。

[答案] ACE

[经典例题·单选] 在电子商务模式下，出现的一种无明显边界、网状结构型企业组织形式是（　　）。
A. 虚拟企业　　　　　　　　　　　B. 联盟企业
C. 集团企业　　　　　　　　　　　D. 合资企业

[解析] 在电子商务模式下，企业的经营活动打破了时间和空间的限制，把现有资源组合成一种超越时空、利用电子手段传输信息的经营实体，出现了一种类似于无边界的新型企业——虚拟企业。

[答案] A

真题精解

点题：本系列题目考查电子商务对企业经营管理的影响，但考查侧重点不同。其中，2022年真题考查电子商务影响企业经营管理的范围；经典例题考查电子商务对企业组织结构影响的具体表现。

分析：对于本考点，核心是掌握电子商务对企业经营管理产生的影响。

电子商务对企业经营管理的影响包括企业的组织结构、管理模式、生产经营、竞争方式、人力资源管理、管理思想（包括全球化观念、标准化观念、快速创新的观念和注重知识的观念）等领域。

在电子商务模式下，企业的经营活动打破了时间和空间的限制，把现有资源组合成为一种超越时空、利用电子手段传输信息的经营实体，出现了一种类似于无边界的新型企业——虚拟企业。

拓展：考生在熟悉本考点内容之后，在做题时可根据字面意思判断题目所述内容属于电子商务对企业经营管理的哪方面影响。

举一反三

[典型例题·单选] 在电子商务模式下，出现的一种无明显边界的新型企业是（　　）。
A. 集团企业　　　　　　　　　　　B. 联盟企业
C. 合资企业　　　　　　　　　　　D. 虚拟企业

[解析] 在电子商务模式下，企业的经营活动打破了时间和空间的限制，把现有资源组合成为一种超越时空、利用电子手段传输信息的经营实体，出现了一种类似于无边界的新型企业——虚拟企业，其管理由原来的相互控制转向相互支持，由监视转向激励，由命令转向指导。

[答案] D

[典型例题·单选] 下列电子商务对企业经营管理思想的影响中，不正确的是（　　）。

A. 标准化观念

B. 全球化观念

C. 公平公正观念

D. 注重知识的观念

[解析] 电子商务对企业经营管理思想的影响包括全球化观念、标准化观念、快速创新的观念和注重知识的观念。

[答案] C

环球君点拨

考生可通过熟读该考点每一影响领域下的内容掌握其归属关系。

第二节　电子商务的运作系统

考点 1　电子商务的一般框架

真题链接

[2021·多选] 下列选项中，实现电子商务的最底层网络硬件基础的设施包括（　　）。

A. 无线通信网　　　　　　　　　　B. 有线电视网

C. 远程通信网　　　　　　　　　　D. 电网

E. 互联网

[解析] "信息高速公路"是实现电子商务的最底层网络硬件基础的设施，包括远程通信网、有线电视网、无线通信网和互联网。

[答案] ABCE

[2020·单选] 在电子商务系统框架结构中，实现电子商务的基础设施层是（　　）。

A. 网络层

B. 数据库层

C. 信息传输层

D. 业务服务层

[解析] 网络层是指网络基础设施，即所谓的"信息高速公路"，是实现电子商务最底层的硬件基础设施。

[答案] A

真题精解

点题：本系列真题考查电子商务的一般框架，但考查侧重点不同。其中，2021年真题考查实现电子商务的最底层网络硬件基础的设施；2020年真题考查实现电子商务的基础设施层。

分析：对于本考点，核心是掌握电子商务系统框架结构的三个层次和两个支柱的具体内容。

电子商务系统框架结构的三个层次和两个支柱的具体内容如表10-3所示。

表 10-3　电子商务系统框架结构的三个层次和两个支柱的具体内容

组成		具体内容
三个层次	网络层	指网络基础设施，即"信息高速公路"，是实现电子商务最底层的硬件基础设施，它包括远程通信网、有线电视网、无线通信网和互联网
	信息发布与传输层	(1) 解决如何在网上传输各种信息的问题 (2) 信息发布方式：万维网、文件传输协议等 (3) 文件传输方式：电子邮件、电子数据交换（EDI）或点对点档案传输等
	一般业务服务层	为了交易而提供的通用业务服务，如电子支付、客户服务、认证中心、商业信息安全传递等，其核心是认证中心
两个支柱	公共政策和法律规范	(1) 公共政策是指政府制定的促进电子商务发展的宏观政策，涉及互联网络市场的准入管理和内容管理、电子商务的税收制度、信息的定价、信息访问的收费、信息传输成本、隐私保护问题等 (2) 法律维系着商务活动的正常运作，对市场的稳定发展起到了制约和规范作用
	技术标准和网络协议	(1) 技术标准定义了用户接口、传输协议、信息发布标准等技术细节。它是信息发布、传输的基础，是网络信息一致性的保证 (2) 网络协议是指计算机网络中互相通信的对等实体之间交换信息时所必须遵守的规则

■ 举一反三

[典型例题·多选] 从结构层次的角度看，电子商务系统的框架结构包括（　　）。

A. 物流层　　　　　　　　　　　　B. 客户关系层
C. 网络层　　　　　　　　　　　　D. 信息发布与传输层
E. 一般业务服务层

[解析] 电子商务系统框架结构的三个层次分别是一般业务服务层、信息发布与传输层和网络层。

[答案] CDE

[典型例题·单选] 在电子商务系统框架结构的两个支柱中，（　　）是网络信息一致性的保证。

A. 公共政策　　　　　　　　　　　B. 法律规范
C. 技术标准　　　　　　　　　　　D. 网络协议

[解析] 技术标准定义了用户接口、传输协议、信息发布标准等技术细节。它是信息发布、传输的基础，是网络信息一致性的保证。

[答案] C

■ 环球君点拨

考生应掌握三个层次、两个支柱的具体内容和概念。

▶ 考点2　电子商务运作系统的组成要素

■ 真题链接

[2022·多选改编] 下列选项中，电子商务运作系统的组成要素包括（　　）。

A. 网络支付体系　　　　　　　　　B. 物流配送体系

C. 企业　　　　　　　　　　　　　D. 消费者

E. 咨询机构

[解析] 电子商务运作系统由消费者、企业、网络支付体系、物流配送体系、认证中心（CA）及其他要素组成。

[答案] ABCD

[2023·单选改编] 下列电子商务运作系统的组成要素中，（　　）是推动电子商务发展的根本力量。

A. 消费者　　　　　　　　　　　　B. 企业

C. 认证中心　　　　　　　　　　　D. 网络支付体系

[解析] 电子商务运作系统由消费者、企业、网络支付体系、物流配送体系、认证中心（CA）及其他要素组成。其中，企业是电子商务中的重要主体，它通过网络平台向消费者发布产品信息，了解市场需求信息，提供服务，完成交易。它既是产品和服务的提供者，又是信息的提供者，是推动电子商务发展的根本力量。

[答案] B

真题精解

点题：本系列真题考查电子商务运作系统的组成要素，但考查侧重点不同。其中，2022年真题改编考查电子商务运作系统的组成要素有哪些；2023年真题改编考查企业在电子商务运作系统中的重要作用。

分析：对于该考点，核心是掌握电子商务运作系统的组成要素以及各组成要素的重要性。

电子商务运作系统的组成要素以及各组成要素的重要性如表10-4所示。

表10-4　电子商务运作系统的组成要素以及各组成要素的重要性

组成要素	重要性
消费者	构成了商务活动的核心要素
企业	是电子商务中的重要主体，是推动电子商务发展的根本力量
网络支付体系	在电子商务中起着不可替代的货币流通中介作用
物流配送体系	如果没有高效的物流配送体系支撑，是难以维持交易顺利进行的
认证中心（CA）	为了保证相关主体身份的真实性和交易的安全性，这就需要一个具有权威性和公正性的第三方信任机构
其他要素	如市场监管、税务和海关等部门，相互协作，完成相应功能

举一反三

[典型例题·单选] 在电子商务的运作系统中，保障相关主体身份真实性和交易安全性的机构是（　　）。

A. 企业　　　　　　　　　　　　　B. 物流配送机构

C. 认证中心　　　　　　　　　　　D. 网络支付体系

[解析] 电子商务是一种在虚拟互联网空间进行的商务模式，为了保证相关主体身份的真实性和交易的安全性，这就需要一个具有权威性和公正性的第三方信任机构——认证中心（CA）。

[答案] C

[典型例题·单选] 在一个完整的电子商务运作系统中，维系交易顺利进行的要素是（　　）。

A. 消费者　　　　　　　　　　　　B. 企业

C. 网络支付体系　　　　　　　　　D. 物流配送体系

[解析] 在一个完整的电子商务运作系统中，物流配送体系是维系交易顺利进行的要素。

[答案] D

环球君点拨

考生应重点掌握消费者、企业和认证中心（CA）的重要性。

考点3　电子商务的交易模式及一般流程

真题链接

[2020·单选] 某家电生产企业今年实施电子商务战略，开通网上商店，为终端消费者进行商品配送，提供电子支付系统，则该企业的电子商务模式是（　　）。

A. C2C　　　　　　　　　　　　　B. B2C

C. B2G　　　　　　　　　　　　　D. B2B

[解析] B2C电子商务是企业与消费者之间的电子商务。B2C有以下三个基本组成部分：①为消费者提供在线购物场所的网上商店；②为消费者进行商品配送的物流系统；③资金结算的电子支付系统。

[答案] B

[2021·单选] 中国铁路12306向乘客提供购买火车票服务，是（　　）电子商务。

A. B2B　　　　　　　　　　　　　B. B2C

C. C2C　　　　　　　　　　　　　D. B2G

[解析] B2C电子商务是企业与消费者之间的电子商务。中国铁路12306向乘客提供购买火车票服务属于B2C。

[答案] B

[2022·单选] 下列选项中，O2O电子商务的本质是（　　）。

A. B2C　　　　　　　　　　　　　B. B2B

C. C2C　　　　　　　　　　　　　D. B2G

[解析] O2O是指线上与线下协调集成的电子商务，其是B2C电子商务的一种特殊形式。

[答案] A

[2023·单选] 下列选项中，B2G电子商务指的是（　　）。

A. 企业对政府的电子商务　　　　　B. 企业对企业的电子商务

C. 企业对消费者的电子商务　　　　D. 消费者对消费者的电子商务

[解析] B2G是指企业与政府管理部门之间的电子商务。

[答案] A

真题精解

点题：本系列真题考查电子商务的交易模式及一般流程，但考查侧重点不同。其中，2020年真题、2021年真题、2022年真题从不同的角度考查B2C电子商务模式；2023年真题考查B2G电子商务模式。

分析：对于本考点，核心是掌握各种电子商务的模式及其具体表现。

1. B2B 电子商务

B2B 电子商务是指企业与企业之间的电子商务。B2B 电子商务的类型及其具体表现如表 10-5 所示。

表 10-5 B2B 电子商务的类型及其具体表现

类型	具体表现
卖方控制型 B2B	由单一卖方企业建立，以期寻求众多的买者，旨在建立或维持其在交易中的市场势力
买方控制型 B2B	由一个或多个买方企业建立，旨在把市场势力和价值转移到买方。买方控制型 B2B 除了包括由买方企业直接建立市场，还包括买方代理型和买方合作型两种
中介控制型 B2B	由买卖双方企业之外的第三者建立，以便匹配市场上的需求与价格

2. B2C 电子商务

B2C 电子商务是指企业与消费者之间的电子商务。B2C 电子商务的组成及类型如表 10-6 所示。

表 10-6 B2C 电子商务的组成及类型

项目	具体内容
B2C 组成	(1) 为消费者提供在线购物场所的网上商店 (2) 为消费者进行商品配送的物流系统 (3) 资金结算的电子支付系统
B2C 类型	(1) 综合型 B2C：中间商或零售商通过电子商务平台向消费者提供多种类型商品的交易模式 (2) 垂直型 B2C：专注于某一特定的细分市场

3. C2C 电子商务

C2C 电子商务是指消费者与消费者之间的电子商务。

4. O2O 电子商务

O2O 电子商务是指线上与线下协调集成的电子商务，其是 B2C 电子商务的一种特殊形式。O2O 包括以下两种模式：自建官方商城＋连锁店铺的形式；借助第三方平台，实现加盟企业和分站系统完美结合。

5. 其他电子商务模式

除了上述模式，近年来不断涌现出一些新的电子商务模式，如"新零售"、社交电商、直播电商等。

举一反三

[典型例题·多选] 下列选项中，C2C 电子商务指的是（　　）。
A. 消费者对消费者的电子商务　　　B. 企业对消费者的电子商务
C. 企业对企业的电子商务　　　　　D. 企业对政府的电子商务

[解析] C2C 电子商务指的是消费者对消费者的电子商务。

[答案] A

[典型例题·多选] 下列电子商务模式中，参与的主体涉及政府的模式有（　　）。
A. B2B　　　　B. C2C　　　　C. C2G　　　　D. B2G

E. O2O

[解析] B2B 是指企业与企业之间的电子商务，选项 A 错误。C2C 是指消费者与消费者之间的电子商务，选项 B 错误。O2O 是指线上和线下协调集成的电子商务，选项 E 错误。

[答案] CD

环球君点拨

考生可以用相应的英文字母对应记忆和理解电子商务的模式，b 为 business，c 为 consumer，O2O 为 online to offline，g 为 government。

考点 4 企业实施电子商务的运作步骤

真题链接

[2024·多选] 下列选项中，电子商务系统设计与开发的工作任务主要包括（　　）等。

A. 网页开发
B. 研发员工招聘设计
C. 数据库设计
D. 功能设计
E. 网站设计

[解析] 电子商务系统设计与开发的工作任务主要包括以下五个方面：①功能设计；②流程设计；③网站设计；④数据库设计；⑤网页开发。

[答案] ACDE

[2021·单选] 企业对电子商务网站的颜色搭配、版面布局及文字图片等进行设计优化，这种活动属于（　　）。

A. 结构设计
B. 数据库设计
C. 艺术设计
D. 网站设计

[解析] 根据题干信息"对电子商务网站的颜色搭配、版面布局及文字图片等进行设计优化"，可以判断是艺术设计。

[答案] C

真题精解

点题：本系列真题考查企业实施电子商务的运作步骤，但考查侧重点不同。其中，2024 年真题考查电子商务系统设计与开发的工作任务；2021 年真题考查网站设计中的具体表现。

分析：对于本考点，核心是掌握企业实施电子商务的运作步骤中系统设计与开发的内容。

企业实施电子商务的运作步骤包括：明确愿景；制定战略；选择策略；系统设计与开发；电子商务组织实施（具体包括电子商务网站推广、试运行、评估反馈、完善、全面实施等）。

企业实施电子商务的运作步骤中系统设计与开发的工作任务及具体内容如表 10-7 所示。

表 10-7　企业实施电子商务的运作步骤中系统设计与开发的工作任务及具体内容

工作任务	具体内容
功能设计	企业电子商务职能的具体体现，应优先实施
流程设计	包括面向供应商的流程、面向客户的流程和内部流程

262

续表

工作任务		具体内容
网站设计	整体设计	包括提出系统架构的建议、选择技术组合、决定项目建设方式等
	功能与结构设计	绘制网站结构功能图，进行网站主要信息内容与导航的策划
	艺术设计	包括导航栏、排版、标志等，即确定网站的结构，栏目的设置，网站的风格、颜色的搭配，版面的布局以及文字图片的应用等
数据库设计		包括程序设计和结构设计，针对模块、代码、对象等进行设计
网页开发		静态网页、动态网页的开发

举一反三

[典型例题·单选] 下列电子商务的系统设计与开发活动中，应该优先实施的是（　　）。

A. 功能设计　　　　　　　　　　B. 网站设计
C. 数据库设计　　　　　　　　　D. 结构设计

[解析] 在电子商务的系统设计与开发活动中，首先进行的是功能设计。

[答案] A

[典型例题·单选] 在电子商务的运作过程中，电子商务网站推广属于（　　）阶段的工作。

A. 制定电子商务战略　　　　　　B. 选择电子商务策略
C. 系统设计与开发　　　　　　　D. 电子商务组织实施

[解析] 电子商务组织实施阶段的活动包括电子商务网站推广、试运行、评估反馈、完善、全面实施等。

[答案] D

环球君点拨

考生在做题时应注意对应每一方面的设计内容与其所属关系。

第三节　电子支付

考点　电子支付

真题链接

[2017·单选] 下列电子支付工具中，属于电子货币的是（　　）。

A. 电子现金　　　　　　　　　　B. 电子支票
C. 借记卡　　　　　　　　　　　D. 电子汇款

[解析] 电子货币包括电子现金、电子钱包等。

[答案] A

[2020·多选] 与传统支付方式相比，电子支付的优势主要有（　　）。

A. 高效　　　　　　　　　　　　B. 快捷
C. 经济　　　　　　　　　　　　D. 方便

E. 无风险

[解析] 电子支付具有方便、快捷、高效、经济的优势。

[答案] ABCD

[经典例题·单选]（　　）是指具备一定实力和信誉保障的独立机构，通过与银联或网联对接而促成交易双方进行交易的网络支付模式。

A. 第一方支付　　　　　　　　B. 第三方支付
C. 移动支付　　　　　　　　　D. 自动柜员机支付

[解析] 第三方支付是指具备一定实力和信誉保障的独立机构，通过与银联或网联对接而促成交易双方进行交易的网络支付模式。

[答案] B

真题精解

点题： 本系列题目考查电子支付，但考查侧重点不同。其中，2017年真题考查电子货币的种类；2020年真题考查电子支付的优势；经典例题考查第三方支付的概念。

分析： 对于该考点，核心是掌握电子支付的特点和类型。

1. 电子支付的特点

电子支付的特点包括：

（1）电子支付采用先进的技术，通过数字流转来完成信息传输，通过 数字化的方式 进行款项支付。

（2）电子支付的环境基于一个 开放的 系统平台（即互联网）。

（3）电子支付使用的是 最先进 的通信手段，如互联网、外联网。

（4）电子支付具有 方便、快捷、高效、经济 的优势。

2. 电子支付的类型

电子支付的划分标准及具体类型如表10-8所示。

表10-8　电子支付的划分标准及具体类型

划分标准	具体类型	
按照电子支付**指令发起方式**划分	网上支付、电话支付、移动支付、销售点终端交易、自动柜员机交易和其他电子支付	
按照电子支付的**具体工具**划分	电子货币类	电子现金、电子钱包等
	银行卡类	信用卡、借记卡等
	电子支票类	电子汇款、电子划款等

拓展： 此部分还会考查网上银行的优势和移动支付以及第三方支付的概念。网上银行的优势包括：全面实现无纸化交易；服务方便、快捷、高效、可靠；经营成本低廉；简单易用。

移动支付是指用户使用其移动终端对所消费的商品或服务进行资金支付的一种支付方式。移动支付所使用的移动终端包括智能手机、平板电脑等。

第三方支付是指具备一定实力和信誉保障的独立机构，通过与银联或网联对接而促成交易双方进行交易的网络支付模式。第三方支付涉及消费者、商家、银行、第三方支付平台，其具体流程如图10-1所示。

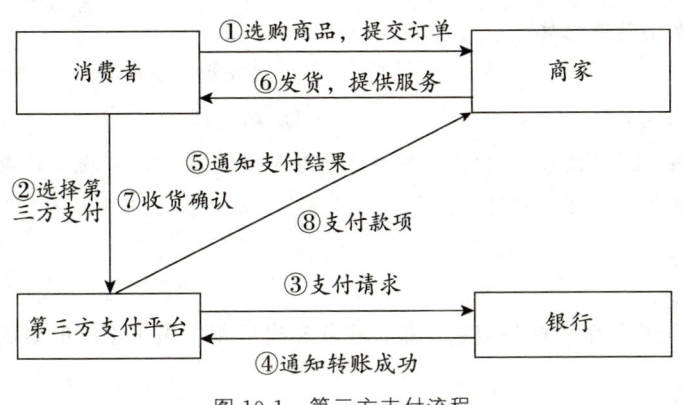

图 10-1　第三方支付流程

📘 **举一反三**

[典型例题·多选] 与传统银行相比，网上银行的主要优势有（　　）。

A. 吸纳就业数量大　　　　　　　B. 经营成本低廉
C. 资金往来限制少　　　　　　　D. 服务方便快捷
E. 实现无纸化交易

[解析] 网上银行的优势包括：①全面实现无纸化交易；②服务方便、快捷、高效、可靠；③经营成本低廉；④简单易用。

[答案] BDE

[典型例题·单选] 下列电子设备中，可以作为移动支付时所用的移动终端是（　　）。

A. 固定电话　　　　　　　　　　B. 智能手机
C. 台式 PC 机　　　　　　　　　D. 电视机

[解析] 移动支付所使用的移动终端包括智能手机、平板电脑等。

[答案] B

[典型例题·单选] 在第三方支付流程中，消费者转账成功后，由（　　）将支付结果通知给商家。

A. 消费者　　　　　　　　　　　B. 银行
C. 第三方支付平台　　　　　　　D. 网络社团

[解析] 第三方支付平台收到银行的转账成功通知后，将支付结果通知商家。

[答案] C

📘 **环球君点拨**

考生可结合实际生活场景理解此部分知识。

第四节　网络营销

▶ **考点 1**　网络营销的概念、特点

📘 **真题链接**

[2023·单选] 某电器企业通过网络直播开展营销活动，减少了广告印刷费用，节省了渠道建

设费用。这体现了网络营销的（　　）。

A. 整合性　　　　　　　　　　　B. 交互性
C. 经济性　　　　　　　　　　　D. 精准性

[解析] 经济性：通过互联网进行信息交换，代替实物交换，一方面可以减少印刷费用与邮递成本，实现无店铺销售，节约店铺租金、水电费用与人工成本；另一方面还可以减少由反复交换带来的时间等多种损耗。

[答案] C

[2021·单选] 网络营销将商品信息发布、收款和售后服务做了很好的集成，这体现了网络营销的（　　）。

A. 经济性　　　　　　　　　　　B. 整合性
C. 交互性　　　　　　　　　　　D. 多维性

[解析] 整合性：一方面，网络营销将商品信息与收款、售后服务做了很好的集成，因此也是一种全程的营销渠道；另一方面，企业可以借助互联网将不同的营销活动进行统一设计规划和协调实施，以统一的传播方式向消费者传达信息，提高信息的可信度。

[答案] B

[2024·单选] 企业可通过互联网展示商品图像、提供商品信息查询，实现供需互动与双向沟通，还可以进行产品测试与消费者满意调查等活动，属于网络营销（　　）特点。

A. 多维性　　　　　　　　　　　B. 跨时域性
C. 交互性　　　　　　　　　　　D. 经济性

[解析] 交互性是指通过互联网展示商品图像、提供商品信息查询，来实现供需互动与双向沟通。它还可以进行产品测试、消费者满意度调查等活动。互联网为产品联合设计、商品信息发布以及各项技术服务提供最佳工具。

[答案] C

真题精解

点题：本系列真题考查网络营销的概念、特点，但考查侧重点不同。其中，2023 年真题考查网络营销经济性的具体表现；2021 年真题考查网络营销整合性的具体表现；2024 年真题考查网络营销交互性的具体表现。

分析：对于该考点，核心是掌握网络营销的特点及其具体表现。

网络营销的特点及其具体表现如表 10-9 所示。

表 10-9　网络营销的特点及其具体表现

特点	具体表现
跨时域性	超越时间约束和空间限制进行信息交换
交互性	通过互联网展示商品图像、提供商品信息查询，来实现供需互动与双向沟通。它还可以进行产品测试、消费者满意度调查等活动
个性化	互联网上的促销是一对一的、理性的、消费者主导的、非强迫性的、循序渐进式的
经济性	一方面可以减少印刷费用与邮递成本，实现无店铺销售，节约店铺租金、水电费用与人工成本；另一方面还可以减少由反复交换带来的时间等多种损耗

续表

特点	具体表现
多维性	能将文字、图像和声音有机地组合在一起，传递视觉和听觉信息，让顾客从多个角度了解商品或服务
超前性	所具备的一对一营销的特点，符合定制营销与直复营销的未来发展趋势
整合性	一方面，网络营销将商品信息与收款、售后服务做了很好的集成，因此也是一种全程的营销渠道；另一方面，企业可以借助互联网将不同的营销活动进行统一设计规划和协调实施
高效性	互联网传送的信息数量与精确度远超过其他媒体，并更适应市场需求，企业通过及时更新产品或调整价格，能够达到及时有效了解并满足顾客需求的目的
技术性	网络营销是建立在以高速发展的信息技术为支撑的互联网的基础上的，企业实施网络营销必须有一定的技术投入和技术支持

举一反三

[典型例题·单选] 企业通过互联网进行信息交换，代替以前的实物交换，可以实现无店铺销售，节约店铺租金、水电费用与人工成本。这体现了网络营销的（　　）。

A. 多维性　　　　　　　　　　　B. 交互性
C. 经济性　　　　　　　　　　　D. 整合性

[解析] 经济性是指企业通过互联网进行信息交换，代替以前的实物交换，一方面可以实现无店铺销售，节约店铺租金、水电费用与人工成本；另一方面还可以减少由反复交换带来的时间等多种损耗。

[答案] C

[典型例题·多选] 下列选项中，网络营销的特点包括（　　）。

A. 经济性　　　　　　　　　　　B. 交互性
C. 个性化　　　　　　　　　　　D. 封闭性
E. 多维性

[解析] 网络营销的特点包括跨时域性、交互性、个性化、经济性、多维性、超前性、整合性、高效性、技术性。

[答案] ABCE

环球君点拨

考生在做题时，可通过题目中的关键词来匹配其所属的网络营销的具体特点。

▶ **考点2** 网络市场调研的概念、方法

真题链接

[2017·多选] 下列网络市场调研的方法中，属于网络市场直接调研的方法有（　　）。

A. 搜索引擎法　　　　　　　　　B. 网上观察法
C. 在线问卷法　　　　　　　　　D. 网上实验法
E. 网上数据库法

[解析] 搜索引擎法和网上数据库法属于网络市场间接调研的方法，选项 A、E 错误。

[答案] BCD

[2024·单选] 某企业决定采用网络市场间接调研的方法进行市场调查，其可以采用的方法是（　　）。

A. 网上观察法　　　　　　　　　B. 搜索引擎法

C. 网上实验法　　　　　　　　　D. 在线问卷法

[解析] 网络市场间接调研的方法包括：①利用搜索引擎查找资料；②访问相关网站收集资料；③利用网上数据库查找资料。

[答案] B

真题精解

点题：本系列真题考查网络市场调研的概念、方法，但考查侧重点不同。其中，2017 年真题考查网络市场直接调研的方法；2024 年真题考查网络市场间接调研的方法。

分析：对于该考点，核心是区分网络市场调研的直接方法和间接方法。

网络市场调研的直接方法和间接方法及其具体内容如表 10-10 所示。

表 10-10　网络市场调研的直接方法和间接方法及其具体内容

类型	具体方法	具体内容
网络市场**直接**调研的方法	网上观察法	利用相关软件和人员记录用户浏览企业网页时所点击的内容
	专题讨论法	通过新闻组、电子公告牌或邮件列表讨论组等方式进行
	在线问卷法	在线发布问卷，请求浏览其网站的每个人参与企业调研
	网上实验法	通过在网络中所投放的广告进行实验
网络市场**间接**调研的方法	利用搜索引擎查找资料	提供一个搜索入口，根据搜索者提供的关键词，分析其所涉及的需求信息
	访问相关网站收集资料	查询专题信息涉及的网站，可直接访问这些网站，获得所需的资料
	利用网上数据库查找资料	网上数据库有付费和免费两种

举一反三

[典型例题·单选] 企业在其网站上发布问卷，请求浏览企业网站的用户参与企业调研，该企业采用的网络市场调研的方法属于（　　）。

A. 网上观察法　　　　　　　　　B. 网上间接调研方法

C. 在线问卷法　　　　　　　　　D. 网上实验法

[解析] 在线问卷法：企业在线发布问卷，请求浏览其网站的每个人参与企业调研。

[答案] C

[典型例题·多选] 网络市场间接调研主要可以通过（　　）查找与企业营销相关的市场、竞争者、消费者以及宏观环境等方面的二手资料。

A. 在线问卷　　　　　　　　　　B. 搜索引擎

C. 访问相关网站　　　　　　　　D. 网上数据库

E. 记录登录网站的浏览者的活动

[解析] 选项 A、E 属于网络市场直接调研的方法。

[答案] BCD

环球君点拨

考生可将直接调研理解为一手资料,将间接调研理解为二手资料。

▶ 考点3 网络营销的方式

真题链接

[2020·单选] 某企业通过官方门户网站的新闻报道,把企业、品牌、产品、服务等相关信息及时、全面地向社会公众广泛传播、宣传。该企业所采用的网络营销方式是(   )。

A. 网络知识性营销 B. 网络直复营销
C. 网络软文营销   D. 博客营销

[解析] 网络软文营销也称网络新闻营销,是指通过网站的新闻报道,把企业、品牌、产品、服务等相关信息及时、全面地向社会公众广泛传播、宣传。

[答案] C

[2023·单选] 下列网络营销方式中,具有将电视广告与互联网营销相结合的特点的是(   )。

A. 网络视频营销   B. 网络事件营销
C. 网络图片营销   D. 网络软文营销

[解析] 网络视频营销是指企业将各种视频短片以各种形式放到互联网上,达到宣传企业品牌、产品以及服务信息目的的营销手段。网络视频广告的形式类似于电视视频短片,它具有电视短片的种种特征,如感染力强,形式、内容多样,富有创意等,又具有互联网营销的优势,如互动性、主动传播性、传播速度快、成本低廉等。可以说,网络视频营销将电视广告与互联网营销的优点集于一身。

[答案] A

真题精解

点题: 本系列真题考查网络营销的方式,但考查侧重点不同。其中,2020 年真题考查网络软文营销的概念;2023 年真题考查网络视频营销。

分析: 对于该考点,核心是掌握网络营销的不同方式。

网络营销的主要形式及其具体内容如表 10-11 所示。

表 10-11　网络营销的主要形式及其具体内容

主要形式	具体内容
搜索引擎营销	基于搜索引擎平台的网络营销,即利用人们对搜索引擎的依赖和使用习惯,在人们检索信息的时候尽可能将营销信息传递给目标客户。搜索引擎营销的主要方法包括竞价排名、分类目录登录、搜索引擎登录、付费搜索引擎广告、关键词广告、搜索引擎优化(搜索引擎自然排名)、地址栏搜索、网站链接策略等
博客营销	通过博客网站或博客论坛接触博客作者和浏览者,利用博客作者个人的知识、兴趣和生活体验等传播商品信息的营销活动

续表

主要形式	具体内容
网络社群营销	网络社群营销是指通过互联网将有共同兴趣爱好的人聚集在一个虚拟社交空间，通过发布有价值的内容、与客户互动、建立品牌形象等方式，将产品或服务推广给客户的一种营销方式。网络社区通常包括电子公告牌（BBS）、电子邮件、聊天室、讨论组
微信营销	微信营销是指利用微信平台开展营销活动的一种方式。微信平台拥有大量的用户，这使得企业可以通过微信将营销信息传递给大量客户。微信营销的优势是它可以直接触达客户，不需要通过中间商，可以大大节省企业开支
病毒式营销	利用用户口碑传播的原理进行营销。在互联网上，这种"口碑传播"传播能力很强，可以像病毒一样迅速蔓延
网络事件营销	企业、组织主要以网络为传播平台，通过精心策划、实施可以让公众直接参与并享受乐趣的事件，并通过这样的事件吸引或转移公众注意力，改善、增进与公众的关系，塑造良好的企业、组织形象，以谋求企业更大效益的一种营销传播活动
网络口碑营销	把传统的口碑营销与网络技术有机结合起来的新型营销方式
网络视频营销	企业将各种视频短片以各种形式放到互联网上，达到宣传企业品牌、产品以及服务信息目的的营销手段。网络视频广告的形式类似于电视视频短片，它具有电视短片的种种特征，如感染力强，形式、内容多样，富有创意等，又具有互联网营销的优势，如互动性、主动传播性、传播速度快、成本低廉等。可以说，网络视频营销将电视广告与互联网营销的优点集于一身
网络图片营销	企业把设计好的有创意的图片，在各大论坛、空间、博客和即时聊天等工具上进行传播或通过搜索引擎自动抓取，最终通过传播企业品牌、产品、服务等信息，达到营销的目的
网络软文营销	又称网络新闻营销，是指通过网络上门户网站、地方或行业网站等平台传播一些具有阐述性、新闻性和宣传性的文章，包括网络新闻通稿、深度报道、案例分析等，把企业、品牌、人物、产品、服务、活动等相关信息以新闻报道的方式，及时、全面、有效、经济地向社会公众广泛传播的新型营销方式
电商直播营销	是一种主播基于网络平台和直播技术，推介商品并与消费者互动来促销的营销方式。商家通过主播的流量和口碑实现商品的规模化销售。消费者在主播的引导下进行购物，这种方式在本质上除了具有质量保障、折扣优势，还是一种精神消费活动

举一反三

[典型例题·单选] 某生产企业通过网络，直接发展分销渠道或直接面对终端消费者销售产品。该企业所采用的网络营销方式是（　　）。

A. 网络知识性营销　　　　　　　　B. 网络直复营销
C. 网络新闻营销　　　　　　　　　D. 博客营销

[解析] 网络直复营销是指生产企业通过网络，直接发展分销渠道或直接面对终端消费者销售产品的营销方式，如 B2C、B2B 等。

[答案] B

[典型例题·单选] 下列网络营销方式中，（　　）利用用户口碑传播的原理进行营销，常用于网站推广、品牌推广。

A. 网络知识性营销　　　　　　　　B. 即时通讯营销
C. 病毒式营销　　　　　　　　　　D. BBS营销

[解析]病毒式营销利用的是用户口碑传播的原理,在互联网上,这种"口碑传播"更为方便,可以像病毒一样迅速蔓延。这种传播是用户之间自发进行的,因此,病毒营销几乎是不需要营销费用的网络营销手段,常用于网站推广、品牌推广等。

[答案]C

环球君点拨

该考点以理解为主,考生在做题时,可通过题目中的关键点匹配其属于哪一种网络营销方式。

第十一章 国际商务运营

第一节 国际商务与跨国公司

考点1 跨国公司的法律组织形式和管理组织形式

真题链接

[2023·单选] 从跨国公司的法律组织形式看，下列关于分公司的说法，错误的是（　　）。

A. 分公司没有自己独立的财产权

B. 分公司设立手续比较简单，便于管理

C. 分公司不能在东道国从事投资生产、接受信贷、谈判签约等业务

D. 分公司没有自己独立的公司名称和章程

[解析] 办事处只能开展一些信息收集、联络客户、推销产品之类的活动，不能在东道国从事投资生产、接受信贷、谈判签约等业务。

[答案] C

[2020·单选] 在跨国公司的法律组织形式中，不具有独立的法人地位，但可以在东道国开展业务的是（　　）。

A. 分公司　　　　　　　　　　B. 联络办事处

C. 母公司　　　　　　　　　　D. 子公司

[解析] 分公司是总公司的一个分支机构或附属机构，在法律上和经济上没有独立性，不是法人。

[答案] A

[2022·单选] 在跨国公司的管理组织形式中，（　　）提高了效率，有利于统一成本核算和利润考核，但难以实现产品多样化。

A. 全球产品结构　　　　　　　B. 全球性地区结构

C. 全球职能结构　　　　　　　D. 全球混合结构

[解析] 全球职能结构：跨国公司的一切业务都围绕公司的研发、生产、销售、财务等主要职能展开，设立职能部门，每个部门都需负责该项职能的全球性业务，分管职能部门的副总裁向总裁负责。该组织形式的优点是：通过专业化的分工，明确了职责，提高了效率；易于实行严格的规章制度；有利于统一成本核算和利润考核。

[答案] C

真题精解

点题：本系列真题考查跨国公司的法律组织形式和管理组织形式，但考查侧重点不同。其中，2023年真题、2020年真题考查跨国公司的法律组织形式；2022年真题考查跨国公司的管理组织形式。

分析：本考点内容较多，且比较重要，考生需要全面细致掌握本考点内容。

1. 跨国公司的法律组织形式

（1）母公司：是指掌握其他公司的股份，从而实际上控制其他公司业务活动并使它们成为自己附属公司的公司。

（2）分公司：是总公司的一个分支机构或附属机构，在法律上和经济上没有独立性，不是法人。分公司没有自己独立的公司名称和章程，其全部资产都属于总公司，没有独立的财产权，总公司对其债务负无限责任，分公司的业务活动由总公司主导，只能以总公司的名义并根据其委托开展业务活动。

（3）子公司：是指按当地法律注册成立，由母公司控制但法律上是一个独立的法律实体的企业机构。子公司自身是一个完整的公司，有独立的名称、章程和行政管理机构；能独立支配财产，自负盈亏；可以以自己的名义开展业务。

（4）办事处：是指母公司（总公司）在海外设立企业的初级形式，是为进一步打开海外市场而设立的一个非法律实体的机构，它不构成企业。办事处登记手续简单。办事处只能开展一些信息收集、联络客户、推销产品之类的活动，不能在东道国从事投资生产、接受信贷、谈判签约等业务。

2. 跨国公司的管理组织形式

（1）国际业务部：在公司内部设立，拥有全面的专营权，负责公司在母国以外的一切业务。

（2）全球产品结构：在全球范围设立各种产品部，每个产品部全权负责其产品的全球性计划、管理和控制。

（3）全球性地区结构：跨国公司以地区为单位，设立地区分部从事经营，每个地区分部都对公司总裁负责。这种结构又可以分为地区—职能式和地区—产品式。

（4）全球职能结构：跨国公司的一切业务都围绕公司的研发、生产、销售、财务等主要职能展开，设立职能部门，每个部门都需负责该项职能的全球性业务，分管职能部门的副总裁向总裁负责。该组织形式的优点是：通过专业化的分工，明确了职责，提高了效率；易于实行严格的规章制度；有利于统一成本核算和利润考核。

（5）全球混合结构：跨国公司将上述两种或两种以上的组织结构结合起来设置分部而形成的组织结构。

（6）矩阵式组织结构：一些大的跨国公司在明确责权关系的前提下，对公司业务实行交叉管理和控制。矩阵式组织结构是指跨国公司将职能主线和产品/地区主线结合起来，纵横交错，形成矩阵形组织的组织形式。这意味着地区管理和产品管理同时存在，一名基层经理可能同时受产品副总裁和地区副总裁的领导。

拓展：该考点还可能以多选题的方式考查跨国公司的法律组织形式和跨国公司的管理组织形式各包括哪些具体内容，同时，这两部分内容也可能会放在一道题目中考查，因此，考生在做题时需要仔细分辨。

举一反三

[典型例题·单选] 在跨国公司的法律组织形式中，没有法人地位，不能在东道国开展投资生产、谈判签约等业务的是（　　）。

A. 办事处　　　　　　　　　　　B. 母公司
C. 子公司　　　　　　　　　　　D. 分公司

[解析] 办事处只能开展一些信息收集、联络客户、推销产品之类的活动，不能在东道国从事投资生产、接受信贷、谈判签约等业务。

[答案] A

[典型例题·单选] 某跨国公司将职能主线和产品/地区主线结合起来，纵横交错，形成（ ）的组织形式，该跨国公司的一名基层经理可能同时受产品副总裁和地区副总裁的领导。

A. 全球性地区结构　　　　　　　　B. 全球产品结构
C. 矩阵形组织　　　　　　　　　　D. 全球职能结构

[解析] 矩阵式组织结构是指跨国公司将职能主线和产品/地区主线结合起来，纵横交错，形成矩阵形组织的组织形式。这意味着地区管理和产品管理同时存在，一名基层经理可能同时受产品副总裁和地区副总裁的领导。

[答案] C

环球君点拨

母公司一般来说就是总公司，在不同的场景使用不同的概念。母公司与子公司相对应，总公司与分公司相对应。跨国公司的管理组织形式中的六种形式具有各自的优点和缺点，这并非高频考点，但考试中仍可能涉及，考生可根据各种形式的概念理解记忆其各自的优点和缺点。

考点2　跨国公司的战略选择、组织形式和控制系统

真题链接

[2024·单选] 当降低成本压力和地区调适压力都很高时，跨国公司适合采用的经营战略是（ ）。

A. 本土化战略　　　　　　　　　　B. 国际战略
C. 跨国战略　　　　　　　　　　　D. 全球标准化战略

[解析] 当跨国公司面临的降低成本的压力和地区调适压力都较高时，采取跨国战略最为有效。

[答案] C

[2023·单选] 在国际市场竞争中，当地区调适的压力高而成本降低的压力低时，跨国企业最适合采用的经营战略是（ ）。

A. 国际战略　　　　　　　　　　　B. 本土化战略
C. 全球标准化战略　　　　　　　　D. 跨国战略

[解析] 本土化战略也称多国战略，是指跨国公司在不同国家的市场上提供与消费者兴趣与偏好相适应的产品，通过在不同国家提供差异化产品或服务来增加利润的经营战略。当各国消费者的兴趣和偏好差异较大，且降低成本的压力不太高时，本土化是最合适的战略。

[答案] B

[典型例题·单选] 在全球竞争中，企业通常面临着两种压力，即降低成本的压力和（ ）。

A. 地区调适的压力　　　　　　　　B. 防范风险的压力
C. 利润提高的压力　　　　　　　　D. 产品升级的压力

[解析] 各种战略的适用性取决于降低成本和地区调适压力的大小。

[答案] A

真题精解

点题：本系列题目考查跨国公司的战略选择，考查侧重点基本一致。

分析：对于本考点，核心是掌握跨国公司的战略选择。

1. 跨国公司的战略选择

在降低成本压力与地区调适压力两个条件的约束下，跨国公司在国际竞争环境中通常可以采用四种基本的经营战略：全球标准化战略、跨国战略、国际战略和本土化战略。

2. 跨国公司经营战略下的组织形式和控制系统

（1）全球标准化战略也称全球战略，是指跨国公司面向全球市场推销标准化的产品和服务，并在较有利的国家里集中地进行生产经营活动，由此形成经验曲线效应，以获得高额利润的经营战略。当成本降低的压力强烈而地区调适的压力很低时，使用全球标准化战略能达到最好的效果。采取全球标准化战略的跨国公司强调的是提高盈利能力，通过规模经济、学习效应和区位经济实现成本的降低，即低成本战略。

（2）本土化战略也称多国战略，是指跨国公司在不同国家的市场上提供与消费者兴趣与偏好相适应的产品，通过在不同国家提供差异化产品或服务来增加利润的经营战略。当各国消费者的兴趣和偏好差异较大，且降低成本的压力不太大时，本土化是最合适的战略。本土化战略强调的是通过改变产品或服务来增加利润，所以采取本土化战略的跨国公司在不同国家的市场上提供与消费者兴趣与偏好相适应的产品。

（3）跨国战略是指全球竞争激烈的情况下，既考虑降低成本，形成以经验为基础的成本效益和区位效益，又注意东道国市场的需要，注重产品的差异化和本土化的经营战略。当跨国公司面临的降低成本的压力和地区调适压力都较大时，跨国战略最为有效。采取跨国战略是为了同时取得低成本优势、产品差异化优势和技术的扩大效应。

（4）国际战略是指跨国公司向国外市场转让当地竞争者缺少的技能和产品，利用母国的创新来提高海外子公司竞争地位的经营战略。适合采用国际战略的跨国公司，其产品通常能够满足普遍需要，面临的成本压力和地区调适压力都很低。

拓展：跨国公司的经营战略往年是第一章的内容，今年第十一章也增加了这部分内容，且内容有所调整，因此属于考试重点。

举一反三

[典型例题·单选] 在全球竞争中，企业通常面临着两种压力，即地区调适的压力和（　　）。

A. 防范风险的压力　　　　　　　　B. 降低成本的压力
C. 利润提高的压力　　　　　　　　D. 产品升级的压力

[解析] 各种战略的适用性取决于降低成本和地区调适压力的大小。

[答案] B

环球君点拨

本书对于全球标准化战略、跨国战略、国际战略和本土化战略的具体内容做了表格，虽然内容较细致琐碎，但需要格外关注，相关表格如下：

经营战略	部门间相互依赖性	绩效模糊	控制成本
全球标准化战略	高	高	高

续表

经营战略	部门间相互依赖性	绩效模糊	控制成本
本土化战略	低	低	低
跨国战略	很高	很高	很高
国际战略	中等	中等	中等

第二节 国际直接投资业务

考点 1 国际直接投资的动机与理论

真题链接

[2024·单选] 国内市场饱和或者遇到强有力的竞争对手是投资者进行投资决策时的（ ）因素。

A. 市场导向型动机 B. 降低成本导向型动机
C. 优惠政策导向型动机 D. 技术与管理导向型动机

[解析] 市场导向型动机主要以巩固、扩大和开辟市场为目的，具体分为以下四种情况：①为突破外国贸易保护主义的限制而到国外投资设厂；②为了给客户提供更多的服务，巩固和扩大国外市场占有份额，而到当地投资生产或服务维修设施；③为了更好地接近目标市场，满足当地客户的需要而对外直接投资；④国内市场饱和或者遇到强有力的竞争对手，可转向对外直接投资。

[答案] A

[2020·单选] M 公司把国内闲置的技术和设备转移到非洲进行投资生产，这种国际直接投资的动机属于（ ）。

A. 优惠政策导向型动机 B. 分散投资风险导向型动机
C. 降低成本导向型动机 D. 技术与管理导向型动机

[解析] 降低成本导向型动机主要有以下五种情况：①出于获取自然资源和原材料方面的考虑；②出于利用国外廉价劳动力等生产要素方面的考虑；③出于规避汇率风险方面的考虑；④出于利用各国关税税率的不同来降低生产成本方面的考虑；⑤出于利用闲置设备、工业产权与专有技术等技术资源方面的考虑。

[答案] C

[2023·单选] 根据小岛清的边际产业扩张理论，母国在促进本国制造业中的中小企业对外直接投资时，应从处于或即将处于（ ）的边际产业开始。

A. 竞争优势 B. 绝对优势
C. 比较优势 D. 比较劣势

[解析] 小岛清认为，母国应从处于或即将处于比较劣势的边际产业开始，积极促进本国制造业中的中小企业开拓对外直接投资，这样就可以充分挖掘东道国因缺少资本、技术和管理经验而尚未发挥的潜在比较优势。

[答案] D

[2023·多选] 根据邓宁的国际生产折衷理论，企业适合采取对外直接投资的形式开展国际经

济活动,则该企业应同时拥有的优势有（　　）。

A. 内部化优势
B. 所有权优势
C. 差异化优势
D. 区位优势
E. 比较优势

[解析] 如果企业同时拥有所有权优势、内部化优势和区位优势,则发展对外直接投资是参与国际经济活动的较好形式,可以进一步实现利润的最大化。

[答案] ABD

真题精解

点题：本系列真题考查国际直接投资的动机与理论,但考查侧重点不同。其中,2024年真题、2020年真题考查国际直接投资的动机；2023年两道真题均考查国际直接投资的理论。

分析：对于本考点,核心是掌握国际直接投资的五种动机和三种理论。

1. 国际直接投资的动机

国际直接投资的动机主要有以下五种。

(1) 市场导向型动机。其具体分为以下四种情况：

①为突破外国贸易保护主义的限制而到国外投资设厂。

②为了给客户提供更多的服务,巩固和扩大国外市场占有份额,而到当地投资生产或服务维修设施。

③为了更好地接近目标市场,满足当地客户的需要而对外直接投资。

④国内市场饱和或者遇到强有力的竞争对手,可转向对外直接投资。

(2) 降低成本导向型动机。其主要有以下五种情况：

①出于获取自然资源和原材料方面的考虑。

②出于利用国外廉价劳动力等生产要素方面的考虑。

③出于规避汇率风险方面的考虑。

④出于利用各国关税税率的不同来降低生产成本方面的考虑。

⑤出于利用闲置设备、工业产权与专有技术等技术资源方面的考虑。

(3) 技术与管理导向型动机。这种投资的目的主要是获取和利用国外的先进技术、生产工艺、新产品设计和先进的管理理念和方法等。

(4) 分散投资风险导向型动机。这种投资的目的主要是分散和减少企业所面临的各种风险。换言之,"不要把所有鸡蛋放在一个篮子里"。

(5) 优惠政策导向型动机。这种投资的目的主要是利用东道国政府的优惠政策以及母国政府的鼓励政策。

2. 国际直接投资的理论

国际直接投资的理论主要有以下三种。

(1) 产品生命周期理论。美国经济学家雷蒙德·弗农将产品生命周期划分为以下三个阶段,在不同的阶段企业采取不同的投资战略：

①产品创新阶段。技术创新国家的企业利用其垄断的技术诀窍开发新产品,此阶段替代产品少、新产品的附加价值高,绝大部分产品供应国内市场,少部分产品通过出口的形式满足国际市场的需求。

②产品成熟阶段。此阶段新技术日趋成熟，技术垄断优势逐渐减弱，国外仿制品开始出现，竞争主要集中在成本上。为了降低生产成本，企业开始对外直接投资并在国外建立子公司进行出口替代，对外直接投资的对象主要是与本国环境相似但生产成本低的其他发达国家和地区。

③产品标准化阶段。此阶段新产品和技术均已标准化，技术的垄断优势已经消失，企业可以进行大规模的批量生产，生产成本的优势进一步凸显。此阶段企业会选择在生产成本较低的发展中国家进行直接投资，并从东道国进口该产品以满足国内市场的需求。

（2）边际产业扩张理论。日本学者小岛清认为，母国应从处于或即将处于比较劣势的边际产业开始，积极促进本国制造业中的中小企业开拓对外直接投资，这样就可以充分挖掘东道国因缺少资本、技术和管理经验而尚未发挥的潜在比较优势。

（3）国际生产折衷理论。国际生产折衷理论又称国际生产综合理论。英国经济学家约翰·哈里·邓宁认为，跨国公司进行对外直接投资是由所有权优势、内部化优势和区位优势这三个基本因素决定的。所有权优势又称厂商优势，是指某企业拥有的其他企业所没有或无法获得的资产、技术、规模和市场等方面的优势。内部化优势是指跨国公司将其所拥有的资产加以内部化而带来的优势。区位优势是指跨国公司在投资环境方面具有的优势。

一般而言，如果企业仅拥有一定的所有权优势，则只能选择以技术转让的形式参与国际经济活动；如果企业同时拥有所有权优势和内部化优势，则出口贸易是参与国际经济活动的较好形式；如果企业同时拥有所有权优势、内部化优势和区位优势，则发展对外直接投资是参与国际经济活动的较好形式。

拓展：该考点属于高频考点。该考点在考查时，除了像上述真题那样具体考查国际直接投资的某一种动机或某一种理论，还可能以多选题的方式考查国际直接投资的动机包括哪几种或是国际直接投资的理论包括哪几种。

■ 举一反三

[典型例题·单选] A企业为了利用国外便宜的劳动力和土地等生产要素，在B国与当地公司合资建立一家企业，则A企业进行国际直接投资的动机属于（　　）。

A. 技术与管理导向型动机　　　　B. 降低成本导向型动机
C. 市场导向型动机　　　　　　　D. 优惠政策导向型动机

[解析] 根据题干信息"为了利用国外便宜的劳动力和土地等生产要素"，可知A企业进行国际直接投资的目的是降低成本，属于降低成本导向型动机。

[答案] B

[典型例题·单选]（　　）认为，母国应从处于或即将处于比较劣势的边际产业开始，积极促进本国制造业中的中小企业积极开拓对外直接投资。

A. 弗农　　　　　　　　　　　B. 小岛清
C. 邓宁　　　　　　　　　　　D. 波特

[解析] 小岛清认为，母国应从处于或即将处于比较劣势的边际产业开始，积极促进本国制造业中的中小企业开拓对外直接投资，这样就可以充分挖掘东道国因缺少资本、技术和管理经验而尚未发挥的潜在比较优势。

[答案] B

第十一章 国际商务运营

环球君点拨

雷蒙德·弗农提出的"产品生命周期"直接投资理论将产品生命周期划分为三个阶段,这个地方与第一章的行业生命周期分析比较相似,考生需格外注意,不要混淆。在约翰·哈里·邓宁提出的国际生产折衷理论中,跨国公司进行对外直接投资是由所有权优势、内部化优势和区位优势三个基本因素决定的,这三个基本因素的概念和具体应用在考试中也可能会涉及,因此,考生需要熟练掌握这三个基本因素的具体内容。

考点2 国际直接投资企业的建立方式

经典例题

[经典例题·多选] 下列选项中,绿地投资的优点包括( )。
A. 创建新的企业不易受到当地舆论的抵制
B. 创建新的企业常会享受东道国的优惠政策
C. 创建新的企业比并购海外企业的手续简单
D. 可以减少市场上的竞争对手
E. 可以迅速扩大经营范围和扩充经营场所

[解析] 可以减少市场上的竞争对手、可以迅速扩大经营范围和扩充经营场所均属于跨国并购的优点,选项 D、E 错误。

[答案] ABC

[经典例题·多选] 下列选项中,跨国并购的优点包括( )。
A. 可以利用目标企业原有的销售渠道
B. 可以迅速扩大经营范围和扩充经营场所
C. 可以利用目标企业现有的生产设备、技术人员
D. 可以减少市场上的竞争对手
E. 不易受到东道国法律和政策上的限制

[解析] 不易受到东道国法律和政策上的限制属于绿地投资的优点,选项 E 错误。

[答案] ABCD

题目精解

点题:本系列题目考查国际直接投资企业的建立方式,但考查侧重点不同。其中,第一道经典例题考查在东道国建立新企业;第二道经典例题考查并购东道国企业。

分析:对于本考点,核心是掌握绿地投资和跨国并购的优点与缺点。

1. 在东道国建立新企业

以新建方式设立国际直接投资企业又称绿地投资,可以由外国投资者投入全部资本,在东道国设立一个拥有全部控制权的企业,也可以由外国投资者与东道国投资者共同出资,在东道国设立一个合资企业,但合资企业是在原来没有的基础上新建的企业。

(1) 绿地投资的优点:创建新的企业不易受到东道国法律和政策上的限制,也不易受到当地舆论的抵制;在多数国家,创建海外企业比并购海外企业的手续简单;在东道国创建新的企业,尤其是合资企业,常会享受东道国的优惠政策;对新创立海外企业所需的资金一般能做出准确的估

价，后续工作流程简单。

（2）绿地投资的**缺点**：投资建设周期长；不利于迅速进入东道国以及其他国家市场；不利于迅速进行跨行业经营，迅速实现产品与服务多样化。

2. 并购东道国企业

并购是收购和兼并的简称，有时也称购并，是指一个企业将另一个正在运营中的企业纳入自己的企业之中，或实现对其控制的行为。

跨国并购是指外国投资者通过一定的程序和渠道依法取得东道国某企业所有资产或足以行使经营活动的股份。

（1）跨国并购的**优点**：

①可以利用目标企业现有的生产设备、技术人员和熟练工人，获得对并购企业发展有用的技术、专利和商标等无形资产，同时还可以缩短项目的建设周期。

②可以利用目标企业原有的销售渠道，较快地进入本国以及他国市场，不必经过艰难的市场开拓阶段。

③通过跨行业的并购活动，可以迅速扩大经营范围和扩充经营场所，增加经营方式，促进产品的多样化和生产规模的扩大。

④可以减少市场上的竞争对手。

⑤并购后再次出售目标企业的股票或资产一般可以使并购企业获得更多利润。

（2）跨国并购的**缺点**：

①因为目标企业所在国的会计准则与财务制度往往与东道国存在差异，所以有时候难以准确评估目标企业真实的财务情况，导致并购目标企业的实际投资金额增加。

②东道国反托拉斯法的存在以及对外来资本股权和被并购企业行业的限制，是并购行为在法律和政策上的障碍。

③当对一国的并购数量和并购金额较大时，常会受到当地舆论的抵制。

④目标企业原有契约或传统关系的存在，会成为对其进行改造的障碍，如目标企业的人员安置问题。

拓展：该考点还可能以单选题的形式考查绿地投资和跨国并购这两种建立方式中某一方式的优点或缺点，并可能将某种建立方式的优、缺点放在一道题目中考查。两种建立方式的优缺点内容较多，考生应注意避免混淆。

举一反三

[典型例题·多选] 下列选项中，绿地投资的缺点包括（　　）。

A. 创建新的企业不易受到当地舆论的抵制　　B. 创建新的企业常会享受东道国的优惠政策

C. 投资建设周期长　　D. 不利于迅速进入东道国以及其他国家市场

E. 不利于迅速进行跨行业经营

[解析] 选项 A、B 属于绿地投资的优点。

[答案] CDE

[典型例题·多选] 下列选项中，跨国并购的缺点包括（　　）。

A. 可以利用目标企业原有的销售渠道

B. 可以迅速扩大经营范围和扩充经营场所

C. 可以利用目标企业现有的生产设备、技术人员

D. 目标企业原有契约或传统关系的存在，会成为对其进行改造的障碍

E. 当对一国的并购数量和并购金额较大时，常会受到当地舆论的抵制

[解析] 选项 A、B、C 属于跨国并购的优点。

[答案] DE

环球君点拨

绿地投资的优点往往就是跨国并购的缺点，跨国并购的优点往往就是绿地投资的缺点。二者在很多方面是相反的。

考点3 国际直接投资的收益、成本和政策工具

真题链接

[2023·多选] 下列选项中，国际直接投资可以为东道国带来的收益有（　　）。

A. 经济独立性效应
B. 国际收支效应
C. 对竞争和经济增长的影响
D. 就业效应
E. 资源转移效应

[解析] 国际直接投资可以为东道国带来以下收益：①资源转移效应；②就业效应；③国际收支效应；④对竞争和经济增长的影响。

[答案] BCDE

[2023·多选] 在国际直接投资活动中，东道国鼓励外来直接投资的政策有（　　）。

A. 减免税收
B. 提供资助或补贴
C. 规定最低投资额
D. 规定最低出口量
E. 提供低息贷款

[解析] 东道国鼓励外来直接投资的政策包括税收减免、低息贷款、资助或补贴。

[答案] ABE

真题精解

点题：本系列真题考查国际直接投资的收益、成本和政策工具，但考查侧重点不同。其中，2023 年第一道真题考查东道国的收益；2023 年第二道真题考查东道国的政策工具。

分析：对于本考点，核心是掌握并区分东道国和母国的收益、成本和政策工具。

1. 东道国的收益、成本和政策工具

（1）东道国的收益。对东道国来说，外来直接投资的主要收益是资源转移效应、就业效应、国际收支效应及对竞争和经济增长的影响。

（2）东道国的成本。东道国在吸引外来直接投资方面有三种成本，分别是对东道国国内竞争的负面效应、对国际收支的负面效应及部分经济独立性的丧失。

（3）东道国的政策工具。东道国可以通过政策鼓励或限制外来直接投资。鼓励外来直接投资的政策包括税收减免、低息贷款、资助或补贴。限制外来直接投资最常见的两种方式是所有权限制和运作限制。

2. 母国的收益、成本和政策工具

（1）母国的收益。国际直接投资对母国（投资国）有以下三方面的好处：母国的国际收支因国

外子公司的收益回流得到改善；国际直接投资增加母国就业；母国的国外子公司可以将国外习得的技能转移回母国。

（2）母国的成本。母国在国际直接投资中有可能给本国带来国际收支和就业方面的不利影响。

（3）母国的政策工具。母国可以通过政策鼓励或限制本国企业的国际直接投资。鼓励国际直接投资的政策包括保险、资金支持、税收优惠和政治压力。限制国际投资的政策包括限制企业资本转出的数量；操纵税收政策鼓励企业在本国投资；限制本国企业投资某些特定的国家等。

拓展： 该考点是2023年新增内容，且在考试中也进行了考查，考生需要重点掌握。该考点考查形式以多选题为主，涉及东道国和母国的收益和成本分别包括哪些具体内容，因此，考生需要准确记忆本考点内容，不要将主体与其对应的具体内容混淆。

举一反三

[典型例题·多选] 在国际直接投资中，东道国的成本包括（　　）。

A. 经济独立性效应　　　　　　　　B. 对东道国国内竞争的负面效应
C. 对国际收支的负面效应　　　　　D. 部分经济独立性的丧失
E. 资源转移效应

[解析] 东道国在吸引外来直接投资方面有三种成本，分别是对东道国国内竞争的负面效应、对国际收支的负面效应及部分经济独立性的丧失。

[答案] BCD

[典型例题·多选] 在国际直接投资活动中，母国鼓励国际直接投资的政策有（　　）。

A. 规定最低投资额　　　　　　　　B. 资金支持
C. 税收优惠　　　　　　　　　　　D. 规定最低出口量
E. 政治压力

[解析] 母国可以通过政策鼓励或限制本国企业的国际直接投资。母国鼓励国际直接投资的政策包括保险、资金支持、税收优惠和政治压力。

[答案] BCE

环球君点拨

东道国和母国的政策工具均包括鼓励和限制两大类，但二者的具体内容有所区别，如东道国鼓励外来直接投资的政策包括税收减免、低息贷款、资助或补贴，母国鼓励国际直接投资的政策包括保险、资金支持、税收优惠和政治压力。东道国和母国政策工具的差异是考试中的易错易混点，考生在做题时应注意区分。

第三节　国际贸易合同商订与国际贸易惯例

考点1　交易磋商及合同签订

真题链接

[2023·多选] 交易磋商中，有效发盘的条件有（　　）。

A. 向一个或一个以上的特定人提出　　B. 表明订立合同的意思
C. 发盘必须送达受盘人　　　　　　　D. 发盘没有被撤回或撤销

E. 发盘的内容必须十分确定

[解析] 构成一项有效的发盘必须同时具备以下三个条件：①向一个或一个以上的特定人提出；②表明订立合同的意思；③发盘的内容须十分确定，十分确定即在发盘中明确货物，规定数量和价格。

[答案] ABE

[经典例题·单选] 交易磋商的一般程序包括询盘、发盘等环节，下列各项中，关于发盘的说法错误的是（　　）。

A. 发盘一般可采用书面和口头两种方式
B. 发盘必须在到达受盘人时才生效
C. 发盘人依法撤销发盘则发盘失效
D. 发盘只能由卖方提出，不可由买方提出

[解析] 发盘可由卖方提出，也可由买方提出。

[答案] D

真题精解

点题：本系列题目考查交易磋商及合同签订，但考查侧重点不同。其中，2023年真题考查有效发盘的条件；经典例题考查发盘的含义、生效时间和失效等。

分析：对于本考点，核心是掌握并区分发盘和接受的相关内容。

交易磋商的一般程序依次包括询盘、发盘、还盘和接受四个环节，其中发盘和接受是交易成立的基本环节，也是合同成立的必要条件。

1. 发盘

（1）发盘的含义。发盘又称报盘、报价，在法律上称"要约"，是买方或卖方向对方提出各种交易条件，并承诺愿意按照这些条件达成交易、订立合同的一种肯定的表示。发盘可由卖方提出，也可由买方提出，后者又称递盘。发盘一般可采用书面和口头两种方式。书面发盘包括使用书信、电报、电传、传真和电子邮件等进行报价。口头发盘一般是指电话报价。

（2）有效发盘的条件。构成一项有效的发盘必须同时具备以下三个条件：

①向一个或一个以上的特定人提出。发盘必须指定可以表示接受的受盘人。受盘人可以是一个，也可以指定多个。不指定受盘人的发盘，仅应视为发盘的邀请。

②表明订立合同的意思。发盘必须表明严肃的订约意思，即发盘应该表明发盘人在得到接受时，将按发盘条件承担与受盘人订立合同的法律责任。

③发盘的内容须十分确定。《联合国国际货物销售合同公约》对于十分确定的解释是在发盘中明确货物，规定数量和价格。

（3）发盘的种类。按照发盘人是否受发盘的约束，发盘分为实盘和虚盘。构成有效实盘的基本条件包括：

①一方愿意与另一方达成交易的肯定表示。

②实盘的内容必须明确、完整和无保留。

③实盘必须送达受盘人。

虚盘是指对发盘人和受盘人都无约束力的发盘，发盘人可随时撤回、撤销和修改内容，而受盘人对虚盘表示接受，需经发盘人的确认。

（4）发盘的生效时间。《联合国国际货物销售合同公约》规定，发盘必须在到达受盘人时才生效。

(5) 发盘的撤回和撤销。发盘的撤回，是指发盘在发出后、生效前，发盘人采取行动，阻止它生效的行为。发盘的撤销是指发盘生效后，发盘人以一定方式解除发盘对其效力的行为。

(6) 发盘的失效。符合以下任意一种情形，发盘为失效，发盘人不再受发盘的约束：

①受盘人还盘。

②发盘人依法撤销发盘。

③发盘中规定的有效期届满。

④不可抗力造成发盘的失效，如政府禁令或限制措施。

⑤在发盘被接受前，当事人丧失行为能力，死亡或法人破产等。

2. 接受

(1) 接受的含义。接受在法律上称"承诺"，是买方或卖方无条件地同意对方在发盘中提出的各种交易条件，并愿意按照这些条件与对方达成交易、订立合同的一种肯定的表示。

(2) 有效接受的条件。同时满足以下条件，接受有效：

①接受必须由受盘人做出。由第三者做出的接受，不能视为有效的接受，只能作为一项新的发盘。

②接受内容应与发盘内容一致，不得做出实质性更改。

③接受应以合适的方式做出，但根据交易习惯或发盘表明可以通过行为做出接受的除外。接受应由受盘人采用声明或做出实际行动的方式表示，并且这种表示送达发盘人才能生效；沉默或没有做出实际行动本身不构成接受。

④接受必须在发盘规定的期限内做出。⑤接受通知的传递方式应符合发盘的要求。

(3) 接受的生效时间。

①接受送达发盘人时生效。《联合国国际货物销售合同公约》规定，如接受通知未在发盘规定的时限内送达发盘人，或者发盘没有规定时限，且在合理时间内未曾送达发盘人，则该项接受称作逾期接受。按照惯例，逾期接受不是有效的接受。

②接受可在受盘人采取某种行为时生效。

(4) 逾期接受。按照惯例，逾期接受无效，它只能视作一个新的发盘。

(5) 接受的撤回或修改。《联合国国际货物销售合同公约》规定，如果撤回通知于接受原发盘的通知之前或同时送达发盘人，接受可以撤回。

拓展：本考点还可以单独考查接受的相关内容，且考查点较琐碎。另外，本考点还可能以多选题的形式考查交易磋商的各个环节的具体内容，如"下列关于发盘和接受的说法，正确的有（   ）"。

📖 举一反三

[典型例题·单选] 接受在法律上称"承诺"，下列说法中，正确的是（   ）。

A. 接受可由受盘人做出，也可由第三者做出

B. 接受内容可与发盘内容不一致

C. 接受必须在发盘规定的期限内做出

D. 接受通知的传递方式不必符合发盘的要求

[解析] 接受必须由受盘人做出，由第三者做出的接受，不能视为有效的接受，只能作为一项新的发盘，选项 A 错误。接受内容应与发盘内容一致，选项 B 错误。接受通知的传递方式应符合

发盘的要求，选项 D 错误。

[答案] C

[典型例题·单选] 下列关于发盘和接受的说法，错误的是（　　）。
A. 接受可在受盘人采取某种行为时生效
B. 接受内容可与发盘内容不一致
C. 发盘必须在到达受盘人时才生效
D. 发盘可由卖方提出，也可由买方提出

[解析] 接受内容应与发盘内容一致。

[答案] B

■ 环球君点拨

该考点内容较琐碎，考查较细，容易丢分。在本考点中，考生应注意发盘包括撤回和撤销，而接受只有撤回没有撤销。另外，有效发盘的条件和有效接受的条件均属于高频考点，且二者内容不同，因此，考生需要熟练掌握并区分有效发盘和有效接受两者分别包含哪些条件。

考点 2　国际贸易惯例与规则

■ 真题链接

[2023·单选] 根据《2020 年国际贸易术语解释通则》，下列贸易术语中，适用于任何运输方式的是（　　）。
A. CIF　　　　　　　　　　B. CFR
C. CIP　　　　　　　　　　D. FOB

[解析]《2020 年国际贸易术语解释通则》提到的十一种贸易术语中，EXW、FCA、CPT、CIP、DAP、DPU、DDP 适用于任何运输方式，FOB、FAS、CFR、CIF 适用于海运或内河水运。

[答案] C

[2023·单选] 在信用证结算中，处于第一付款人地位的当事人是（　　）。
A. 出口商　　　　　　　　B. 开证行
C. 议付行　　　　　　　　D. 进口商

[解析] 信用证结算方式是一种银行信用，开证行以自己的信用做付款保证，银行处于第一付款人的地位。

[答案] B

[2022·单选] 在信用证结算方式下，下列关于开证申请人和开证行的说法，正确的是（　　）。
A. 开证申请人为进口商，开证行为出口商所在地银行
B. 开证申请人为出口商，开证行为出口商所在地银行
C. 开证申请人为出口商，开证行为进口商所在地银行
D. 开证申请人为进口商，开证行为进口商所在地银行

[解析] 信用证结算方式下，主要涉及以下当事人：①开证申请人，其通常是进口商或实际买方；②开证行，其一般是进口商所在地的银行；③通知行，其一般是出口商所在地的银行；④受益人，其通常是出口商或者实际卖方；⑤议付行，其是指愿意买入出口商的跟单汇票并垫付资金的银

285

行；⑥付款行，其是指信用证上指定的付款银行。

[答案] D

■ **真题精解**

点题：本系列真题考查国际贸易惯例与规则，但考查侧重点不同。其中，2023年第一道真题考查国际贸易术语；2023年第二道真题和2022年真题考查《跟单信用证统一惯例》与信用证结算。

分析：本考点为近年来新增考点，考生需要着重掌握本考点内容。

1. 国际贸易术语

从适用运输方式的角度来看，EXW、FCA、CPT、CIP、DAP、DPU、DDP等适用于任何运输方式，FOB、FAS、CFR、CIF等适用于海运或内河水运。从交货地点的角度来看，EXW为车间、仓库、工厂所在地，FCA为出口国的地点或港口，FOB、FAS、CFR、CIF为指定的装运港口，CPT、CIP为国内陆路口岸或港口，DAP、DPU、DDP为指定的交货地点。

2. 《跟单信用证统一惯例》与信用证结算

（1）信用证结算的当事人。信用证结算方式下，主要涉及以下当事人：

①开证申请人，其通常是进口商或实际买方。

②开证行，其一般是进口商所在地的银行。

③通知行，其一般是出口商所在地的银行。

④受益人，其通常是出口商或者实际卖方。

⑤议付行，其是指愿意买入出口商的跟单汇票并垫付资金的银行。

⑥付款行，其是指信用证上指定的付款银行。

（2）信用证的特点。

①信用证是一种银行信用。信用证结算方式是一种银行信用，开证行以自己的信用做付款保证，银行处于第一付款人的地位。

②信用证是一种独立的文件。信用证的开立以买卖合同为依据，但信用证一经开出，就成为独立于买卖合同的另一种契约，不受买卖合同的约束。

③信用证是一种单据的买卖。在信用证结算方式之下，实行的是凭单付款的原则。在信用证条件下，实行所谓"严格符合的原则"。"严格符合的原则"不仅要做到"单、证一致"，即受益人提交的单据在表面上与信用证规定的条款一致；还要做到"单、单一致"，即受益人提交的各种单据之间表面上一致。

拓展：本考点内容离日常生活较远，不易理解，且考查点较琐碎。另外题目中还可能涉及考点中的解释性内容，如上述2023年第二道真题。考生可自行总结和梳理国际贸易术语（表格）和信用证结算的当事人等内容，以达到更好的学习效果。

■ **举一反三**

[典型例题·单选] 下列选项中，属于信用证的特点的是（　　）。

A. 信用证是一种商业信用

B. 信用证是一种附属文件

C. 信用证是一种单据的买卖

D. 信用证实行所谓"相对符合的原则"

[解析] 信用证是一种银行信用，选项 A 错误。信用证是一种独立文件，选项 B 错误。信用证实行所谓"严格符合的原则"，选项 D 错误。

[答案] C

[典型例题·多选] 根据《2020 年国际贸易术语解释通则》，下列贸易术语中，交货地点规定为"指定的装运港口"的有（　　）。

A. CFR
B. DDP
C. FOB
D. CIF
E. DAP

[解析] 在贸易术语中，交货地点规定为"指定的装运港口"的有 FOB、FAS、CFR 和 CIF。

[答案] ACD

环球君点拨

国际贸易术语考点容易丢分，考生需要着重掌握。国际贸易术语中有几个名称比较相似，考生容易混淆，例如，FCA 与 FAS，CIF 与 CIP，DAP 与 DDP。

第四节　国际商品进出口实务

考点 1　商品出口的主要业务环节

真题链接

[2024·单选] 商品出口如果采用信用证结算，关于卖方审证、改证的说法，错误的是（　　）。

A. 在同一信用证上如有多处需修改的，应一次提出
B. 如一份修改通知书中包括多项内容，只能全接受或者全拒绝
C. 卖方审证着重审核信用证内容与买卖合同是否一致
D. 如发现信用证内容与合同规定不符，应及时直接向开证行提出修改

[解析] 选项 D 错误，在审证过程中，如发现信用证内容与合同规定不符，应及时提醒开证申请人修改，在同一信用证上如有多处需要修改的，应当一次提出。

[答案] D

[经典例题·多选] 商品的质量可以用说明的方式来表示，主要包括（　　）。

A. 凭规格买卖
B. 凭等级买卖
C. 凭说明书和图样买卖
D. 凭产地名称买卖
E. 凭交易地点买卖

[解析] 商品的质量可以用说明的方式来表示，主要包括：①凭规格买卖；②凭等级买卖；③凭标准买卖；④凭说明书和图样买卖；⑤凭商标或牌号买卖；⑥凭产地名称买卖等。

[答案] ABCD

[2023·单选] 出境货物最迟应在出口报关或装运前（　　）报检。

A. 14 天
B. 3 天
C. 7 天
D. 24 小时

[解析] 出境货物最迟应在出口报关或装运前 7 天报检,对于个别检验检疫周期较长的货物,应留有相应的检验检疫时间。

[答案] C

[2022·多选] 在我国出口收汇核销制度下,需要在出口核销单上填写内容并盖章的监管部门或者业务部门有（   ）。

A. 税务局
B. 银行
C. 海关
D. 外汇管理局
E. 商检局

[解析] 我国的核销工作由国家外汇管理局在海关、银行等部门的配合下具体实施。办理出口收汇核销的基本程序如下：①申领核销单；②报关审核；③银行出具核销专用联；④外汇管理部门核销。

[答案] BCD

真题精解

点题：本系列题目考查商品出口的主要业务环节，但考查侧重点不同。其中，2024 年真题考查催证、审证、改证；经典例题考查备货、包装、刷唛；2023 年真题考查出口报检；2022 年真题考查办理出口收汇核销。

分析：对于本考点，核心是掌握商品出口的主要业务环节的具体内容。

1. 催证、审证、改证

（1）催证。如果合同中有明确规定开证最迟日期，而对方还没有开出信用证，则买方要承担违约责任。

（2）审证。信用证是依据合同开立的，信用证内容与合同条款应当一致。在实际业务中，通常是银行和卖方共同承担审证任务。

（3）改证。在审证过程中如发现信用证内容与合同规定不符，应及时提醒开证申请人修改，在同一信用证上如有多处需要修改的，应当一次提出。

2. 备货、包装、刷唛

（1）备货。备货是卖方根据合同或信用证规定，向有关企业或部门采购和准备货物的过程。备货时要严格按照合同规定的质量和数量备货。商品的质量可以用说明的方式来表示，主要包括凭规格买卖、凭等级买卖、凭标准买卖、凭说明书和图样买卖、凭商标或牌号买卖、凭产地名称买卖等。

（2）包装。出口货物要经过各个环节的长途运输，中途还要经过多次搬运和装卸，应该正确地包装。包装可分为运输包装（即外包装）和销售包装（即内包装）两种类型。

（3）刷唛。货物包装完毕后，要正确地刷制运输标志，俗称刷唛。

3. 出口报检

商品检验简称商检，是指商品检验、检疫机构对卖方拟交或已交货物的品质、数量、重量、包装、卫生、安全、装运条件以及对涉及人员或动植物的传染病、病虫害、疫情等项目进行检验、检疫和监督管理的工作。

出境货物最迟应在出口报关或装运前 7 天报检，对于个别检验检疫周期较长的货物，应留有相应的检验检疫时间。

4. 申领出口收汇核销单

出口收汇核销单是由国家外汇管理部门制发，出口企业填写、传递，海关凭此受理报关、外汇管理部门凭以核销的有顺序编号的凭证。

5. 租船订舱

（1）班轮运输：又称定期船运输，是指船舶在特定航线上和固定港口之间，按事先公布的船期表进行有规律的、反复的航行，以从事货物运输业务并按事先公布的费率收取运费的一种运输方式。

班轮运输具有"四固定"的特点，即固定航线、固定港口、固定船期和相对固定的费率。除了基本运费，班轮运价还包括装卸费用，即货物由承运人负责配载装卸。

（2）租船运输：又称不定期船运输，是根据国际租船市场的行情和租船人的实际需要，船舶所有人出租整船或部分舱位给租船人使用，以完成特定的货物运输任务，租船人按约定的运价或租金支付运费的商业行为。国际上使用较广泛的租船方式主要有以下两种：

①定程租船：又称航次租船，是以航程为基础的租船方式。

②定期租船：简称期租船，船舶出租人将船舶租给租船人使用一定期限，并在规定的期限内由租船人自行调度和经营管理。

定程租船与定期租船的区别如表11-1所示。

表11-1　定程租船与定期租船的区别

项目	定程租船	定期租船
船租双方的责任	船方负责经营管理、航行、驾驶、货物运输	租船人负责经营管理
是否规定航线、装卸港口	规定	不规定
是否限定货物	限定货物名称、数量、种类	不限定
费用的计算	运费按货物数量计算或采用整船包干运费，计算滞期费和速遣费	租金按租期每月每吨若干金额计算，不计算滞期费和速遣费

6. 投保货运险

我国海洋运输货物保险条款的险别包括以下两种：

（1）基本险：包括平安险、水渍险、一切险。

（2）附加险：包括一般附加险、特殊附加险。

基本险可单独投保，附加险不能单独投保。

7. 出口报关

货物报关程序通常包括以下三个阶段：前期管理阶段、进出境管理阶段、后续管理阶段。不同种类的进出口货物有不同的报关程序。常见的进出口货物种类包括一般进出口货物、保税进出口货物、特定减免税货物和暂准进出口货物等。

8. 货物装船与发运

出口货物经海关查验放行之后，出口商应与港务部门和理货人员联系，做好装船前的准备和交接工作。装船完毕之后，出口商应及时向进口商发出装船通知。

9. 制单结汇

出口货物装运之后，出口商即应按照信用证的规定，正确缮制各种单据。在信用证规定的交单有效期内，递交银行办理议付结汇手续。在信用证付款条件下，目前我国出口商在银行办理出口结汇的做法主要有以下三种：收妥结汇、押汇和定期结汇。

10. 办理出口收汇核销

出口收汇核销是指国家为了加强出口收汇管理，保证国家的外汇收入，防止外汇流失，指定外汇管理等部门对出口商贸易项下的外汇收入情况进行监督检查的一种制度。我国的核销工作由国家外汇管理局在海关、银行等部门的配合下具体实施。

11. 办理出口退税

出口退税是国家为了降低出口产品成本、增强出口竞争力、鼓励出口而制定的一项政策措施，即在国际贸易业务中，对我国报关出口的货物退还或免征在国内各环节和流转环节按税法规定缴纳的增值税和消费税，对出口货物实行零税率。

拓展： 该考点在考试中偶有涉及，考查点往往较细致。考生应重点掌握本考点中的概念对比、分类、步骤、特点、数字等内容。另外，考生也要牢记上述十一个环节的名称，其容易以多选题的形式考查。

举一反三

[典型例题·单选] 下列关于班轮运输的特点，表述错误的是（ ）。

A. 固定的港口、航线、船期和费率　　B. 不计算滞期费和速遣费
C. 租船人负责装卸　　D. 班轮运价内包括装卸费用

[解析] 班轮运输又称定期船运输，是指船舶在特定航线上和固定港口之间，按事先公布的船期表进行有规律的、反复的航行，以从事货物运输业务并按事先公布的费率收取运费的一种运输方式。班轮运输具有"四固定"的特点，即固定航线、固定港口、固定船期和相对固定的费率。班轮运价包括装卸费用，即货物由承运人负责配载装卸，承托双方不计算滞期费和速遣费。

[答案] C

[典型例题·多选] 下列关于定程租船的特点，表述正确的有（ ）。

A. 船方负责经营管理　　B. 租船人负责经营管理
C. 规定航线、装卸港口　　D. 不规定航线、装卸港口
E. 计算滞期费、速遣费

[解析] 定期租船中租船人负责经营管理，选项B错误。定期租船不规定航线和装卸港口，定程租船规定一定的航线以及装卸港口，选项D错误。

[答案] ACE

环球君点拨

在商品出口的十一个业务环节中，考生需要着重掌握几个出题概率较高的环节，如备货、包装、刷唛，租船订舱，投保货运险，出口报关，办理出口收汇核销等。

考点2　商品进口的主要业务环节

真题链接

[2024·单选] 某公司进口一批 CIF 总值为 200 万元的五金产品，该批货物于 2024 年 6 月 3 日到达天津港。该公司业务人员在 6 月 20 日向海关申报进口时被海关征收了一笔滞报金，金额

为（　　）元。

A. 17 000
B. 4 000
C. 3 000
D. 30 000

[解析] 向海关申报的时限为自运输工具申报进境之日起 14 天内。超过 14 天的期限未向海关申报的，由海关按日征收进口货物 CIF 价格的 0.05% 的滞报金。入境天数从入境第二天算起。根据题干可知，货物 2024 年 6 月 3 日抵达，即从 6 月 4 日计算，而 6 月 20 日向海关申报进口，相隔时间为：20－4＋1＝17（日），比规定的 14 天多出 3 天，所以，滞报金＝CIF×0.05%×3＝2 000 000×0.05%×3＝3 000（元）。

[答案] C

[2022·单选] 下列关于海运速遣费和滞期费的说法，错误的是（　　）。

A. 滞期费是货方对船方的奖金
B. 速遣费是船方向货方付的奖金
C. 速遣费一般是滞期费的一半
D. 滞期费是货方对船方付的罚金

[解析] 滞期费是指在规定的装卸期限内，货方未完成装卸作业，给船方造成经济损失，货方对超过的时间应向船方支付的一定罚金。

[答案] A

[2022·单选] 根据《中华人民共和国海关法》（以下简称《海关法》）的规定，进口货物向海关申报的时间为自运输工具申报进境之日起（　　）。

A. 7 日内
B. 24 小时内
C. 14 日内
D. 30 日内

[解析] 根据我国《海关法》的规定，向海关申报的时限为自运输工具申报进境之日起 14 天内。

[答案] C

[2023·单选] 某公司进口了一批电子产品，CIF 总值为 1 000 万元，出于某种原因，在运输工具进境第 18 天才向海关办理进口申报，根据我国《海关法》的规定，该公司需缴纳滞报金（　　）万元。

A. 0.5
B. 5
C. 20
D. 2

[解析] 根据我国《海关法》的规定，向海关申报的时限为自运输工具申报进境之日起 14 天内。超过 14 天的期限未向海关申报的，由海关按日征收进口货物 CIF 价格的 0.05% 的滞报金；超过 3 个月未向海关申报的，由海关提交变卖。所以该公司需缴纳的滞报金是：1 000×0.05%×4＝2（万元）。

[答案] D

真题精解

点题：本系列真题考查商品进口的主要业务环节，但考查侧重点不同。其中，2024 年真题、2022 年第二道真题和 2023 年真题考查进口报关；2022 年第一道真题考查租船订舱。

分析：对于本考点，核心是掌握商品进口的主要业务环节的具体内容。

1. 申请开立及修改信用证

（1）申请开立信用证。

（2）修改信用证。

2. 租船订舱

按 FOB 条件成交的进口合同，货物采用海运的方式进行运输，应由进口商负责办理租船或订舱工作。在履行租船或订舱手续时，需要妥善把握以下问题。

（1）分批装运和转运。

①分批装运。分批装运是指一笔成交的货物，分若干批交付装运。

②转运。转运是指货物在运输过程中的转船、转机以及从一种运输工具上卸下再装上另一种运输工具的行为。

（2）装卸费用、装卸时间、装卸率。

①装卸费用。装卸费用是运输中的一项主要费用，应明确在合同中应由哪方承担。装卸费用的主要规定方法有：

a. FIO（free in and out），即装卸费用均由货方承担。有时还规定理舱（stow）和平舱费（trim）的分担：FIOS（船方不承担装卸费和理舱费）、FIOT（船方不承担装卸费和平舱费）、FIOST（船方不承担装卸费、平舱费和理舱费）。

b. FI（free in），即船方承担卸货费，货方承担装货费。

c. FO（free out），即货方承担卸货费，船方承担装货费。

d. BERTH TERMS（或 LINER TERMS），即船方承担装卸费。

②装卸时间和装卸率。装卸时间是指允许完成装卸任务所约定的时间，它一般以天数来表示。以下是装卸时间的四种常用规定方法：

a. 连续日，指从午夜 0 点至 24 点日复一日的所有天数。

b. 工作日，即按照港口习惯，扣除法定假日，属于正常工作日的天数。

c. 晴天工作日，即天气良好可以进行装卸作业的工作日。

d. 连续 24 小时晴天工作日，天气晴好、时钟连续走 24 小时即算一个工作日，在此期间如有几个小时是坏天气不能作业，则予以扣除。

装卸率是指每日装卸货物的数量，规定得过高或过低都不合适。

（3）滞期费和速遣费。滞期费（demurrage）是指在规定的装卸期限内，货方未完成装卸作业，给船方造成经济损失，货方对超过的时间应向船方支付的一定罚金。速遣费（despatch money）是指在规定的装卸期限内，货方提前完成装卸作业，使船方节省了船舶在港的费用开支，船方应向货方就节省的时间支付一定的奖金。按惯例，速遣费一般为滞期费的一半。

3. 投保货运险

货物装船后，出口商应及时向进口商发出装船通知，以便进口商及时办理保险和接货等各项工作。我国对进口货物的运输一般采取逐笔投保和预约投保两种形式。

4. 缴款赎单

银行收到出口商所在地银行寄来的汇票及单据后，对照信用证的规定，核对单据的份数和内容。如内容无误，银行即对出口商所在地银行付款。同时进口商使用人民币按照国家规定的有关外汇牌价向银行买汇赎单。

5. 进口报关

进口报关是指进口商（或其代理人）向海关交验有关单证，办理进口货物申报手续的法律行为。办理进口报关包括以下程序：

（1）申报。申报时，进口商要填写进口货物报关单。根据我国《海关法》的规定，向海关申报的时限为自运输工具申报进境之日起 14 天内。超过 14 天的期限未向海关申报的，由海关按日征收进口货物 CIF 价格的 0.05% 的滞报金；超过 3 个月未向海关申报的，由海关提交变卖。

（2）查验。海关接受申报后，对进口货物进行检查，以核对与进口货物报关单及其他单据文件上所列内容是否一致。

（3）纳税。根据《海关进出口货物征税管理办法》，纳税义务人应当自海关填发税款缴款书之日起 15 日内向指定银行缴纳税款。逾期缴纳税款的，由海关自缴款期限届满之日起至缴清税款之日止，按日加收滞纳税款 0.5‰ 的滞纳金。纳税义务人应当自海关填发滞纳金缴款书之日起 15 日内向指定银行缴纳滞纳金。

（4）放行。放行又称"结关"，是进口货物在办完海关申报、查验和纳税后，由海关在进口货物报关单和货运单据上签字和加盖"验讫"章，进口商或其代理人持海关签字并盖有放行章的货物提单提取进口货物。

6. 进口报检

进口商品经检验合格，并符合合同的规定，进口商就应接受货物，否则，进口商有权拒收货物，并要求损害赔偿。

7. 付清运费，换取提货单

在办完上述手续后，进口商自行提取货物，或其货运代理提取货物，拨交给订货部门并通知订货部门在目的地办理收货手续，同时，通知进口商代理手续已办理完毕。

8. 提取货物

进口商或其货运代理凭提货单到船公司指定的仓库或码头提取进口货物，并办理转运和拨交给订货部门的相关手续。

9. 进口索赔

进口索赔的对象通常有三个，即卖方、承运人和保险人，对应的索赔分别称贸易索赔、运输索赔和保险索赔。其中，向卖方索赔应在合同规定的索赔期限内提出，《联合国国际货物销售合同公约》规定，在合同未明确索赔期限的情况下，索赔期限最长不超过 2 年。

拓展： 该考点在考试中偶有涉及，考查点往往较细致。考生应重点掌握好本考点中的概念对比、步骤、数字等内容。另外，考生也要牢记上述九个环节的名称，其容易以多选题的形式考查。

举一反三

[典型例题·单选] 在规定的装卸期限内，货方未完成装卸作业，给船方造成经济损失，货方对超过的时间应向船方支付一定的罚金，称为（　　）。

A. 速遣费　　　　　　　　B. 滞期费
C. 装卸费　　　　　　　　D. 承运费

[解析] 滞期费是指在规定的装卸期限内，货方未完成装卸作业，给船方造成经济损失，货方对超过的时间应向船方支付的一定罚金。

[答案] B

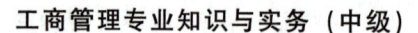

[典型例题·多选] 在履行以信用证为结算方式的FOB进口合同时，由进口商负责办理的业务环节有（　　）。

A. 投保货运险　　　　　　　　B. 申请开立信用证

C. 制单结汇　　　　　　　　　D. 租船订舱

E. 进口报关

[解析] 制单结汇属于商品出口的主要业务环节，选项C错误。

[答案] ABDE

环球君点拨

在商品进口的九个业务环节中，考生需要重点掌握几个出题概率较高的环节，如租船订舱、缴款赎单、进口报关、进口索赔等。

亲爱的读者：

如果您对本书有任何 感受、建议、纠错，都可以告诉我们。

我们会精益求精，为您提供更好的产品和服务。

祝您顺利通过考试！

扫码参与问卷调查

环球网校经济师考试研究院